suhrkamp taschenbuch
wissenschaft 64

W0061236

Abram Moiseevič Deborin, geboren 1881, war von 1925 bis 1930 die zwar umstrittene, aber zentrale Gestalt der sowjetischen Philosophie.

Nikolai Bucharin (1888–1939), langjähriges Mitglied des Politbüros, Chefredakteur der Prawda und, in der Nachfolge Sinovjews, Vorsitzender der Kommunistischen Internationale, war neben Lenin einer der einflußreichsten Ideologen des Sowjetmarxismus; 1939 wurde er zum Tode verurteilt.

Oskar Negt, geboren 1934 in Königsberg, ist Professor für Soziologie an der Technischen Universität in Hannover.

Der Band enthält wichtige Dokumente zur Geschichte der ideologischen Auseinandersetzung innerhalb der sowjetischen kommunistischen Partei, die sich nach Lenins Tod in der spektakulären Kontroverse über mechanistischen und dialektischen Materialismus zuspitzte. In dieser Kontroverse ging es, wie der Herausgeber bemerkt, nur »vordergründig um die Polarisierung der philosophischen Positionen nach Dialektikern und naturwissenschaftlich orientierten Mechanizisten«. In seinem Einleitungsessay geht Negt dem Problem *Marxismus als Legitimationswissenschaft* nach und untersucht neben dem philosophischen Gehalt der abgedruckten Schriften auch deren politisch-ideologische Funktion. Die Texte von Deborin sind in erster Linie Aufsätze zu Problemen der Dialektik, die von Bucharin Auszüge aus seiner *Theorie des historischen Materialismus*. Kritische Bemerkungen zu dieser Theorie enthalten die Beiträge von Lukács und Gramsci.

Nikolai Bucharin / Abram Deborin
Kontroversen über dialektischen und
mechanistischen Materialismus

Einleitung von Oskar Negt

Suhrkamp

suhrkamp taschenbuch wissenschaft 64
Erste Auflage 1974
© Suhrkamp Verlag Frankfurt am Main 1969
Suhrkamp Taschenbuch Verlag
Druck: Ebner, Ulm · Printed in Germany
Umschlag nach Entwürfen
von Willy Fleckhaus und Rolf Staudt

Inhalt

Marxismus als Legitimationswissenschaft
Zur Genese der stalinistischen Philosophie

> ». . . die Zweideutigkeit der kommunisti-
> schen Philosophie (ist) die der Revolution
> selbst« (Merleau-Ponty).

I.

Zu den parteikommunistischen Kritikern, die sich im Namen
einer neuen Orthodoxie an dem Ketzergericht über seine Schrift
Marxismus und Philosophie sowie über *Geschichte und Klassenbewußtsein* von Lukács beteiligten, zählt Karl Korsch auch Deborin und Bucharin. Und er weist in diesem Zusammenhang
auf eine im Entstehen begriffene »Frontlinie« innerhalb des
internationalen Marxismus hin, die bis in die fünfziger Jahre
hinein keine prinzipielle Revision erfuhr. In der »jetzt begon-
nenen grundsätzlichen Auseinandersetzung über die gesamte
Lage des heutigen Marxismus werden trotz aller sekundären
und vorübergehenden häuslichen Streitigkeiten in allen großen
und entscheidenden Fragen die alte Marx-Orthodoxie Karl
Kautskys und die neue Marx-Orthodoxie des russischen oder
›leninistischen‹ Marxismus auf der einen Seite und alle kritischen und fortschrittlichen Tendenzen in der Theorie der heutigen Arbeiterklassenbewegung auf der anderen Seite zusammen-
stehen«[1]. Die Tendenz zur »ideologischen Bolschewisierung«
aller der Kommunistischen Internationale angeschlossenen
außerrussischen Parteien, die sich unter der Losung »Propaganda des Leninismus« ankündigte, führt Korsch gleichzeitig
auf die um das Leninsche Erbe verschärft entbrannten Kämpfe
der Diadochen und auf die schweren Niederlagen des internationalen Kommunismus im Westen zurück. In einer als Anti-
Kritik gedachten Nachschrift zu *Marxismus und Philosophie*

1 *Marxismus und Philosophie*, Frankfurt 1966, S. 33 f.

bestreitet Korsch 1929 entschieden den Anspruch des Leninismus, »theoretischer Ausdruck für die praktischen Bedürfnisse der gegenwärtigen Entwicklungsstufe des internationalen proletarischen Klassenkampfes«, die einzig authentische »revolutionäre Philosophie des Proletariats« zu sein.[2]

Was objektiver Ausdruck und Konsequenz der seit Marx veränderten geistesgeschichtlichen Gesamtlage sein soll, nämlich der systematische Primat des Materialismus vor der Dialektik, steht nach Korsch in einem engen ideologischen Zusammenhang mit Lenins Imperialismustheorie und hat seine materiellen Wurzeln in der besonderen ökonomischen und gesellschaftlichen Situation Rußlands. Karl Korsch formuliert die *geschichtliche* Frage, die von Gramsci[3] und Lukács[4] bis hin zu Merleau-Ponty[5] und Herbert Marcuse[6] sämtliche mit den Orthodoxien von Leninismus und Stalinismus geführten Auseinandersetzungen der philosophischen Linksopposition im Marxismus wie ein Leitmotiv begleitet: es ist die Frage, »ob denn jene von Lenin behauptete Veränderung der gesamten geistesgeschichtlichen Lage, die es notwendig machen soll, heute im dialektischen Materialismus nicht mehr die Dialektik gegenüber dem vulgären, vordialektischen und heute zum Teil auch schon bewußt *undialektisch* und *antidialektisch* eingestellten Materialismus der bürgerlichen Wissenschaft, sondern vielmehr den *Materialismus* gegenüber den vordringenden idealistischen Tendenzen der bürgerlichen Philosophie hervorzuheben, in der gegenwärtigen geschichtlichen Situation überhaupt besteht«.[7]

Korsch verneint diese Frage, aber er geht kaum über eine auf den ursprünglichen Gehalt der Marxschen Theorie insistierende Argumentation und über vereinzelte soziologische Hinweise

2 a.a.O., S. 60.
3 *Philosophie der Praxis*, Frankfurt 1967, S. 205 ff.
4 Insbesondere in der Rezension von Bucharins *Theorie des historischen Materialismus*, in: *Schriften zur Ideologie und Politik*, Neuwied 1967; Auszüge in diesem Band S. 283 ff.
5 *Die Abenteuer der Dialektik*, Frankfurt/Main 1968, S. 73 ff.
6 *Die Gesellschaftslehre des sowjetischen Marxismus*, Neuwied 1964.
7 *Marxismus und Philosophie*, a.a.O., S. 59.

hinaus, um historisch *und* systematisch die spezifische Differenz zu bestimmen, die zwischen der materialistischen, auf dem gänzlichen Verlust der revolutionären Dimension des Denkens beruhenden »Weltanschauung« der Kautskyanischen Orthodoxie und einer durch »Szientivismus, Objektivismus und Vergötzung der Naturwissenschaften«[8] charakterisierten Naturalisierung der Dialektik besteht, die konstituierender Bestandteil einer expliziten, wenn auch in ihrer praktischen Funktion schließlich paralysierten Theorie der Revolution ist.

Es ist eben das *nachrevolutionäre* Rußland, in dem sowohl *Materialismus und Empiriokritizismus,* dessen Autor noch in der Entstehungszeit dieser Streitschrift freimütig bekannte, in Fragen der Philosophie nicht wirklich kompetent genug zu sein[9], als auch die fragmentarische Nachlaßsammlung *Dialektik der Natur* des späten Engels (ursprünglich bezeichnenderweise unter dem Titel »Dialektik *und* Natur« veröffentlicht) kanonisiert und zu Klassiker-Texten, aus denen man verbindliche Richtlinien für das Denken überhaupt gewinnen zu können glaubt, verdinglicht werden. Untersucht man philosophische, unterschiedlichen Richtungen zuzurechnende Arbeiten aus den zwanziger Jahren der Sowjetunion, so zeigt sich in der Tat nicht nur in der Auswahl der behandelten Probleme, sondern auch in der Argumentationsweise und im Kategoriensystem ein derart hohes Maß an struktureller Übereinstimmung, daß es schwerfällt, die objektive Einheit des Blocks von philosophischen »Rechts- und Linksabweichungen« ausschließlich in dem nachträglichen, politisch ebenso durchsichtigen wie philosophisch unangemessenen Verurteilungsdekret der stalinistischen Parteiphilosophen begründet zu sehen. Wenn der Orthodoxie des Stalinismus, mit ihrer Sensibilität für Nuancen von Ab-

8 Merleau-Ponty, *Die Abenteuer der Dialektik,* a.a.O., S. 73.
9 »Ich halte mich in diesen Fragen (Fragen der Philosophie, O. N.) nicht für kompetent genug, und deshalb beeile ich mich nicht, in der Presse hervorzutreten. Aber stets habe ich unsere *Partei*diskussionen über Philosophie aufmerksam verfolgt . . .« (An Gorki, 25. II. 1908, in: Lenin, *Briefe,* Bd. II, Berlin 1967, S. 138). Und an anderer Stelle spricht Lenin gegenüber Bogdanow davon, daß er in der Philosophie »natürlich nur ein *einfacher Marxist*« sei (a.a.O., S. 141).

weichungen und ihrem Instinkt für Häresien, das Verhältnis Marxens zu Hegel und zur Hegelschen Dialektik als »Prüfstein . . . für jede Art revisionistischer Preisgabe der marxistischen Philosophie«[10] erscheint, so könnte der Eindruck entstehen, daß die von Stalin selber mit dem vernichtenden Verdikt des »menschewisierenden Idealismus« etikettierte Philosophie Deborins objektiv zu jener von Lukács und Korsch repräsentierten Interpretationsrichtung des Marxismus gehört, die Probleme der materialistischen »Weltanschauung«, der erkenntnistheoretischen Funktion der in ihrer Materialität bestehenden Einheit der Welt sowie der Dialektik der Natur grundsätzlich nur im Zusammenhang einer revolutionären Dialektik historischer Praxis glaubt lösen zu können.

Aber es hat zu keiner Zeit der sowjetischen Geschichte, auch nicht in *der* Periode, welche die »revolutionären Ideale in den berühmten Versuchen des experimentellen Theaters Stanislawskis und Meyerholds, im Film, in den Dichtungen Jessenins und Majakowskis, in den pädagogischen Neuansätzen Makarenkos noch ohne nennenswerte institutionelle Zensur zum Ausdruck zu bringen vermochte, eine ernst zu nehmende philosophische Linksopposition im Sowjetmarxismus gegeben. Abram Deborin, der ihr dem Duktus seines Denkens nach am ehesten zuzurechnen wäre, ist selber befangen in dem abstrakten Schematismus von Idealismus und Materialismus, der seit Lenin[11] die Analyse des philosophischen Gehalts der Theorien blockierte und einen Begriff von der Parteilichkeit des Denkens prägte, der in nichts anderem als in einer »sozialklassenmäßig« fungiblen *Zurechnung*[11a] des philosophischen Gedankens bestand.

10 M. Mitin, Über die Ergebnisse der philosophischen Diskussion, in diesem Band S. 349.
11 Lenin konstruiert einen von der konkreten Gestalt der jeweiligen philosophischen Systeme abstrahierten, zwei Jahrtausende umfassenden Kampf zwischen den »Tendenzen oder Linien eines Plato und eines Demokrit in der Philosophie« (*Materialismus und Empiriokritizismus*, a.a.O., S. 119). Idealismus wird ihm zum Inbegriff von »Verneinung der objektiven Wahrheit«, von Vereinigung der Wissenschaft und der Anerkennung von Religion und von »übersinnlichem Wissen«.
11a Vgl. Mitin, in diesem Band S. 387.

Wie sich der bereits von Comte ausgesprochene Verdacht gegenüber wissenschaftlich unkontrollierter und subjektiv-willkür-
licher Spekulation über soziale Tatsachen mit jedem Schritt der
positivistischen Entmythologisierung des Denkens auf erwei-
terter Stufenleiter reproduziert[12], um schließlich das Denken
selber zu erfassen, so wird der Vorwurf des »Idealismus« zum
Instrument eines spezifisch sowjetmarxistischen Entmythologi-
sierungsprozesses, in dem sich eine neue, aus einem Gemisch von
positivem Geist und Dialektik bestehende Mythologie bildet,
die, weil sich in ihr eine Art abstrakter Gerechtigkeit darstellt,
auf die Urheber zurückschlägt. Wenn die stalinistischen Parteiphilosophen gegen Deborin einen Katalog der idealistischen
Abweichungen aufstellen, in dem sich die Methodologisierung
des Marxismus, ein von den erkenntnistheoretischen Voraussetzungen der materialistischen »Weltanschauung« abstrahiertes
Verständnis der Dialektik ebenso wie die Trennung von Theorie und Praxis findet, so wiederholen sie mit einer Politisie-
rungsabsicht nur die wesentlichen Einwände, die Deborin selber gegen *Geschichte und Klassenbewußtsein* von Lukács
erhob.[13]

2.

Die in der folgenden Auswahl zusammengestellten Arbeiten,
die gruppiert sind um Abram Moiseevič Deborin (geb. 1881),
von 1925 bis 1930 die zwar umstrittene, aber zentrale Gestalt
der sowjetischen Philosophie[14], und um Nikolai Bucharin
(1888–1939), in der Funktion des langjährigen Mitglieds des
Politbüros, des Chefredakteurs der Prawda und, in der Nachfolge Sinovjews, als Vorsitzender der Kommunistischen Inter-

12 Vgl. Oskar Negt, Zum Problem der Entmythologisierung in der Soziologie, in: *Zeugnisse*, Festschrift für Theodor W. Adorno, Frankfurt/Main
1963, S. 451 ff.
13 Vgl. Deborins Rezension, in diesem Band S. 189.
14 Zur Biographie und zur philosophischen Entwicklung Deborins vgl. die
grundlegende Monographie von René Ahlberg, *»Dialektische Philosophie«
und Gesellschaft in der Sowjetunion*, Berlin 1960.

nationale neben Lenin einer der einflußreichsten Ideologen des Sowjetmarxismus[14a], enthalten nicht die Texte der eigentlichen Mechanizisten wie Stepanov, A. Timirjazev, Akselrod (Ortodoks) u. a. m., die im Zusammenhang mit den spektakulären Kontroversen über mechanistischen und dialektischen Materialismus gewöhnlich genannt werden. Aber die philosophische Aktualität der Frühphase des Sowjetmarxismus, auch derjenigen Theorien, die noch keine Spuren der unmittelbaren Reglementierung durch Partei und Staat zeigen, kann beim gegenwärtigen Stand der internationalen Marx-Diskussion auch gar nicht auf der Erwartung beruhen, daß die exakte und erschöpfende Rekonstruktion jener militanten Kontroversen, in denen es vordergründig um die Polarisierung der philosophischen Positionen nach Dialektikern und naturwissenschaftlich orientierten Mechanizisten, in Wahrheit aber durchgängig um die Bestimmung von Geltungsgründen für eine »positive Dialektik« ging, heute noch einen wesentlichen Beitrag zur systematischen Klärung von Problemen der marxistischen Erkenntnistheorie und der Theorie der Revolution leisten könnte.[15] Der Herausgabe dieses Bandes liegt vielmehr die Absicht zugrunde, an Texten, die nicht schon von sich aus aufeinander bezogen sind, Strukturelemente des Sowjetmarxismus aufzuzeigen, die nur noch der stalinistischen Institutionalisierung bedurften, um in einer durch Züge einer marxistischen »Verhaltenslehre« geprägten[16] und historisch wirksamen Gestalt das Denken und Handeln ganzer Generationen von Kommunisten zu bestimmen.

14a Zu Bucharin vgl. Sidney Heitman, Between Lenin and Stalin: Nikolai Bucharin, in: *Revisionism,* ed. by Leopold Labedz, London 1962, S. 77 ff.
15 Über die Argumente der Mechanizisten informieren in übersichtlichen Darstellungen z. B. Gustav A. Wetter, *Der dialektische Materialismus,* Freiburg 1952, S. 151 ff.; ders., *Philosophie und Naturwissenschaft in der Sowjetunion,* Hamburg 1958; J. M. Bochenski, *Der sowjetrussische dialektische Materialismus (Diamat),* Bern 1950; auch René Ahlberg, der besonders auf die Kritik der Deborinisten eingeht, ›Dialektische Philosophie‹ und Gesellschaft in der Sowjetunion, a.a.O.
16 Vgl. Herbert Marcuse, *Die Gesellschaftslehre des sowjetischen Marxismus,* a.a.O., S. 32.

Diesem theoretischen Interesse an jenen Kontroversen entspricht ein praktisches. Gegenwärtige Tendenzen in der internationalen Marxismus-Interpretation wie die chronische intellektuelle Hilflosigkeit, welche die Reaktionen auf jeden Neuansatz einer Restalinisierung der Sowjetunion und einzelner Ostblockländer kennzeichnen, deuten darauf hin, daß ohne vorgängige Bestimmung des theoretischen und praktischen Bezugsrahmens, in dem sich jedwede Form einer »Aufarbeitung der Vergangenheit« des Sowjetmarxismus zwangsläufig vollzieht, eine wirksame Entstalinisierung des Bewußtseins der Massen und selbst der dezidiert antistalinistischen Philosophie ausgeschlossen ist. Denn immanente Widerlegungen von Einzeltheoremen der Sowjetphilosophie lassen nicht weniger als deren bloß bestätigende Wiederholung oder aus ganz anderen philosophischen Voraussetzungen gewonnene Einwände das ideologische Bezugssystem, in dem sich eine gegenüber den Bedürfnissen und Interessen der Massen verselbständigte Bürokratie jahrzehntelang entfalten und ihre Entscheidungen als Ausdruck naturgesetzlicher Notwendigkeit rechtfertigen konnte, in seiner Grundlage unangetastet.

So zutreffend zum Beispiel die erkenntnistheoretischen Argumente gegen die seit Lenin im Prinzip kaum veränderte Abbild- oder Widerspiegelungstheorie auch sein mögen: eine dialektisch-materialistische Untersuchung ihres Wahrheitsgehalts kann sich, wenn sie an der geschichtlichen Kernsubstanz aller Kategorien und Begriffe festhält, auf die Prüfung ihres Geltungsanspruchs nicht beschränken, sondern hat gleichzeitig eine ideologische Erklärung dafür zu geben, warum eine mittlerweile als falsch erkannte Theorie zentraler Bestandteil des institutionellen Marxismus werden und gut ein halbes Jahrhundert nachhaltig selbst Philosophen beeinflussen konnte, die sich dem Zugriff des staatlichen Machtapparats der Sowjetunion entzogen Eine ähnliche Verbindung von systematischer und ideologiekritischer Analyse ist für die übrigen Theorien des Sowjetmarxismus notwendig: in den zwanziger Jahren ist er seinem wesentlichen Gehalt nach eine Philosophie des Vor-Stalinismus.

In diesen einleitenden Bemerkungen soll der Versuch gemacht werden, den gesellschaftlichen Rahmen zu bestimmen, in dem sich die Bildungsgeschichte der Kategorien des institutionalisierten Marxismus als »naturgeschichtlicher« Konstitutionsprozeß einer Gesellschaftsformation begreifen läßt, deren Grundwiderspruch: der Zwiespalt zwischen dem mit der Oktoberrevolution gesetzten Emanzipationsanspruch und der resignativen Realisierung einer Konzeption des »Sozialismus in einem Lande«, philosophisch bewußt zu keiner Zeit reflektiert wurde. Dieser These liegt der Gedanke zugrunde, daß sowohl die naturalistische und ontologische Rückbildung einzelner Denkbestimmungen des historischen Materialismus als auch dessen gesamte Entwertung zum bloßen Anwendungsgebiet von hierarchisch vorgeordneten Kategorien einer materialistischen Weltanschauung – eine Verkümmerung des historischen Bewußtseins, die westliche Linksintellektuelle im übrigen sehr früh bereits an der leninistischen Orthodoxie nachweisen konnten – ihre Basisideologie in einem strukturell bedingten, im Laufe der Entwicklung der Sowjetgesellschaft jedoch vergrößerten historischen Legitimationsmangel der Oktoberrevolution haben. Es ist diese Kategorie des Legitimationsmangels, durch welche alle in den Theorien reproduzierten gesellschaftlichen Widersprüche der sowjetischen Entwicklung ihre besondere Färbung erhalten. Indem man nämlich nicht nur die politische Identität der Oktoberrevolution im Begriff einer im Marxschen Sinne proletarischen, d. h. von primär agrarrevolutionären Umwälzungen einigermaßen klar unterschiedenen Revolution begründet, sondern auch an diesem proletarischen Selbstverständnis im offensichtlichen Widerspruch zur alltäglichen Erfahrung einer Wirklichkeit, in der neben dem fortgeltenden bürgerlichen Zwangsrecht[17] bereits neu produzierte Gewaltverhält-

17 Lenin bezeichnet es als Illusion, »daß die Menschen sofort nach dem Sturz des Kapitalismus lernen werden, ohne alle Rechtsnormen für die Allgemeinheit zu arbeiten« (Staat und Revolution, *Ausgewählte Werke* II, Berlin 1954, S. 230). Das bürgerliche Recht bleibt in der Übergangsperiode »Regulator (Ordner) bei der Verteilung der Produkte und der Arbeit unter die Mitglieder der Gesellschaft« (ebd.).

nisse wirksam sind, mit zunehmender Rigidität von Abwehr-
reaktionen festhält, entsteht ein *gesamtgesellschaftlicher Legi-
timationsdruck,* dem sich der einzelne kaum zu entziehen vermag und der spätestens Anfang der dreißiger Jahre das Denken und Handeln in sämtlichen Bereichen der Sowjetgesellschaft erfaßt hat und in mehr oder minder ausgeprägten Formen seitdem beherrscht.

Wenn von der Notwendigkeit einer ideologiekritischen Rekonstruktion der »Naturgeschichte« des stalinistischen Denkens die
Rede ist, so bedeutet das nicht einfach den Versuch, die wissens-
soziologischen Zuordnungen von Theorien und Klasseninteressen, mit deren Hilfe die Stalinsche Parteibürokratie die Oppositionellen zu Konterrevolutionären stempeln und vernichten
konnte, retrospektiv auf den Stalinismus selber anzuwenden.
Es geht in dieser Form der Ideologiekritik vielmehr darum,
mit den philosophischen und wissenschaftlichen Theorien gleichzeitig den positivistischen Mechanismus der Reduktion von Bewußtsein auf gesellschaftliches Sein als durch den *revolutionären Legitimationsbedarf* einer *nachrevolutionären* Gesamtge-
sellschaft *vermittelt* zu begreifen.

3.

Da keine Revolution anders als durch die von ihr freigesetzten
emanzipativen Veränderungen zu rechtfertigen ist, ihre politische Identität andererseits nicht durch eine mit dem revolutionären Akt selber gesetzte und schlagartig vollzogene Beseitigung sämtlicher Herrschaftsverhältnisse gesichert ist, entsteht
ein die gesamte Sphäre des ideologischen »Überbaus« bestim-
mender Widerspruch zwischen Begriff und Wirklichkeit. Die
Form der Vermittlung zwischen ökonomisch-sozialer Basis und
geistigen Gebilden hängt von der historisch vorherrschenden
Gestalt der Legitimation fortbestehender Gewaltverhältnisse
ab. Im Unterschied zu faschistischen und spätkapitalistischen
Systemen, deren gesellschaftliche Verhältnisse, am Niveau der

sozialen Produktivkräfte und der Organisationsfähigkeit der Menschen gemessen, nicht nur als historisch überholt erscheinen, sondern auch ihre Rechtfertigung nur noch in zerfaserten, durch privatistische Ablenkung auf Konsumenteninteressen, Entpolitisierung der Öffentlichkeit und manipulative Verinnerlichung von Gewalt deformierten Legitimationen zu finden oder auf offene Gewaltverhältnisse zu stützen vermag, verbindet die Sowjetgesellschaft mit der revolutionären Periode des Bürgertums ein gesamtgesellschaftliches Bedürfnis nach Legitimation.

Dieser gesellschaftliche Legitimationszwang, dem die auf revolutionärem Wege zur Herrschaft gekommenen Klassen unausgesetzt unterliegen, hat stets die Tendenz, eine durch formallogische Konsistenz ausgezeichnete Ideologie oder »Weltanschauung« zu erzeugen, die in dem Maße, wie sich die revolutionär-emanzipativen Intentionen der politischen Umwälzung als *praktisch* nicht einlösbar erweisen, ein Eigendasein gegenüber den aktuellen geschichtlichen Prozessen annehmen; die Widersprüche der Gesellschaft dringen dann meist nur noch als kontingente Anstöße in den geschlossenen theoretischen Zusammenhang ein und bewirken Verschiebungen und Bedeutungsveränderungen einzelner Kategorien, deren gesellschaftlicher Ursprung in der Regel nicht mehr eindeutig zu lokalisieren ist. Geht in den Sowjetmarxismus als Interpretationssystem, in dem kaum eine wesentliche Kategorie der kritischen Gesellschaftstheorie von Marx fehlt, in dieser Hinsicht ein wesentliches Moment der klassischen Ideologien, nämlich ein gegenüber den denkenden und handelnden Subjekten verselbständigtes, gesellschaftlich *notwendiges falsches Bewußtsein* ein, so haben sich die Mechanismen, die den objektiven Schein von Freiheit, Gleichheit und Gerechtigkeit begründen, doch grundlegend verändert. Da Äquivalententausch, formalrechtliche Gleichheit und Freiheit von Warensubjekten oder Naturrechtstraditionen, die in die Kompensations- und Rechtfertigungsideologien der bürgerlichen Gesellschaft eingingen, als Legitimationsgründe vom Sowjetmarxismus ausdrücklich verworfen werden, bleibt ihm nur eine im strengen Sinne *geschichtliche*

Theorie der revolutionären Legalität – es sei denn, die in den bürgerlich-liberalen Ideologien stets mit enthaltene praktische Reflexion auf die Möglichkeiten eines besseren Lebens würde ganz aus dem Zusammenhang der fortexistierenden Gewaltverhältnisse gelöst und in den abstrakten Antizipationsbereich der geschichtslosen Zukunft einer klassenlosen Gesellschaft verbannt.

Aber gerade eine historisch eindeutig gesicherte Legitimationsgrundlage, die vom formalen Emanzipationsstand der bürgerlichen Gesellschaft aus in keiner wesentlichen Beziehung mehr in Frage gestellt werden könnte, fehlt der Sowjetgesellschaft. Wenn sie sich daher zur Rechtfertigung einer revolutionären Politik auf die Marxsche Theorie beruft, in der die proletarische Revolution als ein geschichtlicher Prozeß der Emanzipation und als historische Aktion des Proletariats begriffen wird, so muß die sowjetische Version des Marxismus zwangsläufig auf jene grundlegenden Widerspruchsbeziehungen des »Bewegungsgesetzes« der nachrevolutionären Entwicklung stoßen, die in der Struktur der Oktoberrevolution selber begründet sind.

Es handelt sich nämlich um eine Revolution, welche die objektiven sozialistischen Interessen von vornherein mit der Notwendigkeit belastet, die bürgerlichen Prinzipien von »eiserner Disziplin«, Arbeitsmoral und Organisationsfähigkeit, die zunächst in einem kaum größeren Bereich als dem der schmalen Kader einer zentralistischen Partei realisiert sind[18], nicht nur gegen das Millionenheer jener von kapitalistischer Mentalität geprägten Kleinproduzenten, sondern auch gegen den Widerstand des überwiegenden Teils der revolutionären Akteure selber durchzusetzen: durch »Umerziehung« und Gewalt gegen die ursprünglich verbündeten Bauernmassen vorzugehen, ohne deren Hilfe ein Sieg der »proletarischen« Revolution undenkbar gewesen wäre. – Es ist eine Revolution, die in der Realisierung ihres emanzipativen Gehalts gänzlich auf den revolutionären Internationalismus angewiesen ist, die sich aber nach dem Ausbleiben einer Kettenreaktion von revo-

18 Vgl. Lenin, Der »linke Radikalismus«, die Kinderkrankheit im Kommunismus, in: *Ausgewählte Werke*, Bd. II, Berlin 1954, S. 669 ff.

lutionären Umwälzungen als isoliertes historisches Faktum zu retten sucht, indem sie in einer nationalen oder gar nationalistischen Wendung auf den »Sozialismus in einem Lande« reduziert wird. – Es ist schließlich eine Revolution, die ihre praktische Rechtfertigung aus einer Theorie bezieht, die in ihrem substantiell kritischen Charakter als politische Ökonomie ebenso wie als materialistische Geschichtsauffassung gerade an den industriell fortgeschrittensten, auf einer hohen organischen Zusammensetzung des Kapitals beruhenden Tauschgesellschaften entwickelt wurde, in der sowjetischen Wirklichkeit aber die Stellung einer Legitimationswissenschaft erhält, die eine sekundäre Form der »ursprünglichen Akkumulation« als eine *sozialistische,* d. h. Befreiung von Zwang und Herrschaft unmittelbar beinhaltende Industrialisierung zu rechtfertigen und den Betroffenen plausibel zu machen hat.

Diese der Oktoberrevolution eigentümlichen Widersprüche, die unter dem nachhaltigen Eindruck des revolutionären Sieges leicht lösbar erschienen oder doch latent bleiben konnten, solange auch nur subjektiv Hoffnung auf weltrevolutionäre Umwälzungen bestand, brechen Mitte der zwanziger Jahre, als Stabilisierungstendenzen innerhalb der kapitalistischen Länder (einschließlich der sich ausbreitenden faschistischen Massenbewegungen) den revolutionären Aktionsspielraum auf unabsehbare Zeit einzuengen drohten, offen hervor und bestimmen das Klima auf allen Ebenen der politischen und ideologischen Auseinandersetzungen. Wenn in der offiziellen Geschichtsschreibung nachträglich der Versuch gemacht wurde, die Entscheidung für die stalinistische Entwicklungsrichtung der Sowjetgesellschaft als Resultat der Einsicht in die Notwendigkeit eines naturgesetzlichen, ja schicksalhaften Ablaufs der Dinge zu glorifizieren, so wird das Charakteristische dieser Periode, die bemerkenswerte Chancengleichheit der Durchsetzbarkeit verschiedener Konzeptionen, gerade unterschlagen; zu keinem anderen Zeitpunkt der sowjetischen Geschichte hat die offene Konkurrenz von Interpretationen der nachrevolutionären Situation und der aus ihnen abgeleiteten Entscheidungen den Oppositionellen im Prinzip das gleiche Maß an Legitimation verschafft wie denjenigen, die sich machtpolitisch schließlich durchsetzten.

Es sind manifeste Reaktionen auf die Erfahrung eines zusätzlich drohenden Legitimationsschwundes der Oktoberrevolution, die sich in den diametral entgegengesetzten Konzeptionen der »permanenten Revolution« und des »Sozialismus in einem Lande« am klarsten und politisch wirksamsten ausdrücken; im Grunde bestimmen sie aber insgesamt den Bedeutungswandel einzelner Begriffe ebenso wie die Veränderung der gesamten kategorialen Struktur des Sowjetmarxismus. Trotzki hat die Folgen des inneren Widerspruchs der Oktoberrevolution am deutlichsten wahrgenommen; er formulierte ein Programm, das vor allem den Zweck hatte, die geschichtlich-emanzipative Substanz der Revolution vor den in einem rückständigen Lande unvermeidlichen Verkümmerungen zu bewahren. Seine Forderung, den russischen Arbeitern und Bauern illusionslos zu erklären, daß der Aufbau eines national begrenzten Sozialismus, der auf die solidarische Hilfe eines im Besitz der Macht befindlichen Proletariats der fortgeschrittensten Länder verzichten muß, unmöglich sei, schließt eine Doppelstrategie ein: sie will sich gleichzeitig des »kurzen Hebels« der Entfaltung der inneren wirtschaftlichen und sozialen Potenzen und des »langen Hebels« des internationalen, auf die proletarische Machteroberung in anderen Ländern gerichteten Klassenkampfes bedienen.[19] Bucharin, der in Kooperation mit Stalin die Konzeption des »Sozialismus in einem Lande« für den sechsten Weltkongreß der Kommunistischen Internationale formuliert hatte, verwarf Trotzkis Idee der permanenten Revolution zwar als abstrakt rationalistisch, als »engen Sarg der logischen Schemata«[20]; aber auch er, dessen politische Sensibilität für Widersprüche selbst auf dem Höhepunkt seines Einflusses nie verkümmert war, konnte mit dem ihn seit der Revolution beschäftigenden Pro-

19 Vgl. Trotzki, *The Draft Program of the Communist International, A Criticism of Fundamentals*, New York 1957, S. 3 f.
20 Bucharin, Über die Theorie der »permanenten Revolution« und die Bauernfrage, in: *Der Sowjetkommunismus, Dokumente* Bd. 1, Köln 1963, S. 222 ff., in diesem Band, S. 262.

blem einer »organischen« Umerziehung der Bauernmassen und ihrer gewaltlosen Integration in den sozialistischen Staat nicht fertig werden; in der Retrospektive des gescheiterten und zum Tode verurteilten Oppositionellen machte er schließlich das Eingeständnis, die Etappe der Neuen Ökonomischen Politik insgeheim stets als »Übergang zur ›doppelten Buchführung‹ auf der ganzen Front« betrachtet zu haben.[21]

Was Bucharin spürte und was Trotzki verhindern wollte, nämlich die Korrumpierung des proletarischen Internationalismus und des revolutionären Selbstverständnisses der Sowjetmarxisten durch einen sozialpatriotischen Revisionismus, der im Interesse einer verabsolutierten Anti-Interventionspolitik kommunistische Parteien des Auslandes zu Hilfstruppen, welche die Bourgeoisie ihres Landes von der Intervention in die Sowjetunion abhalten[22], zu degradieren drohte, findet sich bei Stalin nicht einmal mehr als Problem. »... ist die Errichtung der sozialistischen Wirtschaft in unserem Lande möglich ohne den vorherigen Sieg des Sozialismus in anderen Ländern, ohne daß das siegreiche Proletariat des Westens direkte Hilfe mit Technik und Ausrüstung leistet? Ja, sie ist möglich. Und sie ist nicht nur möglich, sondern auch notwendig und unausbleiblich. Denn wir bauen bereits den Sozialismus auf, indem wir die nationalisierte Industrie entwickeln und sie mit der Landwirtschaft zusammenschließen«.[23] Die auf dem VI. Weltkongreß der Komintern (1928) vertretene These, daß es einen »Hauptgegensatz« gebe, der die »ganze Welt in zwei Lager teilt: einerseits die gesamte kapitalistische Welt, andererseits die Sowjetunion, um die sich das internationale Proletariat und die unterdrückten Völker der Kolonien scharen«, ist, bis hin zur nachträglichen Rechtfertigung der unbegrenzt fortgeltenden Repressionsfunktionen des Sowjetstaates, lediglich eine Konsequenz aus jener Konzeption.

21 Vollständiger stenographischer Bericht der Moskauer Prozesse, zit. bei Merleau-Ponty, *Humanismus und Terror*, Frankfurt/Main 1966. Bd. 1, S. 93.
22 Trotzky, *The Draft Program of the Communist International*, a.a.O., S. 61.
23 Stalin, in: *Der Sowjetkommunismus, Dokumente* Bd. 1, a.a.O., S. 227.

Wenn aber die verstaatlichte Industrialisierung als solche, ohne daß gleichzeitig die menschlichen Beziehungen und das Verhältnis des Arbeiters zu seinen Produktionsmitteln grundlegend verändert werden, bereits als Realisierung sozialistischer Ansprüche gilt, so reduziert sich die qualitative Differenz zur kapitalistischen Gesellschaftsordnung, die vom ersten Tage der Revolution an als sinnlich erfahrbare Veränderung der Kommunikationsbeziehungen zwischen den Menschen sichtbar bleiben muß, auf ein quantitatives Moment der Produktionssteigerung; die resignativ beschränkte Sicherung des historischen Faktums »Oktoberrevolution« verringert ihre Legitimationsgrundlage als eine genuin *proletarische* Revolution und erzeugt dadurch kompensatorisch einen Legitimationszwang, auf den das Denken, weil es ihm prinzipiell nicht auszuweichen vermag, in vielfältigen Formen der Verdinglichung, in Orthodoxien, in Scholastizismus, Ontologisierung und Naturalisierung reagiert. Die Paradoxie, in welche die Marxsche Theorie durch ihre sowjetische Umformung gerät, besteht darin, daß eine im Kern historische Theorie außergeschichtlicher Legitimationsgründe und der rituellen Neutralisierung ihres revolutionär praktischen Gehalts bedarf[24], um im Interesse ihrer historischen Wirksamkeit auf ein rückständiges Land und eine rückständige Bevölkerung anwendbar sein zu können.

Die dadurch bedingten Veränderungen der Kategorien des sowjetischen Marxismus können, soweit sie im Denken von Deborin und Bucharin sichtbar zu machen sind, auf drei Ebenen erörtert werden, auf denen entweder zusätzliche *Legitimationen* entstehen oder begriffliche Instrumente geschaffen werden, um deren Auflösungsmöglichkeiten einzuschränken: zunächst das Verhältnis zwischen Dialektik und Produktivkräften, reprä-

---

24 »Die ritualisierte Sprache hält am ursprünglichen Inhalt der Marxschen Theorie als an einer Wahrheit fest, die gegen allen Beweis des Gegenteils geglaubt und verordnet werden muß: die Menschen müssen handeln, fühlen und denken, als ob ihr Staat die Wirklichkeit jener von der Ideologie proklamierten Vernunft, Freiheit und Gerechtigkeit wäre, und das Ritual soll ein solches Verhalten gewährleisten.« (Herbert Marcuse, *Die Gesellschaftslehre des sowjetischen Marxismus,* a.a.O., S. 96).

sentiert vor allem durch Naturwissenschaften und Technik; dann Naturdialektik und materialistische »Weltanschauung«; schließlich die Legitimationsfunktion von Widerspiegelungstheorie und Praxis.

4.

In dem Maße, wie sich die Theorie der *Revolution,* an der in formalistischen Bestimmungen festgehalten wird, inhaltlich in eine Theorie der *Produktion* verwandelt, wird die sie ursprünglich konstituierende historische Dialektik nicht nur in Kategorien der Naturbeherrschung expliziert, sondern faktisch in das System der gesellschaftlichen Arbeit eingegliedert. Was die objektivistische Rückbindung des Begriffs der Dialektik an das Bezugssystem der Produktivkräfte betrifft, so gibt es, abgesehen von der unterschiedlichen Bedeutung, die den Naturwissenschaften und der Technik zugesprochen wird, keine prinzipiellen Unterschiede zwischen Deborin und Bucharin; beide erläutern, wenn auch in recht verschiedenen Terminologien, objektive Erkenntnis und Reflexion in gleicher Weise am Modell des positiven Erkenntnisfortschritts der Naturwissenschaften.

Der historische Grundtatbestand, von dem Deborin ausgeht und auf den er immer wieder zurückkommt, ist eine durch die »Revolution der Naturwissenschaften« bedingte Gesamtkrise der europäischen Wissenschaften – eine von Sowjetmarxisten häufig beschworene Krise, in deren objektiver Analyse, die in ihrer wissenschaftlichen Tragweite der Imperialismustheorie entsprechen soll, stalinistische Parteiphilosophen den genuinen philosophischen Beitrag Lenins (vor allem auch im Unterschied zu der Plechanow zugesprochenen Rolle) zur Weiterentwicklung der Marxschen Theorie begründet sehen.[25] »Die Naturwissenschaft macht gewaltige Eroberungen, doch die philosophischen Grundlagen der Naturwissenschaft, die in den vergangenen

25 Mitin, Über die Ergebnisse der philosophischen Diskussion, in diesem Band, S. 347; Mitin übernimmt dabei fast wörtlich die Formulierungen Deborins.

22

Jahrhunderten geschaffen wurden, erwiesen sich gleichzeitig als zu ›eng‹ und zu elementar; sie können den ganzen Reichtum des konkreten Inhalts der Wissenschaft nicht aufnehmen.«[26] Indem Deborin jedoch versucht, die gesellschaftliche Kategorie des Widerspruchs zwischen den naturwüchsig vorantreibenden Produktivkräften und den von einem bestimmten Stadium der Entwicklung an hemmenden Produktionsverhältnissen auf die Beziehung zwischen den Resultaten des tatsächlichen Forschungsprozesses und dessen methodologischer Selbstreflexion anzuwenden, wird die systematische Bestimmung der historisch wechselnden Beziehungen zwischen dialektischer Theorie der Gesellschaft und den Naturwissenschaften a priori unter einzelwissenschaftliche Effizienzkriterien gestellt. Unter dem selbstauferlegten Zwang, konkret angeben zu müssen, in welcher Form – ob etwa durch eine Forschungspsychologie oder durch die Erleichterung der Hypothesen- und Theoriebildung – dialektisches Denken, dessen methodologische Grundlagen den historisch einzig angemessenen Rahmen für die optimalen Entfaltungsmöglichkeiten der Naturwissenschaften darstellen sollen, die tatsächliche Effektivität des Forschungsprozesses zu erhöhen vermag, wird Deborin wider Willen auf ein wechselseitig konstitutives Verhältnis zwischen Naturwissenschaften und Philosophie verwiesen, dessen unwiderrufliche, mit der Kantischen Philosophie einsetzende Auflösung die von ihm beschriebene Krise gerade mit verursacht hat.

Die Philosophie, von Deborin unkritisch als »Standpunkt des Allgemeinen« definiert (obwohl sie doch eher als »Standpunkt des Besonderen« zu bezeichnen wäre), hat wesentlich die Funktion, in Gestalt von Prinzipien und Methodologien positives Wissen entweder zu antizipieren oder zu ergänzen. Da es Deborin schwerfällt, diesen Zusammenhang an den modernen Einzelwissenschaften zu demonstrieren, greift er auf Beispiele aus der Philosophiegeschichte zurück, auf Descartes, Spinoza, Kants *Allgemeine Naturgeschichte und Theorie des Himmels*.

26 Deborin, Hegel und der dialektische Materialismus, in diesem Band S. 172.

»Die Philosophie hat eine ganze Reihe theoretischer Postulate aufgestellt, die ›folgenrichtiges Denken‹ erheischte. Sie gehören nunmehr zu den unerschütterlichen Grundlagen der Naturwissenschaft. Es genügt, auf das Prinzip der Erhaltung der Bewegung, der Materie und ähnliches hinzuweisen. Vermag aber die Naturwissenschaft ohne Philosophie nicht auszukommen, so muß sie die veralteten Denkmethoden aufgeben und mit der dialektischen Philosophie, als der entwickeltsten und fortgeschrittensten, ein Bündnis schließen.«[27] Weil aber Deborin die gesellschaftliche Situation, in der sich die Wissenschaften gleichzeitig mit der Philosophie aus vorgegebenen Zusammenhängen von Kosmologien und Naturphilosophien zu lösen beginnen[28], nicht von derjenigen historisch spezifisch unterscheidet, in der philosophische Reflexion zwangsläufig auf ein empirisch vorliegendes und reichhaltiges Erkenntnismaterial der Einzelwissenschaften verwiesen ist, sieht er sich gezwungen, Philosophie selber zur Einzelwissenschaft zu machen und das philosophisch-dialektische Denken insgesamt in Methodologien zu verallgemeinern und zu objektivieren. Der »Philosophie verbleibt nur die Methodologie. . . . Dialektik ist somit nichts anderes als eine allgemeine Methodologie. Die Methodologie aber bildet im wesentlichen Inhalt und Gegenstand der Philosophie als einer besonderen Wissenschaft.«[29]

Eine als dialektisch sich verstehende Philosophie aber, die das in den Methodologien verdinglichte, auf Verfügungswissen abzielende Denken nicht mehr begreifen, sondern von sich aus lediglich Bestandteil naturwüchsig vorgegebener Arbeitsteilungen sein will, begibt sich der »Freiheit zum Objekt« und verliert damit den lebendigen Erfahrungsinhalt, der ihre raison d'être ausmacht. Sie reproduziert auf der Ebene der Organisation von Begriffen und Subsumtionsverhältnissen, die inhaltlich

27 Deborin, Materialistische Dialektik und Naturwissenschaften, in diesem Band S. 112.
28 Vgl. Jürgen Habermas, *Technik und Wissenschaft als »Ideologie«*, Frankfurt/Main 1968.
29 Deborin, Materialistische Dialektik und Naturwissenschaft, in diesem Band S. 104.

ärmste Kategorien in der Regel zu konstitutiven umgestaltet, das Sicherheitsbedürfnis und die Planmäßigkeit realer Herrschaftsapparate. Über eine »dialektische Theorie der Naturwissenschaften«, deren Grundlegung entsprechend der durch Marx und Engels bereits als abgeschlossen geltenden Begründung der Gesellschaftstheorie aktuelle philosophische Aufgabe sei[30], fügt Deborins methodologischer Absolutismus prinzipiell alles historische Denken in das Bezugssystem der Produktivkräfte ein. »Die Beherrschung der Dialektik bedeutet Beherrschung der Wirklichkeit.«[31]

Bucharin geht in der Bestimmung der Dialektik und der Philosophie einen Schritt weiter. Bekannt nicht nur als kompetenter Interpret der Ökonomie der »Übergangsperiode« und als scharfsinniger Kritiker der subjektiven Wertlehre, sondern überhaupt als bedeutendster Theoretiker des Sowjetmarxismus nach Lenin[32], hat er nach der Oktoberrevolution in zahlreichen Schriften[33] den Versuch gemacht, die materialistische Geschichtsauffassung für die nachrevolutionäre Situation praktikabel zu machen und in das praktische Selbst- und Wirklichkeitsverständnis der russischen Arbeiter und Bauern zu übersetzen. Sidney Heitman, der die erste umfassende Bucharin-Biographie geschrieben hat, hat ihn mit Recht als einen »revolutio-

30 a.a.O., passim.
31 a.a.O., S. 97.
32 In dem als Testament bezeichneten Dokument charakterisiert Lenin Bucharin als »wertvollsten und größten Theoretiker der Partei«. Lenin fügt jedoch einschränkend hinzu: »Aber Bucharins Anschauungen können nur mit größten Vorbehalten als vollständig marxistisch betrachtet werden, denn er hat etwas Scholastisches an sich (da er nie die Dialektik gelernt und, wie ich glaube, sie nie wirklich verstanden hat).« Leon Trotzky, The Suppressed Testament of Lenin, New York 1935, zit. bei: Sidney Heitman, a.a.O., S. 79; Zu Lenins Kritik an Bucharins Dialektik-Verständnis siehe auch die berühmte Interpretation des Wasserglases, mit der Lenin den Unterschied zwischen formaler Logik und Dialektik verdeutlichen will (Noch einmal über Gewerkschaften, in: Werke, Bd. 32, S. 84 ff.).
33 Verwiesen sei nur auf zwei der bekanntesten Schriften: das zusammen mit Preobraschensky herausgegebene ABC des Kommunismus, Hamburg 1921 und Der Weg zum Sozialismus, Wien 1925; auch die Theorie des historischen Materialismus trägt den Untertitel: »Gemeinverständliches Lehrbuch der Marxistischen Soziologie«.

nären Revisionisten« bezeichnet. Die Realitätskontrolle, der sich Bucharin als Politiker unterwerfen mußte, zwang ihn zur theoretischen Verdeutlichung von Zusammenhängen der gesellschaftlichen Wirklichkeit, die der mehr akademischen Philosophie Deborins ebenso wie den auf ein naturwissenschaftliches Erkenntnisinteresse beschränkten Theorien der Mechanisten meist verborgen blieben.

Für Bucharin ist die Technik, die er aus den ökonomischen Organisationsformen des Produktionssystems, aus dem Zusammenhang von Produktion, Distribution und Konsumtion abstrakt ausgliedert, mit den Produktivkräften identisch und als solche eine unabhängige Variable der gesellschaftlichen Entwicklung. Nicht nur die Philosophie ist »letzten Endes von der technischen Entwicklung der Gesellschaft, vom Niveau der Produktivkräfte« abhängig[34], sondern auch das »System der Arbeitsverhältnisse« und der Arbeitsteilungen; schließlich ist das gesamte »geistige Leben der Gesellschaft . . . eine Funktion der Produktivkräfte«[35]. Im Unterschied zu Deborin, der die dialektische Philosophie in die arbeitsteilige Organisation der Gesellschaft eingliedert, ohne freilich ihre dadurch bedingte Funktionsveränderung bewußt zu machen, glaubt Bucharin durch die Umsetzung der »›mystischen‹ Sprache der Hegelschen Dialektik in die Sprache der modernen Mechanik«[36] eine verwissenschaftlichte Dialektik zu gewinnen, die Grundlage einer die Theorie des historischen Materialismus ergänzenden, nach dem Modell der Naturwissenschaften verfahrenden Soziologie werden kann. Wenn Bucharin aber die Dialektik zum Triaden-Schema einer Gleichgewichtstheorie formalisiert, so daß sich der dialektische Prozeß wesentlich als Störung und Wiederherstellung eines Gleichgewichtszustandes darstellt[37], so ist diese Transformation zureichend kaum durch

34 *Theorie des historischen Materialismus,* Verlag der Kommunistischen Internationale, 1922, S. 205.
35 a.a.O., S. 237.
36 a.a.O., S. 76; in diesem Band S. 231.
37 a.a.O., S. 75 ff.; in diesem Band S. 228 ff.

ein bloß subjektives Mißverständnis der Dialektik zu erklären.

Hatten Marx und Lenin die Stabilität der bestehenden Gesellschaften vor allem unter dem Gesichtspunkt ihrer revolutionären Veränderbarkeit untersucht, so besteht das Grundproblem der nachrevolutionären Theorie Bucharins, in welche die Erfahrung sowohl des neuen, von Störungen durchsetzten, aber revolutionär kaum gefährdeten Gleichgewichts des Weltkapitalismus als auch des chronisch labilen Gleichgewichts der Sowjetgesellschaft eingeht, umgekehrt darin, jene allgemeinen Gleichgewichtsbedingungen zu bestimmen, die einer durch Antagonismen »verschieden gerichteter Kräfte« zerrissenen Gesellschaft Existenzfähigkeit sichern. Die Frage, die sich Bucharin stellt, ist die eines positivistischen Soziologen: »Wieso wird ... unter solchen Umständen das Gleichgewicht im Aufbau der Klassengesellschaft erreicht? Wieso zerfällt sie nicht in jedem Monat? ... Wir wissen jedoch, daß Klassengesellschaften existieren. Folglich muß noch eine Bedingung des Gleichgewichts hinzukommen. Es muß etwas geben, was die Rolle eines Reifens spielt, der die Klassen zusammenhält und die Gesellschaft hindert, zu bersten, auseinanderzufallen, sich endgültig zu spalten. Ein solcher Reifen ist der Staat.«[38] Da aber nicht nur der Staat, sondern auch die übrigen gesellschaftlichen Bereiche, Recht, Moral, Traditionen, die Bucharin nicht nur in ihrer kausalen Abhängigkeit von der ökonomischen Basis, sondern bereits unter funktionalen Gesichtspunkten als Bestandteile eines arbeitsteilig organisierten Systems begreift, Gleichgewichtsbedingungen darstellen, wird es im Hinblick auf die Bucharinsche Beurteilung der sowjetischen Entwicklung verständlich, daß ihm der langwierige Prozeß der sozialistischen Integration des Millionenheers von Kleinproduzenten und Bauern als einziger Ausweg erscheinen mußte, um gefährliche Gleichgewichtsstörungen der Gesellschaft zu vermeiden. Es ist offenbar diese von Stalin als anti-leninistisch verurteilte

38 a.a.O., S. 168.

Gleichgewichtstheorie[39], die Bucharin, der in der These, daß das »innere (strukturelle) Gleichgewicht . . . eine ›Funktion‹ (des) äußeren Gleichgewichts« ist[40], in gewisser Weise Trotzkis Auffassungen teilt, schließlich doch zum Gegner ebenso des militanten Internationalismus der permanenten Revolution wie der terroristischen Industriealisierungspolitik Stalins werden ließ.

So treffend auch der im »Geist des dialektischen Materialismus« erhobene Einwand von Lukács sein mag, daß die Theorie Bucharins, in den methodischen Voraussetzungen Ausdruck der Rückwendung zum »anschauenden Materialismus«, einen »Rest von unaufgeklärter Dinghaftigkeit«, von falscher, fetischistischer Objektivität enthalte[41], – gerade in dem, was nach marxistischen Begriffen falsch an ihr ist: in ihrer naturwissenschaftlichen und mechanistischen Tendenz bringt sie unbewußt die Erfahrung der unter dem fortexistierenden Arbeitszwang verdinglichten Kommunikationsbeziehungen der Menschen angemessener zum Ausdruck als eine Dialektik, die gesellschaftliche Erfahrungen nur noch durch den Filter von Methodologien gewinnt und zur »abstrakten Wissenschaft von den allgemeinen Bewegungsgesetzen und Bewegungsformen«[42] geworden ist. Wenn dialektisches Denken nicht einfach in der systematischen Zusammenfassung einer bestimmten Zahl von Sätzen und Gesetzen besteht, sondern in der Selbstreflexion der wissenschaft-

39 Das geschieht in der gleichen Rede, in der Stalin auch das Startzeichen für den Kampf gegen die »praxisfernen« Deboristen gibt. »Man muß zugeben, daß das theoretische Denken mit unseren praktischen Erfolgen nicht Schritt hält, daß wir eine gewisse Kluft zwischen den praktischen Erfolgen und der Entwicklung des theoretischen Denkens zu verzeichnen haben . . . Bekanntlich gibt die Theorie, wenn sie wirklich eine Theorie ist, den Praktikern die Kraft der Orientierung, die Klarheit der Perspektive, die Sicherheit in der Arbeit und den Glauben an den Sieg unserer Sache.« (Zu Fragen der Agrarpolitik in der UdSSR, Rede auf der Konferenz marxistischer Agrarwissenschaftler vom 27. Dez. 1929, in: *Fragen des Leninismus*, Berlin 1955, S. 391 f.).
40 *Theorie des historischen Materialismus*, S. 81; in diesem Band S. 234.
41 Georg Lukács, Rezension zu Bucharins Buch »Theorie des historischen Materialismus«, in diesem Band S. 283 ff.
42 Vgl. Deborin, Materialistische Dialektik und Naturwissenschaft, in diesem Band S. 99.

lichen Erfahrungsgehalte unter dem erkenntnisleitenden Interesse der Emanzipation, dann trifft die häufig vertretene These, daß in der Sowjetphilosophie der zwanziger Jahre eine eindeutige Polarisierung zwischen »Dialektikern« und »Mechanizisten« erfolgt sei, nicht zu.[43] Gerade die Tatsache, daß die mechanistischen Theorien zwar *Produktions-* und *Verfügungswissen,* aber kaum *Legitimationswissen* zu erzeugen vermochten, hat die stalinistischen Parteiphilosophen veranlaßt, die »mechanistische Revision des dialektischen Materialismus« nach wie vor als die Hauptgefahr zu betrachten und zu bekämpfen.[44]

Gleichwohl trifft die Veränderung, welche die von einer expliziten Revolutionstheorie abgelöste Dialektik durch ihre Eingliederung in das Bezugssystem der Produktion erfährt, nicht nur die Philosophie, die aufhört, Selbstbewußtsein, gedanklicher Ausdruck eines aktuellen sozialrevolutionären Prozesses zu sein, sondern die ganze Dimension des historisch-kritischen Bewußtseins. Was bei Bucharin und Deborin an wirklicher Geschichte übrig bleibt, trägt selber ungeschichtliche Züge. Es sind im wesentlichen verdinglichte Projektionen des Prinzips kollektiver Arbeitsleistung auf die Vergangenheit, ohne daß sie als Leistungen historischer Subjekte, wenigstens in ihren bei Deborin und Bucharin vorwiegend auftretenden Organisationsformen von Wissenschaft und Technik, in den begriffenen Zusammenhang einer Selbstkonstitution der Gattung einbezogen wären.[45] Deborin sucht die geschichtliche Kontinuität an den Traditionen des philosophischen und wissenschaftlichen Gedankens festzumachen. »Die Wissenschaft vom Denken ist die Wissenschaft von der geschichtlichen Entwicklung menschlichen Denkens.«[46] Bucharin, auch hierin der sensiblere Materialist,

43 Diese These wird zum Beispiel auch von René Ahlberg in seiner bereits erwähnten Arbeit über Deborin vertreten.
44 Resolution der Parteizelle des Instituts der Roten Professur für Philosophie und Naturwissenschaft in Moskau. Angenommen am 29. Dez. 1930, in diesem Band S. 326.
45 Vgl. Jürgen Habermas, *Erkenntnis und Interesse,* Frankfurt/Main 1968, S. 66 ff.
46 Materialistische Dialektik und Naturwissenschaft, in diesem Band S. 108.

bestimmt sie als gattungsgeschichtliche Vergegenständlichung und Akkumulation menschlicher Erfahrungen: ». . . all das ist angehäufte materialisierte Erfahrung der Menschheit. In den neuen Bücherregalen mit den neuen Büchern, die zu den alten hinzukommen, zeigt sich anschaulich die Kollaboration vieler Generationen, die ununterbrochen aufeinanderfolgen.«[47] »Die generelle Umgestaltung des ganzen menschlichen Arbeitsapparats, die Reorganisation aller menschlichen Bindungen führt zu einem neuen Gleichgewicht, und die Gesellschaft beginnt dann einen neuen welthistorischen Zyklus ihrer Entwicklung, indem sie ihre technische Grundlage erweitert und ihre verdinglichte Erfahrung akkumuliert, die jedesmal als Ausgangspunkt für alle Vorwärtsentwicklung dient.«[48]

5.

Die von Jürgen Habermas am methodologischen Selbstverständnis von Marx aufgezeigte Reduktion der Reflexion auf Produktion, auf den Umkreis instrumentalen Handelns, so daß sich der logische Status der Naturwissenschaften und der der Kritik nicht mehr unterscheiden lassen[49], wird erst in der zur »Weltanschauung« verabsolutierten und historisch unmittelbar wirksamen Form des Sowjetmarxismus praktisch wahr. Da die Produktivkräfte nicht Instrumente der Befreiung, sondern einer neuen sozialen Kontrolle sind, steht selbst das Legitimationswissen noch unter der »transzendentalen« Bedingung industrieller Selbsterhaltung und möglicher technischer Verfügung. Wenn die »Gesetze« und Begriffe des Sowjetmarxismus in ihrer Struktur durchgängig auf einen stationären Gesellschaftszustand verweisen, so kommt darin der Tatbestand zum Ausdruck, daß eine am revolutionären Selbstverständnis festhaltende Gesellschaft mit Hilfe von Produktionssteigerung und

47 *Theorie des historischen Materialismus*, a.a.O., S. 318.
48 a.a.O., S. 322.
49 *Erkenntnis und Interesse*, a.a.O., S. 60 ff.

forcierter Entwicklung der Produktivkräfte stationäre Verhältnisse nur unter *einer* Bedingung aufzubrechen vermag: daß jede neue Stufe des materiellen Reichtums gleichzeitig ein Schritt zur praktischen Auflösung der verdinglichten Herrschaftsbeziehungen, zum Abbau der repressiven Staatsapparatur, zur Beseitigung von Arbeitszwang und Gewalt, schließlich zur autonomen Kontrolle der assoziierten Produzenten über die gegenständlichen Arbeitsbedingungen bedeutet. In der Additionsformel Lenins, Sozialismus sei Sowjetmacht plus Elektrifizierung, ist die notwendige Vermittlung dieser gleichlaufenden Prozesse bereits unterschlagen. Denn im Bezugssystem von industrieller Produktion und technologischer Rationalität zeigen sich unter der Voraussetzung, daß die in ihm lokalisierbare gesellschaftliche Dynamik nicht mehr als subversive Auflösung traditionaler Herrschaftsordnungen verstanden werden kann, anti-historische Tendenzen, gegen die auch ein Übermaß an historischer Bildung kaum wirksame Kräfte mobilisieren kann.

Zweifellos bezeichnet die technologische und verwaltungstechnische Rationalität jene Ebenen der Kommunikation mit fortgeschritteneren Gesellschaftssystemen, auf denen Lernprozesse eines industriell unentwickelten Landes mit einem Minimum an politischem Identitätsverlust ansetzen können. Diese Formen der Rationalität erscheinen als neutral, weil die hochgradige Intersubjektivität von Aussagen, die auf die gattungsgeschichtlich weitgehend konstant gebliebenen Interessen der Selbsterhaltung durch Arbeit eingeschränkt sind, zur Folge hat, daß sowohl die spezifisch historischen Formen der Produktion und der Produktionsverhältnisse als auch das im Erkenntnisansatz ein für allemal methodisch investierte praktische Erkenntnisinteresse aus dem Bewußtsein gedrängt werden.[50] Da in den Naturwissenschaften, welche die am »konkretesten objektivierte und verallgemeinerte Subjektivität« repräsentieren, die »kulturelle Einheit« und die »Vereinheitlichung des Geistes« ihre bisher

50 Jürgen Habermas, Analytische Wissenschaftstheorie und Dialektik, in: *Zeugnisse*, Festschrift für Adorno, a.a.O., S. 495.

maximale Ausdehnung erreicht haben[51], kann die Sowjetgesellschaft, indem sie sich auf die Mechanismen der bürgerlichen Produktionslogik einläßt, mit Recht die Herstellung
einer geschichtlichen Kontinuität erwarten, ohne deren Voraussetzung der emphatische Anspruch eines qualitativ neuen
Nachfolgesystems kaum erhoben werden könnte.

Aber in dem Maße, wie der Sowjetmarxismus der Oktoberrevolution eine Legitimationsgrundlage sichert, die sie vor dem
Rückfall in eine halbproletarische Agrarrevolte bewahrt, verliert der revolutionäre Bruch, den sie in der Menschheitsge-
schichte darstellen soll, seine Bedeutung und wird auf ein
quantitatives Verhältnis konkurrierender industrieller Systeme
reduziert. Indem allererst die *Voraussetzungen* für eine sozialistische Legitimation der Oktoberrevolution geschaffen werden
müssen, schrumpft der Umkreis ihrer historischen Legitimations-
möglichkeiten auf ein Minimum zusammen. Nüchterner Ausdruck für die Schwierigkeit, diesen Wiederspruch zu erkennen
und praktisch auszutragen, ist die ein allgemeines Einverständ-
nis suggerierende Feststellung Bucharins: »Wir wissen ja, daß
die Bedeutung der Revolution darin besteht, daß sie das Hin-
dernis für die Entwicklung der Produktivkräfte beseitigt.«[52]
Die Dialektik, welche diese Veränderungen im Zusammenhang
einer kritischen Theorie der Revolution sichtbar machen könnte, wird als »Algebra der Revolution«, wie sie seit Lenin nach
Alexander Herzens Ausspruch mit Vorliebe definiert wurde,
stillgelegt; der *historische* Materialismus, durch dessen Selbst-
anwendung die Widersprüche der Theorie aus der sozialen und
»ideologischen« Gesamtorganisation der Gesellschaft zu erklären wären, verwandelt sich in eine untergeordnete Disziplin
des *dialektischen* Materialismus, vom dem er sich bei Marx in
nichts unterscheidet.

Auf der Suche nach außergeschichtlichen Legitimationsquellen
und nach Mitteln, die Erkenntnismöglichkeiten des Legitima-

---

51 Antonio Gramsci, Kritische Notizen zu Bucharins »Theorie des Historischen Materialismus«, in diesem Band S. 300.
52 *Theorie des historischen Materialismus,* a.a.O., S. 311.

tionsmangels der russischen Revolution einzuschränken, kann der Sowjetmarxismus gleichwohl auf ein affirmativ gewendetes Prinzip der Dialektik, das ihm eine ausreichende Flexibilität der Interpretation objektiver Gesetzlichkeit sichert, nicht verzichten. Die positive Dialektik konstituiert den Marxismus als Legitimationswissenschaft. Scholastizismus, Orthodoxie, Naturalisierung und Ontologisierung des Denkens sind gleichermaßen Ausdrucksformen einer Dialektik, die »gegen sich selbst Maßnahmen ergreift und sich in den Dingen installiert, außer aller Anfechtung, aber auch außer allem Gebrauch. Oder (eines) Realismus, der sich mit dem point d'honneur der Dialektik absichert. Auf jeden Fall (eines Denkens), in dessen Schatten etwas anderes geschieht.«[53]

6.

In der zum gesonderten Erkenntnisbereich abgespaltenen Naturdialektik entsteht kein *Produktionswissen,* sondern in erster Linie *Legitimationswissen.*[54] Wenn mythische, religiöse und metaphysische Weltbilder in kosmologischen Weltinterpretationen und in der herkömmlichen Naturphilosophie, die nach einigen kritischen Bemerkungen von Engels sämtliche Sowjetmarxisten verwerfen, zentrale Menschheitsprobleme, Gerechtigkeit, Liebe, Haß u. a. m. zum Ausdruck bringen[55], so reduziert sich die unter den Bedingungen eines fortgeschrittenen Entwicklungsstandes der Naturwissenschaften konzipierte

53 Merleau-Ponty, *Die Abenteuer der Dialektik,* a.a.O., S. 89.
54 Ohne Rückgriff auf die Naturdialektik war es auch Deborin offenbar nicht möglich, die Dialektik in den Naturwissenschaften zu verankern; da die Naturwissenschaft ohnehin mit »elementarer Gewalt in die Richtung der Dialektik gedrängt« wird, kann die bewußte Anwendung der Dialektik lediglich die »überflüssigen Friktionen« dieses naturwüchsigen Prozesses beseitigen. (Materialistische Dialektik und Naturwissenschaft, in diesem Band S. 113) Deborin schwankt, ob unter Naturdialektik die Methodologie der Naturwissenschaften oder ein System der allgemeinen Bewegungsgesetze der Natur zu verstehen sei.
55 Jürgen Habermas, *Technik und Wissenschaft als »Ideologie«,* a.a.O., S. 68 ff.

»Dialektik der Natur« auf ein formales System von »Grundgesetzen«, deren logischer Status im Verhältnis zu den wirklichen Naturgesetzen im übrigen ungeklärt bleibt; allenfalls könnten sie als Interpretations- und Darstellungsformen naturwissenschaftlicher Forschungsresultate verstanden werden (Alfred Schmidt). Ihren Sinn als Legitimationskategorien haben die Gesetze der Naturdialektik vor allem darin, daß sie einen weltanschaulich geschlossenen und gegen unreglementierte Erfahrungen abgedichteten Zusammenhang sämtlicher Gegenstands- und Erkenntnisbereiche sichern. »In Wirklichkeit ist die Frage der Anwendbarkeit oder Nichtanwendbarkeit der Dialektik in bezug auf die Natur untrennbar verknüpft mit der Frage der Weltanschauung überhaupt.«[56] Eine qualitativ bestimmte Projektion gesellschaftlicher Verhältnisse auf Naturzusammenhänge findet sich nur in dem einen Punkt, in dem der Legitimationsmangel der nachrevolutionären Gesellschaft unmittelbar berührt wird: im Begriff der Revolution selber, die, weil ihr ein autonomes historisches Subjekt fehlt, in der elementaren Gestalt eines Naturereignisses auftritt. »Revolutionen in der Gesellschaft sind dasselbe, wie die Sprünge in der Natur.«[57] ». . . die Phrase: ›die Natur macht keine Sprünge‹ ist bloß ein Ausdruck für die Furcht vor den ›Sprüngen‹ in der Gesellschaft, d. h. ein Ausdruck für die Angst vor Revolutionen.«[58] Das »Gesetz« des Umschlags von Quantität in Qualität (und umgekehrt), an dem die formallogischen Kritiker des Sowjetmarxismus die politisch relevante Differenz zwischen Mechanizisten und Dialektikern mit Vorliebe exemplifizieren[59], parallelisiert Vorgänge der Natur mit solchen der Gesellschaft, die sich bestenfalls, wie das strapazierte Beispiel der Veränderung des Aggregatzustandes beim Sieden des Wassers zeigt, metaphorisch aufeinander beziehen lassen.

Die philosophischen Einwände gegen eine Übertragung dialek-

56 A. Deborin, Lukács und seine Kritik des Marxismus, in diesem Band S. 191.
57 Bucharin, *Theorie des historischen Materialismus*, a.a.O., S. 84.
58 a.a.O., S. 83 f.
59 Vgl. z. B. Gustav A. Wetter, *Der dialektische Materialismus*, a.a.O.

tischer Kategorien, die in ihrer Struktur wesentlich geschichtliche Verhältnisse zum Ausdruck bringen, auf eine von den
gesellschaftlichen Prozessen des realen Stoffwechsels zwischen
Mensch und Natur unabhängig gedachte Natur sind zuerst von
Lukács in *Geschichte und Klassenbewußtsein* (1923) formuliert
und seitdem in verschiedenen Variationen wiederholt worden.
»Die Mißverständnisse, die aus der Engelsschen Darstellung
der Dialektik entstehen, beruhen wesentlich darauf, daß Engels
– dem falschen Beispiel Hegels folgend – die dialektische
Methode auch auf die Erkenntnis der Natur ausdehnt. Wo doch
die entscheidenden Bestimmungen der Dialektik: Wechselwirkung von Subjekt und Objekt, Einheit von Theorie und Praxis,
geschichtliche Veränderung des Substrats der Kategorien als
Grundlage ihrer Veränderung im Denken etc. in der Naturerkenntnis nicht vorhanden sind.«[60] In einer überzeugenden
Argumentation hat Alfred Schmidt, der die Lukácsschen Thesen
in Richtung auf eine bisher unausgearbeitete materialistische
Erkenntniskritik weiterführte, zeigen können, in welchem
Sinne die Marxsche Theorie, im Zusammenhang von gesellschaftlicher Praxis, »selber schon die Dialektik der Natur, mit
der Engels sie glaubt ergänzen zu müssen«[61], enthält. Aber die
ungewöhnliche Widerstandskraft der im Zusammenhang der
Naturdialektik entwickelten Theorien, die kaum durch Lenin[62],

60 *Geschichte und Klassenbewußtsein*, 1923, S. 17.
61 *Der Begriff der Natur in der Lehre von Marx*, Frankfurt/Main 1962,
S. 49 ff.
62 Abgesehen von vereinzelten Bemerkungen gibt es bei Lenin, bis hin zu
dem 1929 erschienenen philosophischen Nachlaß, keine Hinweise auf die
Notwendigkeit einer expliziten Theorie der Naturdialektik. Wo dialektisches
Denken von Lenin ausdrücklich auf die Naturwissenschaften bezogen wird,
gehört es meist in den Zusammenhang einer Theorie des Klassenkampfes, in
welcher alle von Lukács genannten historischen Kategorien mitenthalten
sind. ». . . daß sich ohne eine gediegene, philosophische Grundlage keine
Naturwissenschaft, kein Materialismus im Kampf gegen den Ansturm der
bürgerlichen Ideen und gegen die Wiederherstellung der bürgerlichen Weltanschauung behaupten kann. Um diesen Kampf bestehen und mit vollem
Erfolg zu Ende führen zu können, muß der Naturforscher moderner Materialist, bewußter Anhänger des von Marx vertretenen Materialismus sein,
das heißt, er muß dialektischer Materialist sein.« (Über die Bedeutung des
streitbaren Materialismus, in: *Werke*, Bd. 33, S. 219).

schon gar nicht durch Marx zu stützen sind, beruht weder auf der sichtbaren Bestätigung der Geltung einzelner »Grundgesetze« durch die naturwissenschaftliche Forschung (als einzelne sind sie, wie das Verschwinden des »Gesetzes der Negation der Negation« aus dem Katalog der »Grundgesetze der Bewegung« in der Stalin-Ära zeigt, ohnehin fungibel) noch auf dem naturphilosophischen Bedürfnis, nicht nur die Gesellschaft, sondern auch die Naturprozesse verstehen zu wollen. Sie beruht vielmehr darauf, daß die in einer paradoxen historischen Situation getroffenen, kontingente Elemente und Gewalt zwangsläufig mitenthaltenden Entscheidungen wenigstens formal der Sanktionierung durch die Würde und Unabänderlichkeit von naturgesetzlichen Zusammenhängen bedürfen; diese Absicherung hat nicht nur den Zweck, den fraktionellen Widerstand einzelner Gruppen, die unter der Voraussetzung »unstrukturierter« historischer Situationen im allgemeinen für ihre Programme ein ebenso großes Maß an Legitimität zu beanspruchen haben wie die jeweiligen Repräsentanten der Generallinie, leichter brechen zu können; sie hat vielmehr vor allem den Sinn, die Bereitschaft zum Opfer und zur Einsicht in die Notwendigkeit eines quasi natürlichen Entwicklungsganges der Ereignisse bei den Massen zu erhöhen. Es muß sinnliche Evidenz haben, daß Entscheidungen dieser Art nicht Erfindungen von Einzelnen oder Gruppen sind, sondern adäquater Ausdruck der von Bewußtsein und Willen unabhängigen Gesetze, die zu erkennen freilich nur fähig ist, wer die materialistische Weltanschauung als Ganze und in der »am meisten orthodoxen« Form[63] akzeptiert.

Diese chronische, dem Sowjetmarxismus eigentümliche Angst vor dem »Subjektivismus«, die noch in den abgelegensten Vorwürfen der idealistischen Abweichung nachwirkt, schlägt freilich in einen dem autoritären Voluntarismus, der später die Stalinsche Politik prägte, genau entsprechenden Objektivismus um; durch ihn werden mit den qualitativ an sich – d. h. durch die Gegenständlichkeitsformen – verschiedenen, unter Herr-

63 Bucharin, *Theorie des historischen Materialismus,* a.a.O., S. VI.

schaftsbedingungen jedoch angeglichenen Objektbereichen von Natur und Gesellschaft gleichzeitig die spezifischen Differenzen zwischen den gesellschaftlichen Systemen eingeebnet. Bezweckt der Verweis auf naturgesetzliche Objektivität eine erhöhte Legitimationssicherung der Sowjetgesellschaft, so bewirkt der ihr immanente, undurchschaute Subjektivismus freilich gerade das Gegenteil: Die Verdinglichung der menschlichen Beziehungen und die fortdauernde Abhängigkeit der Individuen von den ihnen gegenüber verselbständigten gesellschaftlichen Mechanismen, die man als gegenständliche Resultate historischer Praxis nicht wahrhaben will, bestätigen lediglich die ungebrochene Gültigkeit sämtlicher »Gesetze« der Vorgeschichte. Die Natur organisiert sich nicht, wie bei Marx, als Moment geschichtlicher Praxis, sondern umgekehrt: die geschichtliche Praxis wird zum Bestandteil von Naturzusammenhängen. In dieser Beziehung gibt es zwischen Deborin, Bucharin und den Mechanizisten kaum Unterschiede. »Auch im Kommunismus bleibt der Mensch ein Teil der Natur und ist dem allgemeinen Gesetz der Kausalität unterworfen ... die Theorie des Determinismus bleibt auch in bezug auf die kommunistische Gesellschaft in voller Kraft.«[64]

Wie wenig subjektive Einsicht ausreicht, den Bann eines gesamtgesellschaftlichen Legitimationsdrucks zu brechen, zeigen die klaren Formulierungen, mit denen Deborin die Argumente der Gegner einer Naturdialektik zusammenfaßt. »In ihrem Bestreben, die Natur dialektisch ›zu machen‹, machten die orthodoxen Marxisten die Dialektik naturalistisch – sagen unsere strengen Kritiker. Denn der Versuch, die Natur dialektisch zu sehen, führt dazu, daß die historische Dialektik vernachlässigt wird. Das Bestreben, die Geschichte unter die Herrschaft der Natur zu bringen, führt die Verzerrung der dialektischen Struktur der Geschichte nach sich.«[65] Aber das Problem ist nicht die Nebenerscheinung einer subjektiv-zufälligen Vernachlässigung der hi-

64 Bucharin, *Theorie des historischen Materialismus*, a.a.O., S. 36.
65 A. Deborin, Lukács und seine Kritik des Marxismus, in diesem Band S. 204.

storischen Dialektik, sondern deren ontologische Deformation; denn eben jene Dialektik, die sich in den geschichtlichen Prozessen als eine praktisch-revolutionäre Kraft der Erkenntnis und der materialen Veränderung des Bestehenden wirksam zeigt, wird, erst einmal in die Natur projiziert und gleichsam mit naturrechtlicher Sanktionsgewalt versehen, in grundsätzlich veränderter Gestalt nämlich als Prinzip von Legitimationskategorien zurückgeholt: in dieser Gestalt vermag sie kaum mehr zu leisten, als die Objektbereiche einer materialistischen Weltanschauung zu vermitteln und gegen das ihr eigentümliche Prinzip, die unverstümmelte Erfahrung, zu immunisieren. ». . . die Kategorien der einzelnen Wirklichkeitsgebiete sind den allgemeinen Gesetzen der dialektischen Entwicklung untergeordnet, bilden sie doch Sonderfälle, besondere *Erscheinungsformen* allgemeiner Kategorien.«66

Es ist häufig darauf hingewiesen worden, daß die den Sowjetmarxismus auszeichnende Verabsolutierung des Materialismus, die zu einer mit besonderer Sorgfalt betriebenen Reaktivierung der philosophischen Traditionen von Spinoza67 bis zu den französischen Materialisten des 18. Jahrhunderts und Ludwig Feuerbach führte, ihre gesellschaftliche Basis in der Rückständigkeit eines Landes hatte, das sich im Interesse eines forcierten Industrialisierungsprozesses die Entstehung neuer Quietive, religiöser und sonstiger Kompensationsideologien nicht leisten konnte. Wenn, wie Engels feststellt, die Einheit der Welt in ihrer Materialität besteht, so bietet diese Formel in der Tat günstige Ansatzpunkte für eine atheistische Ersatzbildung, die als lückenlose Weltanschauung den Individuen auch subjektiv keine Möglichkeiten mehr bietet, aus dem System auszubrechen. Mit dem

66 Deborin, Materialistische Dialektik und Naturwissenschaft, in diesem Band S. 100.
67 Spinozistische Tendenzen im Denken der Sowjetunion finden sich nicht nur bei Plechanow, sondern im ganzen Sowjetmarxismus. Vgl. die Arbeit Deborins: Die Weltanschauung Spinozas, in: Thalheimer/Deborin, *Spinozas Stellung in der Vorgeschichte des dialektischen Materialismus*, Wien/Berlin 1928, S. 40 ff. Auch bei Bucharin finden sich zahlreiche Hinweise auf Spinoza, aber Gramsci charakterisiert seine Philosophie wohl zutreffender als »positivistischen Aristotelismus«.

Gestus der Beschwörung wird daher die stereotype Sprachformel wiederholt: »Der Marxismus oder dialektische Materialismus ist eine geschlossene Weltanschauung.«[68]

7.

Aber die auf außergeschichtliche Legitimationsquellen angewiesene Naturalisierung der Dialektik und der gesamten Kategorien des historischen Materialismus ist in einer geistesgeschichtlichen Situation, in der nominalistische Begriffsbildung vorherrscht und arbeitsteilig organisierte Einzelwissenschaften in immer weitere Erkenntnisbereiche vordringen, ihren Voraussetzungen nach brüchig. Ihre eigentliche Funktion, den historischen Legitimationsmangel der nachrevolutionären Sowjetgesellschaft auszugleichen, können derartige mit dem Siegel der Orthodoxie versehene Projektionen gesellschaftlicher Verhältnisse auf Naturzusammenhänge nur dann erfüllen, wenn zugleich die Erkenntnis der den Naturalisierungszwängen zugrunde liegenden Widersprüche zwischen gesellschaftlichem Sein und Bewußtsein, Realität und Begriff wirksam eingeschränkt oder doch neutralisiert wird. Neben der Naturdialektik gehört die Abbild- oder Widerspiegelungstheorie zu den wichtigsten Bestandteilen des Marxismus als Legitimationswissenschaft: Bereits in der Zeit des Vor-Stalinismus hat sie sich selbst in einigen von der Philosophie abgelegenen Wissensbereichen, wie der Rechtswissenschaft, durchgesetzt.

Seit Plechanows früher Versuch einer Hieroglyphentheorie, in der mit Hilfe von Symbolen das erkenntnistheoretische Abbild-Verhältnis zwischen Subjekt und Objekt, Begriff und Realität gebrochen und als durch konstitutive Leistungen des Subjekts vermittelt begriffen werden sollte, von Lenin mit dem Orthodoxie-Argument: daß Engels weder von Symbolen noch von Hieroglyphen, sondern »von Kopien, Abbildern, Abspie-

---

68 Deborin, Materialistische Dialektik und Naturwissenschaft, in diesem Band S. 94.

gelungen, Spiegelbildern der Dinge« spreche, als »fehlerhafte Abweichung« vom Marxismus verworfen wurde[69], hat es im Sowjetmarxismus ernst zu nehmende systematische Einwände gegen die Widerspiegelungstheorie nicht mehr gegeben. Wenn die stalinistischen Parteiphilosophen Deborin vorhielten, daß er die »materialistische Theorie der Widerspiegelung ganz und gar nicht begreife«[70], so traf das nicht ihn, sondern Lenin; denn in allen wesentlichen Punkten beschränkt sich Deborin darauf, die Leninschen Thesen zu wiederholen, allenfalls geringfügig zu variieren.[71]

Aber die gesellschaftliche Funktion der Widerspiegelungstheorie steht in keinem Verhältnis zu der Bedeutung ihres philosophischen Gehalts. Lenin hatte offenbar gehofft, durch sie das dialektische Denken und die Erkenntnis überhaupt in eine durch ihre Materialität charakterisierte Einheit der Welt bruchlos einfügen und in den materiellen Lebensprozessen der Menschen fest verankern zu können. Dieses überwiegend praktische Interesse an der Widerspiegelungstheorie hat ihn gleichzeitig jedoch daran gehindert, im Zusammenhang der Selbstreflexion seines eigenen Begriffs von Erkenntnis jene Einwände, die sich im Stadium der drohenden Kanonisierung der Abbildtheorie einzelnen »westlichen Marxisten«[72] als zwingende Interpretationen der erkenntnistheoretischen Hinweise von Marx darstellten: daß nämlich gesellschaftliches Sein und Erkenntnis gleichermaßen vorgängig durch den Gedanken, durch Praxis konstituiert seien, auch nur in der Richtung seiner Argumentation zu berücksichtigen. Weil Lenin weder die Naturwissenschaften noch die Begriffe von Materie und Natur in den Konstitutionszusammenhängen historischer Praxis begreift, bleibt auch die Beziehung der einzelnen Formen des »erscheinenden Wissens«

69 Lenin, *Materialismus und Empiriokritizismus*, a.a.O., S. 223.
70 Mitin, Über die Ergebnisse der philosophischen Diskussion, in diesem Band S. 370.
71 So vor allem in: Lenin über Dialektik, in diesem Band S. 135 ff.
72 Dieser Ausdruck stammt im übrigen aus dem Reservoir des Sowjetmarxismus; er hat die Funktion, die Gleichsetzung von Orthodoxie und Sowjetstaat zu erleichtern.

untereinander und zur Selbstreflexion ihrer erkenntnistheoretischen Voraussetzungen undiskutiert. Während er dogmatisch
die naturwissenschaftliche Erkenntnis als Modell jeglicher Erkenntnis unterstellt[73], führt er, indem er gegen idealistische
Formen der Identifikation von Denken und Sein polemisiert
und deren Nicht-Identität betont, die Widerspiegelungsthese
einfach als ein gesichertes und zentrales Lehrstück der Marxschen
Theorie ein. »Das gesellschaftliche Bewußtsein *widerspiegelt*
das gesellschaftliche Sein – darin besteht die Lehre von Marx.
. . . Das Bewußtsein *widerspiegelt* überhaupt das Sein – das ist
eine allgemeine These des *gesamten* Materialismus.«[74]
Bestünde die Widerspiegelungstheorie in nichts anderem als in
dem erkenntnistheoretischen Nachweis der Unaufhebbarkeit
des Moments des Nicht-Identischen im Erkenntnisprozeß, in
der These, daß der erkannte Gegenstand im erkennenden Subjekt nicht aufgeht, so wäre damit lediglich ein Prinzip der materialistischen Dialektik formuliert, das gerade verhindern
würde, die erkennenden Subjekte aus dem realen geschichtlichen Prozeß der Menschen herauszulösen. Denn der Gedanke
des Subjekts geht als wesentlicher Bestandteil in die von ihm
»widergespiegelte« Realität ein. Indem aber die Gegenstands-
formen, auf die sich Erkenntnis und Bewußtsein beziehen, zu
selbständig »gegebenen« und von der Gesamtwirklichkeit des
gesellschaftlichen Produktions- und Reproduktionsprozesses
isolierten Objektbereichen einer »widerspiegelnden« Erkenntnis abstrakt zusammengefaßt werden, obwohl sie doch nur
auf eine je besondere Weise die gesellschaftliche Totalität
ausdrücken[75], fallen nicht nur Denken und Sein, philo-

---

73 »Wenn es eine objektive Wahrheit gibt (wie die Materialisten meinen),
wenn nur die Naturwissenschaft allein, indem sie die Außenwelt in der
menschlichen ›Erfahrung‹ abbildet, fähig ist, uns die objektive Wahrheit zu
vermitteln, so ist damit jeglicher Fideismus unbedingt verworfen.« (*Mate-*
rialismus und Empiriokritizismus, a.a.O., S. 114).
74 Lenin, *Materialismus und Empiriokritizismus*, 1923, S. 273 (russisch)
[Dietz, Berlin 1967, S. 326] gegen Lukács von Deborin zitiert in: Lukács
und seine Kritik des Marxismus, in diesem Band S. 206.
75 »Auch die ökonomischen Vorstellungen stehen zur Wirklichkeit der
materiellen Produktionsverhältnisse der bürgerlichen Gesellschaft nur schein-

sophische Reflexion und Wirklichkeit, sondern auch Theorie und Praxis auseinander. Die Gegenstandswelt bleibt, als verdinglichte Realität, theoretisch wie praktisch undurchdrungen.

Die Widerspiegelungstheorie, die ähnlich wie die Naturdialektik einen stationären gesellschaftlichen Zustand gleichzeitig voraussetzt und sanktioniert, hat unter den Bedingungen der Sowjetgesellschaft eine doppelte Funktion: auf der einen Seite wird das Denken auf die Erkenntnis von »gesetzmäßigen« Zusammenhängen vergegenständlichter Arbeitsprozesse, auf technologisch und sozialtechnisch verwertbare Informationen eingeschränkt. Die bloße Verdoppelung der Realität im Bewußtsein soll strengste Objektivität der Erkenntnis verbürgen und garantieren, daß jede mögliche Erfahrung der Widersprüche zwischen Wirklichkeit und Begriff einer revolutionären Gesellschaft von vornherein als Ausdruck inadäquater, verzerrter, auf das Subjekt zurückfallender Konstruktionen verstanden wird. In der Rationalität eines reibungslos funktionierenden Ganzen, das die technische Perfektionierung des Produktionsapparates zum Zweck hat, stellt die abweichende Meinung, die Autonomie und Spontaneität des Gedankens, überhaupt alles das Gegebene transzendierende Denken in der Tat nicht nur ein »politisches Verbrechen, sondern auch eine technische Dummheit, Sabotage, falsche Behandlung der Maschine« dar.[76] Stalin hat dieses in der Widerspiegelungstheorie enthaltene Pathos des Objektiven, das sich aus dem Gesetzesbegriff der Naturwissenschaften wohl ebenso herleitet wie aus der Marxschen Werttheorie, bis hin zur äußersten Konsequenz der vollständigen Irrelevanz des »subjektiven Faktors« und der grundsätzlichen Unaufhebbarkeit gesellschaftlicher Naturgesetze unmißverständlich ausgesprochen. »Der Marxismus faßt die

bar im Verhältnis des Bildes zu dem abgebildeten Gegenstand, in Wirklichkeit aber in dem Verhältnis, in welchem ein besonderer, eigentümlich bestimmter Teil eines Ganzen zu den anderen Teilen dieses Ganzen steht.« (Korsch, *Marxismus und Philosophie*, a.a.O., S. 56).
76 H. Marcuse, *Die Gesellschaftslehre des sowjetischen Marxismus*, a.a.O., S. 92.

Gesetze der Wissenschaft – ganz gleich, ob es sich um Gesetze der Naturwissenschaft oder um Gesetze der politischen Ökonomie handelt, als die Widerspiegelung objektiver, unabhängig vom Willen des Menschen vor sich gehender Prozesse auf. Die Menschen können diese Gesetze entdecken, sie erkennen, sie erforschen, sie in ihrem Handeln berücksichtigen, sie im Interesse der Gesellschaft ausnutzen, aber sie können diese Gesetze nicht verändern oder aufheben. Noch weniger können sie *neue* Gesetze der Wissenschaft aufstellen oder schaffen. . . . Das gleiche ist von den Gesetzen der . . . politischen Ökonomie zu sagen – ganz gleich, ob es sich um die Periode des Kapitalismus oder um die Periode des Sozialismus handelt. Die Gesetze der ökonomischen Entwicklung sind hier ebenso wie in der Naturwissenschaft objektive Gesetze, die die unabhängig vom Willen der Menschen sich vollziehenden Prozesse der ökonomischen Entwicklung widerspiegeln.«[77]

Auf der anderen Seite hat das Instrument, das uneingeschränkte Objektivität verbürgen soll, als Legitimationsmittel vor allem auch die Funktion, die alltägliche Erfahrung der Selbstentfremdung des Menschen wie die unverfälschte Reproduktion der »Tatsachen« im wissenschaftlichen Bewußtsein wirksam zu verhindern, weil die Widersprüche der Gesellschaft im allgemeinen selbst noch in Oberflächenphänomen zum Ausdruck kommen. Wenn deshalb in der Kritik des Sowjetmarxismus immer wieder auf den bemerkenswerten Tatbestand einer fast mechanischen Deformation der »Tatsachen« verwiesen wurde[78], so beruht das nicht ausschließlich auf Manipulation, sondern bezeichnet genau die Doppeldeutigkeit des gesamten nachrevolutionären Realismus, in dem auf jeder Stufe gleichzeitig Produktions- und Legitimationswissen entsteht. Denn die gesellschaftliche Funktion der Kategorien des Sowjetmarxismus besteht nicht nur darin, das Verhalten der Menschen im Zusammenhang der Produktionsprozesse zu steuern, sondern auch

---

77 Stalin, *Ökonomische Probleme des Sozialismus in der UdSSR*, S. 416.
78 Kolakowski spricht treffend von einem »Platonismus der Öffentlichkeit« (*Der Mensch ohne Alternative*, München 1960, S. 216 ff.).

darin, es auf einen künftigen Zustand zu richten, in dem der gegenwärtige verneint und als sinnvolle, alles Leid rechtfertigende Übergangsstufe aufgehoben ist.

Da aber die vorwiegend auf die Naturdialektik und die Widerspiegelungstheorie gegründeten Legitimationssicherungen einer Gesellschaft, welche die bewahrten Ansprüche einer proletarischen Revolution nicht zu realisieren vermag, unter den historischen Bedingungen einer Umwelt industriell fortgeschrittener Länder und eines mit Gleichgewichtsstörungen verbundenen internen Industrialisierungsprozesses stets von innerer Zersetzung bedroht sind, bedarf es einer »innerweltlichen« Instanz, die über das Interpretationsmonopol in Fragen des Marxismus frei verfügt. Da Subjekt und Objekt der geschichtlichen Veränderungen nach dem Ausbleiben der proletarischen Revolutionen des Westens endgültig auseinandergefallen waren, konstituierte sich die zentralistische Kaderpartei als autoritatives und relativ autonomes Subjekt der Interpretation der weltgeschichtlich notwendigen und kontingenten Handlungen. Was die Philosophie des Vor-Stalinismus von der des Stalinismus unterscheidet, betrifft weniger die innere Struktur der sowjetmarxistischen Theorien als vielmehr deren institutionelle Absicherung. Stalins apodiktische, die Arbeit »Über dialektischen und historischen Materialismus« einleitende Feststellung: »Der dialektische Materialismus ist die Weltanschauung der marxistisch-leninistischen Partei«[79], bezeichnet nur den prägnanten Endpunkt einer Kette von Legitimationssicherungen, nicht deren gesellschaftlichen Ursprung. Gerade die chronisch labile Gleichgewichtslage der nachrevolutionären Sowjetgesellschaft, in der geringste Abweichungen der philosophischen Marxinterpretation tödliche Folgen für die jeweils geltende Generallinie der Partei haben konnten, zwang der herrschenden Bürokratie einen autoritären Voluntarismus auf, der auf eine kommunikative Verständigung über die revolutionären Ziele, die in vorrevolutionären Situationen unvermeidlich und in der Blick-

---

[79] *Fragen des Leninismus,* Berlin 1955, S. 724.

44

richtung auf die zu erwartende Revolution leicht zu tolerieren war, verzichten mußte.[80]

Die das Bezugssystem des nachrevolutionären Denkens und Handelns bestimmenden Veränderungen haben das Kriterium der Erkenntnis selber, nämlich die Praxis, nicht unberührt gelassen. Wenn sich der Sowjetmarxismus, um die kritisch-praktische Dimension der Widerspiegelungstheorie unter Beweis zu stellen, regelmäßig auf die zweite Feuerbachthese beruft, in der Marx die »gegenständliche Wahrheit des menschlichen Denkens« als eine durch Praxis vermittelte begreift, so wird in dem Unvermögen, sowohl die Naturdialektik als auch die Widerspiegelungstheorie in Zusammenhängen der historisch-praktischen Konstitution der Gegenstandsbereiche zu analysieren, eben der Zerfall des Begriffs revolutionärer Praxis sichtbar. Er verliert nicht nur, wie Gramsci hervorhebt, sein umgangssprachlich-kommunikatives Element, die »Dimension des Alltagsverstandes«[81], sondern schafft, indem er mit technischen Normen ununterscheidbar verschmilzt, die Voraussetzungen für den technisch-revolutionären Terror des Stalinismus, für Formen des Denkens und Handelns, in denen eine Emanzipation der Menschen ohne Intersubjektivität, ohne Subjekte versucht wird. Diesen verkümmerten Begriff von revolutionärer Praxis hat die stalinistische Bürokratie nicht erfunden, sondern sie findet ihn, wenn auch in politisch weitgehend noch folgenloser Gestalt, bereits vor. Lenin sagt: »Marx stellt die Frage des Kommunismus so, wie der Naturforscher die Frage der Entwick-

---

80 Lenin war sich der Gefahren einer Identifikation von philosophischen Positionen mit politischen Fraktionen noch bewußt. Als er in der Zeit der Abfassung von *Materialismus und Empiriokritizismus* (1908) in einem mit Gorki geführten, teilweise polemischen Briefwechsel über Bogdanow die Auffassung vertrat, daß man die »Philosophie von den Partei-(fraktions-) Angelegenheiten trennen« müsse (*Briefe*, Bd. II, S. 155), wollte er die Ebene philosophischer Auseinandersetzung sicherlich nicht politisch neutralisieren, wohl aber im Interesse des wichtigeren revolutionären Klassenkampfes vermeiden, daß die bolschewistische Fraktion, in einen philosophischen Streit »hineingezogen«, gezwungen sein könnte, »morgen oder übermorgen eine Entscheidung zu treffen, eine Abstimmung vorzunehmen, d. h. den Streit chronisch, langwierig und auswegslos zu machen« (S. 150).
81 Kritische Notizen . . ., in diesem Band S. 292 f.

lung einer neuen, sagen wir biologischen Abart stellen würde, wenn ihm bekannt wäre, daß sie so und so entstanden ist und sich in der und der bestimmten Richtung modifiziert.«[82] Deborin: »Welches ist die Praxis des gesellschaftlichen Menschen? Der Produktionsprozeß.«[83] Bucharin: »Für das Proletariat sind die Normen seines Verhaltens genauso technische Regeln wie für den Tischler, der einen Sessel macht.«[84]

Die lebendigste Periode der sowjetischen Philosophiegeschichte liegt zwischen dem Selbstmord der zwei bedeutendsten Dichter der Revolution, Jessenin und Majakowski. Abram Deborin, als langjähriges Mitglied der Redaktion der einflußreichen Zeitschrift *Unter dem Banner des Marxismus* allseitig respektierter Philosoph des Vor-Stalinismus, hat nach der parteioffiziellen Verurteilung seiner Philosophie als »menschewisierenden Idealismus« drei Jahrzehnte lang keinen nennenswerten Aufsatz mehr geschrieben und sein Leben als parteitreues Präsidiumsmitglied der sowjetischen Akademie der Wissenschaften gefristet. Und Nikolai Bucharin, der die Dialektik Hegels in die Sprache der Mechanik übersetzen wollte, findet, angeklagt der Spionage und der Verteidigung der Klasse der Kulaken, in dem von ihm selbst mitgeprägten Sowjetmarxismus keine Begriffe mehr, um mit seiner eigenen Situation die Tragödie des sowjetrussischen Oppositionellen dem Staatsanwalt und der Öffentlichkeit verständlich machen zu können. Er greift auf Hegel zurück – freilich auf einen durch Pawlow modifizierten; auf das »unglückliche Bewußtsein« der *Phänomenologie* und auf die Geschichte als das Weltgericht: »Mir scheint, daß wir bis zu einem gewissen Grade Leute mit *gehemmten Reflexen* waren. Und dies ergab sich nicht aus dem Fehlen eines konsequenten Denkens, sondern aus der objektiven Größe des sozialistischen Aufbaus. Jener Widerspruch ... drückt die Lage eines Konterrevolutionärs unter den Verhältnissen des sich entwickelnden sozialistischen Aufbaus

---

82 Staat und Revolution, *Ausgewählte Schriften*, Bd. II, S. 347.
83 Lukács und seine Kritik des Marxismus, in diesem Band S. 217.
84 *Theorie des historischen Materialismus*, a.a.O., S. 277.

aus. Es entstand eine doppelte Psychologie . . . Manchmal riß es
mich selbst mit, daß ich zum Ruhme des sozialistischen Aufbaus
schreibe, obwohl ich morgen schon dies durch meine praktischen Taten verbrecherischen Charakters ableugne. Hier bildete sich das heraus, was in der Philosophie Hegels das unglückliche Bewußtsein genannt wird. Dies unglückliche Bewußtsein
unterschied sich von dem gewöhnlichen nur dadurch, daß es
gleichzeitig ein verbrecherisches Bewußtsein war. Die Macht des
proletarischen Staates äußert sich nicht nur darin, daß er die
konterrevolutionären Banden zerschlagen hat, sondern auch
darin, daß er seine Feinde innerlich zersetzt, daß er den Willen
seiner Feinde desorganisiert hat. Dies gibt es nirgends, und dies
kann es in keinem einzigen kapitalistischen Land geben. Mir
scheint, daß, wenn bezüglich der in der UdSSR vor sich gehenden Prozesse in einem Teil der westeuropäischen und amerikanischen Intelligenz verschiedene Zweifel und Schwankungen
beginnen, diese in erster Linie deswegen auftreten, weil dieses
Publikum nicht jenen grundlegenden Unterschied versteht, daß
in unserem Lande der Gegner, der Feind, gleichzeitig dieses gespaltene, doppelte Bewußtsein hat. Und mir scheint es, daß
man dies in erster Linie verstehen muß.«[85]

Die in diesem Band zusammengestellten Arbeiten aus der
Periode des Vor-Stalinismus dokumentieren nur einen kleinen
Ausschnitt aus der »Naturgeschichte« des stalinistischen Denkens, deren systematische Rekonstruktion unter gleichzeitig
soziologischen und philosophischen Gesichtspunkten, auch im
Hinblick auf die Textauswahl, noch zu leisten wäre. Aber die
Schwierigkeit einer solchen ideologiekritischen Aufarbeitung
der Geschichte des Sowjetmarxismus, welche die Philosophie
der Nicht-Philosophen, das revolutionäre Selbstverständnis
auch der namenlosen Opfer einzubeziehen hätte, besteht nicht
zuletzt darin, daß es sich gar nicht allein um ein theoretisches
Problem, um die schlüssige Widerlegung von Theorien und

85 *Die Moskauer Schauprozesse*, herausgegeben von Theo Pirker, dtv dokumente, S. 238; in diesem Band S. 277 ff.

»Weltanschauungen« handelt. Stalinistisches Denken ist überall dort virulent, wo in Systemen, Organisationen und Parteien auf Gesellschaftsveränderung abzielende Entscheidungen getroffen und durch höhere Interessen gerechtfertigt werden, die innere und äußere Abhängigkeiten der Betroffenen, den Objektcharakter der Menschen bestehen lassen. Im »Neopopulismus« Bucharins bricht, unter der Decke der bürokratischen Organisation einer zentralistischen Kaderpartei, in verspäteter und deshalb deformierter Gestalt der Protest noch einmal hervor: die Furcht vor einer Emanzipation ohne Freisetzung der Selbstorganisation der Menschen und ohne Vermenschlichung ihrer Kommunikationsbeziehungen. Erst die Rückgewinnung einer historisch-materialistischen Theorie, die, weil sie sich als Teil eines weltgeschichtlichen Prozesses sozialrevolutionärer Praxis begreift, auch ein Bewußtsein von ihrer unter fortexistierenden Herrschafts- und Gewaltverhältnissen notwendigen politisch-strategischen Funktion hätte, könnte den Marxismus als Legitimationswissenschaft aufheben.

Oskar Negt

Abram Deborin

Lenin als revolutionärer Dialektiker

I.

Der Verfasser macht es sich nicht zur Aufgabe, in dem vorliegenden Aufsatz eine erschöpfende Charakteristik der Leninschen Dialektik zu geben, da dies eine Darstellung der Methodologie des Marxismus im ganzen erfordern würde, was den Rahmen eines Zeitschriftenartikels überschreiten würde. Überdies muß berücksichtigt werden, daß alle Arbeiten Lenins von Dialektik durchsättigt sind und bei ihm, gleich Marx, die dialektische Methode mit dem konkreten Inhalt der analysierten Erscheinungen verschmolzen ist. Unter solchen Umständen kann eine kritische Darstellung der dialektischen Methode Lenins in ihrem ganzen Umfange nur im Wege einer Analyse des gesamten konkreten Materials und sämtlicher Probleme, mit deren Erörterung und Beleuchtung er sich befaßt hatte, gegeben werden. Wir sind genötigt, unser Thema einzuschränken und die grundlegenden dialektischen Momente oder Kategorien, die in ihrer Gesamtheit die *dialektische Methode* bilden, auszuscheiden, indem wir zu diesem Zwecke hauptsächlich die Leninsche Analyse des Imperialismus, des Weltkrieges und der Revolution benutzen.

Die revolutionäre Dialektik des Marxismus unterscheidet sich von der Hegelschen dadurch, daß sie ohne eine materialistische Geschichts- und Naturauffassung vollkommen undenkbar ist. Sie stellt indessen nicht etwa etwas Selbständiges oder eine Gesamtheit außerhalb oder über der Wirklichkeit stehender Kategorien dar. Diese Eigentümlichkeit des Marxismus unterscheidet die materialistische Dialektik qualitativ von der idealistischen Dialektik, obwohl sie historisch eine Fortführung der letzteren ist.

Die historische Aufeinanderfolge oder *Kontinuität* des philosophischen Gedankens bedingte zum Teil jene revolutionäre Umwälzung auf dem Gebiete wissenschaftlicher Methodologie und allgemeiner Weltanschauung, die zu vollziehen Marx vorbehalten blieb. Die idealistische Dialektik geriet im Verlaufe ihrer Entwicklung in einen Widerspruch mit sich selbst, denn die Dialektik verlangt ihrem ganzen Wesen nach Konkretheit, während jede Art von Idealismus, der dialektische inbegriffen, letzten Endes in den Sphären *abstrakter* Gedanken, Begriffe oder Ideen verharrt. Die immanente Entwicklung der Dialektik erheischte somit einen Übergang zur Wirklichkeit, und zwar nicht zu einer eingebildeten und sophistisch aufgeputzten, sondern zu einer lebendigen und konkreten Wirklichkeit. Dabei mußte sich just der materialistische Charakter dieser Wirklichkeit offenbaren. Die idealistische Dialektik verwandelte sich, einmal in Widerspruch mit ihren eigenen Grundlagen geraten, in ihr Gegenteil, die materialistische Dialektik.

Indem wir die immanente Entwicklung der Dialektik betonen, verlieren wir natürlich keinen Augenblick die Bedeutung und Rolle dessen aus dem Auge, was Lenin zum Unterschied von *theoretischer Dialektik praktische Dialektik* genannt hat. Die praktische Dialektik ist nichts anderes als die Praxis des Klassenkampfes in der gegenwärtigen Gesellschaft. Wird das Denken durch das Sein bestimmt, so wird naturgemäß die theoretische Dialektik durch die »praktische Dialektik« bestimmt.

Hegel weist mit Recht darauf hin, daß »irgend etwas ist nur begriffen und in seiner Wahrheit gewußt, als es der *Methode vollkommen unterworfen ist.*«[1]

Hegel hat hier nicht die Methode schlechthin im Auge, sondern die wirklich wissenschaftliche Methode. Die wissenschaftliche Methode aber erblickt er einzig und allein in der Dialektik. Die Methode ist nach Hegels und Marx' Lehre nicht etwas dem Gegenstande Wesensfremdes, Subjektives, von der objektiven Wirklichkeit Losgelöstes. Die Eigenart der Hegelschen Methodologie besteht darin, daß Hegel in der *Methode die Form eines konkreten Inhaltes* sieht. Das aber besagt, daß die Wissenschaft sich der *objektiven Methode* zu bedienen habe. Selbstverständlich konnte Hegel, vom idealistischen Standpunkte ausgehend,

1 Hegel, *Wissenschaft der Logik,* Teil II, Ausg. 1834, S. 330 [Werke Bd. V, S. 330].

sofern bei ihm die Wirklichkeit auf die absolute Idee, der Inhalt der absoluten Idee aber auf den *Begriff* der Entwicklung hinauslief, dieser Forderung nicht gerecht werden. Ihrerseits bildete die Methode die Form der Entwicklung des Inhalts, d. h. die *Entwicklungsform des Entwicklungsbegriffes.*

Marx' Weltanschauung gibt dem Problem der Methode die richtige wissenschaftliche Lösung. Marx, der in der Frage nach dem *objektiven* Charakter der Methode Hegel folgte, hinterließ uns die *materialistische* Begründung der Methode selbst. Hegel bewegte sich in der Sphäre der Idee oder des Begriffes der Entwicklung, dessen Form die Methode bildete. Die materialistische Dialektik dagegen erkennt in dem Begriff den Widerschein wirklicher Dinge. Die Methode bildet nicht die äußere Form der Dinge oder die innere Form eines Begriffes, sondern die immanente Form der bestehenden Wirklichkeit. Bildet der Gegensatz zwischen Subjekt und Objekt den Ausgangspunkt jeglicher Erkenntnis, so stellt die Methode die Einheit beider wieder her. Inhalt, Veränderung und Entwicklung der objektiven Wirklichkeit müssen sich in der Methode selbst in Form von Wissenschaft widerspiegeln. – Mit andern Worten: Methode besagt, daß der Begriff der Wirklichkeit selbst entspricht, insofern er sie widerspiegelt. Die Methode ist die »Seele aller Objektivität«.

Aufgabe der dialektischen Methode ist die Erkenntnis der objektiven Wirklichkeit. Die Wirklichkeit ist *nie* als etwas Fertiges und Abgeschlossenes gegeben, sondern stellt eine *Einheit von Gegensätzen und einen Entwicklungsprozeß* dar.

»Vor ihr« (der dialektischen Philosophie, A. D.), sagt F. Engels, »besteht nichts Endgültiges, Absolutes, Heiliges; sie weist von allem und an allem die Vergänglichkeit auf, und nichts besteht vor ihr als der ununterbrochene Prozeß des Werdens und Vergehens, des Aufsteigens ohne Ende vom Niedern zum Höhern, dessen bloße Widerspiegelung im denkenden Hirn sie selbst ist.«[2]

2 Fr. Engels, *Ludwig Feuerbach und der Ausgang der klassischen deutschen Philosophie.* 7. Aufl., S. 4 [MEW Bd. 21, S. 267 f.]

Der dialektische Materialismus ist in erster Linie eine richtige wissenschaftliche Methode, die jeden Inhalt dem dialektischen Fluß unterordnet, der die »Seele« der Wirklichkeit selbst bildet, nicht aber ein philosophisches System.

Wenden wir uns nun Lenin zu, so sei vor allem vermerkt, daß Lenin die außerordentliche Bedeutung der dialektischen Methode dauernd betont hat. Ihm galt eine Erscheinung als erkannt, wenn sie, um mit Hegel zu sprechen, der dialektischen Methode »vollkommen untergeordnet« worden war. Die Wirklichkeit stellt im Lichte der Dialektik einen »Prozeß der Entstehung und Vernichtung« dar, der sich in unseren Vorstellungen und Begriffen wie in unserer praktischen Tätigkeit entsprechend widerspiegelt. Die objektive Wirklichkeit, die Erkenntnis dieser Wirklichkeit und die praktische Einwirkung auf sie, d. h. die aktive Veränderung der sich verändernden Wirklichkeit durch den Menschen auf dem Boden der Erkenntnis des Prozesses ihrer Veränderung, all dies stellt jene Elemente dar, sich dialektisch zu einem synthetischen Ganzen vereinigen. Die so verstandene Praxis bildet die dialektische Synthese der objektiven Wirklichkeit und deren »subjektiver« Erkenntnis. Der Marxismus hat die Praxis selbst auf ein theoretisches Niveau emporgehoben, wobei er gleichzeitig die *Theorie* zu einem notwendigen Bestandteil der Praxis machte.

II.

Lenin maß der Theorie eine außerordentliche Bedeutung bei, da sich in ihr, ganz abgesehen von allem andern, sofern sie wissenschaftlich ist und der objektiven Wirklichkeit entspricht, die Gesamtheit der menschlichen Praxis konzentriert. Eine Praxis, die sich auf keine wissenschaftliche Theorie stützt, bleibt ein dahinkriechender Empirismus. »Bei Marx«, sagt Lenin, »sind Philosophie und politische Ökonomie zu einer einheitlichen materialistischen Weltanschauung verbunden. Bei Marx ruht die allgemeine philosophische Konzeption auf breitester Grund-

lage.«[3] Lenin bekämpft aufs entschiedenste alle Arten des sogenannten »konsequenten Empirismus«, der vor der Theorie, vor
umfassenden Verallgemeinerungen halt macht. »Das Verzwei-
feln an der Möglichkeit, die Gegenwart wissenschaftlich zu analysieren, der Verzicht auf die Wissenschaft, das Bestreben, alle
Verallgemeinerungen für schnuppe zu erklären, sich vor jedem
›Gesetz‹ der historischen Entwicklung zu verstecken, sich den
Wald durch Bäume zu verrammeln – *das* ist der Klassensinn
jenes modernen bourgeoisen Skeptizismus, jener toten und
geisttötenden Scholastik, die uns Herr Struve darbietet.«[4]
Lenin erblickt, wie wir sehen, die Scholastik und die »Wurstigkeit« in dem Bestreben, die Wirklichkeit in ein »Chaos der Erscheinungen« aufzulösen, und fordert demgegenüber umfassende wissenschaftliche Verallgemeinerungen. Der heutigen
Bourgeoisie passen gerade »Wurstigkeit«, Empirismus und Skeptizismus. So macht sich denn auch auf allen Gebieten der Sozialwissenschaften, ja selbst denen der Naturwissenschaften seitens
der bürgerlichen Gelehrten und Ideologen das Bestreben geltend, sich mit bloßen »Tatsachen«, mit »Bäumen«, unter Zu-
rückdrängung der Theorie, des »Waldes«, des Ganzen, zu begnügen.
Als Scholastik bezeichnet Lenin andererseits das Spiel mit »wissenschaftlichen« Definitionen oder die Loslösung der Theorie
von der Wirklichkeit, die Verwandlung von Gesetzen in selbständige und von den Erscheinungen, den Tatsachen unabhängige Wesenheiten. Letzteren Standpunkt vertritt der Idealismus, der auf diese Weise die einheitliche, unteilbare Wirklichkeit in zwei selbständige Welten spaltet, die Welt des Wesens
und die Welt der Erscheinungen.
In der Polemik gegen Struve deckte Lenin den eigentlichen
Charakter beider Spielarten der Scholastik und deren wissenschaftliche Unzulänglichkeit in vorzüglicher Weise auf. Bekanntlich hat Struve in seinem Buche *Wirtschaft und Preis* die
Kategorie des Wertes für ein Phantom erklärt und allein den

3 Lenin, *Gesammelte Werke*, Band 12, Teil II, S. 382 (russisch).
4 Lenin, ebenda, S. 388.

Preis als eine Tatsache gelten lassen. Mit Recht wies Lenin in höchster Entrüstung Versuche derartiger Vulgarisierung und Herabwürdigung der Wissenschaft zurück.

Der Klassensinn der Versuche Struves und anderer bürgerlicher Ideologen, den Empirismus und Idealismus als Gegengift gegen den Marxismus zu propagieren, bedarf keiner weiteren Erläuterung. Er ist offensichtlich. Was hingegen den *methodologischen* »Fehler« Struves anbelangt, so hat ihn Lenin vollauf aufgedeckt, womit er erneut den unvergleichlichen Vorsprung und die enorme Bedeutung der Dialektik als wissenschaftlicher Methode demonstrierte.

Selbst die besten Vertreter der Bourgeoisie, sagt Marx, bleiben im Banne einer »Welt des äußeren Scheins«. »Alle Wissenschaft wäre überflüssig, wenn die Erscheinungsform und das Wesen der Dinge unmittelbar zusammenfielen.«5 Die Vulgärökonomie ist nicht imstande, den inneren Zusammenhang der Erscheinungen aufzudecken. Sie klebt an der Welt des äußeren Scheins.

Die dialektische Methode stellt die richtige Beziehung der »Erscheinungsform« zum »Wesen der Dinge« her. Von diesem dialektischen Standpunkte, d. h. von dem *Gegensatz zwischen Wesen und Erscheinung einerseits* und deren Zusammenhang oder *Einheit* andererseits ausgehend, betont Lenin bezüglich der von Struve aufgeworfenen Frage der Wechselbeziehungen von Preis und Wert, daß uns die Wissenschaft im scheinbaren Chaos der Erscheinungen überall das Wirken grundlegender Gesetze aufzeigt. »Der Preis ist eine Äußerung des Wertgesetzes. Der Wert ist das Preisgesetz, d. h. der vergesellschaftete Ausdruck der Preiserscheinung.«6

Von einer *Unabhängigkeit* des Wertes vom Preise sprechen heißt, die Wissenschaft verhöhnen. »Wenn der Preis ein Austauschverhältnis darstellt«, fährt Lenin fort, »so muß auch unvermeidlich der Unterschied zwischen einem vereinzelten Austauschverhältnis und einem dauernden, einem Zufalls- und

5 Karl Marx, *Kapital*, Bd. III, 2. Teil, S. 352 [Dietz, Berlin 1953, Bd. 3, S. 870].
6 Lenin, *Gesammelte Werke*, Bd. 12, Teil II, S. 389.

einem Massenverhältnis, einem momentanen und einem längere Zeitspannen umfassenden Verhältnis begriffen werden. Ist dem aber so – und daß dem so ist, daran ist nicht zu zweifeln –, so schreiten wir mit derselben Notwendigkeit vom Zufalls- und Einzelverhältnis zum stabilen und Massenverhältnis, vom Preise zum Wert vor.« Und weiter heißt es: »Wenn der Preis ein ›realisiertes Austauschverhältnis‹ darstellt, so ist doch wohl die Frage erlaubt: Wer geht dieses Verhältnis ein? Offenbar die einander austauschenden Wirtschaften. Wenn dieses ›Austausch-verhältnis‹ nicht zufällig als Ausnahme für kurze Zeit erscheint, sondern sich mit ständiger Regelmäßigkeit allerorts und tagtäglich wiederholt, so ist es klar, daß das ›Austauschverhältnis‹ die Gesamtheit der Wirtschaften zu *einer* einheitlichen *Wirtschafts-ordnung* verbindet.«[7]

Es ist uns unmöglich, hier ausführlich auf die Dialektik von »Wesen« und »Erscheinung«, wie sie Marx entwickelt hat, einzugehen. Wir hoffen es in einem anderen Zusammenhang darstellen zu können. Dagegen erscheint es uns notwendig, zu betonen, daß die *Wirklichkeit* keine besondere »Welt des äußeren Scheins« oder ein besonderes »Chaos der Erscheinungen« oder ein Wesen an sich, sondern eine dialektische Einheit derselben darstellt. Der äußere, vom Wesen, vom Gesetz als losgelöst betrachtete Schein bildet das, was man als »unwesentlich« bezeichnet, sagt Hegel. Das »Wesen« umfaßt das »Unwesentliche« und enthält seine Beziehung zum Anderen, d. h. den inneren Zusammenhang.

III.

Lenin forderte als Dialektiker stets eine konkrete Behandlung der zu untersuchenden Erscheinungen. Eine abstrakte Wahrheit gibt es nicht. Die Wahrheit ist immer konkret. Das Abstrakte beruht auf dem rein formalen, rationalen Erfassen eines Begriffes. Die konkrete Wahrheit dagegen geht von einer dialek-

7 Ebenda, S. 390 und 391.

tischen Erfassung des *Begriffes* aus. Wodurch unterscheiden sie sich? Dadurch, daß der formale, abstrakte Begriff gewissermaßen ein über der Wirklichkeit schwebendes Gespenst darstellte. Die formale Logik erblickt in der Konstruktion des Begriffs die Notwendigkeit einer Abstraktion vom konkreten Inhalt, von allem *Besonderen* der Dinge und Erscheinungen. Die formale Logik sucht abstrakte Begriffe zu bilden, indem sie ähnliche Merkmale zusammenfaßt, unterschiedliche dagegen eliminiert. Gewöhnlich versteht man daher unter einem Begriff allgemeine Vorstellungen, sagt Hegel.

»Wenn vom Begriff gesprochen wird, so ist es gewöhnlich nur die abstrakte Allgemeinheit, welche man dabei vor Augen hat, und der Begriff pflegt dann auch wohl als eine allgemeine Vorstellung definiert zu werden. Man spricht demgemäß vom Begriff der Farbe, der Pflanze, des Tieres usw., und diese sollen dadurch entstehen, daß, bei Hinweglassung des Besonderen, wodurch sich die verschiedenen Farben, Pflanzen, Tiere usw. voneinander unterscheiden, das denselben Gemeinschaftliche festgehalten werde. Dies ist die Weise, wie der Verstand den Begriff auffaßt, und das Gefühl hat Recht, wenn es solche Begriffe für hohl und leer, für bloße Schemen und Schatten erklärt.«[8]

Bei einer solchen Auffassung des Begriffs, betont Hegel mit Recht, verschwindet alles Natürliche, Einzelne, Besondere, verflüchtigt sich die ganze reiche Mannigfaltigkeit der Natur. »Was in der Natur von Leben rauscht, verstummt in der Stille des Gedankens; ihre warme Fülle, die in tausendfältig anziehenden Wundern sich gestaltet, verdorrt in trockne Formen und zu gestaltlosen Allgemeinheiten, die einem trüben nördlichen Nebel gleichen.«[9]
Der dialektische Begriff muß sich durch Konkretheit auszeichnen. Daher muß das Spezifische der Dinge in diesen allein wissenschaftlichen, als eine Einheit betrachteten Begriff eingehen. Der Begriff, sagt Hegel an einer anderen Stelle, ist eine *konkrete Unteilbarkeit*, da die Einheit auch das Verhältnis zu sich selbst, d. h. das Allgemeine enthält. Die Momente des Begriffs

8 Hegel, *Enzyklopädie der philosophischen Wissenschaften*, § 163 [Werke Bd. VI], Ausg. 1843, S. 320 f.
9 Hegel, *Naturphilosophie* (Werke Bd. VII), Ausg. 1842, S. 13.

können nicht voneinander getrennt werden.[10] Der wissenschaftliche dialektische Begriff schließt somit alle *Besonderheiten* der Erscheinungen in sich, die neben dem *Allgemeinen* konkrete Einheitlichkeit und konkreten Zusammenhang ergeben. Denn das innere Verhältnis der Besonderheiten bietet die Möglichkeit eines *Überganges* zum Allgemeinen und umgekehrt, d. h. man muß von allgemeinen, den *Zusammenhang* ausdrückenden Definitionen zum konkreten und besonderen Inhalt übergehen.

Der Marxismus hat stets dem Moment spezifischer *Eigenart* eine große Bedeutung beigemessen, wobei er diese mit dem Allgemeinen und Gesetzmäßigen in Einklang brachte. Lenin beherrschte vollkommen die Dialektik des *Eigenartigen* und *Allgemeinen*, sowohl deren inneren Zusammenhang als auch deren Unterschied und Gegensätzlichkeit. Diese Fähigkeit, die Dialektik in der von ihr diktierten »Eigenart« zu handhaben, bildete, wie uns scheint, die Quelle der Macht und Kraft Lenins als eines Theoretikers und Praktikers. Während andere Marxisten an die verschiedenartigen Probleme des gesellschaftlichen Lebens mit einer der Marxschen Lehre von den *Entwicklungsgesetzen* des gesellschaftlichen Lebens schlechthin entlehnten »Schablone« herantraten und herantreten, beachtete Lenin, auf die Erkenntnis der allgemeinen Gesetzmäßigkeit gestützt, stets die Eigenart der Erscheinungen einer bestimmten Epoche, eines Stadiums oder eines Momentes und wußte dabei jenes wichtigste spezifische Glied in der Kette der Erscheinungen zu erfassen, das unter den gegebenen Umständen ein *wesentliches Moment des Allgemeinen,* d. h. das Allgemeine selbst zum Ausdruck brachte. So wird das Besondere dialektisch zum Allgemeinen, das Allgemeine zum Besonderen. So wußte Lenin, im Gegensatz zu jenen Marxisten, die auf dem Boden der *abstrakten* Wahrheit verharrten, die Grundlage einer *konkreten Wahrheit* zu schaffen.

»Die formale Logik, mit der man sich in den Schulen begnügt

10 In seiner Artikelreihe über »Marx und Hegel« in der russischen Zeitschrift *Unter dem Banner des Marxismus* (Jahrg. 1924) hat der Verfasser die Bedeutung des dialektischen Begriffs hervorgehoben.

und für die unteren Schulklassen mit gewissen Einschränkungen auch begnügen muß«, sagt Lenin, »bedient sich formaler Definitionen, indem sie vom Alltäglichen oder am häufigsten Auffallenden ausgeht und sich darauf beschränkt.«11 Die dialektische Logik dagegen erfordert ein allseitiges und konkretes Studium des Gegenstandes, wobei alle Zusammenhänge und Eigenarten berücksichtigt sein wollen. Allgemeine oder umfassende Definitionen reichen oft in *spezifischen* Sonderfällen, just ihrer Allgemeinheit, d. h. ihrer Abstraktheit wegen, nicht aus.

So wollen es die Gesetze der Dialektik, die das Bestehen »reiner« Erscheinungen in Natur und Gesellschaft leugnet. Die bedingte und relative Bedeutung von Begriffsbestimmungen überhaupt, die die allseitigen Zusammenhänge der Erscheinungen in ihrer ganzen Entwicklung nie zu umfassen vermögen, darf nie vergessen werden.

»Es gibt keine und kann keine ›reinen‹ Erscheinungen weder in der Natur noch in der Gesellschaft geben – lehrt gerade die Marxsche Dialektik, die uns zeigt, daß schon der Begriff der Reinheit selbst eine gewisse Beschränktheit und Einseitigkeit menschlicher Erkenntnis, die den Gegenstand in seiner ganzen Kompliziertheit nicht restlos zu erfassen vermag, offenbart. Es gibt und kann in der Welt keinen ›reinen‹ Kapitalismus geben. Es finden sich stets Reste, sei es des Feudalismus, sei es des Kleinbürgertums oder sonst wessen.«12

Diese konkreten Eigentümlichkeiten müssen sowohl vom Theoretiker als auch vom Praktiker berücksichtigt werden. Ein Dialektiker muß sowohl den *Zusammenhang* zwischen Besonderem und Allgemeinem als auch den *Unterschied* zwischen beiden verstehen. Im konkreten, geschichtlichen Prozeß, in der »dialektischen Bewegung« tritt mitunter gerade das Spezifische stark in den Vordergrund, während es in andern Fällen hinter das Allgemeine zurücktritt. In jedem einzelnen Falle ist es Aufgabe der konkreten Analyse, zu zeigen, was im gegebenen Augenblick wesentlich, was dagegen »zufällig« ist.

Über die Wechselbeziehungen zwischen Besonderem und Allgemeinem äußert sich Lenin an vielen Stellen seiner Schriften. Wir

11 Lenin, *Gesammelte Werke*, Bd. 18, Teil I, S. 60.
12 Ebenda, Bd. 13, S. 160.

wollen jene Stellen anführen, die zur Veranschaulichung unserer grundlegenden Erörterung erforderlich sind. Die Bedeutung des Besonderen und Spezifischen hat sich unter dem von Lenin so überaus glücklich gewählten Wort »Glied« einer Kette, einer Reihe eingebürgert. Es soll nicht das isolierte Bestehen eines bestimmten Momentes, sondern dessen Zusammenhang mit der ganzen Kette andeuten. Das Besondere darf nicht vom Allgemeinen losgelöst oder das Allgemeine ohne Zusammenhang mit dem Besonderen, unabhängig von diesem, betrachtet werden.

In seiner Polemik gegen Junius (Rosa Luxemburg) betont Lenin, daß »die Marxsche Dialektik eine konkrete Analyse jeder besonderen historischen Situation erfordert«. Der Klassenkampf ist das beste Mittel gegen eine Invasion, schrieb Junius. Da dies aber *allgemein,* d. h. sowohl in bezug auf die den Feudalismus stürzende Bourgeoisie als auch in bezug auf das die Bourgeoisie stürzende Proletariat gilt, und weil es, erwidert Lenin, eben »hinsichtlich *jeder* Klassenunterdrückung gilt, ist es zu *allgemein* und daher in bezug auf den gegebenen besonderen Fall ungenügend«.[13] Denn, führt Lenin weiterhin aus, auch der Bürgerkrieg gegen die Bourgeoisie ist eine Art des Klassenkampfes, und nur diese Form des Klassenkampfes würde Europa von der Gefahr von Invasionen befreien. An einer andern Stelle betont er unmittelbar, daß man den »elementaren logischen Unterschied des *Besonderen* vom *Allgemeinen*«[14] nicht außer Acht lassen dürfe. Ein zu dialektischem Denken unfähiger Leser wird sich vielleicht daraufhin beeilen, das Besondere vom Allgemeinen durch Verwandlung des ersteren in etwas Selbständiges metaphysisch zu trennen. Das wäre natürlich falsch. Gerade die Herstellung eines richtigen, konkreten Verhältnisses zwischen Besonderem und Allgemeinem bildet ja die Aufgabe der konkreten Analyse. Betrachten wir z. B. den imperialistischen Krieg von 1914–1918, so hatte die konkrete Analyse das eigentliche *Wesen* dieses Krieges, wie Lenin sich

13 Ebenda, S. 446.
14 Ebenda, S. 422.

ausdrückte, aufzudecken. Hat man einmal das »wahre Wesen« des Krieges erfaßt, so vermag man dann auch die Zusammenhänge seiner verschiedenen, spezifischen Merkmale oder der in diesem Krieg sich geltend machenden verschiedenen Momente richtig zu beurteilen. Damit wird uns auch der Zusammenhang zwischen dem »äußeren Schein« des Krieges und seinem Wesen, d. h. die konkrete Wirklichkeit mit allen ihren Widersprüchen klar.

Das »wahre Wesen« des Krieges, wie übrigens auch anderer Erscheinungen des gesellschaftlichen Lebens, aufzudecken, bedeutet, an der Oberfläche liegende Tatsachen auf die »Grundkräfte«, die Entwicklung der Produktivkräfte und den Klassenkampf zurückzuführen. Lenin sagt denn auch: »Die Dialektik erfordert eine allseitige Analyse der betreffenden gesellschaftlichen Erscheinung in ihrer Entwicklung sowie eine Zurückführung des Äußerlichen, Scheinbaren auf die grundlegenden Triebkräfte, die Entwicklung der Produktivkräfte und den Klassenkampf.«[15]

IV.

Die Wirklichkeit ist unendlich mannigfaltig, trotz ihrer Einförmigkeit und Gleichartigkeit. Vom Standpunkte der formalen Logik ist diese Behauptung natürlich widersinnig. Im Lichte aber dialektischer Logik besehen, lassen sich solche scheinbaren Widersprüche sehr wohl miteinander in Einklang bringen und vereinbaren. Weder in der Natur noch in der Gesellschaft gibt es auch nur zwei Erscheinungen, die vollkommen identisch wären. Wohl sehen wir überall eine *Tendenz zur Gleichartigkeit*, jedoch, konkret genommen, bildet jede einzelne Erscheinung etwas relativ Selbständiges und Spezifisches, d. h. eine »Abweichung« von der Gleichartigkeit oder Identität. In diesem Sinne gerät die Erscheinung in »Widerspruch« zur ursprünglichen Tendenz zur Gleichartigkeit.

15 Ebenda, S. 143.

Beim *abstrakten Denken* tritt das Moment der Gleichartigkeit oder Identität hervor, beim konkreten Denken dagegen müssen wir diese Gleichartigkeit mit der Verschiedenartigkeit in Einklang bringen.

»Selbst die Trusts und Banken, die in der Entwicklung des Kapitalismus gleich unvermeidlich sind, sind in der gegenwärtigen Zeit des Imperialismus in den verschiedenen Ländern ihrer konkreten Form nach nicht gleich. Um so weniger gleich sind trotz ihrer Gleichartigkeit im Grundlegenden die politischen Formen in den verschiedenen kapitalistischen Ländern, in Amerika, England, Frankreich, Deutschland. Dieselbe Mannigfaltigkeit zeigt sich auch in dem Wege, den die Menschheit vom heutigen Imperialismus zur sozialistischen Revolution des morgigen Tages zurücklegt. Alle Nationen werden zum Sozialismus gelangen. Das ist eine Notwendigkeit. Aber sie werden nicht alle auf genau der gleichen Bahn dahin gelangen. Jede Nation wird dieser oder jener Form der Demokratie, dieser oder jener Form der Diktatur des Proletariats, diesem oder jenem Tempo der sozialistischen Umwälzung der verschiedenen Seiten des gesellschaftlichen Lebens ihre Eigenart aufprägen. Es gibt nichts theoretisch Jämmerlicheres und praktisch Lächerlicheres, als sich ›im Namen des historischen Materialismus‹ die Zukunft in dieser Beziehung in eintöniges Grau gehüllt vorzustellen. Das wäre ordinärste Pfuscherei.«[16]

Indem die auf die Geschichte (und selbst auf die Natur) angewandte dialektische Methode eine allgemeine Entwicklungslinie und Gesetzmäßigkeit postuliert, berücksichtigt sie dialektisch die Bedeutung der Eigenart jenes Spezifischen, das zwar in die allgemeine Gesetzmäßigkeit mit eingeht, bei der Erfassung der konkreten Einheit jedoch eine ungeheure Rolle spielt, indem es ein überaus wichtiges Moment dieser Einheit bildet. Dabei darf nicht vergessen werden, daß die *allgemeine Gesetzmäßigkeit* selbst in konkreter Situation einer *Wandlung* unterliegt, wobei sich deren Abhängigkeit von einer ganzen Reihe spezifischer Verhältnisse des vorliegenden »Milieus« kundtut. Die Berufung auf die allgemeine Gesetzmäßigkeit ohne Berücksichtigung der konkreten Verhältnisse führt unvermeidlich zu metaphysisch abstrakten Schlüssen. Lenin kennzeichnete daher ganz richtig sein dialektisches Verhältnis zu unserer Revolution.

16 Ebenda, S. 379.

Er sieht das Wesentlichste und Entscheidendste im Marxismus in dessen revolutionärer Dialektik, die in der Epoche der Revolution von einer revolutionären Partei überhaupt ein Höchstmaß an Elastizität erfordert. Es genügt nicht, die allgemeine Gesetzmäßigkeit oder die allgemeine Entwicklungslinie der Weltgeschichte erkannt zu haben. Gewiß ist das außerordentlich wichtig, und die Marxsche Lehre von den Gesetzen der gesellschaftlichen Entwicklung und der allgemeinen Tendenz des Kapitalismus zum Sozialismus bildet die Grundlage jeder proletarischen Politik. Doch ist das noch nicht alles. Man muß sich die Marxsche revolutionäre Dialektik auch noch wirklich zu eigen zu machen verstehen, um sie in jeder Etappe historischer Entwicklung anwenden zu können, denn die Etappen selbst können in ihrem konkreten Inhalt in allen ihren Einzelheiten von niemand vorausgesehen werden.

Die revolutionäre Dialektik, sagt Lenin, lehrt, daß

»die allgemeine Gesetzmäßigkeit der Entwicklung in der ganzen Weltgeschichte einzelne Entwicklungsphasen, mögen sie nun eine Eigenart der Form oder eine solche des Modus dieser Entwicklung aufweisen, nicht ausschließt, sondern, im Gegenteil, voraussetzt. Sie (die kleinbürgerlichen Demokraten und Vertreter der Zweiten Internationale, A. D.) können es sich gar nicht vorstellen, daß Rußland, das an der Grenze der zivilisierten Länder und jener Länder steht, die durch diesen Krieg zum erstenmal endgültig in den Bereich der Zivilisation mit einbezogen werden, der Länder des gesamten Ostens, der nichteuropäischen Länder, daß dieses Rußland daher gewisse Eigentümlichkeiten aufweisen konnte und mußte, die natürlich in der allgemeinen Linie der Weltentwicklung liegen, die russische Revolution jedoch von allen früheren der westeuropäischen Länder unterscheiden und einige partielle Neuerungen beim Übergang zu den Ländern des Ostens mit sich bringen mußten.

So erscheint beispielsweise unendlich schablonenhaft ihr Argument, das sie in der Zeit der Entwicklung der westeuropäischen Sozialdemokratie auswendig gelernt haben, wir seien für den Sozialismus noch nicht reif, es fehlten bei uns, wie sich verschiedene ›gelahrte‹ Herren unter ihnen auszudrücken beliebten, die objektiven ökonomischen Voraussetzungen für den Sozialismus. Keinem unter ihnen kommt es dabei in den Sinn, sich zu fragen: War es nicht möglich, daß ein Volk, vor eine solche revolutionäre Situation gestellt, wie sie sich im ersten imperialistischen Kriege dargeboten hatte, unter Einfluß der Ausweglosigkeit seiner Lage sich in einen Kampf stürzte, der ihm auch nur einige Aussicht bot, sich nicht ganz gewöhnliche Vorbedingungen für die weitere Entwicklung der Zivilisation zu erkämpfen.«17

Die Dialektik bildet ein überaus empfindliches Instrument der Erkenntnis und des praktischen Kampfes. Ihre Macht besteht jedoch in der Fähigkeit zur konkreten Analyse und schärfster Erfassung der Wirklichkeit. Der Dialektik ist jeder Apriorismus wie jedes fertige Schema fremd. Es genügt daher z. B. nicht, zu behaupten, Rußland stünde aufgrund der *allgemeinen* Entwicklungsgesetze der kapitalistischen Gesellschaft eine bürgerlich-demokratische Umwälzung bevor, ergo habe die Bourgeoisie diese Umwälzung auch durchzuführen.

Die »Schlauheit« des historischen Prozesses geht mitunter so weit, daß sie auf den ersten Blick paradox scheinende Situationen schafft, indem sie das Proletariat im Bunde mit der Bauernschaft zwingt, die bürgerlich-demokratische Umwälzung durchzuführen. Denn in der lebendigen Wirklichkeit bildet den entscheidenden Faktor oftmals nicht das allgemeine Gesetz, sondern oftmals gerade die Eigenart, die Ausnahmen von dem allgemeinen Gesetz, die *besonderen* Bedingungen.

Die allgemeine Entwicklungslinie wird durch die Eigenart, die ihrerseits Ausdruck und Ergebnis der allgemeinen Gesetzmäßigkeit ist, nicht verneint oder beseitigt, wohl aber so *verändert*, daß sie, wie sich Lenin ausdrückt, eine Eigenart entweder der *Form* oder des *Modus* dieser allgemeinen Entwicklungslinie erzeugt. Diese überaus tiefschürfende dialektische Behandlung der Frage ermöglicht es Lenin, folgendes, auf den ersten Blick sonderbar erscheinende Postulat aufzustellen: Der Entwicklungsgrad der Produktivkräfte Rußlands bildet bei der Bewertung unserer Revolution nicht den ausschlaggebenden Faktor.

Besagt nun dieses Postulat die Verneinung der Anerkennung der Entwicklung der Produktivkräfte als des grundlegenden »Faktors gesellschaftlicher Entwicklung«? Nicht im geringsten. Denn erstens ist gerade durch die Entwicklung der Produktiv-

17 Ebenda, Bd. 18, Teil II, S. 118–119.

kräfte in Rußland eine gewisse spezifische Situation geschaffen worden, die es ermöglicht, eine Verbindung des »Bauernkrieges« mit der Arbeiterbewegung zu verwirklichen. Zweitens: Das Ergebnis der Entwicklung der Produktivkräfte im internationalen Maßstabe war ein in der Geschichte noch nie gesehener imperialistischer Krieg, der eine eigenartige internationale revolutionäre Situation geschaffen hatte.

Die erwähnten Verhältnisse schufen, indem sie bis zu einem gewissen Grade die *Form* der Entwicklung veränderten, auch einen gewissen anderen *Modus* der Entwicklung und eröffneten, wie Lenin sagt, die »Möglichkeit eines *anderen Überganges* (von mir hervorgehoben. A. D.) zur Schaffung der grundlegenden Voraussetzungen der Zivilisation als bei allen westeuropäischen Zivilisationen«.

Die Verwirklichung des Sozialismus erfordert einerseits objektive ökonomische Voraussetzungen, andererseits eine bestimmte Kulturhöhe. Wenn dem aber so ist – und dem ist bestimmt so –, so kann man, gemäß dem dialektischen Gesetz der »Wechselwirkung«, in einer bestimmten historischen Situation »zunächst mit der Eroberung der Voraussetzungen für die Gewinnung dieser bestimmten Höhe auf revolutionärem Wege beginnen und sich dann auf dem Boden der Arbeiter- und Bauernmacht und des Sowjetregimes daranmachen, die übrigen Völker einzuholen«.[18]

Die metaphysisch denkenden Köpfe, die Marx wohl auswendig gelernt, aber den Geist seiner Lehre, die revolutionäre Dialektik nicht erfaßt haben, stellen sich den Übergang vom Kapitalismus zum Sozialismus so vor, daß der Kapitalismus sich zunächst restlos »erschöpfe«, worauf dann der Übergang zum Sozialismus von selbst erfolge. Eine solche Vorstellung von der Entwicklung oder dem Übergang des Kapitalismus zum Sozialismus hat nichts mit Marxismus gemein. Der umfassende Gedanke der *Transformation* des gesellschaftlichen Organismus, den Marx der Gesellschaftswissenschaft, die den objektiven Prozeß der Wandlung gesellschaftlicher Formen studiert, zugrunde

18 Ebenda, S. 119.

66

gelegt hat, wird durch eine solche metaphysische Behandlung von Grund aus entstellt.

»Die Doktrin Marx' und Engels' besteht, wie sie immer wieder erklärt haben, in folgendem: ›Unsere Lehre ist kein Dogma, sondern eine Anleitung zum Handeln.‹ Einen reinen Kapitalismus, der in einen reinen Sozialismus übergeht, gibt es nirgends in der Welt und kann es während des Krieges gar nicht geben, sondern es gibt etwas Mittleres, Neues, Unerhörtes, denn es fallen Hunderte von Millionen in den verbrecherischen Krieg der Kapitalisten unter einander hineingezogene Menschen.«[19]

Die Idee der Transformation schließt in ihrer marxistischen Interpretation, soweit von historischen Prozessen, von gesellschaftlicher Entwicklung die Rede ist, als entscheidenden Faktor die Aktivität des Menschen, d. h. den Klassenkampf ein. Die Geschichte der Menschheit wird von Menschen gemacht. Der tiefste Sinn der marxistischen Lehre besteht doch letzten Endes in der Zurückführung der ökonomischen Kategorien auf die *gesellschaftlichen Beziehungen der Menschen*. Eine »automatische« Auffassung der gesellschaftlichen Entwicklung läßt sich daher in keiner Weise mit dem Marxismus in Einklang bringen. Die Entwicklung der Produktivkräfte in der gegenwärtigen Gesellschaft offenbart und verschärft die Gegensätze unter den gesellschaftlichen Klassen, die gezwungen sind, diese Gegensätze durch einen erbitterten Klassenkampf, Revolutionen und Bürgerkriege zu lösen. Der Marxismus steht somit seinem ganzen Wesen nach jedem Automatismus, Fatalismus usw. feindlich gegenüber. Wer sich auf den Boden der natürlichen Entwicklung der Dinge als eines automatischen und fatalistischen Prozesses stellt, ist ein Metaphysiker vom Scheitel bis zur Sohle und jeglicher Dialektik bar.

V.

Schon 1894 gab Lenin in der Arbeit »Der ökonomische Gehalt der Volkstümelei und Kritik derselben durch das Buch des

19 Ebenda, Bd. 14, Teil I, S. 263.

Herrn Struve« eine glänzende Charakteristik der Methode des Objektivismus und des dialektischen Materialismus, die wir hier vollständig wiedergeben wollen.

»Der Objektivist«, sagt Lenin, »spricht von der Notwendigkeit eines bestimmten historischen Prozesses, der Materialist studiert genau die gegebene gesellschaftlich-ökonomische Formation und die durch sie erzeugten antagonistischen Beziehungen. Der Objektivist, der die Notwendigkeit einer bestimmten Reihe von Tatsachen nachweist, riskiert stets, zum Standpunkt eines Apologeten dieser Tatsachen herabzusinken; der Materialist legt die Klassengegensätze bloß, worauf er seinen Standpunkt bestimmt. Der Objektivist spricht von ›unüberwindlichen historischen Tendenzen‹; der Materialist spricht von der Klasse, die die gegebene ökonomische Ordnung ›leitet‹, hierdurch bestimmte Formen des Widerstandes anderer Klassen hervorrufend. Der Materialist ist somit einerseits konsequenter als der Objektivist und bekundet einen tieferen, vollständigeren Objektivismus. Er beschränkt sich nicht darauf, auf die bloße Notwendigkeit des Prozesses hinzuweisen, sondern legt dar, welche gesellschaftliche und ökonomische Formation es ist, die diesem Prozeß den Inhalt gibt, *welche Klasse* diese Notwendigkeit bestimmt. Im vorliegenden Fall z. B. würde sich der Materialist nicht darauf beschränken, die ›unüberwindlichen historischen Tendenzen‹ zu konstatieren, sondern würde auf das Vorhandensein gewisser Klassen hinweisen, die den Inhalt der gegebenen Ordnung bestimmen und die Möglichkeit ausschließen, einen Ausweg ohne das Eingreifen der Produzenten selbst zu finden. Andererseits schließt der Materialismus gewissermaßen das Parteiische in sich, indem er bei jeder Bewertung der Ereignisse dazu verpflichtet ist, sich unmittelbar und offen auf den Standpunkt einer bestimmten Gesellschaftsgruppe zu stellen.«[20]

Der Objektivist sinkt unvermeidlich zum Standpunkt eines Apologeten der herrschenden Ordnung oder eines Fatalisten, was schließlich dasselbe ist, herab. Lenin hatte vorausgesehen, daß Struve zum Apologeten der Lohnsklaverei werden würde, denn Struves künftige Entwicklung lag zum Teil schon in seinem »Objektivismus« eingeschlossen. Der Marxsche Objektivismus hat, wie wir sehen, wenig Ähnlichkeit mit dem Objektivismus Struves und dem der modernen Fatalisten. Gleichzeitig zieht aber Lenin richtig den Trennungsstrich auch zwischen dem Marxismus und dem *Subjektivismus* und *Psychologismus,* der

20 Lenin, Ebenda, Bd. 2, S. 65.

von den Gedanken und Gefühlen einzelner Persönlichkeiten ausgeht und die Geschichte damit auf die Tätigkeit von ihre Ideale verwirklichenden Persönlichkeiten reduziert.

Die Methode des dialektischen Materialismus bedeutet die Synthese des Objektivismus und Subjektivismus. Sie bringt diese Gegensätze wissenschaftlich in Einklang, und zwar in dialektischen Einklang.

»Auch ich besaß«, entgegnete Lenin den Volkstümlern, »ein zuverlässiges Kriterium dessen, daß ich es mit ›lebendigen‹ wirklichen Persönlichkeiten, mit wirklichen Gedanken und Gefühlen zu tun habe. Dieses Kriterium bestand darin, daß . . . die Gedanken und Gefühle bereits in Handlungen zum Ausdruck gekommen, bestimmte gesellschaftliche Verhältnisse geschaffen hatten. Ich spreche allerdings nie davon, daß ›die Geschichte von lebendigen Persönlichkeiten‹ gemacht werde (weil mir dies als eine leere Phrase erscheint), sondern untersuche auf dem Wege der Analyse der *wirklichen* gesellschaftlichen Verhältnisse und ihrer *wirklichen* Entwicklung gerade das Produkt der Tätigkeit der lebendigen Persönlichkeiten.«[21]

Der Marxismus hat den Unterschied zwischen der wirtschaftlichen Struktur der Gesellschaft als ihrem *Inhalt* und der politischen und ideellen *Form* derselben klargelegt. Jede ökonomische Struktur stellt ein historisch bestimmtes System der Produktionsverhältnisse mit eigenen Gesetzen dar.

»Die Handlungen ›lebendiger Persönlichkeiten‹ innerhalb der Grenzen einer jeden solchen gesellschaftlich-ökonomischen Formation, diese unendlich mannigfaltigen Handlungen, die sich scheinbar jeder Systematisierung entziehen, wurden verallgemeinert und auf die Handlungen einer Gruppe von Persönlichkeiten zurückgeführt, die sich voneinander durch die Rolle unterschieden, die sie im System der Produktionsverhältnisse, aufgrund der Produktionsbedingungen und somit der Bedingungen ihrer Lebensverhältnisse, der Interessen, die durch diese Verhältnisse bestimmt wurden, spielten, kurz, auf Handlungen von *Klassen*, deren Kampf die Entwicklung der Gesellschaft bestimmte.«[22]

Der Objektivismus in der Auffassung Struves, dessen Standpunkt die Revisionisten und Opportunisten im Lager der So-

21 Ebenda, S. 73.
22 Ebenda, S. 74.

zialdemokratie tatsächlich teilten und teilen, mußte letztere dazu führen, den Imperialismus und den Weltkrieg zu akzeptieren und zu rechtfertigen und damit den revolutionären Kampf der Massen für den Sozialismus zu verleugnen. Cunow, wie alle Sozialdemokraten des rechten Flügels, wurden, indem sie die objektive Notwendigkeit des Imperialismus anerkannten, dessen Apologeten, da sie nicht imstande waren, die Notwendigkeit des Imperialismus durch Aufdeckung seiner Widersprüche dialektisch zu »überwinden«. Wir wiederholen, daß wir hier, um Mißverständnisse zu vermeiden, die methodologischen Grundlagen des Revisionismus (wie auch des revolutionären Marxismus) einer Analyse unterziehen, ohne die Frage der sozialen Ursachen und Bedingungen zu berühren, die das Verhältnis der Revisionisten zum imperialistischen Krieg bestimmten. Die metaphysische Methode, die sie der Dialektik entgegenstellten und entgegenstellen, führt somit tatsächlich zu einem fatalistischen Verhalten gegenüber der Wirklichkeit. Ist der Imperialismus notwendig, so wollen wir Imperialisten sein! – dies der Standpunkt der Fatalisten. Der dialektische Materialismus lehnt sowohl den metaphysischen Objektivismus als auch den von der objektiven Wirklichkeit losgelösten, auf »Gedanken und Gefühle« sich stützenden, idealistischen Subjektivismus ab. Er setzt beiden einen richtig erfaßten Determinismus oder Objektivismus entgegen, der menschliche Handlungen nicht ausschließt, sondern sie als notwendigen integrierenden Bestandteil in sich schließt. Freiheit und Notwendigkeit werden in der marxistischen Lehre dialektisch in Einklang gebracht. Der Determinismus gibt, wie Lenin sagt, dem vernünftigen Handeln erst die Unterlage.

Völlig unrecht hatte daher auch Kautsky, als er während des Krieges schrieb, die äußersten Linken wollten dem unvermeidlichen Imperialismus den Sozialismus »entgegenstellen«. Hätten sie tatsächlich dem unvermeidlichen Imperialismus den Sozialismus entgegengestellt, so würden sie sich damit auf den Boden des Subjektivismus gestellt haben. Kautsky hat offenbar ganz vergessen, daß der Sozialismus dem Imperialismus nicht von *außen* entgegengestellt wird, sondern das Ergebnis der inneren Widersprüche des Imperialismus selbst darstellt, der Sozialismus somit durch die Entwicklung der gesellschaftlichen Verhältnisse selbst dem Imperialismus entgegengestellt wird. Ferner tadelte Kautsky die äußersten Linken dafür, daß sie angeblich die sofortige Verwirklichung des Sozialismus forderten. Er, Kautsky, *glaube* nicht an die sofortige Verwirklichung des Sozialismus. Was folgt nun, so fragt man sich, aus diesem Unglauben? Offenbar ein Friedensschluß mit der Wirklichkeit. Wir wissen, daß die deutsche Sozialdemokratie just diesen Weg eingeschlagen hat, während die marxistische Lösung der Frage nur in der Weise erfolgen konnte, wie sie Lenin skizziert hatte: Propaganda und Vorbereitung revolutionärer Aktionen zum Zwecke der Einleitung zu geeigneter Zeit der Aktionen selbst.

VI.

Ein glänzendes Beispiel der Anwendung der Methode des dialektischen Materialismus bietet uns Lenin in seiner Analyse des Imperialismus, des Weltkrieges und der sozialistischen Parteien.
Der Imperialismus ist die höchste Stufe des Kapitalismus, dessen letzte Phase und damit zugleich auch die Zeit des Vorabends der sozialistischen Revolution. Marx hat durch seine theoretische und historische Analyse des Kapitalismus gezeigt, daß die freie Konkurrenz die Konzentration der Produktion ins Leben ruft und diese Konzentration auf einer bestimmten Entwicklungsstufe zum Monopol führt. So verwandelt sich die freie Konkurrenz im Verlaufe der Entwicklung der kapitalistischen Verhältnisse in ihr Gegenteil, das Monopol, der Kapitalismus in den Imperialismus.

»Der Kapitalismus nähert uns in seinem imperialistischen Stadium unmittelbar der allseitigsten Vergesellschaftung der Produktion, zerrt die Kapitalisten gewissermaßen wider eigenen Willen und eigene Erkenntnis in eine neue Gesellschaftsordnung hinein, die ein Übergangs-

stadium von der vollen Freiheit der Konkurrenz zur vollen Vergesellschaftung bildet. Die Produktion wird zu einer gesellschaftlichen,
die Aneignung dagegen bleibt eine private. Die gesellschaftlichen Produktionsmittel bleiben Privateigentum einer kleinen Anzahl von Personen. Der allgemeine Rahmen der formell anerkannten freien Konkurrenz bleibt bestehen und der Druck von ein paar Monopolisten
auf die übrige Bevölkerung wird hundertmal schwerer, empfindlicher
und unerträglicher.«23

Der Imperialismus ist somit schon nicht mehr der alte Kapitalismus, doch bildet er auch nichts *wesentlich* Neues oder Spezifisches gegenüber dem alten Kapitalismus. Der Imperialismus
stellt den *Übergang* vom alten Kapitalismus zu einer neuen
gesellschaftlich-wirtschaftlichen Formation dar. Der Imperialismus bildet, indem er etwas Neues *im Rahmen* des alten Kapitalismus ausbildet, eine *Fortsetzung* des letzteren, nicht aber
dessen *Beseitigung* oder Verneinung. Diese dialektischen
»Finessen« ergeben überaus wichtige Schlußfolgerungen, die für
eine richtige, auf objektives Studium der Wirklichkeit unter
Anwendung der dialektischen Methode sich stützende Politik
und Taktik von entscheidender Bedeutung sind.
Lenins Grundgedanke besteht somit in der Auffassung, daß der
Imperialismus eine *Fortsetzung* des Kapitalismus sei, d. h. daß
sich das *Wesen*, der *Inhalt* des Kapitalismus trotz der Veränderung seiner *Form,* sogar einer teilweisen Veränderung seines
Inhaltes, nicht verändert habe, und der Imperialismus nicht
eine Unterbrechung der Kontinuität der Entwicklung des
alten Kapitalismus bedeute, sondern eine Fortsetzung des
ununterbrochenen Prozesses der Wandlung des Kapitalismus
auf dessen alter Grundlage, im gleichen Rahmen der freien
Konkurrenz, der Warenproduktion usw. Der Imperialismus
bilde somit nur ein *Stadium* des Kapitalismus, mag es auch
ein höheres Stadium desselben sein.
Zum Belege unserer Darstellung sei ein längeres Zitat Lenins
Buch über den Imperialismus entnommen. Es heißt da:

»Der Imperialismus wuchs heran durch Entwicklung und unmittelbare Fortsetzung der grundlegenden Eigenschaften des Kapitalismus

23 Ebenda, Bd. 13, S. 253–254.

überhaupt. Der Kapitalismus wurde jedoch erst auf einer bestimmten, sehr hohen Entwicklungsstufe, als einige grundlegende Eigenschaften des Kapitalismus in ihr Gegenteil umzuschlagen begannen und sich auf der ganzen Linie Anzeichen einer Übergangsepoche vom Kapitalismus zu einer höheren gesellschaftlich-wirtschaftlichen Ordnung herausbildeten und offenbarten, zu einem kapitalistischen Imperialismus. Das ökonomisch Grundlegende in diesem Prozeß ist die Ablösung der kapitalistischen freien Konkurrenz durch die kapitalistischen Monopole. Die freie Konkurrenz bildet eine grundlegende Eigenschaft des Kapitalismus und der Warenproduktion überhaupt. Das Monopol hingegen bildet das direkte Gegenteil der freien Konkurrenz. Doch begann letztere sich vor unseren Augen in das Monopol zu verwandeln, wobei sie Großbetriebe ins Leben rief, Kleinbetriebe verdrängte, Großes durch Größtes ersetzte und die Konzentration der Produktion und des Kapitals in einem Maße steigerte, daß aus ihr das Monopol: Kartelle, Syndikate, Trusts und das mit diesen sich verschmelzende Kapital eines Dutzends über Milliarden verfügender Banken, erwuchs und erwächst. Gleichzeitig beseitigen die Monopole dennoch nicht die freie Konkurrenz, aus der sie hervorgehen. Sie bestehen über ihr und neben ihr fort und erzeugen dadurch eine Reihe besonders scharfer und großer Widersprüche, Reibungen und Konflikte. Das Monopol bildet den Übergang vom Kapitalismus zu einer höheren Ordnung.«24

Was sagt uns hier Lenin? Die konkrete Analyse der gegenwärtigen Epoche beweist, daß der Imperialismus eine *direkte Fortsetzung* des Kapitalismus ist, daß seine grundlegenden Eigenschaften, obgleich einige von ihnen in ihr Gegenteil umzuschlagen begannen, sich nicht verändert haben. Zu den grundlegenden Eigenschaften des Kapitalismus gehört die freie Konkurrenz. Das Monopol ist das direkte Gegenteil der freien Konkurrenz. Das Monopol ist ein Produkt, ein Ergebnis der freien Konkurrenz, es geht aus dieser hervor. Der auf der freien Konkurrenz begründete Kapitalismus gebiert im Verlaufe seiner eigenen Entwicklung unvermeidlich sein eigenes Gegenteil, das Monopol. Das aus der freien Konkurrenz hervorgegangene Monopol beseitigt erstere jedoch nicht, sondern besteht *über ihr und neben ihr* fort, wodurch besonders scharfe Widersprüche und Konflikte hervorgerufen werden.

Die Entwicklung des Kapitalismus zum Imperialismus stellt

24 Ebenda, S. 304–305.

einen *Übergang der Quantität in die Qualität* dar, sagt Lenin. Es ist naturgemäß nicht möglich, Jahr und Tag dieser Verwandlung des Kapitalismus in den Imperialismus zu fixieren, aus dem einfachen Grunde, weil »alle Grenzen in der Natur und Gesellschaft bedingt und flüssig sind«. Dessenungeachtet läßt sich im allgemeinen sagen, daß der Umschwung vom alten Kapitalismus zum neuen an der Grenze des 19. und 20. Jahrhunderts erfolgte.

Es gehört nicht zu unserer Aufgabe, hier alle grundlegenden Züge des Imperialismus zu betrachten. Wichtig ist nur, festzustellen, daß der Imperialismus oder, was dasselbe ist, der *Kapitalismus in seiner höchsten Form* eine Verbindung einander sich widersprechender Momente, ein Gemisch von Altem und Neuem, von *freier Konkurrenz und Monopol, aber auf der Grundlage der freien Konkurrenz,* darstellt. Gerade diese grundlegenden Momente und Widersprüche machen den Imperialismus zu einer Übergangsepoche zwischen dem alten Kapitalismus und dem Sozialismus. Oder, mit anderen Worten: Der Imperialismus ist, wie Lenin sich ausdrückt, *der absterbende Kapitalismus,* da die Beziehungen der Privatwirtschaft und des Privateigentums, die die Hülle der imperialistischen Phase des Kapitalismus bilden, dem Inhalt der vergesellschafteten Produktion nicht mehr entsprechen. Diese Hülle muß durch revolutionären Kampf gesprengt werden. Doch kann sie sich einige Zeit noch künstlich erhalten, eine Zeit, die die Periode der Zersetzung des Kapitalismus sein wird. »Der Kapitalismus ist aus einem fortschrittlichen zu einem rückschrittlichen geworden. Er hat die Produktivkräfte soweit entwickelt, daß der Menschheit nur die Wahl bleibt, entweder zum Sozialismus überzugehen oder Jahre, ja Jahrzehnte hindurch den bewaffneten Kampf der ›Großmächte‹ zum Zwecke einer künstlichen Erhaltung des Kapitalismus mit Hilfe von Kolonien, Monopolen, Privilegien und nationaler Knechtung aller Art zu dulden.«[25]

25 Ebenda, S. 95.

VII.

Nachdem Lenin den ökonomischen Inhalt der gegenwärtigen Epoche klargelegt hatte, entwickelte er auf dieser Grundlage in unerreichter Meisterschaft sowohl den Inhalt des Weltkrieges als auch die durch den Krieg und den Imperialismus in den Vordergrund gerückten Aufgaben des Proletariats.

»Der gegenwärtige Krieg trägt einen imperialistischen Charakter. Dieser Krieg ist durch die Verhältnisse einer *Epoche* geschaffen, in der der Kapitalismus die höchste Stufe seiner Entwicklung erreicht hat, von wesentlichster Bedeutung nicht nur die Warenausfuhr, sondern auch die Kapitalausfuhr geworden ist, die Kartellierung der Produktion und die Internationalisierung des Wirtschaftslebens bereits erhebliche Ausmaße erreicht und die Kolonialpolitik zu einer Aufteilung nahezu des gesamten Erdballs geführt hat, die Produktivkräfte des Weltkapitalismus über den beschränkten Rahmen nationalstaatlicher Sonderung hinausgewachsen und die objektiven Vorbedingungen für die Verwirklichung des Sozialismus völlig herangereift sind.«26

Es ist natürlich, daß nur die Methode des dialektischen Materialismus eine richtige Vorstellung von der Natur einer jeden Erscheinung, somit auch von dem Charakter des Krieges zu geben vermag. Was stellt ein Krieg schlechthin dar? Lenin beantwortet die Frage im Geiste Clausewitz', *der Krieg sei eine Fortsetzung der Politik mit anderen, d. h. gewaltsamen Mitteln.* Jeder einzelne Krieg muß für sich, in seiner ganzen *Eigenart,* mithin im *Zusammenhang* mit der konkreten ökonomischen und der gesamten gesellschaftlichen Situation studiert werden, deren Ausdruck und Fortsetzung er ist. Es geht nicht an, zu sagen, jeder Krieg sei ein nationaler Befreiungskrieg. Die nationalen Befreiungskriege waren einst fortschrittliche Kriege. Sie stellten eine Fortsetzung des durch den aufsteigenden Kapitalismus eingeleiteten Zersetzungsprozesses aller reaktionären Reste des Feudalismus dar, die die Entwicklung der Produktivkräfte hemmten. Der imperialistische Krieg stellt ebenfalls eine Fortsetzung der Politik dar. Doch hat sich der Charakter *dieses* Krieges in

26 Ebenda, S. 47.

Verbindung mit der Veränderung der ganzen ökonomischen Struktur der Gesellschaft verändert. Im Laufe von Jahrzehnten führten die herrschenden Klassen der europäischen »Groß-mächte« eine »*friedliche*« Politik des Kolonialraubes, der Knechtung fremder Nationen und Unterdrückung der Arbeiter-bewegung – eine Politik, die den neuen wirtschaftlichen Ver-hältnissen entsprang. Diese Politik wird nun auch im Kriege der Gegenwart *fortgesetzt*.

Lenin forderte stets die *historische* Betrachtung jeder Erschei-nung, die doch nicht plötzlich da sei, sondern das Ergebnis voraufgegangener Umstände darstelle. Von diesem historisch-dialektischen Standpunkt aus trat er auch an die Bewertung der verschiedenen Parteigruppierungen heran.

Studiert man mithin den Weltkrieg von 1914–1918 im Ver-laufe seines Werdens und betrachtet man ihn nicht unabhängig von Raum und Zeit als einen bloßen Zusammenstoß verschie-dener Staaten, so erkennt man auch seinen wahren Charakter. Dieselbe Politik, die seitens der Militärs, also mit gewaltsamen Mitteln, durchgeführt wird, gelangte jahrzehntelang auf dem Wege der Anwendung friedlicher Mittel zur Durchführung. Der *Inhalt* der Politik blieb der gleiche. Verändert hat sich nur deren Form. Somit hat sich hierbei nichts ereignet, was die Arbeiterklasse veranlassen müßte, eine *radikale* Änderung ihrer Politik in der Richtung einer Aussöhnung mit dem Kriege vorzunehmen.

Der Weltkrieg wurde, soweit er eine Fortsetzung der »fried-lichen« Politik der herrschenden Klassen darstellte, jahrzehnte-lang vorbereitet. Er entsprang der Gesamtheit der Verhältnisse des imperialistischen Kapitalismus. Er konnte keine *Unter-brechung der Kontinuität* in der Entwicklung des Kapitalismus auf dessen höchster Stufe bedeuten, denn der auf der Herrschaft des Privateigentums beruhende Inhalt des Kapitalismus blieb derselbe. Der Übergang zum Sozialismus dagegen bedeutet *keine Fortsetzung* des Kapitalismus, sondern eine Revolution, einen *Bruch* mit demselben, den Übergang zu einem neuen Inhalt, zu einem neuen Verhältnis der Klassen, zur Beseitigung des Privateigentums. Auch der revolutionäre *Krieg* des Proletariats bildet keine Fortsetzung der Politik der herrschenden Klasse, sondern einen *Bruch* mit dieser Politik. Gleichzeitig stellt er jedoch eine Fortsetzung der Politik des revolutionären Proletariats dar, das Jahrzehnte hindurch die bürgerliche Gesellschaft bekämpft hat.

Man muß stets das eigentliche Wesen einer Erscheinung vom Scheinbaren und Äußerlichen, den Inhalt von der Form, zu unterscheiden wissen. »Wie soll aber das ›wahre Wesen‹ des Krieges ermittelt, wie bestimmt werden?« – fragt Lenin und liefert auf der Stelle den methodologischen Schlüssel zur Lösung der Frage:

»Der Krieg ist die *Fortsetzung der Politik*. Man muß die Politik der Vorkriegszeit studieren, die Politik, die zum Kriege führt und zum Kriege geführt hat. War die Politik imperialistisch, d. h. verfocht sie die Interessen des Finanzkapitals, das Kolonien und fremde Länder ausplünderte und knechtet, so ist auch der aus dieser Politik hervorgehende Krieg ein imperialistischer Krieg. Handelte es sich um eine nationale Befreiungspolitik, d. h. eine solche, deren Ausdruck eine Massenbewegung gegen die nationale Knechtung ist, so ist auch der dieser Politik entspringende Krieg ein nationaler Befreiungskrieg.«[27]

Der Krieg von 1914–1918 bildet somit nur eine bestimmte Phase in der Entwicklung des imperialistischen Kapitalismus. Die abstrakte Behandlung des Krieges, wie jeder Erscheinung, vermag von der Erscheinung nur eine entstellte ideologische Vorstellung zu geben. Das konkrete Studium setzt in erster Linie eine *historische* Orientierung und eine Analyse der betreffenden Erscheinung in deren *Zusammenhang* mit allen übrigen Erscheinungen voraus. Soweit die Rede vom Kriege ist, ist es notwendig, das richtige Verhältnis der Epoche zum gegebenen Kriege klarzulegen. »Die Epoche 1789–1871 bildet eine besondere Epoche Europas. Man kann keinen einzigen der nationalen, für diese Zeit besonders typischen Befreiungskriege verstehen, ohne die allgemeinen Verhältnisse dieser Epoche erfaßt zu haben.«[28]

27 Ebenda, S. 344.
28 Ebenda, S. 347.

Vom Standpunkte des Marxismus muß jede Epoche konkret betrachtet werden. In der Epoche 1789–1871 standen viele Großmächte an der Spitze des Kampfes um die Demokratie. Der imperialistische Charakter des Krieges von 1914–1918 wird durch die allgemeinen Verhältnisse der imperialistischen Epoche, durch die Umwandlung des Kapitalismus in den Imperialismus bestimmt. Der letzte Krieg ist seiner objektiven Bedeutung nach bereits kein Kampf mehr um die Demokratie, sondern umgekehrt, ein Kampf um die Knechtung der Völker, somit ein reaktionärer Krieg. Folgt etwa daraus, alle Kriege der Epoche 1789–1871 seien nationale Befreiungskriege gewesen? Ein Marxist, der dies behauptete, würde zur Schablonisierung herabsinken und die Methode des dialektischen Materialismus verraten, der ein konkretes Studium jedes einzelnen Krieges erfordert, denn wir wissen, daß es auch in der Epoche der nationalen Befreiung koloniale Kriege und Kriege reaktionärer Reiche untereinander gegeben hat.

Oder folgt etwa daraus, daß es in der Epoche des Imperialismus nur imperialistische Kriege geben kann? »Das wäre eine unsinnige Behauptung und eine Unfähigkeit, eine bestimmte konkrete Erscheinung von der Gesamtheit der mannigfaltigen Erscheinungen der Epoche zu unterscheiden. Gerade darum sprechen wir ja von einer Epoche, weil eine solche Periode eine Summe mannigfaltiger, typischer wie nicht typischer, großer wie kleiner, fortgeschrittenen wie rückständigen Völkern eigener Erscheinungen und Kriege umfaßt.«[29]

Der Imperialismus, der alle rückständigen Völker in den Krieg hineinzieht, löst in ihnen nationale Befreiungsbewegungen aus, die vom Proletariat der fortgeschrittenen, imperialistischen Länder vertieft und gefördert werden, wobei die proletarische revolutionäre Bewegung ihrerseits in Gestalt der rückständigen Kolonialvölker, die für ihre nationale Befreiung kämpfen, einen Verbündeten erhält. Der nationale Krieg kann sich in einen imperialistischen verwandeln und umgekehrt, der imperialistische Krieg unter bestimmten Bedingungen zu einem

29 Ebenda, S. 347/348.

nationalen Krieg werden. »Sich die Entwicklung der Weltgeschichte glatt und hübsch ordentlich fortschreitend, ohne daß
ab und zu gigantische Rückschläge erfolgen sollten, vorzustellen, ist undialektisch, unwissenschaftlich und theoretisch falsch.«
Doch rede man nicht von Verwandlungen schlechthin, sondern
behandele sie aufgrund einer konkreten Analyse der sie bedin-
genden Situation und Entwicklung. Das ist es, was die Dialektik
unserer Epoche von uns fordert.
Um also den Charakter einer Epoche und der ihr eigenen
Kriege und aller möglichen anderen Prozesse zu verstehen,
muß man zunächst das »wahre Wesen« der Epoche, jene grundlegenden Triebkräfte, die alle übrigen Erscheinungen bestimmen, klarlegen und sie ungeachtet aller Mannigfaltigkeit äußerer Erscheinungen *zu einem einheitlichen Ganzen verbinden.*
Das ökonomische Wesen der gegenwärtigen Epoche läuft darauf
hinaus, daß die Produktion in immer höherem Maße vergesell-
schaftet und auf dieser Grundlage die freie Konkurrenz durch
das Monopol abgelöst wird. Der Krieg verschärft alle durch
den Prozeß der Verwandlung des Kapitalismus in den Imperialismus erzeugten Widersprüche aufs äußerste. Ist der Krieg
eine Fortsetzung der Politik, so wird die Politik, die vor dem
Kriege verfolgt wurde, auch während des Krieges durchgeführt.
Die sogenannte friedliche Epoche bereitet Kriege vor, die ihrerseits vorübergehend einen Frieden zur Folge haben. Sie erhält
ihre Bewegung durch den gleichen ökonomischen Inhalt, durch
das wahre Wesen, dessen mannigfaltige Äußerungen sie widerspiegelt. Der Friede bedingt die Kriege, die Kriege bedingen
den Frieden – so gestaltet sich der Prozeß der *Wechselwirkung,*
der durch das grundlegende »Wesen« oder den grundlegenden
»*Zusammenhang*« bestimmt wird. »Friedensbündnisse«, sagt
Lenin, »bereiten Kriege vor und gehen ihrerseits aus Kriegen
hervor. Sie bedingen einander und bewirken den Wandel in der
Form des friedlichen und unfriedlichen Kampfes *auf der gleichen Grundlage* imperialistischer Zusammenhänge und Wechselbeziehungen von Weltwirtschaft und Weltpolitik.« »Der
Friede ist die Fortsetzung vorausgegangener Politik *unter*

Registrierung derjenigen Veränderungen im Kräfteverhältnis der Gegner, die aus den militärischen Handlungen resultieren. Der Krieg an sich verändert nicht die Richtung, in der sich die Politik der Vorkriegszeit entwickelte, sondern beschleunigt nur diese Entwicklung.«[30] So erfolgt auf der Grundlage des gleichen *Wesens,* des gleichen *Inhalts,* ein Wechsel der *Formen,* der das Wesen selbst nicht aufhebt. Somit dürfen wir uns durch diese oder jene äußere Form in bezug auf den Inhalt des Prozesses nicht täuschen lassen.

Die imperialistische Politik im Weltkriege machte sich die nationale Ideologie der Idee der Landesverteidigung zunutze. Das Bewußtsein bleibt bekanntlich hinter dem Sein zurück. Die nationale Ideologie als gesellschaftliche Form eines Bewußtseins, das einer anderen Epoche entspricht, der heutigen aber *widerspricht,* diente nichtsdestoweniger als Waffe zur Verteidigung des Imperialismus. Der Widerspruch zwischen dem imperialistischen Inhalt des Krieges und seiner ideologischen Form, die das wahre Wesen des Krieges verschleierte, wurde selbst durch die objektiven Verhältnisse bestimmt. Wie dem aber auch sei, die Völker glauben aufrichtig, daß sie ihr Blut für Freiheit und Demokratie vergossen, während sie in Wirklichkeit sich selbst neue Ketten schmiedeten.

Das ungeheure Verdienst Lenins besteht darin, daß er, ausgerüstet mit der marxistischen Methode des dialektischen Materialismus, diesen *Betrug und Selbstbetrug* entlarvte, indem er den Widerspruch und das Mißverhältnis zwischen dem Wesen und dessen Form, zwischen der ein Zerrbild der Wirklichkeit darstellenden Ideologie und dem von einer lebendigen Form eingehüllten realen Inhalt klarlegte. Die erste Aufgabe eines Marxisten bestand unter diesen Bedingungen in der Beseitigung der ideologischen Form, in der Enthüllung ihrer Verlogenheit und der Aufdeckung des wahren Inhalts des Krieges, was gleichzeitig bedeutete, das gesellschaftliche Bewußtsein, die *Ideologie,* mit dem objektiven Inhalt, dem gesellschaftlichen Sein, entsprechend in Einklang zu bringen. Das mußte natur-

30 Ebenda, S. 235 und 329.

gemäß zur Folge haben, daß die Massen eine höhere Stufe gesellschaftlichen Bewußtseins erklommen. Sie wurden sich der objektiven Wirklichkeit nun besser und vollständiger bewußt.

Das Predigen von Demokratie, von nationalem Programm, von demokratischem Frieden unter der Herrschaft des Imperialismus bedeutet für die fortgeschrittenen Länder eine rückläufige Entwicklung. Diese Predigt bildet eine reaktionäre Utopie, da für alle diese guten Dinge die objektiven Voraussetzungen fehlen. Der Natur des Krieges entspricht auch der Charakter des dem Krieg entspringenden Friedens. Unter den gegebenen objektiven Verhältnissen war nur ein imperialistischer Friede möglich, der denn auch in der Tat eingetreten ist.

Der sich entwickelnde Kapitalismus hatte zum ideologischen Überbau demokratisch-nationale Freiheitsideen. Die Verpflanzung dieser Ideologie auf einen völlig verschiedenen ökonomischen Boden, ihre Übertragung auf den imperialistischen Kapitalismus bedeutet die Rückkehr zur Vergangenheit. Europa befindet sich gegenwärtig im Stadium nicht eines aufgehenden, sondern eines niedergehenden, eines absterbenden Kapitalismus.

»1793–1848 stand die *bürgerlich*-demokratische Revolution objektiv auf der Tagesordnung in Frankreich, Deutschland wie in ganz Europa. Dieser *objektiven*, historischen Lage der Dinge entsprach das ›wahrhaft nationale‹, d. h. national-*bürgerliche* Programm der damaligen Demokratie, das Marx 1848 im Namen der gesamten fortschrittlichen Demokratie proklamiert hatte. Den feudal-dynastischen Kriegen standen damals *objektiv* revolutionär-demokratische Kriege, nationale Bauernkriege, gegenüber. Das war der Inhalt der historischen Aufgaben der Epoche.«[31]

Was für die eine Epoche fortschrittlich sein kann, kann für eine völlig andere Epoche zum reaktionären Ideal werden. Der imperialistische Kapitalismus bildet im Vergleich zum alten Kapitalismus, unter dem die freie Konkurrenz das ökonomische Wesen der Epoche ausmachte, einen gewaltigen Schritt vorwärts, denn er verwandelte die getrennten Kapitalisten in einen einzigen Kapitalisten und verwirklichte in einem Riesen-

31 Ebenda, S. 445.

maßstabe die Konzentration oder Vergesellschaftung der Produktion, womit er die objektiven Vorbedingungen für den Übergang zum Sozialismus vorbereitete. Gerade darum aber widerspricht dem Imperialismus das Ideal einer bürgerlichen Demokratie von Grund aus. Der politische Überbau des Industriekapitalismus gerät in Widerspruch mit dem ökonomischen Inhalt des Imperialismus. Unter der Herrschaft des Finanzkapitals tritt an die Stelle der *Demokratie* die *Oligarchie*. Die Demokratie, um die die Bourgeoisie einst gekämpft, verwandelt sich nun in ihr eigenes Gegenteil. »Das Vorherrschen des Finanzkapitals gegenüber allen übrigen Kapitalformen bedeutet die Herrschaft des Rentiers und der Finanz-Oligarchie, das Hervortreten unter allen Staaten einiger weniger, die über eine Finanzmacht verfügen.«

Wie innerhalb des Staates sich eine Herrschaft der *Oligarchie* etabliert, so entstehen auch international Rentierstaaten, die die schwächeren Staaten beherrschen. Demokratie und Gleichheit können in internationalen Beziehungen ebensowenig verwirklicht werden wie innerhalb eines jeden einzelnen Staates. Das sind objektive Tatsachen, und nur Utopisten vermögen von einer »friedlichen Demokratie« unter der Herrschaft des Imperialismus zu träumen.

»Den politischen Überbau der neuen Wirtschaft, des monopolistischen Kapitalismus (der Imperialismus ist ein monopolistischer Kapitalismus) bildet das Abschwenken von der Demokratie zur politischen Reaktion«, sagt mit Recht Lenin. »Der freien Konkurrenz entspricht die Demokratie, dem Monopol entspricht die politische Reaktion. Der Finanzkapitalismus erstrebt Herrschaft, nicht Freiheit.«[32] Der Imperialismus ist die »Verneinung« der Demokratie, der Ersatz der Demokratie durch die Oligarchie. Somit bedeutet Imperialismus in politischer Hinsicht *Reaktion*, in ökonomischer hingegen *Fortschritt*. Auch das zeigt uns einen der großen Widersprüche innerhalb des absterbenden Kapitalismus. Der monopolistische Kapitalismus verschärft alle Gegensätze in höchstem Maße. Diese Ver-

32 Ebenda, S. 353.

schärfung der Gegensätze bildet jedoch die mächtigste Trieb-kraft der historischen Übergangsperiode. Zur Kennzeichnung dieser Epoche erteilen wir erneut Lenin das Wort:

»Das Monopol, die Oligarchie, das Streben nach Herrschaft statt nach Freiheit, die Ausbeutung einer immer größeren Zahl kleiner, schwacher Nationen durch eine Handvoll reichster oder stärkster Nationen, all das erzeugte jene besonderen Merkmale des Imperialismus, die ihn als einen parasitären oder in Zersetzung begriffenen Kapitalismus erscheinen lassen. Immer mehr tritt als eine der Tendenzen des Imperialismus die Bildung eines ›Rentierstaates‹, eines Wucherstaates, dessen Bourgeoisie von Kapitalausfuhr und Kuponschneiden lebt, in den Vordergrund. Es wäre ein Fehler anzunehmen, diese Zersetzungstendenz schlösse ein rasches Wachstum des Kapitalismus aus. Nein! Einzelne Industriezweige, einzelne Schichten der Bourgeoisie und einzelne Länder offenbaren in der Epoche des Imperialismus mehr oder minder stark bald die eine, bald die andere dieser Tendenzen. Im allgemeinen wächst der Kapitalismus ungleich rascher als früher. Doch wird dieses Wachstum nicht nur im allgemeinen ein immer ungleichmäßigeres, sondern die Ungleichmäßigkeit kommt auch im besonderen in der Zersetzung der kapitalkräftigsten Länder (England) zum Ausdruck.«[33]

VIII.

Die *Entwicklung* des Kapitalismus als eines *Ganzen* hat die Zersetzung einzelner und selbst der stärksten Länder zur Folge. Die politische Reaktion und der ökonomische Fortschritt in Verbindung mit der gesamten Entwicklung des Kapitalismus rücken bestimmte praktische Aufgaben des revolutionären Proletariats in den Vordergrund. Der Marxist muß in erster Linie die allgemeine *Richtung* der Entwicklung feststellen. Von einer Wiederherstellung der Demokratie in einer Zeit wachsenden Imperialismus, bei dem die Finanzoligarchie ihre Herrschaft im wirtschaftlichen, also auch im politischen Leben befestigt, träumen, heißt Romantiker sein und von der Geschichte fordern, sie solle kehrtmachen, denn die politische Demokratie entspricht der Epoche der freien Konkurrenz. Doch vermag auf

33 Ebenda, S. 333.

die Dauer niemand den Gang der Geschichte aufzuhalten. Die fortgeschrittenste Klasse muß sich alle Widersprüche im modernen Imperialismus vom Standpunkt der Entwicklung der gesellschaftlichen Verhältnisse zunutze machen. Sie darf sich der ökonomischen Entwicklung nicht nur nicht entgegenstemmen, sondern muß, auf diese Entwicklung gestützt und alle Errungenschaften derselben ausnützend, die Geschichte vorwärtstreiben. Die weitere Entwicklung aber führt zum *Sozialismus,* der die *Überwindung der politischen Reaktion* und gleichzeitig nicht eine Unterbrechung, sondern eine Beschleunigung des Entwicklungsprozesses bedeuten wird. Dies ist die objektive Lage der Dinge.

»Die Vorwärtsentwicklung – wenn man mögliche, temporäre Rückschläge außer acht läßt – läßt sich nur in der Richtung einer *sozialistischen Gesellschaft,* einer *sozialistischen Revolution,* verwirklichen. Dem imperialistischen Krieg der Bourgeoisie, dem Kriege des hochentwickelten Kapitalismus, kann objektiv, vom Standpunkt der Vorwärtsentwicklung, vom Standpunkt der arbeitenden Klasse, nur ein Krieg *gegen* die Bourgeoisie widerstehen, d. h. vor allem ein Bürgerkrieg zwischen dem Proletariat und der Bourgeoisie um die Macht, ein Krieg, ohne welchen eine ernstzunehmende Vorwärtsbewegung *nicht möglich* ist, und hinterher, unter bestimmten besonderen Vorbedingungen, ein etwaiger Krieg zum Schutze des sozialistischen Staates gegen bürgerliche Staaten.«[34]

Somit bedeutet erst die *proletarische Revolution,* die Eroberung der politischen Macht durch die Arbeiterklasse zum Zwecke der Umgestaltung der Gesellschaft auf sozialistischer Grundlage, einen *Durchbruch* der imperialistischen Front, einen *Sprung,* eine *Unterbrechung der Kontinuität,* die Schaffung einer neuen Situation, bei der von einer *Fortsetzung* des Imperialismus schon keine Rede mehr sein kann. Im Gefolge der proletarischen Revolution erfolgt eine Wandlung nicht nur der äußeren *Form,* sondern auch der Grundlagen der Eigentumsverhältnisse, d. h. des eigentlichen Inhalts der gesellschaftlichen Beziehungen, des »wahren Wesens« der Erscheinungen, um in der Sprache der Philosophie zu reden, denn die Eroberung der Macht durch das

34 Ebenda, S. 445.

Proletariat bedeutet die Aufhebung des Privateigentums, die Inbesitznahme der Banken, die Expropriation der Trusts u. dgl. Maßnahmen mehr. Lenin drückt diesen dialektisch-revolutionären Prozeß durch eine einfache, aber überaus prägnante Formel aus, die lautet: Nicht zum Handwerk oder vormonopolistischen Kapitalismus zurück, sondern über die Trusts hinweg vorwärts zum Sozialismus.

Demokratische Forderungen sind in unserer Epoche ohne die Verbindung mit der sozialistischen Revolution nicht zu verwirklichen, wie auch jede weitere Entwicklung der Produktivkräfte ohne den Übergang zur sozialistischen Produktionsweise unmöglich wird. Die proletarische *Revolution* befreit die Produktivkräfte von den Fesseln sie hemmender Produktivverhältnisse.

Diese Leninsche Analyse der gegenwärtigen Epoche, ihres inneren Gehalts und ihrer äußeren ideologischen Formen wie der aus dieser Epoche hervorgehenden imperialistischen Weltkriege, die ihrerseits die proletarische Revolution erzeugen, in deren Feuer die Diktatur des Proletariats und ein neuer Staatstypus geboren wird, – diese ganze tiefschürfende Analyse stellt vom Standpunkte der Methode des dialektischen Materialismus eine der hervorragendsten Erscheinungen der gesamten marxistischen Weltliteratur dar.

IX.

Der Rahmen dieses Aufsatzes gestattet uns nicht, Lenins dialektische Behandlung der Frage des Verhältnisses der bürgerlich-demokratischen zur proletarischen Revolution, der Demokratie zur Diktatur, der formalen zur realen Freiheit (und Gleichheit), des nationalen Problems zum Internationalismus u. a. m. einer Untersuchung zu unterziehen. Wir möchten hier nur noch kurz auf die Leninsche Analyse des Zersetzungsprozesses innerhalb der alten Sozialdemokratie eingehen.

Jede Krise verschärft die bestehenden Gegensätze und enthüllt

sie in ihrer ganzen Schärfe und Prägnanz. »Das erste und grund-
legendste Gebot wissenschaftlicher Untersuchung im allgemeinen, Marxscher Dialektik im besonderen, erheischt vom Schrift-
steller eine Prüfung der Zusammenhänge des gegenwärtigen
Richtungskampfes im Sozialismus . . . mit jenem Kampf, der
Jahrzehnte hindurch vordem geführt wurde.«[35]
Die Analyse der Frage nach den historischen Wurzeln des Sozialchauvinismus ergibt, daß der Sozialchauvinismus eine Fortsetzung des Opportunismus darstellt bzw. der *Opportunismus*
im Gefolge der durch den Krieg erzeugten Krise zum Sozialchauvinismus geworden ist. Damit will Lenin sagen, daß der
Sozialchauvinismus nicht etwa etwas *wesentlich* Neues, sondern
lediglich eine bestimmte *Form* des Opportunismus, nämlich die
Vollendung des bereits lange Zeit vor dem Kriege, im Laufe
von Jahrzehnten im Kampfe gegen die revolutionären Elemente der II. Internationale entstandenen alten Opportunismus
darstelle. Der Opportunismus verkörpert die bürgerliche Politik innerhalb der Arbeiterbewegung. Er bildet den Ausdruck
der gemeinsamen Interessen eines gewissen Teiles der Bourgeoisie und der mit dieser verbundenen, verbürgerlichten Teile
der Arbeiterschaft gegen die Interessen der breiten Massen des
Proletariats. Die friedliche Epoche von 1889–1914 hat der
Sozialdemokratie ihren Stempel aufgedrückt. Sie ermöglichte
es, umfassende Arbeiterparteien ins Leben zu rufen und die
Arbeitermassen zu machtvollen gewerkschaftlichen Verbänden
zusammenzufassen. Die Ausnutzung der bürgerlichen Legalität
auf der einen Seite, die objektiven Verhältnisse zu Ende des 19.
und Anfang des 20. Jahrhunderts, die eine Arbeiteraristokratie
und eine Parteibürokratie schufen, auf der anderen Seite, nähr-
ten den Opportunismus.

»Der Krieg beschleunigte die Entwicklung, indem er den Opportunismus in den Sozialchauvinismus verwandelte und das versteckte Bündnis der Opportunisten mit der Bourgeoisie zu einem offenen machte.
Die ökonomische Grundlage des Opportunismus und des Sozialchauvinismus ist die gleiche: die Interessen einer kleinen Schicht privile-

35 Ebenda, S. 103.

gierter Arbeiter und Kleinbürger, die ihre privilegierte Stellung, ihr ›Recht‹ auf Brocken jenes Profits, den ihre nationale Bourgeoisie aus der Plünderung fremder Nationen, den Vorrechten ihrer Großmachtstellung etc. schlägt, verteidigen.

Der geistige und politische Inhalt des Opportunismus und des Sozialchauvinismus ist ein und derselbe: Zusammenarbeit der Klassen statt Klassenkampf, Verzicht auf Anwendung revolutionärer Kampfmittel, Unterstützung der ›eigenen‹ Regierung, sobald sie in eine heikle Situation geraten, statt einer Ausnützung der Situation für die Revolution.«[36]

Der Opportunismus opfert die Interessen der großen Mehrheit der Arbeiter den vorübergehenden und persönlichen Interessen einer verschwindenden Minorität. Der Opportunismus stellt das Bündnis dieser verschwindenden Minderheit von Arbeitern mit der Bourgeoisie *gegen* die Arbeiterklasse als Ganzes und deren dauernde Interessen dar. Der imperialistische Krieg entwickelt *dieses Verhältnis* weiter. »Ihre privilegierte Stellung als einer ›Oberschicht‹ des Kleinbürgertums oder einer Aristokratie (und Bürokratie) der Arbeiterklasse zu erhalten und zu befestigen – das *allein* bildet die *Fortsetzung* (von mir hervorgehoben, A. D.) der kleinbürgerlich-opportunistischen Erwartungen, die sich an eine *entsprechende* Praxis während des Krieges knüpfen. Dies die ökonomische Grundlage des Sozialimperialismus unserer Zeit.«[37]

Der Krieg hat dem Opportunismus bloß eine andere Form gegeben, hat ihn, wie sich Lenin ausdrückt, auf eine höhere Stufe emporgehoben, indem er dem Hauptstrom des Opportunismus eine ganze Reihe weiterer Zuflüsse zuführte. Kurz: »Der Sozialchauvinismus ist ein Opportunismus, der einen so hohen Reifegrad erreicht hat, daß ein Weiterbestehen dieser bürgerlichen Eiterbeule innerhalb der sozialistischen Partei in *bisheriger* Form unmöglich geworden ist.«

Der Sozialismus trat zusammen mit dem Kriege in eine neue Phase seiner Entwicklung ein, die Phase der *revolutionären Aktionen*. Der aus einer verhältnismäßig friedlichen Epoche stam-

36 Ebenda, S. 167.
37 Ebenda, S. 166.

mende Opportunismus ist mit seiner nationalen Bourgeoisie verwachsen und daher zu revolutionären Taten unfähig. Der Übergang zu revolutionären Aktionen wird erst möglich auf dem Wege einer *Zerstörung* der alten Partei, einer voraufgegangenen *Revolution* innerhalb der proletarischen Parteien selbst. Fähig, dies zu vollbringen, ist dagegen der revolutionäre Flügel der alten Arbeiterparteien, der sich auf seine Rolle im Laufe von Jahrzehnten durch den Kampf gegen den Opportunismus und den Klassenkampf gegen die Bourgeoisie ebenfalls vorbereitet hat. Der Opportunismus blickt auf eine lange Entwicklungsgeschichte des Entstehens, Wachsens, Reifens und »Überreifens«, wie sich Lenin ausdrückt, zurück. Der Opportunismus hat nun einen solchen »Reifegrad« erreicht, daß er sich bereits als eine rein bürgerliche Bewegung, die die Interessen der Arbeiterklasse verraten hat, selbst entlarvt hat.

Der Opportunismus ist wirtschaftlich, sozialpolitisch und ideologisch mit dem modernen Imperialismus und nationalen Staat verwachsen, woraus sich auch die Ideologie der Vaterlandsverteidigung und der Rechtfertigung des Krieges erklärt. Damit wird aber der Opportunismus oder der Sozialchauvinismus als der vollendete Ausdruck des ersteren zur Ideologie der *Bourgeoisie* in den Reihen der *Arbeiterklasse*.

Die ganze Vorgeschichte des Opportunismus bestätigt diesen Schluß. Darum erfordern die wirklichen Interessen der Arbeiterklasse als eines Ganzen die Entfernung dieses bürgerlichen Geschwürs aus ihrer Mitte.

Auch der revolutionäre Marxismus hat seine Geschichte, die indessen von der Geschichte des Opportunismus sich grundsätzlich unterscheidet. Der revolutionäre Flügel der proletarischen Parteien stellt der Klassenharmonie den unversöhnlichen Klassenkampf, der Vaterlandsverteidigung den proletarischen Internationalismus, dem Burgfrieden den Bürgerkrieg, der Erhaltung der Einheit der Partei mit dem Opportunismus die Zerstörung der alten Internationale und Schaffung einer neuen, die fähig ist, das Weltproletariat in den Kampf um den Sozialismus zu führen, entgegen.

X.

Wir haben nun gesehen, wie Lenin bei der Analyse einzelner Erscheinungen die dialektische Methode handhabt. Marx und Engels nannten mit Hegel die Methode die Seele eines wissenschaftlichen Gedankensystems. Lenin schließt sich hierin unseren großen Lehrmeistern an. Lenins Siege an allen Fronten, insbesondere an der theoretischen Front, entspringen vor allem, wenn nicht ausschließlich, einem erstaunlichen Vermögen, die dialektische Methode richtig zu handhaben, sie insbesondere bei der Analyse jeder noch so unscheinbaren Erscheinung hervorragend sicher zu gebrauchen.

Für heute begnügen wir uns damit, angesichts unserer vollkommenen Übereinstimmung mit Lenin, einige seiner Gedanken auch über diesen Punkt zu erwähnen. In seinem bekannten Artikel »Über die Bedeutung des streitbaren Materialismus«[38] empfiehlt Lenin ein systematisches Studium der Hegelschen Dialektik vom materialistischen Standpunkt.

»Gewiß ist«, schreibt Lenin, »ein solches Studium, ein solches Erläutern, eine solche Propaganda Hegelscher Dialektik keine leichte Sache, und die ersten Versuche in dieser Richtung werden zweifellos mit Fehlern behaftet sein. Doch fehlerfrei ist nur der, der nichts tut. Gestützt auf die von Marx befolgte Anwendung der materialistisch erfaßten Dialektik Hegels können und müssen wir diese Dialektik nach allen Richtungen hin *ausarbeiten* (von mir hervorgehoben, A. D.), in unserer Zeitschrift aus den wichtigsten Werken Hegels Auszüge publizieren und unter Anführung von Beispielen der Anwendung der Dialektik durch Marx wie auch von Beispielen ökonomischer und politischer Dialektik, wie sie uns die moderne Geschichte, besonders der moderne imperialistische Krieg und die Revolution in so ungewöhnlich reichem Maße bieten, diese Hegelsche Dialektik in die Sprache des Materialisten übersetzen. Die Redakteure und Mitarbeiter der Zeitschrift ›Unter dem Banner des Marxismus‹ soll-

---

38 Deutsch unter dem Titel »Unter dem Banner des Marxismus« in der gleichnamigen Zeitschrift erschienen.

ten unseres Erachtens eine Art ›Gesellschaft materialistischer Freunde der Hegelschen Dialektik‹ repräsentieren. Der moderne Naturforscher wird in der materialistisch erfaßten Dialektik Hegels (wenn er nur sucht, und wir es lernen, ihm hierbei behilflich zu sein) eine ganze Reihe von Antworten auf jene philosophischen Fragen finden, die die gegenwärtige Revolution in der Naturwissenschaft aufwirft, und die die Anbeter bürgerlicher Moden sich auf die Seite der Reaktion schlagen läßt.«

Lenin, der die außerordentliche Bedeutung der Dialektik voll anerkannte, empfiehlt somit, zum Unterschied von manchen anderen Marxisten, die Hegelsche Dialektik vom materialistischen Standpunkte aus zu propagieren und *auszuarbeiten* und sie durch Beispiele Marxscher Dialektik wie auch ökonomischer und politischer Dialektik, wozu der gegenwärtige imperialistische Krieg und die Revolution uns reiches Material liefern, zu kommentieren. Wir haben in vorliegendem Artikel versucht, durch einige Beispiele der von Lenin selbst an Hand der Probleme des Imperialismus, des Krieges und einiger anderer Erscheinungen der neuesten Geschichte geübten Dialektik die Anwendung der dialektischen Methode zu beleuchten.

Wenn Marx und Engels von der dialektischen Methode als der Seele eines »Systems«, als der »Form« eines Inhalts sprachen, so gingen sie davon aus, daß die Methode des dialektischen Materialismus die Algebra der *Natur* und der *Geschichte* darstellt und sie die Gesamtheit der Zusammenhänge der Erscheinungen und der allgemeinen Bewegungsgesetze, die der Natur wie der menschlichen Gesellschaft eigen sind, erfaßt. Die Methode des dialektischen Materialismus zeigt, wie man an das wissenschaftliche Studium der Erscheinungen heranzutreten hat. Ersetzen wir die algebraischen Ausdrücke durch arithmetische Größen oder, anders ausgedrückt, wenden wir die Methode des dialektischen Materialismus auf bestimmte, konkrete Erscheinungen an, so decken wir damit die wirklichen Ursachen und Zusammenhänge eines bestimmten *Inhaltes* auf. Den Inhalt aber der »Form« unterordnen, bedeutet nun andererseits, den konkreten Inhalt durch dessen Zusammenhang, dessen Beziehung, durch die einzig richtige Methode des dialektischen Materialismus, zu erfassen.

Wir könnten nun als allgemeines Resumé alle »arithmetischen« Größen auf einen algebraischen Ausdruck als eine allgemeine wissenschaftliche Formulierung eines realen Inhalts zurückführen. Doch haben sich unsere Ausführungen ohnehin schon zu sehr in die Länge gezogen.

Zum Schluß scheint es uns am Platze, eine allgemeine Charakteristik des Marxismus anzuführen, die uns Lenin hinterlassen. »Marx' Lehre«, sagt Lenin, »entstand als eine unmittelbare *Fortsetzung* der Lehren der hervorragendsten Vertreter der Philosophie, politischen Ökonomie und des Sozialismus. Die Marxsche Lehre ist allmächtig, weil sie richtig ist. Sie ist erschöpfend und geschlossen und gibt den Menschen eine einheitliche Weltanschauung, die jedem Aberglauben, jeder Reaktion, jeder Rechtfertigung bürgerlicher Knechtung widerstreitet. Sie ist der vollendete Erbe des Besten, was die Menschheit im 19. Jahrhundert in Gestalt der deutschen Philosophie, der politischen Ökonomie und des französischen Sozialismus geschaffen hat.«[39]

Der Marxismus ist ein durch die Dialektik bereicherter philosophischer Materialismus. »Die Dialektik schließt jedoch in der Auffassung Marx' und ebenso Hegels«, betont Lenin mit Recht, »die Erkenntnistheorie in sich, die ihren Gegenstand ebenfalls historisch zu betrachten hat, indem sie den Ursprung und die Entwicklung der Erkenntnis, den Übergang vom Nichtwissen zum Wissen studiert und verallgemeinert.« Marx hat den Materialismus vollendet, indem er ihn auf die Erkenntnis der menschlichen Gesellschaft ausdehnte. In dieser Hinsicht bildet der *historische Materialismus* die größte Errungenschaft menschlichen Geistes.

Die Dialektik ist die Lehre von der Entwicklung in ihren tiefstem, von Einseitigkeiten freiem Sinne. Sie ist die Lehre von der Relativität alles menschlichen Wissens, das eine Widerspiegelung der sich ewig entwickelnden Materie darstellt. Die moder-

39 Lenin, *Gesammelte Werke*, Bd. 12, Teil II, S. 55.

nen Entdeckungen auf dem Gebiete der Naturwissenschaften (Radioaktivität, Elektronen, Verwandlung der Elemente) bestätigen die Richtigkeit des dialektischen Materialismus. Geschichte und Politik wurden dank Marx' Lehre zum ersten Mal zur Höhe theoretischer Wissenschaft emporgetragen, einer Wissenschaft, die uns lehrt, wie Gesellschaftsordnungen sich in andere, höhere Gesellschaftsordnungen durch die Entwickelung der Produktivkräfte *verwandeln*. Die materialistische Dialektik schließt, um mit Marx zu reden, in die positive Erkenntnis des Bestehenden zugleich auch die Erkenntnis der Negation des Bestehenden, seines notwendigen Vergehens und Ersatzes durch eine neue, höhere Form des Seins ein.

Die Dialektik leugnet die Existenz absoluter Wahrheiten. Sie lehrt uns den Wandel der Gegensätze und die Rolle der Krisen in der Geschichte begreifen. »Eklektiker und Opportunisten ersetzen die Revolution durch ›Übergänge‹«, sagt Lenin. Den wahren Übergang jedoch von dem Staate als einem Organ der Herrschaft der Kapitalistenklasse zu dem Staate als einem Organ der Herrschaft des Proletariats bildet die *Revolution*.

So bildet die Marxsche Philosophie einen vollendeten Materialismus, der der Menschheit und vor allem dem Proletariat mächtige Erkenntnis- und Kampfesmittel geliefert hat.

Der Leninismus aber ist nichts anderes als der auf eine neue historische Situation bezogene Marxismus. Der Leninismus ruht auf dem gleichen allgemein-theoretischen, philosophischen und methodologischen Fundament wie der Marxismus.

Materialistische Dialektik und Naturwissenschaft
(1925)

Auch Bücher haben bekanntlich ihre Schicksale. Im Laufe von fast 20 Jahren hat Engels, wenn auch mit mehrfachen Unterbrechungen, naturwissenschaftliche und mathematische Studien betrieben, deren Zweck die *Anwendung der dialektischen Methode auf die Naturwissenschaft* war. Doch infolge Überlastung mit andern Arbeiten, besonders nach dem Tode von Karl Marx, hat Engels naturwissenschaftlichen Fragen verhältnismäßig nur wenig Zeit widmen können. Dessenungeachtet hat sich bei ihm im Laufe der Jahre eine erhebliche Anzahl äußerst wertvoller Essays und Aperçus angesammelt, die zu einem einheitlichen Ganzen zu fügen ihm leider nicht beschieden war.

Im Jahre 1895 starb Engels, und sein literarischer Nachlaß geriet in die »zuverlässigen« Hände Eduard Bernsteins, der die Manuskripte seines Lehrers bis zur dreißigsten Wiederkehr seines Todestages »sorgsam« behütet und sich nicht einmal Zeit genommen hatte, das kostbare Material, in dessen Besitz er sich volle drei Jahrzehnte befand, kennen zu lernen. Doch, um der Gerechtigkeit zu genügen, sei festgestellt, daß sowohl E. Bernstein als auch der Parteivorstand der deutschen Sozialdemokratie seinerzeit »Maßnahmen ergriffen« hatten, um sich eine Vorstellung vom Inhalt des Engelsschen Nachlasses zu bilden, indem sie den verstorbenen Leo Arons beauftragten, die mathematischen und naturgeschichtlichen Manuskripte der beiden Begründer des Marxismus zu studieren. Das negative Gutachten dieses gelehrten Fachmannes war für das Schicksal des nunmehr von D. Rjasanow herausgegebenen Engelsschen Buches entscheidend.

Allein selbst nachdem Friedrich Engels von Leo Arons eine schlechte Note im naturwissenschaftlichen Aufsatz erhalten hatte, hatte der charakterfeste E. Bernstein die Engelsschen Manuskripte nicht etwa verbrannt, sondern sie auch weiter

»sorgfältig« in seinem Sekretär, in Erwartung besserer Zeiten, aufbewahrt. *Dreißig Jahre später,* wie D. Rjasanow in seinem ausgezeichneten Vorwort zu Engels »Naturdialektik« mitteilt erinnerte sich E. Bernstein erneut des Inhaltes seiner Archivmappen. Diesmal wandte er sich um ein Gutachten an einen so angesehenen Gelehrten wie A. Einstein, der sich angesichts der geschichtlichen Bedeutung des Verfassers als eines der Begründer des Marxismus für die Veröffentlichung der Engelsschen Manuskripte aussprach. Nach der Ansicht Einsteins bietet die Engelssche Arbeit »weder vom Standpunkt der Physik noch von dem der Geschichte der Physik ein besonderes Interesse«.

Wir wissen nicht, was nun Bernstein nach einem solchen Gutachten Einsteins mit Engels' Manuskripten angefangen hätte. Möglicherweise hätten sie in Bernsteins Sekretär auch weiterhin in bescheidener Zurückgezogenheit ein stilles Dasein geführt, hätte nicht das Schicksal bereits anders entschieden. Die Manuskripte gelangten nämlich in die Hände des Genossen D. Rjasanow und erblickten so das Licht der Welt. Habent sua fata libelli. Engels' Testamentvollstrecker haben sich als unfähig erwiesen, die *gewaltige prinzipielle, methodologische Bedeutung seiner Arbeit* zu würdigen. Diese sonderbare Tatsache ist in der Tat ein Symbol: 30 Jahre nach dem Tode Engels' gelangen dessen Manuskripte in die Hände der wahren geistigen Erben und Verfechter des Marxismus, in die Hände der russischen Marxisten, die allein einer so kostbaren Gabe würdig und allein befähigt sind, deren tiefschürfenden Inhalt nach Gebühr zu würdigen. So wollte es die Geschichte.

I.

Der Marxismus oder dialektische Materialismus ist eine geschlossene Weltanschauung, die aus drei grundlegenden Komponenten besteht: der materialistischen Dialektik als der allgemeinen wissenschaftlichen Methodologie (Erkenntnistheorie inbegriffen), der *Dialektik der Natur* als der Methodologie in der Naturwissenschaft und der *Dialektik der Geschichte* (historischer Materialismus). Diese Komponenten des dialektischen Materialismus sind von dessen Begründern, wenn auch in ungleichem, so doch in einem Maße ausgearbeitet worden, daß wir durchaus imstande sind, uns vom dialektischen Materialismus eine bestimmte und erschöpfende Vorstellung zu verschaffen. Überdies haben die bedeutendsten Marx-»Schüler« zum weiteren Ausbau des Marxismus erheblich beigetragen. Natürlicherweise haben sowohl die Lehrer als auch die Schüler die größte Aufmerksamkeit in erster Linie den sozialen Problemen, der marxistischen Gesellschaftslehre gewidmet.

Auf dem Gebiete des *theoretischen* Ausbaues der materialistischen Dialektik ist dagegen relativ weniger geleistet worden. Wir wissen, daß Marx sich mit dem Gedanken trug, einen kurzen Leitfaden der Dialektik zu verfassen. In einem Brief an Engels vom 16. Januar 1858 schreibt er: »Wenn je wieder Zeit für solche Arbeiten kommt, hätte ich große Lust, in zwei oder drei Druckbogen das *Rationelle* an der Methode, die Hegel entdeckt, aber zugleich mystifiziert hat, dem gemeinen Menschenverstand zugänglich zu machen.«[1] Leider bot sich Marx keine Möglichkeit, sein Vorhaben auszuführen. Doch wenn er uns auch keinen theoretischen Leitfaden der Dialektik hinterlassen hat, so ist es doch allgemein bekannt, daß Marx in allen seinen Arbeiten die von ihm materialistisch gestaltete Hegelsche Dialektik folgerichtig angewandt hat. Eine allgemeine Charakteristik seiner Dialektik gab Marx bekanntlich im Nachwort zur 2. Auflage des 1. Bandes des *Kapital*, in der er gleichzeitig betont, daß Hegel »ihre (der Dialektik, A. D.) allgemeinen Bewegungsformen zuerst in umfassender und bewußter Weise dargestellt hat«.

Friedrich Engels gab in seinen Arbeiten, insbesondere im *Ludwig Feuerbach* und *Anti-Dühring* seinerseits nicht nur eine allgemeine Charakteristik der materialistischen Dialektik, sondern klärte auch die *theoretische* Bedeutung einiger Grundkategorien und Entwicklungsgesetze. Dessenungeachtet haben die

1 Vgl. Briefwechsel, Bd. 2, S. 235 [MEW Bd. 29, S. 260].

Anhänger Marx' eine, wie uns scheint, noch äußerst wichtige Aufgabe zu erfüllen: den Ausbau einer auf die Arbeiten Marx', Engels', Plechanows und Lenins gestützten *Theorie der materialistischen Dialektik,* die sich zugleich auf Hegel, der zwar ein erschöpfendes, jedoch idealistisch entwickeltes Bild der allgemeinen Bewegungsgesetze gegeben hat, zu stützen hätte.

Marx und Engels waren der Anschauung – auch in dieser Hinsicht Hegel folgend –, daß das Wesen der Philosophie in der Methode »resümiert« erscheine. Die durch Hegel »entdeckte« dialektische Methode bildet eine der größten Errungenschaften philosophischen und wissenschaftlichen Denkens. Hegel beschränkte sich indessen keineswegs auf die bloße Ausarbeitung einer *Theorie* der Dialektik, sondern unterzog sich gleichzeitig der gewaltigen Arbeit, auch viele grundlegende Zweige menschlichen Wissens vom Standpunkt seiner neuen Methode umzugestalten.

Die Begründer des Marxismus standen vor der Aufgabe, nicht nur die menschliche Geschichte, das soziale Leben der Menschen, sondern auch die *Naturwissenschaft* vom Standpunkt der dialektisch-materialistischen Methode zu erforschen und zu erklären. Nicht nur die Gegner des Marxismus, sondern auch viele seiner Anhänger, begreifen es bis heute nicht, daß die Dialektik auch für die Naturwissenschaft von ungeheurer Bedeutung ist. Wie Plechanow schreibt, schließt bereits ein winziges Protoplasmaklümpchen direkt entgegengesetzte Erscheinungen in sich. »Somit«, schließt er, »muß sowohl in der Naturwissenschaft als auch in der Gesellschaftswissenschaft der dialektischen Methode der größte Platz eingeräumt werden.« Seitdem dies nun geschehen, haben diese Wissenschaften in der Tat kolossale Fortschritte gemacht.

Friedrich Engels hat an der Begründung der theoretischen Naturwissenschaft durch den dialektischen Materialismus nicht nur eifrig, sondern, wie uns dünkt, auch mit großem Erfolg gearbeitet. Die Hauptaufgabe, die Engels zu bewältigen hatte, bestand in der Schaffung eines *theoretischen* Fundaments für das bereits aufgehäufte *empirische* naturwissenschaftliche Material und in der Verarbeitung desselben vom Standpunkte der allgemeinen dialektischen *Theorie der Naturwissenschaft*. Der dialektische Materialismus stellt somit eine harmonische Einheit, eine revolutionäre Synthese von Natur- und Gesellschaftswissenschaft dar.

Die *theoretische* Naturwissenschaft stützt sich selbstverständlich auf *empirisches* naturwissenschaftliches Material, wie ja auch die theoretische Gesellschaftswissenschaft historisches und soziologisches Tatsachenmaterial zur Grundlage hat. Wir heben dies besonders mit Rücksicht auf diejenigen hervor, die aus Mangel an Verständnis für das Verhältnis von *Empirie* und *Theorie* geneigt sind, den Marxismus der Tendenz zu beschuldigen, der empirischen Wissenschaft eine aprioristische naturwissenschaftliche Theorie aufzwingen zu wollen. Die Gegner des Marxismus behaupten, auch der historische Materialismus sei eine lediglich aprioristische Konstruktion, mit der weder die empirische Geschichte noch die tatsächliche Entwicklung der sozialen Beziehungen etwas zu tun hätten. Bekanntlich sind bürgerliche Gelehrte in einer ganzen Reihe von Gebieten zur *Ablehnung jeder Theorie* gekommen, d. h. man stellte sich auf den Boden der *Methode der reinen Beschreibung*. Letztere ist jedoch sowohl in der ökonomischen Wissenschaft als auch der Naturwissenschaft unhaltbar. Die Erfahrung muß von der Theorie durchdrungen sein. Erst dann leisten wir wirkliche wissenschaftliche Arbeit, gelangen wir zu wahrem Verständnis natürlicher und geschichtlicher Prozesse.

Sofern wir also annehmen, daß die Gesetze der Dialektik die gesamte Wirklichkeit umfassen, die Dialektik somit eine allgemeine Lehre von den Bewegungsgesetzen und Bewegungsformen alles Seienden darstellt, muß auch die Naturwissenschaft von der Dialektik durchdrungen sein, m. a. W.: nachdem sich die Dialektik der Gesellschaftswissenschaft bemächtigt hat, hat sie nun auch von der Naturwissenschaft Besitz zu ergreifen. Beherrschung der Dialektik bedeutet Beherrschung der Wirklichkeit. Doch will die Dialektik keineswegs eine der Natur oder der Geschichte aufoktroyierte Methode darstellen. Die

Aufgabe, die sich Engels bereits im *Anti-Dühring,* insbesondere aber in der *Dialektik der Natur* gestellt, bestand in der Darstellung der Ergebnisse der Naturwissenschaft vom Standpunkte der dialektischen Methode. In einem Brief an Marx vom 30. Mai 1873 gibt Engels folgende Charakteristik der Aufgaben der Naturwissenschaft:

»Gegenstand der Naturwissenschaft – der sich bewegende Stoff, die Körper. Die Körper sind nicht von der Bewegung zu trennen, ihre Formen und Arten nur in ihr zu erkennen, von Körpern außer der Bewegung, außer allem Verhältnis zu den anderen Körpern, ist nichts zu sagen. Erst in der Bewegung zeigt der Körper, was er ist. Die Naturwissenschaft erkennt daher die Körper, indem sie sie in ihrer Beziehung aufeinander, in der Bewegung betrachtet. Die Erkenntnis der verschiedenen Bewegungsformen ist die Erkenntnis der Körper. Die Untersuchung dieser verschiedenen Bewegungsformen also Hauptgegenstand der Naturwissenschaft.

1. Die einfachste Bewegungsform ist die *Orts*veränderung (innerhalb der Zeit, um dem alten Hegel einen Gefallen zu tun) –, *mechanische* Bewegung.

a) Bewegung eines *einzelnen* Körpers existiert nicht; relativ gesprochen kann jedoch der *Fall* als ein solcher gelten. Die Bewegung nach einem, vielen Körpern gemeinsamen Mittelpunkt. Sobald aber der Einzelkörper in einer *andern* Richtung als nach dem Zentrum sich bewegen soll, fällt er zwar noch immer unter die Gesetze der *Fall*bewegung, aber diese modifizieren sich

b) im Gesetze der Flugbahn und führen direkt auf die Wechselbewegung mehrerer Körper – planetarische etc. Bewegung, Astronomie, Gleichgewicht –, temporär oder scheinbar in die Bewegung selbst. Das *wirkliche* Resultat dieser Bewegungsart ist aber schließlich immer – der *Kontakt* der sich bewegenden Körper, sie fallen ineinander.

c) Mechanik des Kontakts – sich berührende Körper. Gewöhnliche Mechanik, Hebel, schiefe Ebene etc. Aber *der Kontakt erschöpft hiermit seine Wirkungen nicht.* Er äußert sich unmittelbar in zwei Formen: Reibung und Stoß. Beide haben die Eigenschaft, daß sie bei bestimmtem Intensitätsgrad und unter bestimmten Umständen *neue,* nicht mehr bloß mechanische Wirkungen erzeugen: *Wärme, Licht, Elektrizität, Magnetismus.*

2. *Eigentliche Physik.* Wissenschaft dieser Bewegungsformen, die nach Untersuchung jeder einzelnen feststellt, daß sie unter bestimmten Bedingungen *ineinander übergehen,* und schließlich findet, daß sie alle bei bestimmtem Intensitätsgrad, der nach den verschiednen bewegten Körpern wechselt, Wirkungen hervorbringen, die über die Physik

übergreifen, Veränderungen der innern Struktur der Körper – *chemische* Wirkungen.

3. *Chemie*. Für die Untersuchung der frühern Bewegungsformen war es mehr oder minder gleichgültig, ob sie an belebten oder unbelebten Körpern gemacht wurden. Die unbelebten zeigten sogar die Phänomene in ihrer größten *Reinheit*. Die Chemie dagegen kann die chemische Natur der wichtigsten Körper nur an den Stoffen erkennen, die aus dem Lebensprozeß hervorgegangen sind; ihre Hauptaufgabe wird mehr und mehr, diese Stoffe künstlich herzustellen. Sie bildet den Übergang zur Wissenschaft des Organismus, aber der dialektische Übergang ist erst dann herzustellen, wenn die Chemie den wirklichen entweder gemacht hat oder auf dem Sprung steht, ihn zu machen.

4. *Organismus* – hier lasse ich mich vorläufig auf keine Dialektik ein.«[2]

In diesem Brief entwarf Engels die Hauptthesen einer Naturdialektik, die er im weiteren ausführlich zu entwickeln gedachte. Es versteht sich von selbst, daß Engels auch der *Dialektik der Natur* die Grundgesetze und Prinzipien der materialistischen *Dialektik als einer abstrakten Wissenschaft von den allgemeinen Bewegungsgesetzen und Bewegungsformen* zugrunde gelegt hat, die sowohl in der Natur als auch in der Gesellschaft und im menschlichen Denken gleichermaßen Gültigkeit haben. Dieselben *Kategorien* nehmen jedoch in den verschiedenen Gebieten der Wirklichkeit verschiedene Formen an, d. h. sie spiegeln sich in verschiedener Weise wider. Einerseits hat die Dialektik als allgemeine Methodologie die die gesamte Wirklichkeit umfassenden Grundbegriffe und Kategorien zum Gegenstand, andererseits aber hat die Naturwissenschaft, gleich der Gesellschaftswissenschaft, ihre eigenen, spezifischen Kategorien. Die allgemeine Dialektik beschäftigt sich mit der Untersuchung jener Kategorien, die die Grundlage jeglichen Wissens bilden. Jedes einzelne Wirklichkeitsgebiet dagegen, Natur wie Gesellschaft, hat neben den allgemeinen Bewegungsgesetzen und Bewegungsformen gleichzeitig noch spezifische, nach Sonderkategorien, die just dem betreffenden Gebiete eigentümlich sind, zur Grundlage. Dieselbe *abstrakte* Kategorie, die Gegenstand allgemeiner Dialektik ist, nimmt gleichzeitig, sobald es sich um

2 Briefwechsel, Bd. 4, S. 344 ff. [MEW Bd. 33, S. 80 f.]

Naturwissenschaft oder Gesellschaftswissenschaft handelt, auch entsprechend *verschiedene konkrete* Formen an.

Betrachten wir die Kategorie der Entwicklung. Natur und Gesellschaft sind dem Gesetz der Entwicklung gleichermaßen unterworfen. In diesem Sinne stellt das Entwicklungsgesetz eine allgemeine abstrakte Kategorie dar. Nun verläuft aber der Entwicklungsprozeß in der Natur und der Gesellschaft nicht gleichartig. Er zeigt auf beiden Gebieten einen unterschiedlichen Charakter, muß mithin auch in verschiedener Weise interpretiert werden. Die Natur entwickelt sich unabhängig vom Menschen, ohne dessen Mitwirken. Die gesellschaftliche Entwicklung dagegen vollzieht sich unter aktivster Anteilnahme des Menschen. Dieser Umstand allein genügt schon zur Verdeutlichung des Unterschiedes in der Anwendung derselben Kategorie auf verschiedene Wirklichkeitsgebiete. Das Gesetz der Einheit der Gegensätze gilt gleichermaßen für chemische Prozesse wie fürs Protoplasma, für Organismen wie fürs soziale Leben; selbstverständlich aber spiegelt sich dieses Gesetz in den verschiedenen Fällen verschieden wider, bedarf somit auch einer verschiedenen Anwendung. Daher behandelt die allgemeine Theorie der Dialektik diese Kategorien naturgemäß »abstrakt«, d. h. sie sieht von ihrer Anwendung auf bestimmte Einzelfälle ab und begnügt sich mit einer allgemeinen, logischen Analyse der Kategorien. Andererseits bildet z. B. die Kategorie der Produktivkräfte eine spezifische Kategorie der Gesellschaftswissenschaft, für die in der Naturwissenschaft überhaupt kein Platz ist. Umgekehrt dürfen auch die spezifischen naturwissenschaftlichen Kategorien nicht auf die Betrachtung gesellschaftlicher Erscheinungen übertragen werden. Die allgemeinen Formen der dialektischen Bewegung gelten hingegen für beide Gebiete. Mehr noch: die Kategorien der einzelnen Wirklichkeitsgebiete sind den allgemeinen Gesetzen der dialektischen Entwicklung untergeordnet, bilden sie doch Sonderfälle, besondere *Erscheinungsformen* allgemeiner Kategorien.

Die Dialektik stellt somit eine allgemeine Methode dar, die die Natur, die Geschichte und das menschliche Denken umfaßt, wobei sie in jedem dieser einzelnen Wirklichkeitsgebiete in spezifischer Weise in Erscheinung tritt. Dementsprechend kennt der Marxismus drei Grunddisziplinen, die in ihrer Gesamtheit den dialektischen Materialismus ausmachen: die allgemeine Theorie der Dialektik, die Dialektik der Natur und die Dialektik der Geschichte.

In dem Maße, wie die Richtigkeit der Methode durch immer mehr Tatsachen, Ereignisse, Zusammenhänge und Beziehungen bestätigt wird, wird sie im Verlauf der Untersuchungen zur Theorie. Die zu einem einheitlichen Ganzen zusammengefaßten Einzeldisziplinen, die allgemeine Theorie der Dialektik, die Theorie der Naturwissenschaft und die Theorie der Gesellschaftswissenschaft, bilden das geschlossene »System« des dialektischen Materialismus oder Marxismus. Um Mißverständnissen vorzubeugen, müssen wir, da hier vom »System« die Rede ist, klarstellen, worin denn der Unterschied zwischen den üblichen, von Engels bekämpften philosophischen Systemen und dem »System« des dialektischen Materialismus besteht.

Die alten philosophischen Systeme, idealistische wie materialistische, waren durch und durch metaphysisch. Unter »System« verstanden die Philosophen eine Gesamtheit absoluter, fertiger, ewiger Wahrheiten. Jeder Philosoph konstruierte sich ein System, im festen Glauben, daß es just ihm geglückt sei, das Unbedingte oder Absolute zu erfassen und dessen adäquaten Ausdruck in der endgültigen Form angeblich ewiger Begriffe und Wahrheiten zu finden. Alle diese metaphysischen Systeme, denen das Absolute zugrunde lag, hielten sich natürlich an die metaphysische Methode, auf die sie sich stützten. Die metaphysische Methode hat metaphysische Systeme zur Folge. Sie führt *unabwendbar* zu allgemein-metaphysischen Vorstellungen über die Welt, zu metaphysischen *Theorien* und schließlich zu metaphysischen *Systemen*. Ihrerseits stützt sich die metaphysische Methode auf die sogenannte formale Logik. Formale Logik, metaphysische Methode (Theorien) und metaphysische Systeme stehen in logischem Zusammenhang miteinander, bilden eine Kette, ein Ganzes.

Die Entwicklung der dialektischen Methode in der neuesten Philosophie, von ihren Anfängen in den Gedankengängen eines Kant an, bedeutete die Überwindung der alten metaphysischen Systeme, der metaphysischen Methode und der formalen Logik. Beim größten Dialektiker, bei Hegel, gewinnt die Methode die Vorherrschaft über das System. Dialektik ist mit metaphysischer Auffassung der Wirklichkeit wie mit dem absoluten Charakter der Gesetze der formalen Logik unvereinbar. Die Dialektik »hebt« metaphysische Systeme »auf«. Insofern Hegel die Dialektik einerseits zuerst entwickelt und ausgebaut hatte, dabei aber andererseits noch auf dem Boden der Metaphysik verharrte, deckte sich bei ihm die Dialektik noch mit der Metaphysik als der Lehre vom Absoluten. Bekanntlich ist es die absolute Idee, die im Hegelschen System die Rolle des Absoluten spielt. Der Marxismus tat einen weiteren Schritt, indem er sich auf den Boden des Materialismus stellte. Die Dialektik ist mit dem Idealismus ebensowenig vereinbar wie mit der Metaphysik, als einer Lehre absoluter Wahrheiten. Zwar hat das Hegelsche Absolute selbst dialektische Merkmale erhalten, insofern es der große Philosoph nicht als etwas Erstarrtes, ein für allemal in fertiger und vollendeter Gestalt Gegebenes auffaßte, sondern als etwas, das sich, ähnlich dem Leben des Kosmos, im Zustand dauernder Veränderung befindet. Dennoch enthält das Hegelsche System, wie schon betont, metaphysische Elemente, die allein vom dialektischen Materialismus eliminiert werden konnten; denn Hegel faßte die absolute Idee in allen ihren Bewegungs- und Gestaltungsweisen als gegeben auf, m. a. W.: Hegel glaubte, alle Formen und Entwicklungsstufen des absoluten Geistes *erschöpft* zu haben. Überdies widersprach der Hegelsche Idealismus dem Wesen der dialektischen Methode; denn die Dialektik fordert, daß *Form* und *Inhalt* einander nicht entgegengesetzt werden. Mehr noch: Vom Standpunkt der Dialektik müssen sich Form und Inhalt gegenseitig *durchdringen*. Die immanente Form der Wirklichkeit selbst, ihr innerer Rhythmus, wird zum Inhalt unseres Denkens. Die Dialektik stellt den Rhythmus und die Bewegung der Wirklichkeit selbst dar. Daher ist die dialektische Auffassung der Wirklichkeit mit Spekulation unvereinbar. Der absolute Geist oder die absolute Idee dagegen sind lediglich Gegenstand der *Spekulation*. Hegel selbst betont wiederholt, daß das wahre Wesen eines Gegenstandes der Erkenntnis nur dann zugänglich sei, wenn der Gegenstand selbst seine Bestimmungen offenbare, nicht aber sie von außen zugeführt erhalte, und daß die alte Metaphysik die Bestimmungen des Gegenstandes stets im Bewußtsein fertig vorgefunden und sie von außen her auf den Gegenstand übertragen habe. Aber verfuhr nicht Hegel mit seinem absoluten Geist in gleicher Weise wie die Metaphysiker? Man muß, wie der *Dialektiker* Hegel lehrt, es der Wirklichkeit überlassen, sich aus sich selbst heraus frei zu entwickeln und ihre Bestimmungen selbst zu finden. Dann aber wird sofort offenbar, daß die Dialektik nur mit dem Materialismus vereinbar ist. Daher durfte G. Plechanow mit Recht erklären: *»Unserer Dialektik liegt die materialistische Auffassung der Natur zugrunde.* Sie ist die Stütze. Sie würde fallen, wenn der Materialismus fiele. Und umgekehrt: ohne Dialektik ist *eine materialistische Erkenntnistheorie* unvollständig, einseitig, ja sogar unmöglich.«[3]

Ohne materialistische Auffassung der Natur und der Gesellschaft gibt es keine Dialektik, ohne Dialektik keinen modernen wissenschaftlichen Materialismus. Somit können wir in beschränktem Sinne von einem »System« des dialektischen Materialismus sprechen, das die Natur, die Gesellschaft und das menschliche Denken synthetisch zu einem Ganzen zusammenfaßt. Hierbei ist unter »System« nicht etwa eine bereits abgeschlossene, absolut vollendete, sondern eine im Fluß begriffene, sich wandelnde Weltanschauung zu verstehen, deren Seele die Dialektik ist, die diesem einheitlichen System Leben und Bewegung, dauernde Entwicklungs- und Wandlungsfähigkeit verleiht.

Die Philosophie »faßt sich zusammen« in der Methode. Das

3 G. Plechanow, *Werke*, herausgegeben vom Marx-Engels-Institut in Moskau, Band XVIII, Moskau 1925, S. 268 (russisch). Deutsch enthalten in G. Plechanow, *Die Grundprobleme des Marxismus*, Stuttgart 1920, S. 38.

lehrte schon Hegel. Denselben Standpunkt nimmt der Marxismus ein. Der Philosophie verbleibt nur die Methodologie, d. h. die materialistische Dialektik, die die Logik und die Erkenntnistheorie in sich schließt. Erst die Dialektik faßt bestimmte Tatsachen und Ereignisse zur Wissenschaft zusammen. Die Dialektik bildet die Seele der wissenschaftlichen Entwicklung, wie Hegel sagt. Sie ist überhaupt das Grundprinzip aller Bewegung, alles Lebens und Geschehens in der Welt der Wirklichkeit.

»Das dialektische Moment«, heißt es bei Hegel, »ist das eigene Sichaufheben solcher endlichen Bestimmungen und ihr Übergehen in ihr entgegengesetzte ... Die Dialektik dagegen ist dies *immanente Hinausgehen*, worin die Einseitigkeit und Beschränktheit der Verstandesbestimmungen sich als das, was sie ist, nämlich als ihre Negation darstellt. Alles Endliche ist dies, sich selbst aufzuheben. Das Dialektische macht daher die bewegende Seele des wissenschaftlichen Fortgehens aus und ist das Prinzip, wodurch allein *immanenter Zusammenhang und Notwendigkeit* in den Inhalt der Wissenschaft kommt ...«[4]

Dialektik ist somit nichts anderes als eine allgemeine Methodologie. Die Methodologie aber bildet im wesentlichen Inhalt und Gegenstand der Philosophie als einer besonderen Wissenschaft. Die materialistische Dialektik hat als allgemeine Methodologie alle konkreten und empirischen Wissenschaften zu durchdringen, da sie gewissermaßen die Algebra der Wissenschaften darstellt, die den konkreten Inhalt durch Herstellung innerer Zusammenhänge erfaßt. Um Mißverständnisse zu verhüten, betonen wir erneut, daß diese »Herstellung innerer Zusammenhänge« nicht in dem Sinne zu verstehen ist, als ob wir den Zusammenhang *von außen* hineinbrächten.

Der innere Zusammenhang existiert vielmehr objektiv, so daß unsere Aufgabe lediglich in der Entfaltung der erforderlichen *Aktivität* zur Aufdeckung dieses Zusammenhanges besteht. So heißt es in Engels' Vorwort zur 2. Auflage des *Anti-Dühring*:

»Es konnte sich für mich nicht darum handeln, die dialektischen Gesetze in die Natur hineinzukonstruieren, sondern sie in ihr aufzufinden und aus ihr zu entwickeln.«

4 Hegel, *Enzyklopädie der philosophischen Wissenschaften im Grundriß*. Lassonsche Ausgabe, Leipzig 1905, § 81, S. 105 [Werke Bd. VI, S. 151 f.]

Die Dialektik als Wissenschaft von den *allgemeinen Zusammen-hängen* und Beziehungen der realen Welt kann selbstver-ständlich auf alle Gebiete der Wirklichkeit angewandt wer-den. Die allgemeinen dialektischen Zusammenhänge finden sich überall vor. Doch neben diesen generellen abstrakten, algebraischen Kategorien und Beziehungen müssen in Natur und Gesellschaft deren *konkrete* Äußerungen, deren jedem Ein-zelgebiet *eigentümliche* Erscheinungsformen aufgedeckt wer-den. Diese Aufgabe hatte sich nun Engels in seiner *Naturdia-lektik* just in Hinsicht auf die Naturwissenschaft gestellt.

Obwohl Engels' *Naturdialektik* keine prinzipiell neuen Ge-sichtspunkte enthält, bietet sie doch ein überaus reiches Material zur *theoretischen Vertiefung des Marxismus*. Leider war es Engels nicht vergönnt, seine Aperçus zu verarbeiten, sie zu einem systematischen Ganzen zu fügen. Das Buch besteht zum größten Teil aus einzelnen Fragmenten, ja selbst bloßen Noti-zen. Geschulten Marxisten wird es indessen unschwer gelingen, die von Engels unvollendet gelassene Arbeit, wenigstens teil-weise, selbst zu vollenden und dessen zerstreute Notizen und Fragmente zu einem geschlossenen Ganzen zu vereinigen. Im vorliegenden Artikel können wir den Weg, den Engels gegan-gen und den Engels' Anhänger, denen das Schicksal des Marxis-mus nicht gleichgültig ist, zu verfolgen haben, nur *andeuten*.

In der *Naturdialektik* versuchte Engels die *dialektisch-materia-listische Theorie der Naturwissenschaft* möglichst allseitig zu entwickeln, die Naturwissenschaft vom dialektischen Stand-punkte aus umzugestalten, d. h. also hinsichtlich der *Natur-wissenschaft* das durchzuführen, was von ihm und Marx in be-zug auf die *Gesellschaftswissenschaft* getan worden ist. Zum Teil ist dies bereits im *Anti-Dühring* geschehen, doch, wie gesagt, eben nur zum Teil.

In der *Naturdialektik* gedachte Engels eingehend all das, was im *Anti-Dühring* in programmatischer, allgemeiner Form ge-geben, ausführlicher zu behandeln. Hierzu bedurfte es jedoch zunächst der Darstellung der *allgemeinen Theorie der Dialek-tik*. Diese Aufgabe hatte sich Engels auch in der Tat gestellt.

Das »Allgemeine Natur der Dialektik als Wissenschaft« betitelte VIII. Kapitel wie auch die die *Theorie der Dialektik* betreffenden Aperçus hätten logischerweise an der Spitze des Buches stehen sollen. Engels hatte offenbar beabsichtigt, alle die von ihm in den verschiedenen Notizen behandelten *Kategorien* zu einer Einheit, einem *systematischen, geschlossenen Ganzen* zusammenzufassen, das dann eine *allgemeine Theorie der Dialektik* als der *Wissenschaft von den gesetzmäßigen Zusammenhängen* ergeben hätte.

Der zweite Teil des Buches hätte sodann die eigentliche »Naturdialektik« bilden müssen. In diesem Teil wollte Engels zeigen, welchen speziellen Ausdruck Kategorien, die für die Natur wie die Gesellschaft gleichermaßen gelten, in der speziellen Sphäre der *Natur* annehmen. Auf dieser Grundlage hätte sich eine *dialektisch-theoretische Naturwissenschaft*, d. h. was man auch eine Philosophie der Naturwissenschaft nennen könnte, zu erheben.

Der allgemeinen Theorie der Dialektik beabsichtigte Engels eine historische Einleitung vorauszuschicken. Darin sollte einerseits die Rückständigkeit und Unmöglichkeit der metaphysischen Methode in der Naturwissenschaft bewiesen werden, andererseits der allgemeine Entwicklungsgang der Erkenntnis seit Hegel geschildert und die *Notwendigkeit einer bewußten Rückkehr* zur Dialektik dargelegt werden. Das letztere war um so notwendiger, als die Entwicklung der Naturwissenschaft selbst zum Zusammenbruch der metaphysischen Auffassung der Natur und unbewußten Anwendung der Dialektik geführt hatte.

Die kritische Darlegung der Wissenschaften vom Standpunkt der Dialektik wird ihrerseits durch eine Klassifikation der Wissenschaften eingeleitet, die sich in der Hauptsache mit der von Engels im Anti-Dühring aufgestellten deckt und in dieser Hinsicht der Hegelschen *Naturphilosophie* anschließt.

So gibt das Engelssche Buch, obwohl es aus einzelnen, zerstreuten Teilen und Fragmenten besteht, im ganzen doch eine umfassende Vorstellung vom ganzen »System« des Marxismus, wie es den Begründern desselben vorgeschwebt hatte:

1. Die materialistische Dialektik als Wissenschaft der gesetzmäßigen Zusammenhänge bildet die allgemeine Methodologie, die abstrakte Wissenschaft von den allgemeinen Bewegungsgesetzen.
2. Die Dialektik der Natur (deren Stufen sind: Mechanik, Physik, Chemie und Biologie).
3. Die materialistische Dialektik in ihrer Anwendung auf die Gesellschaft als historischer Materialismus.

II.

Selbst von Marxisten werden oft Einwände gegen die Notwendigkeit eines *theoretischen* Ausbaues der Dialektik erhoben. Diesen Genossen schließt sich noch jene weitere Spezies Marxisten an, die der Philosophie gegenüber eine scharf ablehnende Haltung einnimmt und ihr die empirischen Wissenschaften entgegenstellt. Das Eigentümlichste an dieser Sache ist nun, daß alle diese Reformatoren und Kritiker sich gewöhnlich ausgerechnet auf Engels berufen, der in diesen Fragen just den entgegengesetzten Standpunkt vertrat. Hoffen wir, daß Engels' *Naturdialektik*, die alle gerade in den letzten Jahren umstrittenen Probleme außerordentlich klar behandelt und beantwortet, gewisse, die »Scholastiker« bekämpfende Heißsporne etwas nüchterner stimmt. Auf jeden Fall sind unsere Gegner vom Lager der »Positivisten« und mechanistischen Materialisten nunmehr der Möglichkeit beraubt, sich zur Rechtfertigung der von ihnen – und sei es auch unbewußt – gepredigten Verfälschung der folgerichtigen und tiefen marxistischen Lehre auf Engels zu berufen.
Welche Stellung nahm nun Engels der so viel verhaßten Philosophie gegenüber ein? Nun, wir konstatieren, daß Engels das Grundübel der Naturwissenschaft seiner Zeit darin sah, daß letztere mit der Philosophie *gebrochen* habe. Man höre:

»Die Resultate der modernen Naturwissenschaft drängen sich eben einem jeden, der sich mit theoretischen Dingen beschäftigt, mit derselben Unwiderstehlichkeit auf, mit der die heutigen Naturforscher, wollen sie's oder nicht, zu theoretisch-allgemeinen Folgerungen sich getrieben sehn. Und hier tritt eine gewisse Kompensation ein. Sind die Theoretiker Halbwisser auf dem Gebiet der Naturwissenschaft, so sind es die heutigen Naturforscher tatsächlich ebensosehr auf dem Gebiet der Theorie, auf dem Gebiet dessen, was bisher als Philosophie bezeichnet wurde.

Die empirische Naturforschung hat eine so ungeheure Masse von positivem Erkenntnisstoff angehäuft, daß die Notwendigkeit, ihn auf jedem einzelnen Untersuchungsgebiet systematisch und nach seinem innern Zusammenhang zu ordnen, schlechthin unabweisbar geworden ist. Ebenso unabweisbar wird es, die einzelnen Erkenntnisgebiete unter sich in den richtigen Zusammenhang zu bringen. Damit aber begibt sich die Naturwissenschaft auf das theoretische Gebiet, und hier versagen die Methoden der Empirie, hier kann nur das theoretische Denken helfen. Das theoretische Denken ist aber nur der Anlage nach eine angeborne Eigenschaft. Diese Anlage muß entwickelt, ausgebildet werden, und für diese Ausbildung gibt es bis jetzt kein andres Mittel als das Studium der bisherigen Philosophie.«[5]

Hier haben wir also folgende Postulate: Die Wissenschaft, insbesondere die Naturwissenschaft, kann des *theoretischen Denkens* nicht entbehren, das theoretische Denken aber ist just das, *was bisher als Philosophie* bezeichnet wurde; der einzige Weg zur Vertiefung, Entwicklung und Vervollkommnung des theoretischen Denkens bleibt das Studium der *Geschichte der Philosophie*, d. h. der *Entwicklungsgeschichte* dieses theoretischen Denkens. Der Schluß, den Engels daraus zieht, ist die Forderung eines engen »Bündnisses« zwischen Philosophie und Naturwissenschaft.

Das theoretische Denken formuliert bzw. entdeckt den allgemeinen Zusammenhang der Erscheinungen. Es läßt uns diesen Zusammenhang begreifen. Da aber alles Geschehen dem geschichtlichen Entwicklungsprozeß unterworfen ist, erscheint auch das theoretische Denken als ein Produkt des Werdens, als etwas geschichtlich Gewordenes, das zu verschiedenen Zeiten eine verschiedene Form und damit auch einen verschiedenen Inhalt annimmt. Die Wissenschaft vom Denken ist die Wissenschaft von der geschichtlichen Entwicklung menschlichen Denkens. Wären die Naturwissenschaftler mit der Entwicklungs-

5 Engels, *Dialektik der Natur*, S. 124 [MEW Bd. 20, S. 330].

geschichte des menschlichen Denkens vertraut, so wären sie sich darüber klar, daß für die moderne Naturwissenschaft just die Dialektik die richtigste Form des Denkens ist; und sich bewußt, daß

»sie allein das Analogon und damit die Erklärungsmethode bietet für die in der Natur vorkommenden Entwicklungsprozesse, für die Zusammenhänge im ganzen und großen, für die Übergänge von einem Untersuchungsgebiet zum anderen.«6

Sie hätten, mit anderen Worten, die ganze Überlegenheit des dialektischen Denkens und der dialektischen Methode über die Metaphysik, an der sie noch immer festhalten, eingesehen. Die Dialektik als höchste Form des Denkens und Methode der Erfassung natürlicher und geschichtlicher Vorgänge ist ihrerseits selbst wieder das Ergebnis einer Entwicklung des theoretischen Denkens. Diese Entwicklung findet aber ihren mehr oder weniger vollständigen Ausdruck in der Geschichte der Philosophie. Durch das Studium der Geschichte des Denkens lernen wir erkennen, daß es auch auf diesem Gebiete keine ewigen, unwandelbaren Wahrheiten gibt, daß wir es auch hier mit einem »Wechsel der Formen« zu tun haben. Dieser »Wechsel der Formen« besitzt aber für die Einzelwissenschaft eine ungeheure, oft entscheidende Bedeutung. Überdies

»ist die Bekanntschaft mit dem geschichtlichen Entwicklungsgang des menschlichen Denkens, mit den zu verschiednen Zeiten hervorgetretenen Auffassungen der allgemeinen Zusammenhänge der äußeren Welt auch darum für die theoretische Naturwissenschaft ein Bedürfnis, weil sie einen Maßstab abgibt für die von dieser selbst aufzustellenden Theorien. Der Mangel an Bekanntschaft mit der Geschichte der Philosophie tritt hier aber oft und grell genug hervor. Sätze, die in der Philosophie seit Jahrhunderten aufgestellt, die oft genug längst philosophisch abgetan sind, treten oft genug bei theoretisierenden Naturforschern als funkelneue Weisheit auf und werden sogar eine Zeitlang Mode.«7

In ihrer überwiegenden Mehrheit vermögen es die Naturforscher nicht, auf die alten metaphysischen Kategorien, auf die

6 Ibidem, S. 126.
7 Ibidem, S. 126 [S. 331].

metaphysische Methode zu verzichten und eine höhere Erkenntnisstufe zu erklimmen, sich auf den Standpunkt der Dialektik in der Natur zu stellen. Die empirische Naturwissenschaft repräsentiert eine ungeheure Anhäufung von Tatsachen, die eine »rationelle Erklärung« und Systematisierung verlangen. Die moderne Naturwissenschaft erbringt gerade durch ihren eigenen Entwicklungsgang den anschaulichsten Beweis dafür, daß auch die Natur von der Dialektik beherrscht wird. Die Naturforscher dagegen lehnen die Dialektik bewußt ab und fahren fort, mit metaphysischen Kategorien zu operieren. Gleichzeitig aber sind sie genötigt, unbewußt doch den dialektischen Standpunkt einzunehmen. Diese innere Zwiespältigkeit der Naturwissenschaft hemmt deren weitere Entwicklung. Dazu bemerkt Engels:

»Die des Mystizismus entkleidete Dialektik wird eine absolute Notwendigkeit für die Naturwissenschaft, die das Gebiet verlassen hat, wo die festen Kategorien, gleichsam die niedre Mathematik der Logik, ihr Hausgebrauch, ausreichten. Die Philosophie rächt sich posthum an der Naturwissenschaft dafür, daß diese sie verlassen hat – und doch hätten die Naturforscher schon an den naturwissenschaftlichen Erfolgen der Philosophie sehn können, daß in all dieser Philosophie etwas steckt, das auch auf ihrem eignen Gebiet ihnen überlegen war.«[8]

Die Philosophie stellt das höchste Ergebnis menschlichen Denkens einer gegebenen Entwicklungsstufe der Gesellschaft und Wissenschaft dar. Sie entwickelt jene Begriffe oder Kategorien, ohne die menschliches Wissen überhaupt undenkbar ist. Doch stellen diese Kategorien selbst wieder ein geschichtliches Produkt der Entwicklung des gesamten menschlichen Wissens und Handelns dar. Auf dem Boden veralteter und längst überwundener Methoden und philosophischer Systeme ist daher ein Fortschritt der Wissenschaft unmöglich. Jeder gegebenen Entwicklungsstufe menschlichen Wissens und menschlicher Praxis entspricht eine bestimmte »Philosophie«, eine bestimmte Methodologie. Indem die Naturforscher (dasselbe gilt natürlich auch für die Humanisten) auf dem Boden der alten metaphy-

8 Ibidem, S. 7 [S. 476].

sischen Begriffe verharren, beweisen sie damit ihre Rückständigkeit auf dem Gebiete des allgemeinen theoretischen Denkens, ohne welches es keine Wissenschaft geben kann. Solche
Naturforscher werden die Entwicklung der Naturwissenschaft
hemmen. Die Naturforscher sehen zumeist auf die Philosophie
mit Geringschätzung herab, da sie der Meinung sind, sie kämen
auch ohne sie aus. Das hat natürlich seine Gründe. Oft sind es
die »Philosophen« selbst, die dazu den Anstoß geben, indem sie
sich in luftigen Spekulationen ergehen, Scholastik treiben, metaphysische und idealistische Systeme konstruieren. Allein, das
berechtigt doch noch keineswegs zu einer Verdammung der
Philosophie in Bausch und Bogen. Wer wollte denn der Biologie
bloß aus dem Grunde den Rücken kehren, weil es Biologen
vitalistischer Richtung gibt? »In der Naturwissenschaft selbst«,
betont Engels mit Recht, »begegnen uns oft genug Theorien, in
denen das wirkliche Verhältnis auf den Kopf gestellt, das
Spiegelbild für die Urform genommen ist.«[9]
Die Philosophie selbst stützt sich ja ebenfalls gewöhnlich auf die
Ergebnisse der Einzelwissenschaften. Ihr idealistischer und metaphysischer Charakter wird daher auch in hohem Maße durch
die Ergebnisse wie die allgemeine Richtung der Naturwissenschaft bestimmt. Andererseits aber drückt wiederum die Philosophie der Naturwissenschaft und Gesellschaftswissenschaft
ihren Stempel auf. Wir haben es hier mit einer Wechselwirkung
zu tun. Die geringe Entwicklungshöhe bzw. Rückständigkeit
der Naturwissenschaft bildet oft die Ursache der Vorherrschaft
idealistischer und metaphysischer Richtungen in der Philosophie. Eines steht indessen fest: Gegenstand der Philosophie ist
das »theoretische Denken«, das die Naturwissenschaft nicht
ungestraft wird ignorieren dürfen.

»Die Naturforscher«, sagt Engels, »glauben sich von der Philosophie
zu befreien, indem sie sie ignorieren oder über sie schimpfen. Da sie
aber ohne Denken nicht vorankommen und zum Denken Denkbestimmungen nötig haben, diese Kategorien aber unbesehn aus dem
von den Resten längst vergangner Philosophien beherrschten gemei-

9 Ibidem, S. 132 [S. 335].

nen Bewußtsein der sog. Gebildeten oder aus dem bißchen auf der Universität zwangsmäßig gehörter Philosophie (was nicht nur fragmentarisch, sondern auch ein Wirrwarr der Ansichten von Leuten der verschiedensten und meist schlechtesten Schulen ist) oder aus unkritischer und unsystematischer Lektüre philosophischer Schriften aller Art nehmen, so stehn sie nicht minder in der Knechtschaft der Philosophie, meist aber leider der schlechtesten, und die, die am meisten auf die Philosophie schimpfen, sind Sklaven gerade der schlechtesten vulgarisierten Reste der schlechtesten Philosophien.«10

Die theoretische Naturwissenschaft vermag das »theoretische Denken«, die Philosophie, sofern sie an dem Bestreben festhält, die Anschauungen über die Natur zu einem harmonischen Ganzen zusammenzufassen, *nicht zu entbehren.* Da wir es oft mit nicht ganz feststehenden Größen, wie Engels sagt, zu tun haben und unser Wissen stets Lücken aufweist, werden diese von der Philosophie und Logik durch konsequentes Denken ausgefüllt. Die Philosophie hat eine ganze Reihe theoretischer Postulate aufgestellt, die »folgerichtiges Denken« erheischte. Sie gehören nunmehr zu den unerschütterlichen Grundlagen der Naturwissenschaft. Es genügt, auf das Prinzip der Erhaltung der Bewegung, der Materie und ähnliches hinzuweisen.

Vermag aber die Naturwissenschaft ohne Philosophie nicht auszukommen, so muß sie die veralteten Denkmethoden aufgeben und mit der *dialektischen Philosophie,* als der entwickeltsten und fortgeschrittensten, ein Bündnis schließen.

»Das Jahr 1848«, sagt Engels, »das in Deutschland sonst mit nichts rertig wurde, hat dort nur auf dem Gebiet der Philosophie eine totale Umkehr zustande gebracht. Indem die Nation sich auf das Praktische warf, hier die Anfänge der großen Industrie und des Schwindels gründete, dort den gewaltigen Aufschwung, den die Naturwissenschaft in Deutschland seitdem genommen, eingeleitet durch die Reiseprediger und Karrikaturen Vogt, Büchner etc., sagte sie der im Sande der Berliner Althegelei verlaufenen klassischen Philosophie entschieden ab. Die Berliner Althegelei hatte das redlich verdient. Aber eine Nation, die auf der Höhe der Wissenschaft stehn will, kann nun einmal ohne theoretisches Denken nicht auskommen. Mit der Hegelei warf man auch die Dialektik über Bord – grade in dem Augenblick, wo der dialektische Charakter der Naturvorgänge sich unwiderstehlich aufzwang, wo also nur

10 Ibidem, S. 36 [S. 480].

die Dialektik der Naturwissenschaft über den theoretischen Berg helfen
konnte – und verfiel damit wieder hilflos der alten Metaphysik.«11

Engels war der Auffassung, daß sich die Naturwissenschaft
seiner Zeit mitten in einer ernsten Krise befunden habe, die, ergänzen wir unsererseits, auch heute noch nicht überwunden ist.
Die theoretische Naturwissenschaft vermag sich zum Verständnis des Ganzen nicht emporzuschwingen und den allgemeinen
Zusammenhang der Erscheinungen nicht zu erfassen, weil sie
noch auf dem Boden metaphysischer Denkweise verharrt, obwohl die Philosophie seit Hegel und dessen Dialektik letztere
längst zum alten Eisen geworfen hat. Folglich erfordert eine
organische Fortentwicklung der Naturwissenschaft und die
Überwindung der in ihr herrschenden Verwirrung, daß die
Naturforscher sich die neue, höchste Methode, die Dialektik,
aneignen. Dies Engels' Grundgedanke. Die Aufgabe, die sich
Engels in der uns vorliegenden Arbeit gestellt hatte, bestand
gerade darin, der Naturwissenschaft bei der Durchführung
dieser Umwälzung, bei diesem Einschwenken in eine neue Bahn
behilflich zu sein. Zu diesem Zwecke unterzieht er sich der gewaltigen Arbeit einer kritischen »Umarbeitung« und Sichtung
der Ergebnisse der theoretischen Naturwissenschaft vom Standpunkte der materialistischen Dialektik. Kraft ihrer eigenen Entwicklung, kraft aber auch der neuen, mit metaphysischer Denkweise unvereinbaren, Entdeckungen wird die Naturwissenschaft
mit elementarer Gewalt in die Richtung der Dialektik gedrängt.
Dieser mit zahlreichen überflüssigen Friktionen verbundene na-
turwüchsige Prozeß kann indessen eine wesentliche Abkürzung
erfahren, wenn die Naturforscher ein bewußtes Bündnis mit
der dialektischen Philosophie »in ihren geschichtlich vorliegenden Gestalten« eingehen. Von diesen »Gestalten«, die sich für
die Naturwissenschaft als besonders fruchtbringend erweisen
können, hebt Engels die griechische Philosophie, insbesondere
aber die Philosophie Hegels, des Schöpfers des »umfassenden
Kompendiums der Dialektik« hervor.12

11 Ibidem, S. 126 [S. 331 f.].
12 Vgl. hierzu op. cit., S. 128 und 129 [S. 332 u. 334].

»Man kann zu ihr (zur dialektischen Naturerkenntnis, A. D.) gelangen, indem man von den sich häufenden Tatsachen der Naturwissenschaft dazu gezwungen wird; man gelangt leichter dahin, wenn man dem dialektischen Charakter dieser Tatsachen das Bewußtsein der Gesetze des dialektischen Denkens entgegenbringt. Jedenfalls ist die Naturwissenschaft jetzt so weit, daß sie der dialektischen Zusammenfassung nicht mehr entrinnt. Sie wird sich diesen Prozeß aber erleichtern, wenn sie nicht vergißt, daß die Resultate, worin sich ihre Erfahrungen zusammenfassen, Begriffe sind; daß aber die Kunst, mit Begriffen zu operieren, nicht eingeboren und auch nicht mit dem gewöhnlichen Alltagsbewußtsein gegeben ist, sondern wirkliches Denken erfordert, welches Denken ebenfalls eine lange erfahrungsmäßige Geschichte hat, nicht mehr und nicht minder als die erfahrungsmäßige Naturforschung. Eben dadurch, daß sie sich die Resultate der dritthalbtausendjährigen Entwicklung der Philosophie aneignen lernt, wird sie einerseits jede aparte, außer und über ihr stehende Naturphilosophie los, andrerseits aber auch ihre eigne, aus dem englischen Empirismus überkommene, bornierte Denkmethode.«13

III.

Sowohl in seiner *Naturdialektik* als auch in verschiedenen anderen Arbeiten äußert sich Engels über Hegels *Naturphilosophie* ungeachtet der in ihr enthaltenen phantastischen und rein spekulativen Elemente im Wesentlichen positiv. Engels ist der Auffassung, daß Hegel durch die »Zusammenfassung und rationelle Gruppierung der Naturwissenschaft« eine gewaltige Tat vollbracht hat. Dagegen verhält sich Engels äußerst ablehnend gegenüber dem seichten und kriechenden Empirismus, sowohl der Naturwissenschaft als auch anderer Wissenszweige. So lesen wir im Kapitel »Die Naturforschung in der Geisterwelt«:

»Es zeigt sich hier handgreiflich, welches der sicherste Weg von der Naturwissenschaft zum Mystizismus ist. Nicht die überwuchernde Theorie der Naturphilosophie, sondern die allerplatteste, alle Theorie verachtende, gegen alles Denken mißtrauische Empirie. Es ist nicht

13 Engels, *Anti-Dühring*, Schluß des Vorwortes zur 2. Auflage [MEW Bd. 20, S. 14].

die aprioristische Notwendigkeit, die die Existenz der Geister beweist, sondern die erfahrungsmäßige Beobachtung der Herren Wal-
lace, Crookes & Co . . .
Man verachtet in der Tat die Dialektik nicht ungestraft. Man mag
noch so viel Geringschätzung haben für alles theoretische Denken, so
kann man doch nicht zwei Naturtatsachen in Zusammenhang bringen
oder ihren bestehenden Zusammenhang einsehn ohne theoretisches
Denken. Es fragt sich dabei nur, ob man dabei richtig denkt oder
nicht, und die Geringschätzung der Theorie ist selbstredend der
sicherste Weg, naturalistisch und damit falsch zu denken. Falsches
Denken, bis zur vollen Konsequenz durchgeführt, kommt aber nach
einem altbekannten dialektischen Gesetz regelmäßig an beim Gegenteil seines Ausgangspunkts. Und so straft sich die empirische Verachtung der Dialektik dadurch, daß sie einzelne der nüchternsten Empiriker in den ödesten aller Aberglauben, in den modernen Spiritismus
führt.«14

Wie recht Engels in bezug auf den Spiritismus hatte, beweist der
kürzlich in Paris abgehaltene Weltkongreß der Spiritisten. Sie-
ben Tage hindurch erörterte eine Versammlung zahlreicher
»Gelehrter«, Ärzte und Naturforscher aus ca. 30 Ländern allen
Ernstes die Frage einer wissenschaftlichen, experimentellen
Begründung des Spiritismus, spiritistischer Medizin und dergl.
mehr. Als für die Gegenwart besonders charakteristisches Zeichen sei erwähnt, daß es dank einer besonderen, von dem Han-
noveraner Dr. *Bruhns* erfundenen Methode nun möglich sein
soll, *jede revolutionäre Bewegung oder Massenaktion augen-
blicklich zu ersticken.* Es genüge nämlich, die »wohltätigen
Mächte« oder Geister anzurufen, die stets bereit seien, der Konterrevolution zu Hilfe zu eilen. Wie üblich, hat der Kongreß
eine Reihe von Beschlüssen gefaßt, deren Grundgedanke folgender ist: Der Spiritismus beruht auf bestimmten *wissenschaftlichen* Tatsachen. Er repräsentiert vor allem eine wissenschaftliche empirische Lehre, deren Postulate durch Erfahrung und
Experiment bewiesen werden. Worin bestehen nun diese Postulate? Der Kongreß konstatiert – und zwar durch Abstimmung
– 1. die Existenz eines höheren Wesens, 2. die Existenz einer
überirdischen Welt, des Jenseits. Alles das, wie auch der un-

14 Engels, *Dialektik der Natur*, S. 118 ff. [S. 345 f.].

mittelbare Verkehr mit den Geistern, wird angeblich durch die Erfahrung bestätigt. Der Kongreß demonstrierte sogar photographische Aufnahmen von allerhand Geistern, so daß sich jedermann gewissermaßen durch persönliche Wahrnehmung von ihrer Existenz überzeugen konnte. Dennoch fühlte sich der Kongreß veranlaßt, zu konstatieren, der Spiritismus sei »wissenschaftlich« noch nicht ausreichend fundiert und befände sich noch in einer »vorwissenschaftlichen« Phase, da der Verkehr mit dem Jenseits sich zur Zeit noch unter Assistenz von *Medien* vollziehe. Der Spiritismus wird, meinen die Herrschaften, erst dann ein »wissenschaftlich« einwandfreies Fundament erhalten, wenn *technische* Mittel, d. h. spezielle *Apparate,* zur Herstellung einer unmittelbaren Verbindung mit der jenseitigen Welt, dem Geisterreich, erfunden sein werden. In einem besonderen, feierlichen Aufruf an die Techniker und Erfinder der ganzen Welt fordert der Kongreß sie auf, ihr Genie in den Dienst des Spiritismus zu stellen.

Über 40 Jahre sind verflossen, seit Engels den Spiritismus als den »ödesten aller Aberglauben«, der indessen just unter jenen Leuten, die sich mit ihrem Empirismus brüsten, am meisten verbreitet ist, bezeichnet hatte. Nun in dieser Hinsicht ist nach 40 Jahren alles noch beim alten geblieben. Die Spiritisten berufen sich auf die Erfahrung und treten im Namen der »Wissenschaft« als Experimentatoren auf, ja verlangen selbst die Errichtung spezieller Lehrstühle für Spiritismus an den Universitäten, sowie die Aufnahme der okkulten »Wissenschaften« in den Lehrplan sämtlicher Schulen.

Selbstverständlich kennt Engels weder gegenüber dem Experiment noch gegenüber der Empirie schlechthin irgendwelche Geringschätzung. Engels betonte lediglich, daß der »platte Empirismus«, der auf die Theorie mit Geringschätzung herabsieht und dem Denken mißtraut, oft ins direkte Gegenteil, in Mystizismus umschlägt, daß also die Empirie an und für sich noch keinerlei Sicherheit gegen ein Hinabgleiten zum Mystizismus gewährt, sondern erst in Verbindung mit theoretischem Denken, mit der Dialektik, die Möglichkeit zur Erfassung der wirklichen, objektiven Zusammenhänge der Erscheinungen bietet.

Engels lehnt also den platten Empirismus ab, der bloß Tatsachen kennt, dagegen unfähig ist, zum Verständnis des inneren Zusammenhanges der Erscheinungen, zu ihrer theoretischen Bewältigung vorzudringen. Ebenso entschieden verwirft er aber gleichzeitig auch jenes reine theoretische Denken, das nicht von objektiven Tatsachen ausgeht.

Die *Naturphilosophie* Hegels hat kraft ihrer »Zusammenfassung und rationellen Gruppierung der Naturwissenschaft« auf Engels einen erheblichen Einfluß ausgeübt. Engels' »naturphilosophische« Gedankengänge folgen in mehrfacher Hinsicht den Entwicklungen Hegels, und zwar sowohl in bezug auf die Klassifikation der Naturwissenschaften und theoretische Durchdringung ihrer einzelnen Zweige als auch deren dialektische allgemeine Synthese.

Die Hegelsche *Naturphilosophie* enthält, wie gesagt, zahlreiche phantastische und spekulative Elemente. Dessenungeachtet repräsentiert sie alles in allem einen wahrhaft großzügigen Versuch der »Zusammenfassung und rationellen Gruppierung« der gesamten Naturwissenschaft. Da nun Hegel einer der größten Dialektiker war, so mußte offenbar schon das bloße Bestreben, die dialektische Methode auf die Naturwissenschaft anzuwenden, äußerst wertvolle Ergebnisse zeitigen. Die Naturforscher haben sich nie bemüht, in die Gedankenwelt der Hegelschen *Naturphilosophie* einzudringen oder sich wenigstens mit Hegels Methode vertraut zu machen. Erst in allerletzter Zeit fand ein deutscher Chemiker an der Hegelschen »Philosophie der Chemie« Interesse, wobei er feststellen mußte, daß Hegel »gar nicht so dumm« gewesen sei und selbst moderne Chemiker bei ihm noch mancherlei lernen könnten. Nun, Engels behauptete stets dasselbe.

Vergegenwärtigen wir uns einmal die in Hegels »Einführung in die Naturphilosophie« entwickelten Gedankengänge. Wir gehen hier nicht näher auf Dinge ein, die allbekannt sind, nämlich auf Hegels Gedanken, daß die Naturphilosophie lediglich angewandte Logik und die Natur selbst nichts anderes als ein Anderssein des Geistes sei, oder daß der ganzen Wirklichkeit, somit auch der Natur, die Entwicklung des Begriffs zugrunde liege. In der Natur gebe es nur bestimmte Stufen, die gewissermaßen nur eine Entwicklung des Begriffes widerspiegeln und dergleichen mehr. Sehen wir von diesem kraß-idealistischen Standpunkt ab, so finden wir in der Hegelschen *Naturphilosophie* noch genügend wertvolle Gedanken.

Hegel weist vor allem darauf hin, daß die Wissenschaft ihren höchsten Ausdruck finde in der *Methode*. Die Naturphilosophie ist ihm »rationelle Wissenschaft«.

»Zu allererst«, sagt er, »muß über diesen Unterschied von Physik (Hegel gebraucht den Ausdruck »Physik« im Sinne der Naturwissenschaft überhaupt, A. D.) und Naturphilosophie . . . bemerkt werden, daß beide nicht so weit auseinanderliegen, als man es zunächst nimmt. Die Physik und Naturgeschichte heißen zunächst empirische Wissenschaften und geben sich dafür, ganz der Wahrnehmung und Erfahrung anzugehören und auf diese Weise der Naturphilosophie, der Naturerkenntnis aus dem Gedanken, entgegengesetzt zu sein. In der Tat aber ist das erste, was gegen die empirische Physik zu zeigen ist, daß in ihr viel mehr Gedanke ist, als sie zugibt und weiß, daß sie besser ist, als sie meint, oder, wenn etwa gar das Denken in der Physik für etwas Schlimmes gelten sollte, daß sie schlimmer ist, als sie meint. Physik und Naturphilosophie unterscheiden sich also nicht wie Wahrnehmen und Denken voneinander, sondern nur *durch die Art und Weise des Denkens;* sie sind beide denkende Erkenntnis der Natur.«[15]

In diesem Fragment, das darauf abzielt, den Unterschied zwischen den empirischen Naturwissenschaften und der Philosophie klarzustellen, treten die starken und schwachen Seiten Hegels unmittelbar zutage. Sofern die Naturwissenschaft sich ausschließlich auf Wahrnehmung, Beobachtung und Experiment stützt, kann sie ihn natürlich nicht befriedigen.

»Wenn die Physik (d. h. Naturwissenschaft, A. D.)«, fährt er fort, »indessen nur auf Wahrnehmungen beruhte und die Wahrnehmungen nichts wären als das Zeugnis der Sinne, so bestände das physikalische

15 Hegels Werke, Bd. VII, *Vorlesungen über Naturphilosophie,* Berlin 1847, S. 6.

Tun nur im Sehen, Hören, Riechen usw. und die Tiere wären auf diese Weise Physiker.«16

Der Mensch unterscheidet sich vom Tier dadurch, daß ihm all das, was ihm Gesichtswahrnehmung, Gehör oder Tastgefühl übermittelt, zum Gegenstand des Denkens wird. Nicht nur die Philosophie, sondern auch eine Einzelwissenschaft kann sich unmöglich mit bloßer *Anschauung* begnügen, sondern erfordert eine Erfassung des Wahrgenommenen durch das *Denken*. Somit ist Hegel durchaus im Recht, wenn er darauf hinweist, daß die Naturwissenschaft, sofern sie als Wissenschaft auftreten will, das Denken nicht vernachlässigen darf. Andererseits vermag auch das Denken, d. h. die Philosophie, sich nicht von der Naturwissenschaft zu lösen. Daher fordert Hegel folgerichtig, daß die Philosophie sich nicht allein darauf beschränkt, mit der Naturwissenschaft ein Einvernehmen herzustellen, sondern die Naturwissenschaft als eine notwendige Bedingung der Entstehung und Weiterentwicklung der Philosophie als Wissenschaft betrachtet. Auch das ist richtig und stimmt mit der Auffassung Engels' überein, der eine denkende Einstellung der Natur gegenüber verlangt. Weiter beginnen nun aber die Differenzen in den Standpunkten beider Denker in Erscheinung zu treten, die aus einer Divergenz der allgemein philosophischen Anschauungen resultieren. Für Hegel bedeutet Naturphilosophie *rationale Naturwissenschaft*. Die empirische Naturwissenschaft sei zwar eine notwendige Vorbedingung der Entstehung der Philosophie, doch einmal entstanden, vollziehe sich die weitere Entwicklung bereits auf der Grundlage einer *Entwicklung der Begriffe*. Somit habe die Naturphilosophie die empirische Naturwissenschaft zur Voraussetzung, während sie im weiteren Verlauf zu einer rationalen Naturwissenschaft, einer Erforschung der Natur mittels des Denkens werde. Zu ihrer Domäne würden nun die Begriffe, mit denen die *Wirklichkeit* übereinzustimmen hätte. Die Notwendigkeit der Begriffe offenbare sich von selbst, kraft der immanenten Entwicklung der letzteren. Die Naturphilosophie beweise in ihrer Entwick-

16 Ibidem, S. 12.

lung die Notwendigkeit der Existenz der verschiedenen natürlichen Formen, ohne hierzu der Erfahrung zu bedürfen. Wir beträten nunmehr das Reich der Begriffe, innerhalb dessen wir lediglich deren innere Entwicklung zu verfolgen hätten. So wird eine Naturphilosophie konstruiert, die, nach einem treffenden Ausdruck Engels', außerhalb und über der Natur steht. Ginge jedoch die Hegelsche *Naturphilosophie* in derlei idealistischen und spekulativen Gedankengängen über die selbständige Rolle einer über der empirischen Naturwissenschaft thronenden rationalen Naturwissenschaft auf, so unterschiede sie sich durch nichts von den üblichen naturphilosophischen Konstruktionen. Dennoch verteidigt Engels in unzweideutiger Form und mit gutem Grunde die Überlegenheit Hegels über die Empiriker, ja selbst die Materialisten, gerade auf dem Gebiete der »Zusammenfassung und rationellen Gruppierung der Naturwissenschaft«. Das Hegel Eigentümliche besteht darin, daß Hegel *trotz* seines Idealismus, ja sogar *im Gegensatz* zu ihm, in fast jeder Frage, neben spekulativen und phantastischen Konstruktionen, auch rein materialistische Ansichten entwickelt und dies vor allem dank der Dialektik.

»Wenn es dem Bewußtsein nicht so sauer gemacht würde«, sagt Hegel, »die Wahrheit zu erkennen, sondern man sich nur auf den Dreifuß zu setzen und Orakel zu sprechen brauchte, so wäre freilich die Arbeit des Denkens gespart.«[17]

Die alte Naturphilosophie ging von der Vorstellung aus, daß es Genies gäbe, die, im Schlafe von Gott erleuchtet, wahrer Erkenntnis teilhaftig würden.

»Diese Einheit der Intelligenz und der Anschauung, des Insichseins des Geistes und seines Verhaltens zur Äußerlichkeit, muß aber nicht Anfang, sondern Ziel, nicht eine unmittelbare, sondern eine hervorgebrachte Wahrheit sein.«[18]

Die unmittelbare Einheit von Denken und Gegenstand geht ursprünglich auf das Gefühl, nicht aber auf das bewußte Denken zurück. Wissenschaft ist die vermittelte Einheit von Sein

17 Ibidem, S. 15.
18 Ibidem, S. 15.

und Denken. Der Mensch muß im Wege der Arbeit und Aktivität des Gedankens über die Gegensätzlichkeit der Natur den Triumph davontragen. Daher ist die unmittelbare Einheit stets eine abstrakte Einheit, nicht aber eine konkrete Wahrheit. Wissen ist *Entwicklung* der Wahrheit. Es darf sich nicht der Welt entfremden und mit leeren Abstraktionen zufrieden geben. Die Wissenschaft muß sich den Inhalt der Natur zu eigen machen und ihn sich unterwerfen.

Andererseits wird aber die einseitige Annahme des *theoretischen* Bewußtseins, die Naturgegenstände stünden uns als etwas Fremdes, Starres gegenüber, faktisch durch unser *praktisches Verhältnis* zur Welt widerlegt, heißt es bei Hegel, ganz im Geiste des marxistischen Materialismus. Hegel stürzt sich mit ganzer Wucht auf die gegenwärtig so großen Spektakel machende kantianische Metaphysik, die behauptet, die Gegenstände seien unserer Erkenntnis unzugänglich, da wir angeblich nicht in sie dringen könnten. Darauf lasse sich, meint Hegel, nur erwidern, daß *die Tiere klüger als solche Metaphysiker seien, denn sie packten die Gegenstände und fräßen sie.* Das philosophische Denken vereinige in sich das praktische Verhältnis zur Natur mit dem theoretischen.

Im § 245 seiner *Naturphilosophie*[19] gibt Hegel eine vortreffliche, wenn auch vom marxistischen Standpunkte ungenügende, Darstellung des Charakters der *praktischen* Beziehung des Menschen zur Natur. Da heißt es:

»Das praktische Verhalten zur Natur ist durch die Begierde ... bestimmt; das Bedürfnis geht darauf, die Natur zu unserem Nutzen zu verwenden, sie abzureiben, aufzureiben, kurz – sie zu vernichten ... Das praktische Verhalten hat es nur mit einzelnen Produkten der Natur oder mit einzelnen Seiten dieser Produkte zu tun. Die Not und der Witz des Menschen hat unendlich mannigfalte Weisen der Verwendung und Bemeisterung der Natur erfunden. ... Kälte, wilde Tiere, Wasser, Feuer – er weiß Mittel gegen sie, und zwar nimmt er diese Mittel aus ihr, gebraucht sie gegen sie selbst; und die List seiner Vernunft gewährt, daß er gegen die natürlichen Mächte andere natürliche Dinge vorschiebt, diese jenen zum Aufreiben gibt und sich dahinter bewahrt und erhält.«

19 [Zusatz; ibidem, S. 9].

All das ist durchaus richtig. Nur können wir der bei Hegel daran geknüpften Schlußfolgerung nicht beipflichten, wonach »wir die Natur selbst, ihr Allgemeines nicht bemeistern und in unseren Dienst stellen können«. Was ist »das Allgemeine« der Natur und was heißt »die Natur bemeistern«? Diese Formulierung erweckt den Anschein, als unterwürfen wir uns nur Einzeldinge der Natur oder deren einzelne Eigenschaften. Allein die Herrschaft des Menschen über die Dinge der Natur setzt die Beherrschung der *Naturkräfte* und *Naturgesetze* voraus. Gewiß ist diese Herrschaft insofern eine beschränkte, als der Mensch sich die Natur nur dadurch unterwirft, daß er sich selbst ihr unterordnet. Wohl »vernichtet« er Einzeldinge der Natur, die Gesetze der Natur aber vermag er nicht aufzuheben noch deren Kräfte zu vernichten. Überdies bemächtigen sich ja auch die Tiere der Dinge und »vernichten« sie, indem sie sie verzehren. Die Überlegenheit des Menschen über das Tier findet dagegen, wie Hegel selbst zugibt, ihren Ausdruck in der Tatsache, daß der Mensch durch Ausspielen der Kräfte *gegeneinander* die Wirkung eines Teiles der Kräfte »vernichtet«. Das Maß der Herrschaft des Menschen über die Natur hängt von der Entwicklungshöhe des vergesellschafteten Menschen ab und umgekehrt. Anfangs beschränkte sich diese Herrschaft über die Natur auf die Dinge und deren Einzeleigenschaften. Allein mit zunehmender Entwicklung der Produktivkräfte bemächtigt sich der Mensch der Natur in demselben Maße, in dem er sich ihr »Allgemeines« unterwirft. So ward das Problem der praktischen Beziehung des Menschen zur Natur seitens des Marxismus, vor allem aber seitens Marx und Engels selbst, richtiger gelöst. Unsere gesamte Technik bestätigt diese Lösung aufs schlagendste.

Die zweite prinzipielle Frage, die mit der *praktischen* Beziehung des Menschen zur Natur zusammenhängt und von Hegel in dessen *Naturphilosophie* aufgeworfen wird, ist das Problem der *Teleologie*. Unser praktisches Verhältnis zur Natur macht die Natur unseren *Zwecken* dienstbar. Daher sieht die sogenannte teleologische Naturauffassung in der Natur ein von

Gott zur Befriedigung menschlicher Bedürfnisse geschaffenes Mittel. Die Anhänger der Teleologie wiesen stets mit besonderer Vorliebe auf die Zwecke hin, die die Natur angeblich erstrebe, da ihnen das willkommene Gelegenheit bot, die göttliche Weisheit zu preisen. Die Hinfälligkeit dieser Zwecke war indessen nur geeignet, die göttliche Weisheit gewissermaßen zu diskreditieren. Schon Goethe und Schiller, meint Hegel, hätten in den *Xenien* diese Auffassung verhöhnt. Sie hätten gezeigt, daß es sinnlos sei, die Weisheit Gottes dadurch zu preisen, daß Gott den Korkbaum der Flaschenstöpsel wegen, die Kräuter der verdorbenen Magen wegen und den Zinnober der Schminke wegen habe wachsen lassen. »Der Zweckbegriff«, sagte Hegel, »als den natürlichen Dingen innerlich, ist die einfache Bestimmtheit derselben, z. B. der Keim einer Pflanze, der der realen Möglichkeit nach alles enthält, was am Baum herauskommen soll . . .«[20] Soviel zur Frage der teleologischen Naturauffassung, über die sich Hegel mit Recht lustig macht. Für das Studium der Natur ist der Gesichtspunkt der Anerkennung der sie beherrschenden inneren Zusammenhänge und inneren Notwendigkeit maßgebend.

Einer Erörterung bedarf des weiteren Hegels Auffassung der Rolle der Kategorien in der Naturwissenschaft und der Philosophie, da man sich dadurch die Verschiedenheit der Denkformen und Denkmethoden beider Gebiete klarmachen kann. Das Objekt der Naturwissenschaft und der Naturphilosophie ist dasselbe. Was sie hingegen voneinander unterscheidet, sind die Denkformen und Denkmethoden. Nach Hegels Auffassung überschreitet die Naturwissenschaft nicht die Grenzen des Verstandes. Die Philosophie in Hegelscher Fassung dagegen erfordert in bezug auf das Gebiet des Geistes als auch auf das der Naturwissenschaft die Anwendung *dialektischer Denkweise.* Daraus ergibt sich die Notwendigkeit einer speziellen »Naturphilosophie«. Folglich ist es die Beschränktheit der Naturwissenschaft zu Hegels Zeiten, deren einseitiger Empirismus, der die »rationelle Naturwissenschaft« nährte.

20 Ibidem, S. 10.

Hätte sich der Naturwissenschaft der Geist dialektischen Denkens bemächtigt, so wäre damit auch einer außer und über der Naturwissenschaft stehenden speziellen Naturphilosophie der Boden unter den Füßen entzogen. So stellt sich *uns* der Verlauf dieses Prozesses dar. Das gerade war es, was auch Engels veranlaßt hatte, die Naturwissenschaft vom Standpunkte der materialistischen Dialektik durch Aufdeckung der *objektiven* Dialektik in der Natur selbst umzuarbeiten. Erst im Verlaufe eines fortschreitenden Eindringens dieser *höchsten Denkmethode* in die Naturwissenschaft werden auch alle Versuche zur Begründung einer besonderen Naturphilosophie im Hegelschen Sinne überflüssig werden und verschwinden.

In der Tat: Einen der Mängel der modernen Naturwissenschaft sieht Hegel in der ihr eigenen, sonderbaren Identitätsphilosophie. Die Physik, führt er aus, betrachte in der Elektrochemie den Magnetismus, die Elektrizität und den Chemismus ausschließlich unter dem Gesichtswinkel ihrer Identität. Die Identität aber sei eine Grundkategorie des *Verstandes*, mithin keine dialektische, sondern eine abstrakte metaphysische Kategorie. Die Naturwissenschaft versande zu sehr in solchen abstrakten Allgemeinheiten und übersehe das konkrete Ganze. Sie erhebe sich nicht von der Stufe der *Verstandes*kategorien zur höheren Stufe des *Begriffes*, welcher Identität und Differenz, Allgemeinheit und Sonderheit dialektisch umfaßt. Kurz, die Naturwissenschaft begnüge sich mit abstrakten Verstandesdefinitionen. Sie bleibe damit auf dem Boden der Metaphysik, statt sich zur dialektischen Erfassung der Erscheinungen aufzuschwingen.

Wir haben bereits hervorgehoben, daß vom Standpunkte Hegels Naturwissenschaft und »Naturphilosophie« denselben Inhalt haben. Was sie trenne, seien ihre *Form*, ihre *Methode des Denkens*, ihre *Untersuchungsmethode*, ihre *Kategorien*. Die Philosophie verwende andere Kategorien als das gemeine Bewußtsein. Alle Umwälzungen in der Wissenschaft und in der Weltgeschichte entständen laut Hegel dadurch, daß der Geist sich neuer Kategorien bemächtige. Diese idealistische Fassung enthält einen richtigen materialistischen Kern. Doch würde uns die Diskussion dieser Frage zu weit führen.

Die naturwissenschaftlichen Kategorien leiden somit an folgenden inneren Mängeln: 1. Das Allgemeine wird von der Naturwissenschaft lediglich abstrakt, formal genommen. Es entbehrt der eigenen Bestimmungen in sich selbst, wie Hegel sich ausdrückt, mit anderen Worten, das abstrakte Allgemeine berücksichtigt nicht das Eigentümliche, schließt das Besondere nicht in sich ein. 2. Infolgedessen bleibt der konkrete *Inhalt* außerhalb des Allgemeinen, ist somit zersplittert und entbehrt des notwendigen inneren Zusammenhanges. Im Gegensatz zur Naturwissenschaft, die mit Verstandeskategorien operiert, stellt die philosophische, d. h. dialektische, Untersuchung der Dinge, ihren inneren Zusammenhang an die Spitze, indem sie die Natur als eine konkrete Einheit und organische Totalität betrachtet. Die Philosophie stellt ferner der abstrakten Allgemeinheit die sich bewegende Einheit mit ihren konkreten Unterschieden gegenüber. Das philosophisch oder dialektisch erfaßte Allgemeine ist ein mit Inhalt erfülltes Allgemeines, das in seiner »diamantenen Identität« gleichzeitig auch die Unterschiede enthält. Die konkrete Totalität, die Einheit von Allgemeinem und Besonderem, ist die wahre Kategorie der Philosophie, folglich auch der Naturphilosophie.

Dies ist in knappen Zügen die Hegelsche Kritik der Naturwissenschaft, die Engels zum Ausgangspunkt seiner eigenen methodologischen Kritik der Naturwissenschaft gemacht hat. Der Unterschied zwischen Hegel und Engels beruht darin, daß während ersterer eine besondere Naturphilosophie aufbaut, letzterer, obwohl er sich *im allgemeinen mit der Hegelschen methodologischen Kritik einverstanden erklärt,* ja, sie sogar fortsetzt und vertieft, es gleichzeitig für notwendig erachtet, jegliche naturphilosophische Konstruktionen durch die Übertragung der dialektischen Methode auf die Naturwissenschaft selbst zu überwinden. In der Tat: Aus den angeführten Äußerungen Hegels über die Beschränktheit der Naturwissenschaft und ihren abstrakten und metaphysischen Charakter folgt keineswegs, daß

man noch einer besonderen, »rationellen«, noch auf der Selbstentwicklung des Begriffes basierenden Naturwissenschaft be-
dürfe. Hegels berechtigte Kritik beweist lediglich die Notwendigkeit einer theoretischen und dialektischen Fundierung der
empirischen Naturwissenschaft. Engels knüpft an die von Hegel
als prinzipielle Grundlage einer »Naturphilosophie« aufgestellten Postulate an und begründet damit die sogenannte theoretische, mit anderen Worten dialektische Naturwissenschaft.

»Die empirische Naturwissenschaft«, sagt Engels, nahm »einen solchen Aufschwung und erreichte so glänzende Resultate, daß dadurch
nicht nur eine vollständige Überwindung der mechanischen Einseitigkeit des 18. Jahrhunderts möglich wurde, sondern auch die Naturwissenschaft selbst durch den Nachweis der in der Natur selbst vorhandenen Zusammenhänge der verschiednen Untersuchungsgebiete
(der Mechanik, Physik, Chemie, Biologie etc.) aus einer empirischen
in eine theoretische Wissenschaft und bei der Zusammenfassung des
Gewonnenen in ein System der materialistischen Naturerkenntnis
sich verwandelte.«21

Die empirische Naturwissenschaft verwandelt sich so in ein theoretisches und weiter *materialistisches und dialektisches System
der Naturwissenschaft.* Am meisten bekämpfte gerade Engels die
Begründung einer separaten, von der empirischen Naturwissenschaft losgelösten Naturphilosophie. Daraus folgt jedoch durchaus nicht, daß Engels damit auch das Wesentlichste an der Hegelschen *Naturphilosophie,* nämlich deren dialektische Methode
und die auf diese sich stützende »Zusammenfassung und rationelle Gruppierung der Naturwissenschaft« abgelehnt habe. Im
Gegenteil! Hegels Leistung auf dem Gebiete der theoretischen
Naturwissenschaft rechnet Engels Hegel als höchstes Verdienst
an. Daher darf die Hegelsche *Naturphilosophie* nicht einfach in
Bausch und Bogen verworfen werden. Sie muß dialektisch überwunden werden, indem der in ihr enthaltene gesunde Kern wissenschaftlich verarbeitet wird. Für die Zeit Hegels bedeutete
dessen *Naturphilosophie* den Versuch einer enzyklopädischen
Zusammenfassung der gesamten Naturwissenschaft. So lesen
wir bei Engels:

21 Engels, *Dialektik der Natur,* S. 376 [S. 467].

»Ende des vorigen Jahrhunderts, nach den französischen Materialisten, die vorwiegend mechanisch sind, trat das Bedürfnis hervor, die ganze Naturwissenschaft der *alten* Newton-Linnéschen Schule *enzyklopädisch zusammenzufassen*, und zwei der genialsten Leute gaben sich dran, *St. Simon* (nicht vollendet) und *Hegel*. Jetzt, wo die neue Naturanschauung in ihren Grundzügen fertig, dasselbe Bedürfnis sich fühlbar machend, und Versuche in dieser Richtung. Aber wo der allgemeine Entwicklungszusammenhang in der Natur jetzt nachgewiesen, reicht äußerliches Aneinanderreihen ebensowenig aus wie Hegels kunststücklich gemachte dialektische Übergänge. Die Übergänge müssen sich selbst machen, müssen natürlich sein. Wie eine Bewegungsform sich aus der andern entwickelt, so müssen auch ihre Spiegelbilder, die verschiednen Wissenschaften, eines aus der andern mit Notwendigkeit hervorgehn.«22

Somit stellt also die Hegelsche *Naturphilosophie* eine »enzyklopädische Zusammenfassung« oder Synthese der gesamten Naturwissenschaft der alten Schule dar. Einer solchen enzyklopädischen Zusammenfassung bedarf auch die moderne Naturwissenschaft. Doch die Lösung dieser Aufgabe hat heute auf eine neue Art zu erfolgen, denn der »allgemeine Entwicklungszusammenhang« in der Natur steht bereits fest. Hegel mußte diese Zusammenhänge und dialektischen Übergänge notgedrungen auf rein rationalem Wege gewinnen, sie der Wirklichkeit gewissermaßen aufzwingen. Hegels Mißgriff erscheint jedoch in einem wesentlich milderen Lichte, wenn man in Betracht zieht, daß damals die Naturwissenschaft selbst noch wenig entwickelt war. Ihrem Wesen nach war ja Hegels Methode vollkommen richtig und wissenschaftlich. Der weitere Entwicklungsgang der Naturwissenschaft hat gezeigt, daß die wahre Naturerkenntnis die dialektische Methode nicht entbehren kann. Wohl waren die Naturforscher im Recht, als sie Hegels idealistischen Ausgangspunkt, den Satz, die Wirklichkeit oder die Natur sei nur eine Widerspiegelung der Idee, verwarfen. Ebenso begründet waren die Proteste gegen die willkürliche, mit den Tatsachen in Widerspruch stehende Konstruktion von Systemen. Und doch bleibt den Naturforschern angesichts des »theoretischen Bedürfnisses« nichts anderes übrig, als auf Hegel, auf seine dialektische Me-

22 Ibidem, S. 32 [S. 514 f.].

thode zurückzugreifen, die allein die Möglichkeit bietet, eine *theoretische Naturwissenschaft* zu begründen.

Mit Hegels *System* bricht auch dessen Naturphilosophie, mit dessen idealistischem Ausgangspunkt auch dessen System zusammen. Die Methode dagegen bleibt.

»Darüber sind wir alle einig, daß auf jedem wissenschaftlichen Gebiet in Natur wie Geschichte von den gegebenen *Tatsachen* auszugehn ist, in der Naturwissenschaft also von den verschiednen sachlichen und Bewegungsformen der Materie; daß also auch in der theoretischen Naturwissenschaft die Zusammenhänge nicht in die Tatsachen hineinzukonstruieren, sondern aus ihnen zu entdecken und, wenn entdeckt, erfahrungsmäßig, soweit dies möglich, nachzuweisen sind.«23

Bei Hegel erscheinen die realen Beziehungen infolge seines idealistischen Ausgangspunktes entstellt. Das gilt gleichermaßen für das System wie für die Dialektik. Doch »die Mystifikation«, welche die Dialektik in Hegels Händen erleidet, verhindert in keiner Weise, daß er »ihre allgemeinen Bewegungsformen zuerst in umfassender und bewußter Weise dargestellt hat« (Marx, *Kapital*). Bei Hegel ist also nur die Hülle eine mystische, hinter der sich jedoch ein »rationeller Kern« verbirgt. Wenn Hegel die allgemeinen Bewegungsformen ihrem Wesen nach richtig darstellt und sie nur der Form nach entstellt hat, so findet dies seine Erklärung darin, daß er diese Bewegungsformen letzten Endes, und sei es auch unbewußt, doch der Wirklichkeit selbst entnommen hat. Die vergängliche idealistische Form darf uns, wie Engels richtig betont, die wertvollen, von der Philosophie im Rahmen selbst dieser falschen Form erzielten Ergebnisse nicht übersehen lassen.

IV.

Die Natur bildet ein geschlossenes System, einen Gesamtzusammenhang materieller Körper und Vorgänge. Alle Naturkörper befinden sich in einem wechselseitigen Zusammenhang, stehen

23 Ibidem, S. 130 [S. 334].

in bestimmter Wechselwirkung, was eben das Wesen der Bewegung ausmacht:

»Und wenn uns weiter die Materie gegenübersteht als etwas Gegebnes, ebensosehr Unerschaffbares wie Unzerstörbares, so folgt daraus, daß auch die Bewegung so unerschaffbar wie unzerstörbar ist. Diese Folgerung wurde unabweisbar, sobald einmal das Universum als ein System, als ein Zusammenhang von Körpern erkannt war. Und da diese Erkenntnis von der Philosophie gewonnen wurde, lange bevor sie in der Naturwissenschaft wirksame Geltung gewann, so ist es erklärlich, warum die Philosophie volle 200 Jahre vor der Naturwissenschaft den Schluß auf die Unerschaffbarkeit und Unzerstörbarkeit der Bewegung zog. Selbst die Form, in der sie es tat, ist der heutigen naturwissenschaftlichen Formulierung noch immer überlegen.«24

Bisher hatte die Philosophie der Naturwissenschaft vor allem *allgemeine Theorien, allgemeine Ideen* geliefert, denn sie ging vom Ganzen aus und ihr Interesse galt dem *allgemeinen Zusammenhang der Erscheinungen.* Descartes hat den Satz der Erhaltung der Bewegung im Universum aufgestellt und Spinoza den Gedanken des Determinismus besser begründet als alle anderen, während die Naturwissenschaft noch lange Zeit auf dem Boden der Theologie und Teleologie verblieben war.

»Der höchste allgemeine Gedanke, zu dem diese Naturwissenschaft (des 18. Jahrhunderts, A. D.) sich aufschwang, war der der Zweckmäßigkeit der Natureinrichtungen, die flache Wolffsche Teleologie, wonach die Katzen geschaffen wurden, um die Mäuse zu fressen, die Mäuse, um von den Katzen gefressen zu werden, und die ganze Natur, um die Weisheit des Schöpfers darzustellen. Es gereicht der damaligen Philosophie zur höchsten Ehre, daß sie sich durch den beschränkten Stand der gleichzeitigen Naturerkenntnisse nicht beirren ließ, daß sie – von Spinoza bis zu den großen französischen Materialisten – darauf beharrte, die Welt aus sich selbst zu erklären, und der Naturwissenschaft der Zukunft die Rechtfertigung im Detail überließ.«25

Eine neue Epoche eröffnete Kants *Allgemeine Naturgeschichte und Theorie des Himmels.*

24 Ibidem, S. 230 [S. 355].
25 Ibidem, S. 160 [S. 315].

»Hätte die große Mehrzahl der Naturforscher weniger von dem Abscheu vor dem Denken gehabt, den Newton mit der Warnung ausspricht: Physik, hüte dich vor der Metaphysik! – sie hätten aus dieser einen genialen Entdeckung Kants Folgerungen ziehen müssen, die ihnen endlose Abwege, unermeßliche Mengen in falschen Richtungen vergeudeter Zeit und Arbeit ersparte. Denn in Kants Entdeckung lag der Springpunkt alles ferneren Fortschritts.«26

Eine weitere Etappe in der Geschichte des Denkens und der Wissenschaft bildet die Hegelsche Dialektik. Hegel war es, der als erster die allgemeinen Entwicklungsgesetze der Natur, der Gesellschaft und des Denkens entwickelt hatte, was, nach Engels' Meinung, für alle Zeiten eine Tat von welthistorischer Bedeutung bleiben wird. Doch bedurfte die Hegelsche Dialektik noch einer Umarbeitung in materialistischem Geiste. Das geschah durch Marx und Engels.

Diese historische Rolle der Philosophie berechtigt Engels zu dem Ausspruch: »Die Naturforscher mögen sich stellen wie sie wollen, sie werden von der Philosophie beherrscht.« Es ist das die Folge dessen, daß die Philosophie, wie schon hervorgehoben, allgemeine Theorien entwickelte und die gedankliche Erfassung der Totalität und des allgemeinen Zusammenhanges der Erscheinungen erstrebte. Insbesondere gilt das für die dialektische Philosophie. Der griechischen Philosophie erschien die Natur noch als eine unzergliederte Einheit. Der allgemeine Zusammenhang der Erscheinungen ergab sich ihr aus der unmittelbaren Anschauung. Die Griechen waren noch nicht bis zur Zergliederung, zur Analyse der Natur, zum Verständnis des Einzelnen und seines Zusammenhangs mit dem Ganzen fortgeschritten.

»Darin«, sagt Engels, »liegt die Unzulänglichkeit der griechischen Philosophie, derentwegen sie später anderen Anschauungsweisen hat weichen müssen. Darin liegt aber auch ihre Überlegenheit gegenüber allen ihren späteren metaphysischen Gegnern. Wenn die Metaphysik den Griechen gegenüber im einzelnen recht behielt, so behielten die Griechen gegenüber der Metaphysik recht im ganzen und großen.«27

26 Ibidem, S. 160 [S. 316].
27 Ibidem, S. 128 [S. 333].

Die dialektische Philosophie enthält auf ihrer höchsten Entwicklungsstufe bereits die Analyse, die Untersuchung der Details und das Verständnis für das Einzelne im Zusammenhang mit der Gesamtheit. Die Dialektik faßt Allgemeines und Besonderes, Anschauung und Denken, Praxis und Theorie, empirische Naturwissenschaft und theoretische, d. h. »Philosophie«, synthetisch zusammen.

Wir erwähnten oben die Ansicht Hegels, wonach die philosophische, d. h. dialektische Einstellung zur Wirklichkeit die Einheit praktischer und theoretischer Einstellung sei. Dabei versteht Hegel unter praktischer Einstellung das Verhältnis zu den Dingen, zum Einzelnen, unter theoretischer Einstellung dagegen das rein abstrakte Denken, dessen Objekte abstrakte Allgemeinheiten sind. Eine philosophische Auffassung der Welt verlangt dagegen, daß das Einzelne mit der abstrakten allgemeinen Form, die von einem lebendigen, praktischen Inhalt erfüllt wird, in Einklang gebracht werde. Wir haben in vorliegendem Artikel nicht die Absicht, ausführlich auf diese Frage einzugehen. Wir begnügen uns vorläufig mit der Ausführung einer bedeutungsvollen Stelle von Engels, die uns zeigt, daß das Problem der Einheit von Theorie und Praxis bei Marx und Engels eine viel tiefere Lösung gefunden hat als bei Hegel. Die Stelle lautet:

»Naturwissenschaft wie Philosophie haben den Einfluß der Tätigkeit des Menschen auf sein Denken bisher ganz vernachlässigt, sie kennen nur Natur einerseits, Gedanken andrerseits. Aber gerade die *Veränderung der Natur durch den Menschen,* nicht die Natur als solche allein, ist die wesentlichste und nächste Grundlage des menschlichen Denkens, und im Verhältnis, wie der Mensch die Natur verändern lernte, in dem Verhältnis wuchs seine Intelligenz.«[28]

Anschauung und Denken, Besonderes und Allgemeines werden im Verlaufe der Veränderung der Natur durch den Menschen im Verlaufe seiner *Einwirkung* auf die Natur synthetisiert, zusammengefaßt. Das Denken des Menschen entwickelte sich stets im Zusammenhange und in Abhängigkeit von seiner sozialen

28 Ibidem, S. 24 [S. 498].

Tätigkeit. In einem an Engels gerichteten Brief (vom 25. März 1868) schreibt Marx:

»Was würde aber old Hegel sagen, wenn er erführe jenseits, daß das *Allgemeine* im Deutschen und Nordischen nichts bedeutet als das Gemeinland, und das *Sundre – Besondre,* nichts als das aus dem Gemeinland ausgeschiedene Sondereigen? Da gehen denn doch verflucht die logischen Kategorien aus ›unsrem Verkehr‹ hervor.«29

Somit ist nach Hegel die Natur im wesentlichen eine Gesamtheit von Dingen, zwischen denen nur äußerliche Beziehungen bestehen. Sie entbehrt des Begriffes der Entwicklung und des inneren Zusammenhanges. In der Natur existieren nur verschiedene fertige und gegebene *Stufen,* die nicht auseinander hervorgehen. Die Natur erscheint als eine Widerspiegelung des Denkens, des *über* der Natur stehenden Begriffes. Dem Begriff allein kommt Entwicklung und innerer Zusammenhang, Allgemeinheit und Totalität zu. Die auf idealistischer Grundlage ruhende Hegelsche Dialektik konnte mit der Natur nicht fertig werden. Wenn sie dessenungeachtet imstande ist, das Verständnis der Naturvorgänge wesentlich zu fördern, so lediglich aus dem Grunde, weil die »Selbstentwicklung des Begriffes« nichts anderes darstellt als einen entstellten Ausdruck der Widerspiegelung der Entwicklung der Natur und Gesellschaft.

Der dialektische Materialismus bildet daher das *Wahre* am dialektischen Idealismus. Die dialektischen Prozesse spielen sich objektiv nicht nur im Denken oder der Gesellschaft, sondern auch in der Natur ab. Sie gehören nicht dem Reiche des Begriffes an, wie Hegel annahm, sondern dem der Natur. Sie müssen mithin in der Wirklichkeit selbst, in der Natur entdeckt werden. Es ist falsch, *über* der theoretischen Naturwissenschaft einen Bau »rationeller Naturwissenschaft« aufführen zu wollen. Indessen war eine »rationelle Naturwissenschaft« oder »Naturphilosophie« als selbständige Disziplin insofern berechtigt, als die Naturforscher die Philosophie vernachlässigten, auf die Dialektik von oben herabsahen und sich mit nackter Empirie oder alter Metaphysik zufrieden gaben. Soll die Wissenschaft, insbe-

29 Briefwechsel, Bd. 4, S. 30 [MEW Bd. 32, S. 52].

sondere die Naturwissenschaft, die Philosophie »überwinden«, so muß die Wissenschaft, also auch die Naturwissenschaft, vor allem erst mit dem Geiste dialektischer Philosophie erfüllt werden. Damit aber wird auch die Naturwissenschaft ein anderes Gesicht erhalten, eine Wandlung erfahren und sich auf eine höhere Stufe erheben. So sagt auch Engels:

»Die Naturforscher fristen der Philosophie nach ein Scheinleben, indem sie sich mit den Abfällen der alten Metaphysik behalf. Erst wenn Natur- und Geschichtswissenschaft die Dialektik in sich aufgenommen, wird all der philosophische Kram – außer der reinen Lehre vom Denken – überflüssig, verschwindet er in der positiven Wissenschaft.«30

Dies ist in dem Sinne zu verstehen, daß die alte Philosophie überflüssig wird, wenn die Wissenschaft, d. h. die Natur- wie die Geschichtswissenschaft, die Philosophie, also die Dialektik, in sich aufnehmen. Die Methodologie der Natur- und Geschichtswissenschaft ist das Wichtigste. Ohne richtige Methode – keine Wissenschaft. Die materialistische Dialektik ist just diese Methode. Daher ist sie zugleich auch die Grundlage einer Philosophie der Naturwissenschaft im weiteren Sinne, denn die Methode erhebt sich zur *Theorie* in dem Maße, wie sie sich auf ein immer umfangreicheres Tatsachengebiet erstreckt und die Tatsachen durch Aufdeckung des sie beherrschenden inneren Zusammenhanges zu erklären vermag. Die Naturdialektik im Engelsschen Sinne bildet ein *System der Naturvorgänge und Naturzusammenhänge* analog der Geschichtsdialektik, die ein *System der Zusammenhänge und Prozesse der menschlichen Geschichte* darstellt. Die alte Naturphilosophie (wie die philosophischen Systeme überhaupt) war eine rein spekulative Disziplin. Sie stand außerhalb und über der Naturforschung und überhaupt den Erfahrungswissenschaften.
Die Naturdialektik ist die Algebra der Naturwissenschaft. Ihr Objekt bilden die wissenschaftlichen Grundbegriffe und Kategorien als notwendige Voraussetzungen der Naturerkenntnis. Durch die Übertragung der dialektischen Methode auf die Er-

30 Engels, *Dialektik der Natur,* S. 190 [S. 480].

forschung der Natur entsteht die theoretische Naturwissenschaft und im Wege der Verallgemeinerung auch das »System« der materialistischen Naturerkenntnis, das einen integrierenden Bestandteil unserer allgemeinen materialistischen Weltanschauung darstellt.

»Der Materialismus« ist wesentlich dialektisch und braucht keine über den andren Wissenschaften stehende Philosophie mehr . . . Was von der ganzen bisherigen Philosophie dann noch selbständig bestehn bleibt, ist die Lehre vom Denken und seinen Gesetzen – die formelle Logik und die Dialektik. Alles andre geht auf in die positive Wissenschaft von Natur und Geschichte.«31

Die Philosophie reduziert sich somit gegenwärtig auf die *Dialektik*, die gegenüber den Einzeldisziplinen der Wissenschaft eine *führende* Rolle spielt. Die Dialektik ist die wahre wissenschaftliche Methode zur Erfassung der Wirklichkeit, das Fundament, auf dem sich der wissenschaftliche Bau eines Systems von Zusammenhängen von Prozessen erhebt, denn

»eine exakte Darstellung des Weltganzen, seiner Entwicklung und der der Menschheit, sowie des Spiegelbildes dieser Entwicklung in den Köpfen der Menschen, kann nur auf dialektischem Wege, mit steter Beachtung der allgemeinen Wechselwirkungen des Werdens und Vergehens, der fort- oder rückschreitenden Änderungen zustande kommen.«32

31 Engels, *Anti-Dühring*, Stuttgart 1919, S. 11 [MEW Bd. 20, S. 24].
32 Ibidem, S. 8 [S. 22].

Lenin über Dialektik

I.

An den Klauen erkennt man den Löwen! Es genügt, das unten folgende Fragment Lenins über Dialektik aufmerksam durchzulesen, um sich bewußt zu werden, daß das internationale Proletariat in Lenin einen der größten Denker verloren hat. Das Fragment zeigt alle Lenin auszeichnenden Eigenschaften in ihrer ganzen Schärfe, Bestimmtheit und Plastik: die Tiefe und Abgeschliffenheit des Gedankens, die Schlichtheit des literarischen Gewandes und das erstaunliche Vermögen, die abstraktesten Gedanken mit der revolutionären Praxis, dem lebendigen Sein, in Zusammenhang zu bringen.

In dem »Zur Frage der Dialektik« betitelten Fragment hatte sich Lenin selbstverständlich nicht vorgenommen, den ganzen Inhalt der Dialektik zu erschöpfen. Er beabsichtigte lediglich, die Aufmerksamkeit auf das der Dialektik eigene wichtigste Moment zu lenken, nämlich auf die Identität oder Einheit der Gegensätze als das Grundgesetz der objektiven Welt und der menschlichen Erkenntnis.

In einem seiner philosophischen Hefte, das in Nr. 1/2 vom Januar-Februar v. J. der russischen Zeitschrift *Unter dem Banner des Marxismus* erschienen ist, gibt Lenin folgende Definition der Dialektik:

»Dialektik ist die Lehre dessen, wie Gegensätze identisch sein können und sind (wie sie es werden), unter welchen Bedingungen sie, sich ineinander verwandelnd, identisch werden, warum die menschliche Vernunft diese Gegensätze nicht als tot und starr, sondern sie als lebendig, bedingt, beweglich, ineinander sich verwandelnd, zu betrachten hat.«

Die Identität der Gegensätze ist in der Tat das Grundgesetz der Welt und der menschlichen Erkenntnis. Mit Recht sieht Lenin das Grundgesetz der Dialektik darin, daß in allen Vorgängen der Natur und der Gesellschaft entgegengesetzte und innerlich widerspruchsvolle Tendenzen zur Geltung kommen. »Alle Dinge sind an sich selbst widersprechend«, sagt Hegel und tritt scharf dem Grundvorurteil der zeitgenössischen Logik entgegen, als ob der »Widerspruch nicht eine so wesenhafte und immanente Bestimmung sei als die Identität«, während der Widerspruch eigentlich »für das Tiefere und Wesenhaftere« gegenüber der Identität zu gelten hätte. »Denn die Identität ihm gegenüber ist nur die Bestimmung des einfachen Unmittelbaren, des toten Seins; er (der Widerspruch, A. D.) aber ist die Wurzel aller Bewegung und Lebendigkeit; nur insofern etwas in sich selbst einen Widerspruch hat, bewegt es sich, hat Trieb und Tätigkeit«.[1]

Lenin vertritt denselben Standpunkt. Wo es keinen Widerspruch, keinen Kampf der Gegensätze und keinen Übergang derselben ineinander gibt, da gibt es auch keine Entwicklung, kein Leben, keine treibende Kraft. Allein die Gegensätze existieren nicht getrennt, für sich selbst, sondern bilden eine Identität. Die Gegensätze und Widersprüche sind in der Identität enthalten. In der realen Wirklichkeit gibt es keine abstrakte, formale Identität. Jeder Körper ist beständigen, ununterbrochenen Veränderungen unterworfen, welche die Art seiner »Identität« verändern und aufheben.

Jede konkrete lebendige Identität enthält Unterschiede, Gegensätze. Alle Gegensätze gehen über Zwischenglieder oder Zwischenstufen ineinander über. Daher gibt es weder in der Natur noch in der Gesellschaft irgendwo absolute Grenzen. Nichts existiert in der Welt an und für sich, sondern alles in Beziehung zum übrigen Ganzen. Ein Vorgang ist just darum widerspruchsvoll, weil er gleichzeitig identisch ist, just darum identisch, weil er gleichzeitig Widersprüche in sich birgt.

Wäre in der Welt alles mit sich selbst identisch, so gäbe es keine Veränderung und keine Entwicklung. Das Grundgesetz der Natur ist *Bewegung*. Bewegung aber ist Verwandlung einer Form in eine andere, dauernder Übergang des Einen in das

1 Hegel, *Wissenschaft der Logik*, herausgegeben von G. Lasson, 1923, 2. Teil, S. 58 [Werke Bd. IV, S. 68].

Andere. Die ganze Entwicklung der Welt beruht auf der ewigen Verwandlung einer Form oder Erscheinung in eine andere. Der Vorgang der Formwandlung, der Entwicklungsprozeß vollzieht sich auf dem Wege der Verwandlung der Gegensätze. Diese Gegensätze sind jedoch in der Einheit enthalten und gehen aus einer Entzweiung dieser Einheit hervor. »Die Bedingung für die Erkenntnis aller Vorgänge der Welt in deren ›Selbstbewegung‹, deren spontaner Entwicklung, deren lebendigem Sein liegt in ihrer Erfassung als einer Einheit von Gegensätzen«, sagt Lenin richtig. Entwicklung bedeutet »Kampf« der Gegensätze.

II.

Es gibt zwei Auffassungen der Entwicklung, sagt Lenin. Die eine sieht in der Entwicklung nur eine Ab- und Zunahme, eine Wiederholung. Diese Auffassung ist leblos, tot und trocken.

Die andere Auffassung dagegen erblickt die Grundlage der Entwicklung in der Einheit der Gegensätze und der Entzweiung dieser Einheit. Diese Auffassung allein bietet uns den Schlüssel zum Verständnis der *Selbstbewegung* alles Seienden, geht sie doch davon aus, daß alles Seiende, jedes Ding kraft seiner inneren Widersprüche *»sich selbst bewegt«*, indem es sich in Gegensätze entzweit, welche durch ein gemeinsames Band, durch einen wechselseitigen Zusammenhang, die Einheit, zusammengehalten werden.

Zur Konkretisierung dieses Gedankens genügt es, auf die gegenwärtige bürgerliche Gesellschaft hinzuweisen, die in entgegengesetzte, doch durch bestimmte Wechselbeziehungen miteinander zusammenhängende Klassen zerfällt. Kein Proletariat ohne Bourgeoisie, keine Bourgeoisie ohne Proletariat. Daher kann es auch keine Entwicklung, keine Vorwärtsbewegung ohne Klassenkampf geben.

Erst die Erfassung der Einheit der Gegensätze »bietet uns den Schlüssel zum Verständnis der Selbstbewegung« alles Seienden, erst sie ermöglicht uns das Verständnis der »Sprünge«, der »Unterbrechung der Kontinuität«, der »Verwandlung ins Gegenteil«, der »Vernichtung des Alten und Entstehung des Neuen«, sagt Lenin.

In der Tat können Sprünge, Unterbrechungen der Kontinuität, Verwandlungen ins Gegenteil, Übergang von Quantität in Qualität und umgekehrt nur durch die Einheit der Gegensätze erklärt werden. Alle polaren Gegensätze hängen von den Wechselbeziehungen der beiden entgegengesetzten Pole ab, sagt F. Engels. Ihre Vereinigung existiert nur durch ihre Geschiedenheit, ihr Zusammenhang nur durch ihre Gegenüberstellung, ihre Gegenüberstellung aber nur durch ihre Verbindung und Vereinigung. Daher sind alle Gegensätze relativ und ineinander übergehend. Jeder Vorgang in der Natur wie in der Geschichte ist nur als »Selbstbewegung« möglich, d. h. als eine Aufdeckung und ein Kampf der Gegensätze innerhalb der Grenzen ihres Zusammenhanges und ihrer Einheit.

Die Natur stellt eine unermeßliche Einheit dar, in der alles durch unmerkliche Übergänge zusammenhängt und sich verschiedene Äußerungen der Bewegung der Materie ineinander verwandeln: mechanische Bewegung, Wärme, Licht und Elektrizität gehen unter bestimmten Umständen ineinander über. Jede Veränderung aber erfolgt auf dem Wege eines Überganges von Quantität in Qualität und Qualität in Quantität.

Die Identität der Gegensätze bildet die Grundlage auf der sowohl die elementare als auch die höhere Mathematik beruht. »Eine der Hauptgrundlagen der höheren Mathematik«, schreibt Engels im *Anti-Dühring,* »bildet der Widerspruch, daß unter Umständen Gerade und Krumm dasselbe sein sollen.« Die Identität von Positivem (+) und Negativem (−) bildet auch die Grundlage der elementaren Mathematik. Deshalb betont ja Lenin gerade die Bedeutung dieser elementaren Identitätsform von positiv und negativ für die Mathematik.

»Diese beiden Formen des Positiven und Negativen«, sagt Hegel, »kommen gleich in den ersten Bestimmungen vor, in denen sie in der Arithmetik gebraucht werden.

Das + a und — a sind zuerst entgegengesetzte Größen überhaupt; a ist die beiden zum Grunde liegende ansichseiende Einheit, das gegen die Entgegensetzung selbst Gleichgültige, das hier ohne weiteren Begriff als tote Grundlage dient. Das — a ist zwar das Negative, das + a als das Positive bezeichnet, aber das eine ist so gut ein Entgegengesetztes als das andere.

Ferner ist a nicht nur die einfache zum Grunde liegende Einheit, sondern als + a und — a ist sie die Reflexion dieser Entgegengesetzten in sich; es sind zwei verschiedene a vorhanden, und es ist gleichgültig, welches von beiden man als das Positive oder Negative bezeichnen will; beide haben ein besonderes Bestehen und sind positiv.«2

Wenden wir uns der Mechanik zu, so muß betont werden, daß wir es hier mit der elementaren, der einfachsten Bewegungsform und insofern auch mit der einfachsten Form der Dialektik zu tun haben. Die einfachste Form mechanischer Bewegung tritt in der Identität von Aktion und Reaktion in Erscheinung. Mechanische Bewegung ist lediglich Ortsveränderung. Sie hat es nur mit Quantitäten zu tun, sodaß die Quantität hier die grundlegende Kategorie bildet.

Die Grundlage der heutigen Atomtheorie bildet die Darstellung der Atome als einer Einheit, eines Systems von polaren Gegensätzen. Die Atome bestehen gemäß der herrschenden Vorstellung aus positiver und negativer Elektrizität, wobei die Mitte des Atoms ein positiver Kern einnimmt, um den Elektronen kreisen. Man nimmt an, daß der Bau des Kerns dem des Atoms entgegengesetzt sei. Wir brauchen uns indessen beim Bau des Atoms oder dessen Kerns hier nicht länger aufzuhalten. Für unsere Zwecke genügt das Gesagte.

Die Chemie stellt ein weiteres Gebiet der Widersprüche dar, in dem uns die Einheit der Gegensätze in der »Verbindung und Dissoziation der Atome«, wie Lenin sich ausdrückt, entgegentritt. In der Physik, insbesondere der Chemie, haben wir es mit qualitativen Veränderungen der Körper entsprechend den quantitativen Veränderungen in ihrer Zusammensetzung zu tun. Andererseits haben wir gerade in der Physik und Chemie eine im Vergleich zur Mechanik höhere Form der Einheit der

2 Ibidem, S. 45 [Bd. IV, S. 52 f.].

Gegensätze vor uns. In der Mechanik stehen die Gegensätze einander rein äußerlich gegenüber. In der Chemie dagegen vereinigen sich verschiedene gegensätzliche Körper infolge der Anziehung oder »Affinität« zu einem *neuen Körper,* wobei sie einander so durchdringen, daß die Eigenschaften jedes der die Verbindung eingehenden Körpers für sich genommen verschwinden und vollständig neue Eigenschaften, die ausschließlich dem neu entstandenen Körper zukommen, auftreten.

Wir haben es somit in der Mechanik, Physik und Chemie mit verschiedenen *Bewegungsformen* zu tun.

»Bei aller Allmählichkeit«, sagt Engels, »bleibt der Übergang von einer Bewegungsform zur andern immer ein Sprung, eine entscheidende Wendung. So der Übergang von der Mechanik der Weltkörper zu der der kleineren Massen auf einem einzelnen Weltkörper; ebenso der von der Mechanik der Massen zu der Mechanik der Moleküle – die Bewegungen umfassend, die wir in der eigentlichen sogenannten Physik untersuchen: Wärme, Licht, Elektrizität, Magnetismus; ebenso vollzieht sich der Übergang von der Physik der Moleküle zu der Physik der Atome – der Chemie – wieder durch einen entschiednen Sprung, und noch mehr ist dies der Fall beim Übergang von gewöhnlicher chemischer Aktion zum Chemismus des Eiweißes, den wir Leben nennen.«[3]

Dieselbe Idee der Einheit der Gegensätze und des Überganges der einzelnen Bewegungsformen ineinander meint Lenin, wenn er im Anschluß an Hegel und Engels die Reihe aufstellt: Mechanik, Physik, Chemie, Soziologie. Wir übergehen hierbei die Mathematik, da sie als der abstrakte Ausdruck der realen Vorgänge der Wirklichkeit überhaupt eine Sonderstellung einnimmt.

III.

Wie in der Wirklichkeit alles widerspruchsvoll ist und unter bestimmten Entwicklungsbedingungen infolge der inneren Ein-

---

3 F. Engels, *Herrn Eugen Dührings Umwälzung der Wissenschaft,* 10. Aufl., Stuttgart 1919, S. 57 [MEW Bd. 20, S. 61].

heit und des Zusammenhanges alles Seienden sich ins Gegenteil verwandelt, so sind auch die *Begriffe* beweglich, widerspruchsvoll und biegsam, da Begriffe bloße Widerspiegelungen materieller Vorgänge und der Einheit außerhalb uns darstellen. »Das Wesentliche ist«, sagt Lenin an einer andern Stelle, »eine allseitige universelle Biegsamkeit der Begriffe, die bis zur Herstellung der Identität der Gegensätze geht«.

Der Skeptizismus und die Sophistik betrachten und verwenden diese Biegsamkeit der Begriffe subjektiv. Der Skeptizismus und die Sophistik betrachten z. B. das Relative als etwas schlechthin Relatives, indem sie es vom Absoluten trennen und zum *Subjektiven* werden lassen. Dem Dialektiker hingegen ist schon die Unterscheidung von Relativem und Absolutem relativ. »Die Biegsamkeit (der Begriffe, A. D.) ist, sofern sie objektiv angewandt wird, d. h. die Allseitigkeit des materiellen Prozesses und dessen Einheit widerspiegelt, Dialektik, ist die richtige Widerspiegelung der ewigen Weltbewegung«, sagt Lenin.

»Die Subjektivisten und Skeptiker behaupten, wir würden nur das Endliche und Relative erkennen. Sie sehen nicht den Zusammenhang des Endlichen und Relativen mit dem Unendlichen, Absoluten. Darum halten sie jede relative Erkenntnis für eine subjektive, nicht aber objektive Erkenntnis. Allein, im Grunde genommen, ist jede wahre Erkenntnis des Relativen eine Erkenntnis des Absoluten und Unendlichen, eine Erkenntnis des objektiven Weltprozesses.«

Keime aller Elemente der Dialektik sind schon in einer beliebigen Aussage enthalten, sagt Lenin, weil die Dialektik aller menschlichen Erkenntnis eigen ist. Wir erkennen das Absolute im Relativen nicht nur, weil das Absolute uns nur mittels des Relativen zugänglich ist und sich selbst aus relativen und endlichen Momenten »aufbaut«, sondern wir erkennen auch im Einzelnen das Allgemeine, weil das Allgemeine nur durch das Einzelne existiert. Die Wechselbeziehungen zwischen dem Einzelnen und dem Allgemeinen bilden ebenfalls eine Identität von Gegensätzen, einen wechselseitigen Zusammenhang und Übergang des Einen in das Andere. Lenin betont, daß sowohl das Studium als auch die Darstellung mit dem Einfachen, Grundlegenden, Massenhaften zu beginnen hat. So verfährt auch Marx im *Kapital*. Er beginnt mit der Ware, welche bereits alle Widersprüche der bürgerlichen Gesellschaft enthält. Darauf deckt die weitere Darstellung alle Widersprüche auf, die bereits in der Zelle der bürgerlichen Gesellschaft eingeschlossen sind.

In jeder Aussage sind wie in einer »Zelle« Keime aller Elemente der Dialektik enthalten. Der Satz: »Johann ist ein Mensch« enthält die dialektische Aussage, daß *das Einzelne, das Besondere auch das Allgemeine sei*. Das besagt, daß das Endliche sich verändert und zum Unendlichen, das Einzelne aber zum Allgemeinen wird, indem es seine Isolierung verliert und sich mit dem anderen, dem Allgemeinen, dem Unendlichen verbindet, »sich ihm vermittelt«. Das Einzelne ist dem Allgemeinen *entgegengesetzt,* gleichzeitig aber mit ihm *identisch*. Das Besondere, Einzelne, existiert nicht selbständig, isoliert, ohne einen Zusammenhang mit dem Anderen. Es ist mit dem Allgemeinen, mit allen wirklichen Erscheinungen verbunden. Aber auch das Allgemeine seinerseits existiert nur durch das Einzelne. Daher stellt das Einzelne ebenso das Allgemeine dar, wie alles Allgemeine das »Wesen« des Einzelnen ausmacht.

Das Allgemeine ist vom Standpunkt der Dialektik und im Gegensatz zur formalen Logik *keine leere Abstraktion,* sondern ein wesentliches Moment oder das Wesen alles Einzelnen. Allein »jegliches Allgemeine umfaßt nur annähernd alle einzelnen Dinge«. Andererseits geht »jegliches Einzelne nicht vollkommen ins Allgemeine ein«. Dem abstrakten Allgemeinen der formalen Logik wird das konkrete Allgemeine entgegengesetzt, welches den ganzen Reichtum des Einzelnen und Besonderen umfaßt. Gleich Marx und Engels übernimmt auch Lenin die Hegelsche Lehre vom Begriff, die drei Seiten oder Momente aufweist: das Einzelne, das Besondere und das Allgemeine. Von einzelnen Dingen vollzieht sich der Übergang zum *Besonderen,* vom Besonderen wiederum zum *Allgemeinen*.

Das Allgemeine ist keine leere, abstrakte *Identität,* sondern eine solche, die das Besondere und Einzelne, d. h. *die Unterschiede und Gegensätze* umfaßt.

Das Allgemeine und Besondere ist in der Einheit gegeben, welche gerade das *Gesonderte* oder *Einzelne* ist. Das Allgemeine verwirklicht sich daher nur im Einzelnen und in Verbindung mit dem Besonderen. Es gibt kein Haus oder keinen Menschen an sich, sondern nur bestimmte Häuser und Menschen. So erscheint das Einzelne als das Allgemeine, aber auch das Allgemeine als das Einzelne.

Im dialektischen Begriff sind diese drei Momente unlöslich miteinander verbunden. Nur solche Begriffe, die, wie Lenin sagt, »den ganzen Reichtum des Besonderen und Einzelnen in sich verkörpern«, sind konkrete, volle Begriffe. »Jeder Begriff«, sagt Lenin, »hängt durch Tausende von Übergängen mit andersgearteten Singularitäten, Dingen, Erscheinungen, Vorgängen usw. zusammen.« So erhebt unsere Erkenntnis das Einzelne zur Stufe des Besonderen und Allgemeinen. Im Endlichen finden wir das Unendliche. Diese Erkenntnis spiegelt die objektiven Zusammenhänge der Natur richtig wider.

Das Einzelne ist in seinem einmaligen, unmittelbaren Sein einerseits etwas Zufälliges, andererseits aber auch etwas Notwendiges, insofern das Einzelne das Allgemeine in sich schließt, das Allgemeine ist und das Allgemeine das Wesen des Einzelnen ausmacht. Das *Zufällige* und das *Notwendige* werden einander entgegengesetzt, wie *Erscheinung* und *Wesen*. Dasselbe sehen wir auch in der Naturwissenschaft. Sie »zeigt uns«, sagt Lenin, »in der Natur dieselben Eigenschaften: Verwandlung des Einzelnen in das Allgemeine, des Zufälligen in das Notwendige, Übergänge, Transgressionen, den wechselseitigen Zusammenhang der Gegensätze«.

Lenin macht Plechanow den Vorwurf, daß er, »um populär zu sein«, die Identität der Gegensätze als eine Summe von Beispielen darstelle, statt sie als ein allgemeines Gesetz der Welt und der Erkenntnis aufzuzeigen. Wir haben schon gesehen, wie das Gesetz der Identität oder der Einheit der Gegensätze verstanden sein will.

Der zweite Vorwurf, den Lenin Plechanow macht, ist der, daß letzterer die Erkenntnistheorie als eine Art selbständiger Disziplin betrachte und sie gewissermaßen der Dialektik gegenüberstelle, während doch »die Dialektik just die Erkenntnistheorie Hegels und des Marxismus sei«. Die dialektische Erkenntnistheorie faßt ihren Gegenstand, die Erkenntnis selbst, *geschichtlich,* d. h. als auf der Entwicklung des gesamten Lebens der Natur und des Geistes, des ganzen konkreten Inhalts der Welt beruhend. Der metaphysische Materialismus ist daher einseitig, beschränkt und inhaltsarm.

IV.

Der dialektische Materialismus hingegen ist »eine lebendige, vielseitige Erkenntnis mit einer Fülle von Abstufungen«, ein unendlich komplizierter Erkenntnisprozeß unendlich reichen Inhalts, eine ständige Annäherung an die nie ganz zu erschöpfende Wirklichkeit. Die Erkenntnis des Menschen folgt einer Kurve, »welche sich einer Anzahl von Kreisen unendlich nähert«. Lenin nennt vier solcher »Kreise«: Demokrit – Plato – Heraklit, Descartes – Spinoza, Holbach – Hegel (über Berkeley, Hume, Kant) und Hegel – Feuerbach – Marx.
Jeder folgende Kreis ist weiter, vielseitiger als der ihm voraufgegangene und repräsentiert, verglichen mit seinem Vorgänger, der seine Grundlage und Voraussetzung bildet, eine höhere Entwicklungsstufe.
Jeder Kreis umfaßt das Ergebnis der Erkenntnis der Welt einer bestimmten Epoche, jene mögliche Annäherung an die Wirklichkeit, die durch die jeweils erreichte Entwicklungshöhe menschlicher Praxis und Erkenntnis gegeben ist.
Darum sagt Lenin an einer anderen Stelle mit Recht, daß *Marx'* Lehre »der rechtmäßige Erbe des Besten sei, was die Menschheit im 19. Jahrhundert in der deutschen Philosophie, der englischen politischen Ökonomie und des französischen Sozialismus erreicht habe«. Mit Marx schließt der letzte »Kreis« unserer Zeit. Der Marxismus stellt daher die Konsequenz und Verallgemeinerung der gesamten vorangegangenen Geschichte menschlicher

Erkenntnis, deren höchste Errungenschaft, dar. Indessen ist es selbstverständlich, daß der »Kreis« sich nie ganz »schließen« wird und die menschliche Erkenntnis sich dem Kreise nur unendlich nähern kann, ihn jedoch niemals »schließt«, niemals vollendet. Die Wirklichkeit ist unerschöpflich. Mithin ist die menschliche Erkenntnis stets nur eine annähernd richtige Widerspiegelung der Welt. Im Verlaufe ihrer geschichtlichen Entwicklung nähert sich die Menschheit immer mehr einer adäquaten Erkenntnis der objektiven Welt, der Erkenntnis des Absoluten. Allein, so sehr sich unsere Erkenntnis dem Absoluten auch nähern mag, sie bleibt doch immer relativ.

Stellt die Dialektik eine »vielseitige Erkenntnis mit einer Fülle von Abstufungen«, eine Annäherung an die Wirklichkeit dar, so entsteht aus jeder »Abstufung« oder Strecke der sich dem »Kreise« nähernden Kurve ein philosophisches System. In diesem Sinne hängt auch der philosophische Idealismus nicht in der Luft, sondern besitzt seine, wie Lenin sagt, »gnoseologischen Wurzeln«. Denn »ein beliebiges Stück oder Fragment dieser Kurve kann zu einer selbständigen, ununterbrochenen Geraden werden, die, wenn man vor lauter Bäumen den Wald nicht sieht, in den Sumpf zum Pfaffentum führt (wo sie das *Klasseninteresse* der herrschenden Klasse *verankert*)«.

Der philosophische Idealismus stellt keineswegs eine absolute Lüge dar, denn er entspringt demselben Boden wie der Materialismus. »Wie der Idealismus, so wächst auch der Materialismus am lebendigen Baum der lebendigen, fruchtbaren, wahren, erhabenen, allmächtigen, objektiven, absoluten menschlichen Erkenntnis.« Nichtsdestoweniger bleibt der philosophische Idealismus doch *eine Lüge, eine taube Blüte*, wird zum Pfaffentum, denn er macht eine der Abstufungen der unendlich komplizierten Erkenntnis zum Absoluten, ein Bruchstück der Wirklichkeit zum Ganzen.

»Der philosophische Idealismus stellt vom Standpunkte des dialektischen Materialismus eine einseitige, übertriebene, übermäßige Steigerung (Erweiterung, Aufbauschung) eines der Züge, einer der Seiten, einer der Grenzen der Erkenntnis zum von der

Materie, der Natur *losgerissenen*, vergöttlichten Absoluten dar.«

Indem die Idealisten aus der Gesamtheit der *Erscheinungen* ein »Bruchstück« herausreißen und es seines Zusammenhanges mit der *Materie* berauben, bauschen sie gleichzeitig das Stück zu einem Ganzen auf und lassen es Dimensionen des Absoluten annehmen. Der dialektische Materialismus hingegen ist sich stets dessen bewußt, daß ein solches aus dem allgemeinen Zusammenhang gerissenes und von der Materie getrenntes Bruchstück jeder *Realität entbehrt* und eine »taube Blüte« darstellt. Lenin sieht daher die gnoseologischen Wurzeln des Idealismus im Subjektivismus und der subjektiven Blindheit, in der Verknöcherung und Einseitigkeit, die ein Stück einer Geraden für die ganze Gerade hält und es zu einem ganzen System aufbläst, es zum Absoluten werden läßt.

Eine »Abstufung« besitzt aber »*Realität*« nur im Zusammenhang mit dem gesamten Spektrum der Mannigfaltigkeiten, die das materielle Weltgeschehen und dessen Einheit, dessen Ganzheit widerspiegelt. Mithin ist auch Unterschied und Gegensatz von *Ideellem* und *Materiellem* kein unbedingter, absoluter, sondern ein nur relativer. Wir finden am lebendigen Baume der lebendigen und objektiven menschlichen Erkenntnis, wie sich Lenin sehr schön ausdrückt, alle möglichen Abstufungen, mannigfaltigste Züge und Schranken, die indessen erst durch ihre Beziehungen zum *ganzen* Baum, *zum materiellen Gesamtgeschehen, Wirklichkeit* werden. Jede Abstufung für sich dagegen ist nur eine *einseitige,* mithin falsche, unwahre, vom materiellen Boden losgerissene Widerspiegelung des objektiven Geschehens. Die wahre dialektische Erkenntnis spiegelt dagegen die *Allseitigkeit* des materiellen Geschehens und dessen Einheit wider. Sie muß *die Dialektik der Dinge, der Natur und des Verlaufes der Ereignisse selbst* in deren ganzer Mannigfaltigkeit und Vielseitigkeit, zu konkreter Einheit zusammengefaßt, widerspiegeln.

Unsere Meinungsverschiedenheiten

Schlußwort zur Diskussion im Institut
für Wissenschaftliche Philosophie am 18. Mai 1926

Ich werde die Ergebnisse einer fast zweimonatigen Diskussion
über die wichtigsten Fragen der Philosophie des Marxismus
zusammenfassen müssen. Während der letzten Jahre haben sich
bei uns in der Philosophie zwei Gruppierungen gebildet: die
eine Gruppe hat nach meiner tiefsten Überzeugung einen
revisionistischen Charakter, die andere Gruppe, die sich auf die
Grundlagen des *revolutionären*, orthodoxen Marxismus stützt,
hat das Bestreben, die Tradition unserer großen Lehrer fortzu-
setzen und somit den Marxismus voranzutragen. Natürlich
mußte diese objektive Sachlage früher oder später in unserer
Debatte aufscheinen, was in den letzten Wochen auch der Fall
war.

Die Vertreter des entgegengesetzten Lagers versicherten am Anfang der Diskussion, daß es bei den Marxisten eigentlich keine
Meinungsverschiedenheiten gäbe, daß es jedoch einerseits sau-
bere Tauben, unbefleckte Engel, und andererseits böse Geister,
wie Deborin mit seinen Gesinnungsgenossen, Freunden und
Schülern, gibt.

Doch während der Debatten, die einen ganz freien Charakter
hatten, als jeder soviel sprechen konnte, wie er wollte, da stellte
es sich heraus, daß bei uns tatsächlich zwei scharf gesonderte
Gruppierungen vorhanden sind, so daß ich jetzt, am Ende der
Diskussion, mit Entschiedenheit erklären und mit vollem Verantwortungsbewußtsein sagen kann, daß die Gruppe, an deren
Spitze die Genossen Akselrod und Timirjasew stehen, ausgesprochen *revisionistischen* Charakter hat.

Ich werde mich bemühen, das alles zu beweisen, und durch eine
Reihe von Tatsachen klarzustellen. Dazu werden wir auch
einige ausländische Autoren hinzuziehen müssen, um zu zeigen,

daß zwischen unseren Revisionisten und den westeuropäischen Liquidatoren des Marxismus in einer Reihe von Fragen eine vollkommene Solidarität besteht. [...]

Jetzt gestatten Sie mir bitte, dazu überzugehen, die Gruppierung, mit der wir zu tun haben, im allgemeinen zu charakterisieren.

Natürlich stellt diese Gruppe nichts Einheitliches dar, sie ist ein Gemisch, sie ist ein »mechanisches« Aggregat aus verschiedenen Elementen.

Sie ist ein eigenartiger Block, der aus *Freudisten*, früheren und derzeitigen *Machisten*, aus schweigenden und redenden *Empiristen* und *mechanischen Materialisten* besteht. Hier schließen sich auch die Vertreter des Relativismus, Subjektivismus u. a. an. Das Wesen dieser Gruppierung ist, wie wir sehen, außerordentlich bunt.

Am Anfang der Diskussion schien alles gut zu gehen. W. K. Serjožnikow hielt eine Rede und richtete am Schluß einen naiven und rührenden Appell an mich: wenn Deborin nicht so unverträglich wär', so wäre alles schön. Und L. I. Akselrod sagte: »Bin ich denn eine Freudistin? Warum nehmen Sie an, daß das Stillschweigen ein Zeichen des *Einverständnisses* ist?« Darauf antwortete ich: ein Marxist und Revolutionär, der es weiß – und er muß es wissen, daß die derzeitige Kritik des Marxismus unter dem Banner des Freudismus geführt wird –, kann nicht sitzen und »*schweigen*«. Nein, man mußte offen und entschieden gegen den Freudismus auftreten, während Sie mit den Freudisten sich in einem Block zusammenfanden und »schweigen«, d. h. Sie deckten Ihre Verbündeten, damit diese ihrerseits Ihnen die Sünden vergeben.

Wenn die Vertreter Ihrer Gruppierung den Marxismus im Brei des Freudismus auflösen oder durch den Freudismus den Marxismus »ergänzen«, und Sie sich selbst großmütig zum Schweigen verurteilen, wie soll man ein derartiges »Schweigen« auslegen? Übrigens, Genossin Akselrod hat in der Kommunistischen Akademie offen erklärt, und zwar öffentlich und danach in der Presse, daß die Ansichten des Genossen Warjasch vollkommen vom Geiste des orthodoxen Marxismus beherrscht sind. Ist das denn nicht richtig? Also ist das Stillschweigen ein Zeichen des Einverständnisses? Und ferner habe ich hier, auf unseren Sitzungen, schon lange niemanden gehört, der noch prinzipien- und charakterloser aufgetreten wäre als L. I. Akselrod: während der ersten Sitzung hatte sie erklärt, daß »ich mit den Ansichten des Gen. Warjasch vollkommen einverstanden bin«, später »im großen und ganzen einverstanden«, zum Schluß, als wir sie beschämten – »überhaupt nicht einverstanden«; was sie, schon später übrigens, nicht gestört hat, sich in der letzten Rede erneut mit Warjasch, Timirjasew und Perow solidarisch zu erklären.

Folglich ist einerseits der Freudismus vorhanden; das ist, sozusagen, eine Seite Ihrer »Gruppierung«. Dann kommt die zweite Seite dieser Gruppierung – das ist der Machismus und der Empirismus, der grobe, kriechende Empirismus. Akselrod war hier aufgetreten und hat statt einer Analyse der Bedeutung der Theorie, des Zusammenhangs der Theorie mit den Tatsachen (natürlich gibt es keine Theorie ohne Tatsachen) – statt dessen gesagt: Tatsachen, Tatsachen, Tatsachen, eine Tatsache ist teurer als zehn Theorien. Was bedeutet das? Das bedeutet, daß man zum kriechenden Empirismus herabgleitet. Wenn Sie sich von den abstrakten Sphären der Philosophie auf die sündhafte Erde versetzen, so schauen Sie doch auf den Klassenkampf, der um uns herum kocht, und sagen Sie Tatsachen, Tatsachen, Tatsachen, aber es gibt keine Theorie – dann werden sie damit den Marxismus tilgen. Dann bleiben nur die nackten Tatsachen. Aber die Tatsachen müssen doch durch die *Theorie* erhellt werden. Es reicht nicht aus, die Tatsachen festzustellen oder gar zu »beschreiben« – man braucht die *Erklärung* dieser Tatsachen, die Erklärung der *Gesetze*, die in diesen Tatsachen wirksam sind, die *Gesetze der Bewegung,* die in die Zukunft, die zur Überwindung des Bestehenden führen. Diesen Empirismus sehen wir in der Philosophie, auf dem höchsten Gipfel des Wissens, und andererseits in einzelnen Wissenschaften. Wir wissen, daß die niederträchtige historische Schule in der politischen Ökonomie, die als Reaktion gegen den Marxismus entstanden war, auch den Standpunkt der »Tatsachen« verteidigte, und wenn Sie diese Frage in die Naturwissenschaft, in die Politik übertragen, dann können Sie urteilen, was dabei herauskommt.

Niemand verneint die Notwendigkeit des Studiums der Tatsachen, der konkreten Wirklichkeit, doch Sie sagen: Tatsachen, Tatsachen und nur Tatsachen, – das sind Ihre Worte – also verneinen Sie damit die Theorie, Sie gleiten zum Positivismus ab.

Und nun die dritte Seite dieser Gruppierung – das ist der mechanische Materialismus. Über den mechanischen Materialismus werde ich besonders sprechen. Das sind vorerst drei Grundaspekte Ihrer Gruppierung.

Genossin Akselrod wird nicht bestreiten, wenn ich daran erinnere, daß sie bei der Gegenüberstellung unseres und ihres Standpunktes folgende Worte von Marx angeführt hat: »Meine Methode befindet sich in direktem Gegensatz zur Hegelschen Methode«. Ja, bei Marx sind diese Worte zu finden[1], doch was bedeutet das? Was bedeutet: »Meine Methode befindet sich in direktem Gegensatz zur Hegelschen Methode«? Marx sagte das, und das ist richtig, aber ich wies in meiner ersten Rede darauf hin, daß Marx über den *Inhalt* seiner Dialektik gesprochen hat; während bei Hegel die Idee das Subjekt der Dialektik ist, befindet sich die Methode von Marx in direktem Gegensatz zu Hegels Methode, soweit er anstatt der Idee die Materie und die materielle Entwicklung der Wirklichkeit als Grundlage betrachtet. Wenn man sich jedoch auf die Worte beschränken wollte, die Akselrod anführt, so entsteht eine sonderbare Auffassung. Was heißt: »Meine Methode befindet sich, allgemein gesagt, im Gegensatz zur Hegelschen Methode«? Was bedeutet das? Bedeutet denn das, daß die Methode von Marx antidialektisch ist, was eigentlich Akselrod auch sagen will? Wenn wir nicht vom Inhalt, sondern von der Methode sprechen werden,

1 [K. Marx, *Das Kapital*, Nachwort zur zweiten Auflage: »Meine dialektische Methode ist der Grundlage nach von der Hegelschen nicht nur verschieden, sondern ihr direktes Gegenteil«.]

so bedeutet es, daß das eine antidialektische Methode, eine mechanische Methode ist. Aber ich habe damals auch darauf hingewiesen, daß Gen. Akselrod folgende außerordentlich wesentliche Stelle unberücksichtigt läßt, die zur Klärung der Frage dient. Bei Marx ist in der gleichen Arbeit auf der nächsten Seite zu lesen: Ja, Hegel war ein Idealist, Hegel war ein Mystiker und hat in einer mystifizierten Form seine Dialektik erfunden; doch beachten Sie, daß Hegel erstmals ein *ausführliches, reelles Bild aller Bewegungsformen* gegeben hat. Das ist etwas gänzlich anderes, und von dieser Stelle muß man auch ausgehen, muß man die Dialektik Hegels materialistisch überarbeiten.

Die Rede L. I. Akselrods lief daraus hinaus, die Dialektik zu verneinen, den Marxismus vom Standpunkt des Empirismus zu kritisieren. Die ganze Weisheit unserer Gegner – und in erster Linie von Gen. Akselrod – erschöpfte sich in der Erklärung, daß Hegel ein Metaphysiker und Idealist war. Aber das ist doch allen bekannt; auf dieser Ebene wird ja nicht gestritten. Wenn man sagt, und nur sagt, daß Hegel ein Metaphysiker ist, so ist das eine Verdrehung der Perspektive, damit will man die Dialektik in Verruf bringen und sie ablehnen. Natürlich ist Hegel ein Metaphysiker, doch halten wir es für notwendig, Hegel an unseren marxistischen Wirkungsbereich heranzuziehen und zwar nicht wegen seiner *Metaphysik*, sondern wegen seiner *dialektischen Methode*.

L. I. Akselrod hält es nicht für notwendig zu argumentieren; sie spricht wie eine Pythia und gibt »Senatserklärungen« ab. So hat sie hier die Kategorie der *Qualität* erklärt und hat ebensoviel Unverständnis gezeigt wie Gen. Timirjasew, der uns empfahl, die Dialektik bei Joseph John Thomson zu erlernen. Unsere Gegner beschuldigen uns, daß wir *reine* »Qualitätler« sind. Warum »reine«? Die Tatsache ist gerade umgekehrt; Ihr, die die Kategorie der Qualität verneint, vertretet somit den Standpunkt der reinen, d. h. abstrakten Quantität. Wir verneinen aber nicht etwa die Quantität, sondern unterstreichen, daß es ohne Quantität keine Qualität gibt, wie auch umgekehrt. Wenn Ihr das Moment der Quantität nehmt und es von allen

Eigenschaften des Gegenstandes abstrahiert, so bekommt ihr einen leblosen Gegenstand, eine Fiktion. Euer Standpunkt birgt in sich auch Gefahren in anderen Beziehungen. Wenn Ihr Euch vom Himmel zur Erde versetzt, so werdet Ihr sehen, welche Folgerungen man ziehen kann und welche Folgerungen sich seinerzeit vom Standpunkt der »Quantität« ergeben haben. Das ist für niemanden ein Geheimnis. Wer die marxistische Literatur kennt, der weiß, daß diese Frage von Bernstein und allen Gegnern des Marxismus gestellt wurde. Ich will an den berühmten »Berdjajewschen Strumpf« erinnern. Berdjajew schlug mit Bernstein zusammen vor, sich mit dem »Strümpfestopfen« zu beschäftigen, d. h. in die bürgerliche Gesellschaft quantitative Veränderungen hineinzutragen und diese nicht durch eine neue »Qualität« zu ersetzen. Das ist es, wozu man kommt. Das ist Revisionismus. Und was hat darauf Plechanow geantwortet? Plechanow bewies, daß es vom Standpunkt derer, die auf dem Standpunkt der reinen Quantität stehen, nur einen Platz für Veränderungen des schon Entstandenen, d. h. für die Veränderung der schon existierenden Gesellschaft gibt, daß es aber keinen Übergang zur neuen Gesellschaft, also, daß es keinen Platz für eine neue Qualität gibt. Auf diese Art und Weise bekommt der Begriff »Qualität« einen ganz anderen Sinn, einen revolutionären, politischen Sinn. »In theoretischer Hinsicht«, schrieb G. Plechanow, »hat die von P. Struve (und Berdjajew – A. D.) verteidigte Evolutionstheorie, wie wir sahen, den grundlegenden Fehler, daß sie nur für die Veränderung schon entstandener Gegenstände, aber nicht für die Entstehung neuer Dinge Platz hat«[2]. Die Entstehung neuer Beziehungen ist auch das Gebiet, in dem die Quantität in Qualität übergeht, und »die ununterbrochene Veränderung« führt zu »Sprüngen«. Auf diese Weise führt die Anerkennung nur quantitativer Veränderungen und die Verneinung der Kategorie der Qualität zum Reformismus. Das ist klar, wie es scheint, soweit man von gesellschaftlichen Erscheinungen redet. Doch führt die Verneinung der Kategorie der Qualität auf anderen Gebieten zur Verwirrung und zu fal-

2 G. W. Plechanow, *Werke*, Band XI, S. 253 (russ.).

schen Schlußfolgerungen. Unsere Gegner denken, daß sie sehr weise Gedanken aussprechen, wenn sie behaupten, wie das Akselrod und Tirmirjasew hier machten, daß das Prinzip der Kontinuität die Verneinung der »Qualität« verlangt, und die ganze Vielfalt der Dinge auf abstrakte Quantität und Einheit zu reduzieren fordert. Vom Standpunkt des *mechanischen* Materialismus aus ist eine derartige Fragestellung vielleicht auch richtig. Aber sie befindet sich im Gegensatz zum *dialektischen* Materialismus, der bestrebt ist, die Einheit mit den Unterschieden, mit der Mannigfaltigkeit zu vereinen. Der dialektische Materialismus lehnt eine *abstrakte Einheit*, die *Identität* bedeutet, ab. Die Quantität der Materie und der Bewegung ist in der Natur beständig, aber die unendliche Vielfalt der *Formen* der Materie und der Bewegung bildet die *qualitativen* Veränderungen der sich bewegenden einheitlichen Materie. Die Bildung neuer Formen ist immer mit einer Unterbrechung der Kontinuität, mit einem Sprung, verbunden. Neue Formen entstehen aus alten, und wir können die quantitativen Äquivalente feststellen und oft diese auch *messen;* nichtsdestoweniger ist die neue Form eine neue Qualität, die als solche nicht mit dem Alten identisch ist, sondern etwas von ihm Unterschiedenes und oft sogar etwas ihm Entgegengesetztes darstellt. Das ist auch das, was man Einheit in der Vielfalt und Vielfalt in der Einheit nennen kann. Die Kategorie der Qualität dient der Bezeichnung der Eigenartigkeit der Dinge.

Darum spielt die Kategorie der Qualität eine entscheidende Rolle für die *Abgrenzung* zwischen verschiedenen Dingen, zwischen dem Alten und dem Neuen. Sie dient der Kenntlichmachung der *Entstehung des Neuen*. Mit dem Begriff der Entstehung einer neuen Qualität, einer neuen Form, ist auch der Begriff des Sprunges, der Begriff der *Unterbrechung der Kontinuität* verbunden. Wo wir mit kontinuierlichen Veränderungen zu tun haben, da spricht man nur von der alten, schon gegebenen, schon existierenden, schon entstandenen Qualität und deshalb nur von ihren *quantitativen Veränderungen*. Die Entstehung einer neuen Qualität bedeutet den Bruch mit dem Alten, seine

Verwandlung; die Unterbrechung rein quantitativer, kontinuierlicher Veränderungen bedeutet einen Sprung, eine Revolution u. dgl. Wenn Sie auf dem Standpunkt der reinen Quantität stehen, so verneinen sie damit die Formel des Umschlagens der Quantität in Qualität, weil sie es nicht erklären können. Wenn man die Kategorie der Qualität verneint, dann ist es sinnlos, von der Verwandlung der Quantität in Qualität zu sprechen. Somit haben wir in der Natur und in der Gesellschaft einen ständigen Prozeß der Verwandlung der einen Qualitäten in andere durch quantitative Veränderungen und durch die von ihnen hervorgerufenen Unterbrechungen, Sprünge. Diese Frage wurde, wie bekannt, erstmals von Hegel geklärt und beleuchtet. Marx und Engels übernahmen in dieser Hinsicht die Lehre Hegels vollkommen. Es fragt sich, warum befriedigt sie jetzt nicht unsere Gegner? Warum kritisieren sie uns jetzt dafür, daß wir dem Marxismus treu geblieben sind? Und noch eine Frage: Warum kritisieren sie uns und treten nicht offen gegen Marx, Engels, Plechanow und Lenin auf? Es versteht sich von selbst, daß wir auf alle diese Fragen von ihnen keine direkte Antwort bekommen werden. [. . .]

Noch mehr Verwirrung stiftete L. I. Akselrod, als sie in einer Rede versuchte, den mechanischen Standpunkt im allgemeinen zu verteidigen. Sie hat wortwörtlich erklärt: der mechanische Standpunkt befindet sich im Gegensatz zum teleologischen Standpunkt. Daraus zieht man die Folgerung, daß derjenige, der gegen den mechanischen Materialismus auftritt, irgendeinen teleologischen Materialismus verteidigt. Engels war ein Gegner des mechanischen Materialismus, also vertrat er irgendeinen teleologischen Materialismus – so ist der Gedankengang bei Akselrod. Das ist selbstverständlich ein offensichtlicher Unsinn. Es handelt sich darum, daß als Gegensatz zur Teleologie, d. h. zur Zweckmäßigkeit, nicht der mechanische, sondern der kausale Standpunkt erscheint. So ist die einfache Logik der Dinge, die anscheinend für unsere Gegner nicht obligatorisch ist. Streiten wir uns denn um die Frage, ob jemand den teleologischen Standpunkt im Gegensatz zum Kausalitätsprinzip anerkennen will? Keine Spur davon. Genossin Akselrod versteht nicht einmal, worüber wir streiten. Sie ist so weit gegangen, daß sie *gegen uns* Lenin zitiert hat, wo dieser sich *gegen* die Umwandlung der Mechanik in den ausschließlichen »Maßstab« der Erscheinungen ausspricht, wo er beweist, daß die Mechanik ein besonderer, ein spezieller Fall des Elektromagnetismus ist; dieses Zitat hat sie angeführt, um zu beweisen, daß Lenin ... ein Mechanist war. Ich bedauere, daß es mir nicht möglich ist, auf Akselrods falsches Verständnis der Kausalität näher einzugehen. Sie hat unterstrichen, daß sie nur die mechanische Kausalität anerkennt, daß es keine andere Kausalität gibt. Indessen kritisiert Engels die mechanische Kausalität, indem er ihr die dialektische Auffassung der Kausalität und der Notwendigkeit gegenüberstellt. Das aber nebenbei.

Mit einem Wort, wir stellen dem mechanischen Materialismus nicht den teleologischen, sondern den *dialektischen* Materialismus gegenüber, was Akselrod wohl bekannt sein müßte. Der mechanische Materialismus erkennt nur eine Form der Bewegung an, die mechanische Bewegung, den Ortswechsel. Der dialektische Materialismus aber nimmt an, daß die mechanische Bewegung nicht alle Formen ausschöpft und nur eine Form der Bewegung darstellt. Übrigens werden wir zu dieser Frage noch im weiteren Verlauf zurückkehren. [...]

In diesem Zusammenhang kommt die Frage über unser Verhältnis zu Hegel auf. Derjenige, der uns von Hegel nur sagen kann, daß er Mystiker und Idealist war, der soll lieber schweigen. Da malträtieren Sie auf jede Weise Hegel als Mystiker, doch Sie können über ihn nichts sagen als Dialektiker. Natürlich ist es notwendig, den Hegelschen Idealismus zu kritisieren, doch wenn Hegel nur Idealist wäre, dann hätte er naturgemäß keine Bedeutung für den Marxismus. Unter anderem haben aber Marx, Engels, Lenin und Plechanow Hegel eine sehr hohe Anerkennung gezollt und einiges von ihm gelernt.

Gen. L. I. Akselrod ist in ihrer negativen Einstellung zu Hegel so weit gegangen, daß sie die Ansichten von Engels über die Hegelsche Dialektik entstellt hat; sie hat hier deshalb die Rezension von Engels über das Werk *Zur Kritik der politischen Öko-nomie* von Marx falsch zitiert. Sie hat aus dieser Rezension einen oder zwei Sätze herausgerissen, die nicht nur mit Hegel, sondern vielmehr mit seiner Schule zu tun haben und dachte dabei, daß sie uns alle mit diesem Zitat blamieren würde. Des-halb bin ich gezwungen, die wahren Ansichten von Engels wie-derherzustellen.

Die Hegelsche Denkweise unterschied sich von der Denkweise aller anderen Philosophen durch ein gewaltiges historisches Gefühl, das ihr zugrunde lag. Obwohl die Form äußerst ab-strakt und idealistisch war, so entwickelten sich die Gedanken immer parallel zu der Entwicklung der Weltgeschichte, und letztere mußte letzten Endes nur als Bestätigung der ersteren dienen. Wenn dank dieser Tatsache das wirkliche Verhältnis umgedreht und auf den Kopf gestellt wurde, so ist doch der reelle Inhalt überall in die Philosophie eingedrungen, beson-ders deshalb, weil Hegel sich von seinen Schülern dadurch un-terschied, daß er nicht wie diese ignorant prahlte; denn er war einer der gebildetsten Menschen aller Zeiten. Er hat als erster den Versuch unternommen, die Entwicklung und den inneren Zusammenhang der Geschichte zu beweisen, und wie vieles uns jetzt in seiner Philosophie der Geschichte auch seltsam erscheint, so ist doch die Großartigkeit seiner grundlegenden Ansichten sogar in der Gegenwart bewundernswert; besonders ist das der Fall, wenn man ihn mit seinen Vorgängern oder mit denen vergleicht, die es nach ihm wagten, sich auf allgemeinen Betrachtungen über die Geschichte einzulassen. In der *Phäno-menologie*, in der *Ästhetik*, in der *Geschichte der Philosophie* – überall zieht sich dieses großartige Verständnis der Geschichte wie ein roter Faden hindurch, und überall wird der Stoff in einer bestimmten, wenn auch entstellten, abstrakten Verbin-dung mit der Geschichte historisch betrachtet.

Dieses epochemachende Verständnis der Geschichte war die direkte theoretische Voraussetzung einer neuen, materialisti-schen Anschauung und schon dank diesem Umstand war ein Ausgangspunkt für die logische Methode gegeben. Wenn diese vergessene Dialektik sogar vom Standpunkt des »reinen Denkens« zu solchen Ergebnissen führte, wenn sie dazu noch gleichsam spielend mit der früheren Logik und Metaphysik Schluß gemacht hat, so bedeutet das, daß in ihr irgendetwas mehr lag, als einfach Sophistik und scholastische Raffinessen. Aber die Kritik dieser Methode war eine schwere Aufgabe, und die gesamte offizielle Philosophie fürchtete sich früher und fürchtet sich jetzt, sich ihrer anzunehmen. [...]

Eben bei Hegel haben wir, wie Engels sich äußert, eine ganze »Enzyklopädie der Dialektik«. An einer Stelle sagt Engels sogar, daß es ohne Hegel (dabei wird natürlich von seiner Dialektik gesprochen) keinen wissenschaftlichen Sozialismus gegeben hätte. Beim Studium des Marxismus kann man nicht ohne Hegel auskommen; geschweige denn, daß man sein Studium weiter vertieft, was die Gegenwart und die immer komplizierter werdende gesamte sozialpolitische Lage verlangt, die uns vor neue Probleme stellt.

Darum wende ich mich auch an die jungen Marxisten, und zwar nicht nur an die Philosophen, sondern an Wirtschaftsfachleute, Historiker, Naturwissenschaftler, Politiker u. a. mit dem Hinweis, daß das Studium der *Methodologie des Marxismus eine erstrangige Bedeutung für alle hat,* daß man kein guter revolutionärer Marxist, besonders kein guter Theoretiker sein kann, ohne gründliche Kenntnisse der *Dialektik* zu besitzen. Und wenn das so ist, so wird auch damit die Bedeutung Hegels für uns bestimmt. Ich gestatte mir aus dem Gedächtnis eine interessante Stelle aus den noch nicht veröffentlichten Heften Lenins anzuführen. »Seit dem Erscheinen des *Kapitals* von Marx sind fünfzig Jahre vergangen«, sagte er da, »aber das *Kapital* hat man bisher noch nicht vollkommen verstanden, weil man zum gründlichen Verständnis des *Kapitals* Hegel kennen muß, und unsere Wirtschaftsfachleute kennen ihn nicht«[3]. Für den Sinn

---

3 [W. I. Lenin, *Aus dem philosophischen Nachlaß, Exzerpte und Randglossen,* Wien-Berlin 1932, Berlin 1961, S. 99: »*Aphorismus:* Man kann das ›Kapital‹ von Marx und besonders das erste Kapitel nicht vollkommen begreifen, wenn man nicht die *ganze* Logik Hegels durchstudiert und begriffen

der angeführten Worte Lenins bürge ich, mag ich auch in der wortwörtlichen Wiedergabe des Satzes etwas verwechselt haben. Das ist die Meinung Lenins. Soll man denn als Beweis der Bedeutung, die Lenin dem Studium und der Ausarbeitung der Dialektik Hegels beigemessen hat, noch Stellen aus seinem berühmten Artikel »Über den streitbaren Materialismus« zitieren? An diesen programmatischen Artikel erinnern sich alle, aber nicht alle wollen ihn in Betracht ziehen.

Ich zitierte in meiner ersten Rede die prophetische Weissagung G. Plechanows, daß das Interesse an Hegel sich mit der Belebung der revolutionären Bewegung bedeutend verstärken werde. Er unterstreicht da sogar, daß Hegel dann vor uns als gewaltige revolutionäre Gestalt erscheinen wird, wobei die reaktionären Elemente seiner Lehre in den Hintergrund treten. [...]

Es ist bekannt, daß Marx im Begriff war, eine Theorie der marxistischen Dialektik zu schreiben. Er wollte in einer einfachen und deutlichen Form das darstellen, was in der Hegelschen Dialektik Vernünftiges und Großes war, doch konnte er es bedauerlicherweise nicht schaffen. Die Arbeiten von Engels mußten zum Teil diese Lücke schließen; aber auch er hat bloß außerordentlich wertvolle Entwürfe zurückgelassen, die man zur weiteren Ausarbeitung der Dialektik gebrauchen kann; denn eine Basis dazu ist schon vorhanden. Ein riesiges Erbe hat uns auch Lenin in seinem Konspekt »Die Wissenschaft der Logik« hinterlassen, aber auch die darin enthaltenen Gedanken konnte Lenin aus Zeitmangel nicht endgültig formen.

Nachdem wir Hegels historische Bedeutung geklärt haben, wollen wir es uns jetzt erlauben, einige Worte über das Wesen der Dialektik zu sagen. L. I. Akselrod hat hier die Dialektik auf die Form einer Auslegung des wissenschaftlichen Materials reduziert. Wir sehen aber in voller Übereinstimmung mit unseren Lehrmeistern die Dialektik als eine Methode der Forschung oder als »eine Methode des Studiums des Materials« an, wie

hat. Folglich hat nach einem halben Jahrhundert keiner von den Marxisten Marx begriffen!«]

sich K. Marx ausdrückt. Und weil die Methode ein »Analogon der Wirklichkeit« ist, so ist die Dialektik eine Wissenschaft, die die objektiven Gesetze und Formen der Bewegung behandelt. Gleichzeitig stellt die Dialektik auch eine besondere Art und Weise des Denkens, eine besondere Logik dar. Wegen der fortgeschrittenen Zeit habe ich keine Möglichkeit, mich mit der Klärung des Wesens der Dialektik zu beschäftigen. Darum werde ich hier, um mich kurz zu fassen, eine vortreffliche Charakteristik der Dialektik von Lenin anführen.

»Zu unserer Zeit«, sagte er, »ist die Idee der Entwicklung, der Evolution, fast vollkommen in das gesellschaftliche Bewußtsein eingedrungen, aber auf anderen Wegen und nicht über die Philosophie Hegels. Doch ist diese Idee, wie sie Marx und Engels formulierten (indem sie sich auf Hegel stützten), wesentlich vielseitiger, wesentlich inhaltsreicher als die gängige Idee der Evolution. Die Entwicklung, die scheinbar die zurückgelegten Etappen wiederholt, das aber auf eine andere Weise tut, und zwar auf einer höheren Basis (Verneinung der Verneinung), eine Entwicklung, die, wie man sagen kann, spiralförmig ist und keine gerade Linie bildet; – eine sprunghafte, katastrophale, revolutionäre Entwicklung, – ›Unterbrechungen des Allmählichen‹; – die Umwandlung der Quantität in Qualität; – die inneren Antriebe zur Entwicklung, die durch den Widerspruch, die durch den Zusammenstoß verschiedener Kräfte und Tendenzen ausgelöst werden, die auf den gegebenen Körper entweder im Rahmen der gegebenen Erscheinung oder in einer gegebenen Gesellschaft wirken; – die gegenseitige Abhängigkeit und die engste, unzerreißbare Verbindung *aller* Seiten einer jeden Erscheinung (wobei die Geschichte immer neue und neue Seiten enthüllt), – eine Verbindung, die einen einheitlichen, gesetzmäßigen, weltweiten Prozeß der Bewegung darstellt, – das sind einige Wesenszüge der Dialektik, die eine inhaltsreichere Lehre der Entwicklung (als gewöhnlich) ist.«4

Lenin hat hier nur *einige,* wahrlich grundlegende Wesenszüge der Dialektik festgestellt. Die anderen Wesenszüge der Dialektik werden sich für uns von selbst bei der Darlegung des Unterschiedes, der zwischen dem mechanischen und dialektischen Materialismus existiert, klären. Es ist bedauerlich, daß wir uns auch hier außerordentlich kurz fassen müssen.
Vor allem muß man unterstreichen, daß Marx, Engels und

4 W. I. Lenin, *Werke*, Bd. 21, S. 38 (russ.) [»Karl Marx«].

Lenin keine mechanische Materialisten waren. Wenn das wahr ist – und das ist eine nicht anzuzweifelnde Wahrheit –, so ist es klar, daß wir von ihnen nicht abrücken und den marxistischen Standpunkt verteidigen. (Stimme: »Das entspricht nicht der Wissenschaft!«). Ob der Marxismus der Wissenschaft entspricht oder nicht, darüber werden wir noch sprechen. Vor allem wollen wir die Tatsache selbst feststellen. Daß sowohl Marx als auch Engels Antimechanisten waren, das scheint keinem Zweifel zu unterliegen. Doch werde ich bloß eine Stelle aus *Ludwig Feuerbach* von Engels erwähnen, weil diese Stelle eine entscheidende prinzipielle Bedeutung hat.

Im 18. Jahrhundert »existierte die Chemie nur erst in ihrer kindlichen . . . Gestalt. Die Biologie lag noch in den Windeln; der pflanzliche und tierische Organismus war nur im groben untersucht und wurde aus rein mechanischen Ursachen erklärt . . . Diese ausschließliche Anwendung des Maßstabs der Mechanik auf Vorgänge, die chemischer und organischer Natur sind und bei denen die mechanischen Gesetze zwar auch gelten, aber von anderen, höhern Gesetzen in den Hintergrund gedrängt werden, bildet die eine spezifische, aber ihrer Zeit unvermeidliche Beschränktheit des klassischen französischen Materialismus.«[5] Die *Dialektik der Natur* ist auch im wesentlichen der Entwicklung dieses grundlegenden dialektischen Gedankens gewidmet.

Lenin hat sich wiederholt dieser Folgerung von Engels angeschlossen. Folgendes sagt er in dem von uns schon zitierten Buch, das Marx und Engels gewidmet ist:

»Als hauptsächlichen Mangel des ›alten‹, darunter auch des Feuerbachschen Materialismus (und um so mehr des ›vulgären‹ von Büchner, Vogt, Moleschott) betrachten Marx und Engels (1) die Tatsache, daß dieser Materialismus ›vorwiegend mechanisch‹ war, ohne die neueste Entwicklung der Chemie und der Biologie zu berücksichtigen (und in unseren Tagen müßte man folglich hinzufügen: die Elektrizitätstheorie der Materie); (2) die Tatsache, daß der alte Materialismus unhistorisch, undialektisch war (metaphysisch im Sinne der Antidialektik) und nicht folgerichtig und allseitig den Standpunkt

5 K. Marx, Fr. Engels, *Ausgew. Werke*, Bd. II, S. 354 (russ.). Fr. Engels, *Ludwig Feuerbach . . .*, MEW, Bd. 21, S. 278].

der Entwicklung vertrat; (3) die Tatsache, daß man ›das Wesen des Menschen‹ abstrakt und nicht als ›Ensemble (konkret-historisch bestimmter) aller gesellschaftlichen Beziehungen‹ verstand und darum die Welt nur ›interpretierte‹, obwohl es um ihre ›Veränderung‹ geht, d. h. man verstand nicht die Bedeutung ›der revolutionären praktischen Tätigkeit‹.«6

Also stellte sich heraus, daß der alte Materialismus sich für Marx und Engels (wie auch für Lenin) – vor allem wegen seines *mechanischen* Charakters, wegen seines Bestrebens, alles durch rein mechanische Ursachen zu erklären – als unannehmbar erwies. Aber eben deswegen, weil dieser Materialismus »vorwiegend mechanisch« war, konnte er auch nicht dialektisch sein, d. h. er war metaphysisch und unhistorisch und deshalb kontemplativ, d. h. er verstand nicht die Bedeutung der revolutionären Praxis. Der mechanische Materialismus legt demzufolge an alle Erscheinungen den *Maßstab der Mechanik* an. Ferner geht er von dem Standpunkt aus, bloß die *Kategorie der Qualität* anzuerkennen, wodurch die Kategorie der Qualität abgelehnt wird; davon habe ich schon früher gesprochen. Wenn man bloß die Kategorie der Quantität anerkennt, dann kommt man, wie ich schon sagte, zum Revisionismus von Bernstein, zum Berdjajewschen »Strumpf« und zur Evolutionstheorie von Struve. Von ihrem Standpunkt aus ist jede Qualität nur ein Ergebnis des allmählichen, ununterbrochenen Anwachsens oder der Umgruppierung der Quantitätselemente, deren Summe. Es gibt keine Unterbrechung, keinen Übergang zu einer neuen Qualität, die sich wesentlich von der alten, die sie in der Tat erzeugt, unterscheidet. Darum *wächst* der Sozialismus in den Kapitalismus *hinein*, da er bloß eine quantitative Veränderung darstellt.

Der mechanische Materialismus kennt nur eine Form der Bewegung – die *Ortsveränderung,* auf die alle Erscheinungen entschlossen zurückgeführt werden. Qualitätsveränderungen als solche werden von diesem Standpunkt aus nicht zugelassen.

Der dialektische Materialismus lehnt die Anwendung »des mechanischen Maßstabes« an alle Erscheinungen der Natur und

6 W. I. Lenin, *Werke,* Band 21, S. 36 (russ.) [»Karl Marx«].

der Gesellschaft ab. Engels war der Meinung, daß, wenn auch beispielsweise in biologischen Erscheinungen die Gesetze der Mechanik fortwirken, diese von anderen höheren Gesetzen zurückgedrängt werden. Sowohl die *Einheit* als auch das *Spezifische* der Erscheinungen auf verschiedenen Gebieten der Wirklichkeit wurden von ihm, – als abhängig von verschiedenen Formen der Bewegung, – anerkannt.

Gen. Timirjasew war hier stolz darauf, wie er sagt, daß er nicht daran denkt, die Mechanik auf gesellschaftliche Erscheinungen anzuwenden. Aber das machen doch seine Gesinnungsgenossen – das erstens. Und zweitens beweist der Umstand, daß Gen. Timirjasew diesen Weg nicht beschritten hat, nur seine Inkonsequenz.

Hier hat jemand von den sehr »gelehrten« Leuten mir zugerufen, daß der Marxismus der Wissenschaft widerspricht.

Sogar Prof. Samojlow, der sich im allgemeinen dem dialektischen Materialismus gegenüber negativ verhält, war doch gezwungen anzuerkennen, daß die Dialektik es Engels ermöglichte, eine Reihe von bewundernswerten Voraussagen auf dem Gebiete der Naturwissenschaft zu machen. Ein jeder, der einige gemeinverständliche naturwissenschaftliche Bücher durchgelesen und aus ihnen erfahren hat, daß es eine Mechanik gibt, der beginnt »im Namen der Wissenschaft« verschiedenen Unsinn zu schwatzen und Engels alle nur möglichen Strafpredigten vorzulesen.

Jedoch wird die moderne Wissenschaft nicht durch die Vertreter allein gebildet, die hier auftraten oder die sagen, daß der Marxismus der Wissenschaft widerspricht. Geriet denn Engels in Widerspruch mit der modernen Wissenschaft? Er geriet nicht nur nicht in Widerspruch, sondern er hat bis zu einem gewissen Grade die Entwicklung der modernen Wissenschaft vorweggenommen. Ist die moderne Wissenschaft in Widerspruch mit der materialistischen Dialektik geraten? Natürlich nicht. Im Gegenteil, die moderne Wissenschaft, und insbesondere die Naturwissenschaft, bestätigt im Laufe der Zeit immer mehr die Richtigkeit des dialektischen Materialismus.

Wir wissen, daß Lenin sich für die Notwendigkeit des Vordringens der Dialektik in die Naturwissenschaft eingesetzt hat. Er hat schon im Jahre 1908 in seinem Buch *Materialismus und Empiriokritizismus* aufgrund der neuen physikalischen Daten die Ansicht vertreten, daß die Mechanik nicht auf alle Gebiete der Erscheinungen anwendbar ist, daß sie sogar in der Physik ihre Grenzen hat. Die Mechanik ist bloß ein spezieller Fall des Elektromagnetismus. Wie verhält es sich heutzutage mit der Mechanik? Können wir behaupten, daß die Elektrodynamik und die Thermodynamik auf die Mechanik reduzierbar sind? Wir wissen, daß A. Einstein den Versuch unternimmt, die Mechanik mit der Dynamik zur Synthese zu bringen. Aber auch in der Dynamik bleibt ein Gegensatz zwischen der Elektrodynamik und der Thermodynamik. Wenn Sie den umfangreichen Band aus der Serie der Kultur der Gegenwart nehmen, der der Physik gewidmet ist, so werden Sie da gewisse interessante Dinge erfahren, die Engels nicht nur nicht widersprechen, sondern vollkommen seine theoretisch-dialektischen Ansichten bestätigen. Beachten Sie, daß *Kultur der Gegenwart* als das wissenschaftlich maßgebliche Werk gilt.

»Um die Mitte des vorigen Jahrhunderts« – lesen wir da – »aber war man zuversichtlicher. In der Entwicklung der Physik bis zu jener Zeit spielte die Mechanik eine derart bevorzugte Rolle, daß für die damaligen Physiker die Annahme von der Einheitlichkeit der Energie untrennbar verbunden war mit der Annahme, daß jene einheitliche Energie als *mechanische* Energie aufzufassen sei. Sie waren deshalb fest davon überzeugt, daß letzten Endes alle Vorgänge als mechanische Vorgänge aufzufassen seien . . . Wir können heute wohl mit Sicherheit sagen, daß diese Überzeugung, welche vor wenigen Jahrzehnten noch die unbedingt herrschende war, sich nicht in ihrer ganzen Ausdehnung aufrechterhalten läßt.«[7]

An einer andern Stelle wird behauptet, daß »die heutigen Physiker . . . ausnahmslos« annehmen, »daß die Gesetze der

7 *Physik*, S. 283. [2. Aufl., Leipzig u. Berlin 1925 (Albert Einstein, »Theoretische Atomistik«)].

Mechanik für rasch oszillierende Bewegungen kleiner Massen nicht gelten«.[8]

Max Planck hat in seinem Artikel im gleichen Buch den gegenwärtigen Zustand der Physik wie folgt dargestellt:

»... wie es die allgemeine Aufgabe der Physik verlangt, die ja außer den Bewegungsvorgängen noch eine große Anzahl anderer Erscheinungen zu bewältigen hat. In der Tat mußte der Anstoß zu einer Weiterbildung der Mechanik von außen kommen, und er kam von der *elektrodynamischen* Theorie. Es ist von eigentümlichem Interesse, zu sehen, wie diese Theorie, anfangs in gewisser Abhängigkeit von der älteren und reiferen Mechanik, sich allmählich von ihr loslöste, selbständige Bahnen einschlug und schließlich so weit erstarkte, daß sie nunmehr ihrerseits einen umwälzenden Einfluß auf die klassische Mechanik auszuüben vermochte.«[9]

Die Relativitätstheorie – sagt er – versucht die Mechanik mit der Elektrodynamik in eine »Dynamik« zu vereinen, *indem sie ihr in einem gewissen Sinn die Mechanik unterordnet . . .* Aber es bleibt danach noch der Gegensatz zwischen Dynamik und der Thermodynamik. Vor allen Dingen kann man kaum den Charakter der *Unumkehrbarkeit,* der allen Wärmeerscheinungen eigen ist, dynamisch erklären. Während alle thermischen und chemischen Prozesse in einer einseitigen Richtung verlaufen, d. h. unumkehrbar sind, so sind die dynamischen Prozesse, sowohl die mechanischen als auch die elektrodynamischen, umkehrbar, d. h. sie können rückwärts und vorwärts in der Zeit verlaufen.[10] In seinen »Physikalischen Skizzen« erklärt M. Planck, »daß die Physik die statistische Methode in ihre Forschung einführte und somit sich sogar von der Durchführung der Atommechanik losgesagt hat«[11]. Neben der mechanischen Bewegung, der Ortsveränderung, der Umstellung, existieren Prozesse der Verwandlung u. a. Sie sehen, daß die Angelegenheit überhaupt nicht so einfach ist, wie das unsere Gegner darstellen. Sogar auf dem Gebiete der Physik ist diese

8 a.a.O., S. 294.
9 a.a.O., S. 817.
10 a.a.O., S. 819.
11 M. Planck, *Physikalische Skizzen,* S. 30 (russ.).

Angelegenheit viel komplizierter, als die Mechanisten denken. Bedauerlicherweise ist hier kein Platz, um auf diesem Gebiete genauer in die Einzelheiten vorzudringen, weil das komplizierte Fragen sind, für die wir zu viel Zeit benötigen würden. Aber ich bitte diejenigen, die behaupten, daß der dialektische Materialismus, der Marxismus, der modernen Wissenschaft widerspricht, uns folgendes zu sagen: wo, worin, in welchen Teilen ist das der Fall? – dann werden wir mit ihnen sprechen. Doch behaupte ich im voraus, daß der Marxismus in seinen allgemeinphilosophischen Voraussetzungen wie auf dem Gebiete der allgemeinen Methodologie und in seinem soziologischen Teil täglich durch das Leben und die Wissenschaft bestätigt wird.

Es bleibt mir noch, in Verbindung damit, einige Worte über die *Bewegung im allgemeinen* zu sagen. Einer unserer sehr eifrigen Opponenten, der nicht unbekannte Gen. Perow, machte mir zum Vorwurf, daß ich die Bewegung als ein Attribut der Materie betrachte. »Ich hätte besser gesagt«, meint Gen. Perow naiv, »daß die Bewegung eine Eigenschaft der Materie ist.« Ich bin kein Haarspalter und klammere mich nicht an einzelne Worte. Aber es hängt ja nicht davon ab. Vor allem muß ich bemerken, daß auch diese Sünde nicht meine *persönliche Sünde* ist. Wenn schon jemand gesündigt hat, dann ist es vor allem Engels, der in der *Dialektik der Natur* über die Bewegung als Attribut der Materie spricht. Hat aber Engels recht? Hat hier der Alte nicht etwas »verwirrt«? Nein, er hat nichts verwirrt, er hat vollkommen recht. Denn die Eigenschaft kann irgendetwas Zufälliges, etwas Äußeres sein, während *die Bewegung eine Form der Existenz der Materie ist.* Es gibt keine Materie ohne Bewegung, wie es keine Bewegung ohne Materie gibt. In diesem Sinne ist die Bewegung ein Attribut, d. h. eine Form der Existenz der Materie. Sie ist von der Materie untrennbar, sie bildet mit ihr eine unzertrennbare *Einheit.* Das wollte Engels auch sagen. [...]

Jetzt gestatten Sie mir zum abschließenden Teil meiner Rede zu kommen und die vor uns stehenden theoretischen Aufgaben zu umreißen. Ich kann nicht mit der Bewertung des jetzigen *historischen* Moments schon beginnen, mit dem diese Aufgaben verbunden sind und aus dem diese Aufgaben hervorgehen. Ich werde es mir erlauben, kurz folgendes zu sagen. Unsere Epoche hat charakteristische Merkmale, einerseits kolossale revolutionäre Prozesse, die andererseits gewissermaßen mit einer nie dagewesenen Revolution auf dem Gebiete der Naturwissenschaft verbunden sind. Diese Ereignisse verlangen, daß sie verstanden werden. Wir befinden uns vor einer neuen großartigen wissenschaftlichen Synthese, die nur auf der Grundlage der marxistischen Methode, auf der Grundlage der materialistischen Dialektik möglich ist. Wir können uns jetzt nicht mit den von der früheren Generation der revolutionären Marxisten gewonnenen Ergebnissen begnügen, weil die Lebensbedingungen, die uns in der gegenwärtigen Lage vor neue Aufgaben des Aufbaus des Sozialismus oder des Kampfes der Arbeiterklasse stellen, äußerst kompliziert geworden sind. Wir halten es für notwendig, die marxistische Logik zu entwickeln und zu vertiefen, eine marxistische, d. h. eine dialektische Methode auszuarbeiten, die es uns ermöglicht, die neue Situation besser, tiefer und vielseitiger zu verstehen. Wir halten es für notwendig, die unersetzbare Waffe zu schärfen, die wir von unseren Lehrern erhielten und die uns ebenso im ideologischen Kampf gegen die dem Marxismus feindlichen Gedankenströmungen helfen wird.

Ich habe in der ersten Rede schon darauf hingewiesen, daß wir vor einigen Jahrzehnten hauptsächlich *für die materialistische Weltanschauung* und gegen den Idealismus gekämpft haben. In diesem Zusammenhang wurden damals die Fragen der *Erkenntnistheorie* in den Vordergrund gestellt. In der von uns jetzt erlebten Epoche gehören die *Probleme der Methodologie* in unserer theoretischen Arbeit auf den ersten Platz. Das bedeutet natürlich keineswegs, daß man sich von den Fragen der Weltanschauung oder der Erkenntnistheorie distanziert. Im Gegenteil, diese Fragen müssen von unserem Standpunkt aus einer vertieften Ausarbeitung unterzogen werden; das muß in Verbindung und hauptsächlich in Abhängigkeit von der materialistischen Dialektik geschehen, die noch ein umfangreiches und neues Material zu erfassen und zu überarbeiten hat, das sowohl von der Naturwissenschaft als auch von der Gesellschaftswissenschaft geliefert wird.

Lenin hat aufgrund des Briefwechsels zwischen Marx und Engels in seiner Charakteristik des Marxismus geschrieben:

»Wenn man, sozusagen, den Versuch unternimmt, mit einem Wort den Mittelpunkt des ganzen Briefwechsels festzustellen, so wird dieser Mittelpunkt, in dem sich das ganze Netz der ausgesprochenen und erörterten Ideen trifft, das Wort *Dialektik* sein. Die Anwendung der materialistischen Dialektik zur Überarbeitung der ganzen politischen Ökonomie, die von den Grundlagen beginnen muß, ihre Anwendung in der Geschichte, der Naturwissenschaft, der Philosophie, der Politik und Taktik der Arbeiterklasse – das ist das, was Marx und Engels am meisten interessiert, das ist es, wozu sie das Wesentlichste und Neueste beitragen, das ist ihr genialer Schritt vorwärts in der Geschichte des revolutionären Denkens.«12

Worin, fragt man sich, kann die weitere Entwicklung des Marxismus bestehen? In der Fortsetzung derselben Aufgaben, die sich Marx und Engels gestellt haben und die weder abgeschlossen noch erschöpft werden können, denn die Wissenschaft und das Leben setzen die Entwicklung fort. Gewiß gibt sich keiner der utopischen Hoffnung hin, daß diese Aufgabe just für unsere Zeit von einem Menschen oder an einem Tage gelöst werden kann. Nein, das ist die Aufgabe einer ganzen Generation, unserer Generation heute, und sie muß von uns angepackt werden.

Somit stehen wir zuallererst vor der Notwendigkeit, die materialistische Dialektik auszuarbeiten, vor der Notwendigkeit, eine Theorie der Dialektik zu schaffen, die sich auf die Grundlage der materialistischen Überarbeitung Hegels, auf die Werke von Marx, Engels, Lenin und Plechanow stützt. Es hat den Anschein, als könnte man keine Einwendungen dagegen haben. Unterdessen führen unsere Gegner einen verzweifelten Kampf gegen die Ausarbeitung der Probleme der dialektischen Logik,

12 W. I. Lenin, *Werke*, Band 19, S. 503 (russ.) [Der Briefwechsel zwischen Marx und Engels«].

gegen die Ausarbeitung der marxistischen Methodologie. Außerdem bilden sich auf dieser Grundlage, wie ich schon sagte, die Front der Machisten – früherer und derzeitiger –, der Freudisten, Empiristen und mechanistischen Materialisten.[13]

Man muß sagen, daß hier außer einer »äußeren« auch eine »innere« Logik vorhanden ist. Denn in bezug auf die Methode waren die Machisten immer Mechanisten, und andererseits gab es unter den Materialisten immer solche, die wohl von der Dialektik sprachen, ihrem Wesen nach aber immer mechanistische Materialisten waren.

Auf diese Art und Weise konnte das geschehen, was tatsächlich auch geschah: als man von den Fragen des Materialismus und Idealismus zu der Vertiefung des Marxismus überging, zu den Fragen der Methodologie, da zerfiel die Einheitsfront der Marxisten, und die mechanistischen Materialisten schlossen sich mit den ausgesprochenen Idealisten zu einem Block zusammen, wobei sie verschiedene Arten des Idealismus deckten.

Die zweite grundlegende Aufgabe, die z. Z. vor uns steht, ist die *Untermauerung der Naturwissenschaft durch die materialistische Dialektik,* durch die Methode des dialektischen Materialismus. Hier, wie auch auf dem Gebiete der theoretischen Dialektik, liegt vor uns schon eine umfangreiche Arbeit, die von unseren Lehrern geleistet wurde – in erster Linie waren das Engels und Lenin –, so daß wir in diesem Falle nicht gezwungen sind, auf einem leeren Platz zu bauen. Doch wird hier eine gewaltige Arbeit bevorstehen, weil man auch hier nicht nur den Widerstand der offenen Feinde des Marxismus zu überwinden hat, sondern auch eines Teils der »Marxisten« selbst, die auf diesem Gebiete vollkommen unter dem Einfluß der »Tradition« stehen und sich in der Gefangenschaft bürgerlicher Gedanken befinden. Nicht ohne Grund hat uns Gen. Timirjasew empfohlen, die Dialektik nicht bei Hegel, Engels

13 Einige von ihnen sind in ihren Ausführungen so weit gegangen, daß der Marxismus nur eine Synthese des utopischen Sozialismus und der klassischen politischen Ökonomie darstelle. Wir hätten aber Marx und Engels »naiv« geglaubt, daß die Methode des dialektischen Materialismus eine wesentliche Rolle in dieser Synthese gespielt habe.

und Lenin, sondern bei dem Physiker J. Thomson zu erlernen. Und Gen. Akselrod hat, wie Sie sich erinnern, uns empfohlen, die Naturwissenschaftler in Ruhe zu lassen. Sie machen, wie man sagt, ihre Sache und ihr sollt euch da nicht einmischen. Wir können derartigen »weisen« Empfehlungen nicht folgen Wir betrachten es als äußerst wichtig und notwendig, daß die Methode der materialistischen Dialektik in die Naturwissenschaft eindringt; wir sind der Meinung, daß die Erfassung und Überarbeitung des ganzen riesigen Tatsachenmaterials der Naturwissenschaft mittels Anwendung der materialistischen Dialektik als nächste Aufgabe der Marxisten anzusehen ist; das wird uns ermöglichen, den dialektischen Materialismus auf eine neue Stufe emporzuheben, das wird zu einem bedeutenden Zuwachs des uns hinterlassenen Erbes führen. Diese Aufgabe bekommt, unter anderem, eine große Bedeutung in Anbetracht der Versuche, die sogar schon von Marxisten gemacht werden, den Materialismus zugunsten der »modernen Naturwissenschaft« – zu liquidieren.[14] Darum ist es ideologisch und sogar organisatorisch notwendig, ein wirklich enges Bündnis zwischen dem Marxismus und der Naturwissenschaft sowie zwischen den marxistischen Philosophen und den marxistischen Naturwissenschaftlern zu verwirklichen.

Als dritte Aufgabe unserer Epoche gilt die Anwendung der materialistischen Dialektik bei der Behandlung aller brennenden Probleme der Gegenwart auf dem Gebiete des *gesellschaft-*

14 Für niemanden ist es ein Geheimnis, daß die »moderne Naturwissenschaft« durch und durch von ideologischen Momenten durchsetzt ist – anders gesagt, daß sie bewußt oder unbewußt auf bestimmten philosophischen, d. h. allgemeinmethodischen und erkenntnistheoretischen Voraussetzungen beruht. Ist es denn den Marxisten nicht klar, daß der Kampf für den dialektischen Materialismus auf dieser Ebene eine große Bedeutung hat, um so mehr, weil die Ergebnisse der Naturwissenschaft ihrerseits einen großen Einfluß auf die Ausarbeitung einer allgemeinen Weltanschauung ausüben. Was sehen wir denn in der Gegenwart? Einerseits sagt man, daß der dialektische Materialismus sich in der modernen mechanischen Naturwissenschaft konkretisiert; andererseits versucht man, den dialektischen Materialismus in bestimmten Richtungen der modernen Naturwissenschaft aufzulösen, z. B. in der Relativitätstheorie. In dem einen und in dem anderen Falle liquidiert man den dialektischen Materialismus.

lichen Lebens, das uns vor *neue Aufgaben* stellt. Anders gesagt, die Anwendung der materialistischen Dialektik bei der Behandlung der Probleme der Geschichte, der Probleme der Revolution, der Diktatur des Proletariats, unseres wirtschaftlichen Aufbaus, der Politik und der Taktik der Arbeiterklasse im allgemeinen – das ist das, was sich in dem Abschnitt hervortut, den man *historischen Materialismus* nennt.

So sind diese großartigen *positiven* Aufgaben, die Aufgaben *des Aufbaus* auf dem Gebiete der Theorie des Marxismus, die von der modernen revolutionären Epoche aufgeworfen werden. Diesen historischen Aufgaben muß auch unsere *wissenschaftliche Forschung und die Lehrtätigkeit* untergeordnet werden. Die von mir umrissenen Aufgaben sind, wie mir scheint, das wahrhafte Vermächtnis Lenins auf dem Gebiete der Theorie des Marxismus, wie es von ihm im Artikel »Über die Bedeutung des streitbaren Materialismus« dargestellt ist. Das ist die Aufgabe einer ganzen Generation. Und wenn wir alle *in dieser Richtung* tätig sein werden, so wird es vielleicht uns oder denen, die uns folgen werden, gelingen, den dialektischen Materialismus auf eine neue und höhere Stufe zu stellen.[15]

Außer den vorgemerkten *positiven* Aufgaben müssen wir die Notwendigkeit des ständigen Kampfes gegen die marxismusfeindlichen Richtungen, gegen alle *revisionistischen und liquidatorischen* Strömungen keinen Augenblick aus der Sicht verlieren, da diese so oder anders in das marxistische Lager durchsickern.

Wenn Gen. Akselrod hier in einer Rede darauf hingewiesen hat, daß sie einmal gegen das Kantianertum gekämpft hat, was sie sich als Verdienst anrechnet, so können wir darauf erwidern: Wir *erkennen* dieses Ihr Verdienst *an,* aber das war vor zwanzig oder fünfundzwanzig Jahren. Unterdessen stand das Leben

15 Es ist selbstverständlich, daß man neben den umrissenen Grundaufgaben auf dem Gebiete der theoretischen (und praktischen) Arbeit auch die hier angrenzenden Probleme der Ideologie und die Fragen, die die Genesis des Marxismus angehen, unterstreichen muß. Ich meine dabei die Geschichte des Materialismus und der Dialektik, die Überarbeitung der Geschichte der Wissenschaft und Philosophie vom Standpunkt des Marxismus.

nicht still. Während dieser Zeit – und besonders während der letzten zehn Jahre – ist nicht nur eine Vielzahl neuer revisionistischer, sondern auch direkt liquidatorischer Gruppierungen emporgeschossen. Was haben Sie denn für den Kampf gegen diese Gruppierungen getan, oder was tun Sie dafür? Sie haben nicht nur keinen Finger für den Kampf gegen diese Gruppierungen gekrümmt, sondern im Gegenteil, Sie haben sich selbst einer derartigen Gruppe angeschlossen und halten es für notwendig, gegen uns zu kämpfen; indessen führen wir, soweit es unsere Kräfte und Möglichkeiten erlauben, die Arbeit nach den vorgemerkten Gesichtspunkten durch und können einige Erfolge verzeichnen. Ihre Arbeit jedoch, die Arbeit ihrer Gruppierung, die charakterlos, prinzipienlos und verschiedenartig ist, ist jetzt auf den Kampf gegen den orthodoxen Marxismus ausgerichtet. In einer ganzen Reihe von Fragen schließt sich Ihre »Kritik« an die Kritik der westeuropäischen Liquidatoren des Marxismus an. Ihre Reden haben hier einen bestimmten liquidatorischen Charakter gehabt und deshalb werden wir Sie als Liquidatoren des Marxismus qualifizieren und gegen Sie einen erbarmungslosen Kampf führen.

Hegel und der dialektische Materialismus
(1929)

Die neuzeitliche Wissenschaft und Philosophie entstanden im
18. Jahrhundert, in der Epoche des Übergangs von der feudalen
zur bürgerlichen Gesellschaft. Die darauf folgenden Jahrhun-
derte waren eine Periode einer ungewöhnlichen Blüte der bürgerlichen gesellschaftlichen Beziehungen, einer ungewöhnlichen
Entwicklung der Produktivkräfte und mit ihnen – der Wissenschaft und der Philosophie.

Jetzt ist die Menschheit in eine neue Phase der geschichtlichen
Entwicklung eingetreten. Der Kapitalismus nähert sich schnell
seinem natürlichen Ende. Die auf seiner Grundlage aufgewach-
sene Ideologie ist von einer tiefen Krise befallen. Die Naturwissenschaft macht gewaltige Eroberungen, doch die philosophischen
Grundlagen der Naturwissenschaft, die in den vergangenen
Jahrhunderten geschaffen wurden, erwiesen sich gleichzeitig
als zu »eng« und zu elementar; sie können den ganzen Reichtum
des konkreten Inhalts der Wissenschaft nicht aufnehmen. Überall, auf allen Gebieten der materiellen und geistigen Kultur,
fühlt man das Schwanken des Bodens. Es gibt nichts Standfestes,
alles befindet sich im Gärungs- und Formungsprozeß. Zugleich
mit der großen Krise, die die gegenwärtige gesellschaftliche
Formation durchlebt, ereignet sich der Bruch der »oberen Stock-
werke«. Die alte Kultur stirbt ab, und auf ihren Trümmern
werden die Grundsteine einer neuen, höheren Kultur gelegt.
Während solcher Krisenzeiten ertönen gewöhnlich Klageschreie
über den Untergang der Kultur, über den Zusammenbruch der
Wissenschaft, über die Notwendigkeit, zum »Glauben der Vä-
ter« zurückzukehren u. a.

Aber nicht jede Krise kennzeichnet einen Rückschritt oder einen
Verfall. Es gibt heilsame Krisen, die ein Ausdruck des Aufstiegs
der Menschheit, die ein Wendepunkt in ihrer Entwicklung und
in ihrem Übergang zu einer höheren Stufe sind. Die derzeitige

»Krise« in der Wissenschaft ist durch den Prozeß der Anhäufung von Widersprüchen bedingt, die mit den alten Denkmethoden nicht überwunden werden können. Die Krise der modernen Wissenschaft – und in erster Linie der Naturwissenschaft – ist vor allem eine Krise ihrer logischen, ihrer methodologischen Grundlagen. Die alten Formen des Denkens erwiesen sich als machtlos vor dem ungewöhnlichen Reichtum des Inhalts, der tagtäglich durch die stürmische Entwicklung der Naturwissenschaft geliefert wird. Alles, was bisher unerschütterlich zu sein schien, das unterliegt jetzt einem tiefgreifenden Zweifel. Bei einigen Naturwissenschaftlern geriet das Kausalitätsgesetz, das Gesetz der Erhaltung der Energie usw. in Verdacht.

Darum bestehen jetzt die bedeutendsten Naturforscher auf der Notwendigkeit eines engen Bündnisses zwischen der Naturwissenschaft und der Philosophie.

Die Philosophie ist ohne Naturwissenschaft ebenso unmöglich, wie die Naturwissenschaft ohne Philosophie unmöglich ist. Indem wir die gegenseitige Verbundenheit und Abhängigkeit der Philosophie und der Naturwissenschaft unterstreichen, müssen wir hier gleichzeitig erwähnen, daß es ein gleiches Verhältnis zwischen der Philosophie und den Gesellschaftswissenschaften, sowie zwischen der Philosophie und der wissenschaftlichen Erkenntnis im allgemeinen gibt.

Aber was soll man unter Philosophie verstehen? Ohne diesbezüglich in nähere Einzelheiten einzugehen, halten wir es für notwendig zu unterstreichen, daß die gewöhnliche Gegenüberstellung der Philosophie und der Wissenschaft unter aller Kritik ist. Die Philosophie ist unserer Auffassung nach nicht irgendetwas, was im Gegensatz zur Wissenschaft steht. Im Gegenteil, die Philosophie ist für uns ebenfalls Wissenschaft. Es wäre falsch zu glauben, daß die Geschichte der Philosophie während mehr als zweitausendfünfhundert Jahren einen fruchtlosen Kampf verschiedener Meinungen über untaugliche Dinge darstellte und daß dieser Kampf mit nichts anderem als mit dem Ergebnis Null beendet sei. Menschen, die die Geschichte der Philosophie und der Wissenschaft wenig kennen, denken gewöhnlich so. Sie nehmen sogar an, daß alles »Übel« von der Philosophie kommt und daß die »Rettung« nur von den positiven Wissenschaften, insbesondere von der Naturwissenschaft, kommen wird.

Obwohl dieses Vorurteil bei uns beträchtlich erschüttert ist, so hat es sich doch in vielen Köpfen festgesetzt.

Doch hat die Menschheit während ihrer jahrhundertealten Geschichte nicht umsonst gearbeitet und nachgedacht. Die Geschichte des menschlichen Denkens ist eine Widerspiegelung des harten Kampfes des Menschen gegen die Natur, gegen verschiedene Formen der Ausbeutung und der Unterdrückung, ebenso wie gegen die eigene Unwissenheit und die eigenen Vorurteile. Wenn wir einen Blick auf den Weg werfen, der von den Menschen zurückgelegt worden ist, dann müssen wir einsehen, daß die gegenwärtige Generation ein gewisses Erbe von der Vergangenheit erhalten hat. Aber dasselbe muß man auch von der Philosophie sagen. Außerdem waren die Philosophie und die Wissenschaft immer derartig eng miteinander verbunden, daß sie sich gegenseitig ergänzten. Die Philosophie, die sich auf die positiven Wissenschaften stützte, brachte gewöhnlich allgemeine Ideen und Prinzipien hervor, die für die Spezialwissenschaften richtunggebend waren. Die Vertreter des positiven Wissens, die oft überzeugt waren, daß sie von jeder Philosophie »unabhängig« seien, waren in Wirklichkeit unbewußt Anhänger des einen oder des anderen philosophischen Systems. Gewöhnlich nimmt man an, daß zum Beispiel die Naturwissenschaft eine Garantie gegen unrichtige philosophische Ansichten, gegen idealistische Vorurteile ist. Aber so können wiederum nur Menschen denken, die wenig mit der Geschichte der Wissenschaft vertraut sind. Lenin vertrat diesbezüglich eine andere Meinung. Er hat vortrefflich verstanden, daß »durch den plötzlichen Bruch, den die gegenwärtige Naturwissenschaft erlebt, auf Schritt und Tritt verschiedene philosophische reaktionäre Schulen, Schülchen und Richtungen entstehen.« Doch hat Lenin im Gegensatz zu vielen derzeitigen oberflächlichen Menschen nicht geraten, »die Philosophie über Bord« zu werfen; er war auch nicht der Meinung, daß »die Wissenschaft – sich selbst Philosophie« sei. Er schrieb:

».. . um einer solchen Erscheinung nicht ratlos gegenüberzustehen, müssen wir verstehen, daß ohne eine gediegene philosophische Grundlage keine Naturwissenschaft, kein Materialismus im Kampf gegen den Ansturm der bürgerlichen Ideen und gegen die Wiederherstellung der bürgerlichen Weltanschauung bestehen kann.«[1]

Mit einem Wort, Lenin vertrat die Meinung, daß die Naturwissenschaft ohne die Philosophie nicht auskommen kann. Die gleiche Meinung vertrat im Grunde genommen auch Engels. Zu dieser Ansicht gelangen jetzt auch die bedeutendsten Naturforscher.

Wenn wir uns fragen, was das Ergebnis der jahrhundertelangen Entwicklung des menschlichen Denkens ist, so werden wir auf diese Frage folgendermaßen antworten: die materialistische Dialektik als Entwicklungslehre und als Denkmethode. Die materialistische Dialektik ist nicht vom Himmel gefallen, sie ist ein Ergebnis der Entwicklung des menschlichen Denkens, ein gesetzmäßiges Produkt der Geschichte der Wissenschaft, der Technik und der Philosophie. Ohne materialistische Dialektik ist der Marxismus undenkbar. Marx und Engels ist es nur darum gelungen, ihre monumentale Lehre zu schaffen, weil sie sich von der vorangegangenen Philosophie nicht einfach abkehrten, sondern diese überwunden und umgearbeitet haben. Wenn die Methode von Marx eine derartige Fülle von Ergebnissen auf dem Gebiete der Gesellschaftswissenschaften hervorgebracht hat, so steht es ihr noch bevor, eine Umwälzung auf dem Gebiete der Naturwissenschaft zu vollziehen, wo das theoretische Denken sich bis jetzt im Banne der alten Metaphysik befindet.

»Die empirische Naturforschung«, schrieb Engels im Jahre 1878, »hat eine so ungeheure Masse von positivem Erkenntnisstoff angehäuft, daß die Notwendigkeit, ihn auf jedem einzelnen Untersuchungsgebiet systematisch und nach seinem inneren Zusammenhang zu ordnen, schlechthin unabweisbar geworden ist. Ebenso unabweisbar wird es, die einzelnen Erkenntnisgebiete unter sich in den richtigen Zusammenhang zu bringen. Damit aber begibt sich die Naturwissenschaft

---

1 W. I. Lenin, *Werke*, Band 33, S. 206, 207 (russ.) Über die Bedeutung des streitbaren Materialismus, in: *Werke*, Band 33, S. 219; dieser Aufsatz erschien zunächst (März 1922) als Artikel in *Unter dem Banner des Marxismus*.

auf das theoretische Gebiet, und hier versagen die Methoden der Empirie, hier kann nur das theoretische Denken helfen. Das theoretische Denken ist aber nur der Anlage nach eine angeborne Eigenschaft. Diese Anlage muß entwickelt, ausgebildet werden, und für diese Ausbildung gibt es bis jetzt kein andres Mittel als das Studium der bisherigen Philosophie.«2

Die Philosophie stellt auf jeder gegebenen geschichtlichen Entwicklungsstufe ein bestimmtes Verständnis der allgemeinen Zusammenhänge der Erscheinungen dar. Während einzelne, spezielle Wissenschaften sich mit dem Studium irgendeines Abschnittes der Natur, eines ihrer Teile, befassen, war die Philosophie immer bestrebt, den allgemeinen Zusammenhang des Ganzen aufzudecken. Engels sieht den Vorzug der griechischen Philosophie im Vergleich zu der Metaphysik des 17. und 18. Jahrhunderts in der Tatsache, daß sie den Standpunkt des Ganzen vertrat und sich bemühte, in den allgemeinen Zusammenhang des Existierenden einzudringen, während die Metaphysik der neuen Zeit

»sich den Weg versperrte, vom Verständnis des Einzelnen zum Verständnis des Ganzen . . . zu kommen. Bei den Griechen – eben weil sie noch nicht zur Zergliederung, zur Analyse der Natur fortgeschritten waren – wird die Natur noch als Ganzes, im ganzen und großen angeschaut. Der Gesamtzusammenhang der Naturerscheinungen wird nicht im einzelnen nachgewiesen, er ist den Griechen Resultat der unmittelbaren Anschauung. Darin liegt die Unzulänglichkeit der griechischen Philosophie, derentwegen sie später andren Anschauungsweisen hat weichen müssen. Darin liegt aber auch ihre Überlegenheit gegenüber allen ihren späteren metaphysischen Gegnern. Wenn die Metaphysik den Griechen gegenüber im einzelnen recht behielt, so behielten die Griechen gegenüber der Metaphysik recht im ganzen und großen.«3

Engels sieht vollkommen richtig in der Metaphysik eine notwendige Etappe in der Entwicklung des menschlichen Denkens, weil man zum Verständnis der Prozesse und des gegenseitigen Zusammenhangs der Erscheinungen das Verständnis für Dinge, das Verständnis für einzelne Erscheinungen haben muß. Aber die Metaphysik bleibt auch deshalb Metaphysik, weil sie das

2 F. Engels, *Dialektik der Natur*, S. 22 (russ.) [MEW, Bd. 20, S. 330].
3 F. Engels, ibidem, S. 24 (russ.) [MEW, Bd. 20, S. 333].

endgültige Ergebnis der Forschung in der Analyse der Natur sieht und unfähig ist, sich bis zur Synthese zu erheben. Andererseits besteht der Mangel, an dem die griechische Philosophie litt, darin, daß für sie das Ganze, der allgemeine Zusammenhang der Erscheinungen, sich als Ergebnis einer unmittelbaren Anschauung, aber nicht eines durch die Aufgliederung des Ganzen vermittelten Verständnisses darstellte.

Die materialistische Dialektik grenzt historisch und logisch unmittelbar an die Hegelsche Dialektik an, indem sie deren Fortsetzung und Weiterentwicklung auf einer qualitativ anderen Grundlage ist, soweit sie von Marx und Engels einer grundlegenden Überarbeitung auf dem Grunde des Materialismus unterzogen wurde. Die Dialektik ist Ergebnis der Entwicklung der ganzen Geschichte des menschlichen Denkens, ein Produkt der Wissenschaft, der Philosophie und des praktischen menschlichen Schaffens auf höchster Ebene. »Grade die Dialektik ist« – sagt Engels – »aber für die heutige Naturwissenschaft die wichtigste Denkform, weil sie allein das Analogon und damit die Erklärungsmethode bietet für die in der Natur vorkommenden Entwicklungsprozesse, für die Zusammenhänge im ganzen und großen, für die Übergänge von einem Untersuchungsgebiet zum andern.«[4]

Der gegenwärtige Zustand der Wissenschaft ist so, daß sie sich nicht mehr mit der Masse des angesammelten empirischen Materials, mit dem riesigen Reichtum an einzelnen Tatsachen, Beobachtungen, Erscheinungen oder sogar Gesetzen zufrieden geben kann. Man fühlt das unüberwindbare Bedürfnis, alle diese Beobachtungen und Gesetzmäßigkeiten in Zusammenhang zu bringen, und zwar sowohl auf einem jeden einzelnen Gebiet, als auch in der Gesamtheit der Wissenschaften, indem man die einzelnen Zweige des Wissens in ein Ganzes vereinigt. Unter solchen Verhältnissen ist die empirische Naturwissenschaft gezwungen, sich auf die Stufe des theoretischen Denkens zu erheben, d. h. die Naturwissenschaft enger mit der Philosophie zu verbinden.

4 [Ibidem, S. 330 f.].

Diesen Zusammenschluß der Naturwissenschaft und der Philosophie kann man nur auf der Grundlage der materialistischen Dialektik verwirklichen. »Die modernen Naturforscher«, schrieb Lenin im Jahre 1922, »werden in der materialistisch gedeuteten Dialektik Hegels eine Reihe von philosophischen Fragen beantwortet finden (wenn sie es verstehen werden zu suchen und wenn wir es erlernen werden, ihnen zu helfen), die die Revolution in der Naturwissenschaft aufwirft und bei denen die intellektuellen Verehrer der bürgerlichen Mode zur Reaktion ›abgleiten‹.« Ohne die Dialektik zu kennen, sagte Lenin, werden die Naturforscher in ihren philosophischen Schlußfolgerungen und Verallgemeinerungen hilflos sein. »Denn die Naturwissenschaft macht so schnelle Fortschritte, erlebt eine Periode eines so tiefen revolutionären Umbruchs auf allen Gebieten, daß die Naturwissenschaft in keinem Falle ohne philosophischen Schlußfolgerungen auskommen kann.«[5]

Die moderne Naturwissenschaft ist schon, wie uns scheint, in die von Engels und Lenin vorausgesagte neue Entwicklung eingetreten. Soweit angesehene Naturforscher von der Entwicklung der Wissenschaft selbst zu ihrer theoretischen Konzeption gezwungen werden, gehen sie auf den dialektischen Standpunkt über, oder sie beginnen auf diesen Standpunkt überzuwechseln.

Die moderne Wissenschaft macht eine Periode »der Wirren« durch – das ist ohne Zweifel. Wir befinden uns vielleicht vor einer gewissen Umstellung des ganzen Gebäudes der modernen Wissenschaft. Darum ist es auch nicht verwunderlich, daß viele Naturforscher zum Idealismus und sogar zum Mystizismus herabgleiten, ohne imstande zu sein, theoretisch die in der einen oder anderen wissenschaftlichen Disziplin angesammelten Widersprüche zu begreifen. Es stellt sich heraus, daß die alte formale Logik zur Überwindung letzterer nicht ausreicht. Sie muß durch eine dialektische Logik ersetzt werden. [...]

Wenn man von den von uns angeführten grundsätzlichen Mängeln der Hegelschen Logik absieht, so müssen wir anerkennen,

5 W. I. Lenin, *Werke*, Band 33, S. 208 (russ.) Über die Bedeutung des streitbaren Materialismus, in: *Werke*, Band 33, S. 220.

daß man im allgemeinen die Hegelsche Konstruktion auch vom materialistischen Standpunkt aus als richtig betrachten muß. Damit wollen wir überhaupt nicht sagen, daß alle Kategorien bei Hegel unerschütterlich auf dem ihnen zukommenden Platz stehen, daß bei ihnen absolut keine Verschiebungen zulässig sind. Für uns ist es nur wichtig zu unterstreichen, daß die grundsätzlichen Linien in der Hegelschen Logik richtig gezeichnet sind. Wir berühren hier noch nicht eine Reihe von Fragen, in denen wir mit Hegel auseinandergehen. Wir haben nicht einmal die Frage nach dem Zusammenhang zwischen dem System und der Methode berührt, nach dem Übergange der Kategorien ineinander u. a. Alles das würde zu viel Platz beanspruchen. Was insbesondere die Frage der Übergänge der Kategorien in andere betrifft, so sind diese unnatürlich und erdacht, was man vor allem damit erklären kann, daß Hegel es mit einem rein logischen Prozeß zu tun hat, bei dem die Kategorien als logische Wesenheiten in andere übergehen. Natürlich fühlt man in diesen Übergängen mehr als sonst den Einfluß des Systems auf die Methode. Die Kategorien können überhaupt nicht in andere übergehen. Bei Hegel haben die Kategorien als Gesetze des Denkens überhaupt apriorischen Charakter und werden tatsächlich der Natur und der Geschichte aufgezwungen. Aber andererseits muß man verstehen, daß die Kategorien sogar bei Hegel aus der Wirklichkeit gezogen sind. Hier haben wir wiederum die Mystifikation, von der Marx und Engels sprechen. Aber wir Materialisten müssen die Gesetze der Dialektik bewußt aus der wirklichen Natur und der Geschichte ziehen. Für Hegel ist die Natur und die Geschichte angewandte Logik. Für die Materialisten ist die Sache anders: die Kategorien sind Abstraktionen, ideale Ausdrücke realer Beziehungen. Doch soweit diese Gesetze oder Kategorien aufgeführt, entdeckt und aufgestellt sind, werden sie natürlich in Zukunft als Mittel der Forschung angewandt werden. Das Gesetz der Umwandlung der Energie z. B., das in der Natur entdeckt wurde, wird späterhin auf verschiedenen Gebieten angewandt; es wird zur Voraussetzung der wissenschaftlichen Forschung. Man braucht dieses

Gesetz nicht jedes Mal von neuem zu entdecken. Dieser Umstand zwingt auch viele dazu, anzunehmen, daß die Gesetze der Dialektik eine apriorische Konstruktion darstellen, ein Schema, das angeblich durch das Denken der Natur aufgezwungen wird. Hier kann von keinem Apriorismus die Rede sein. Alle Gesetze wurden aus der Wirklichkeit eruiert. Doch wenn sie eruiert oder entdeckt sind, dann werden sie zu einem dauerhaften Besitz des theoretischen Denkens und verwandeln sich schon in ein Mittel der Forschung.

Also stellen wir an die Stelle der Selbstentwicklung der Idee die Selbstentwicklung der materiellen Welt, an die Stelle der logischen Übergänge stellen wir die realen Übergänge im Entwicklungsprozeß. Bei Hegel haben wir, ungeachtet der künstlichen Übergänge der Kategorien in andere und des idealistischen Charakters seiner ganzen Logik, eine abstrakte Theorie der Dialektik, die im großen und ganzen – wenn auch in einer mystifizierten Form – so doch den realen Entwicklungsprozeß zum Ausdruck bringt.

Engels reduziert die ganze Dialektik auf drei grundlegende Gesetze. Daraus folgt in keinem Falle, daß Engels die sekundären Gesetze der Dialektik, wie sie Hegel formuliert hat, ablehnen würde. Es genügt, *Das Kapital* von Marx zu analysieren um sich zu überzeugen, daß wir hier alle grundlegenden Gesetze der Dialektik in der Anwendung auf die politische Ökonomie haben. Engels faßt nur den Inhalt der Hegelschen Dialektik in drei grundsätzlichen Gesetzen zusammen: das Gesetz des Umschlagens der Quantität in Qualität und umgekehrt; das Gesetz der gegenseitigen Durchdringung der Gegensätze und das Gesetz der Negation der Negation.

»Alle drei« – sagt Engels – »sind von Hegel in seiner idealistischen Weise als bloße *Denk*gesetze entwickelt: das erste im ersten Teil der *Logik,* in der Lehre vom Sein; das zweite füllt den ganzen zweiten und weitaus bedeutendsten Teil seiner *Logik* aus, die Lehre vom Wesen; das dritte endlich figuriert als Grundgesetz für den Aufbau des ganzen Systems. Der Fehler liegt darin, daß diese Gesetze als Denkgesetze der Natur und Geschichte aufoktroyiert, nicht aus ihnen abgeleitet werden. Daraus entsteht dann die ganze gezwungene und oft haarsträubende Konstruktion: Die Welt, sie mag wollen oder nicht, soll sich nach einem Gedankensystem einrichten, das selbst wieder nur das Produkt einer bestimmten Entwicklungsstufe des menschlichen Denkens ist. Kehren wir die Sache um, so wird alles einfach und die in der idealistischen Philosophie äußerst geheimnisvoll aussehenden dialektischen Gesetze werden sofort einfach und sonnenklar«.

»Wer übrigens« – beeilt sich Engels hinzuzufügen – »seinen Hegel nur einigermaßen kennt, der wird auch wissen, daß Hegel an Hunderten von Stellen aus Natur und Geschichte die schlagendsten Einzelbelege für die dialektischen Gesetze zu geben versteht.«6

Somit kritisiert Engels die idealistische Grundlage der Hegelschen Logik, erkennt aber zugleich ihre allgemeine Struktur als richtig an, indem er das Wesentliche des ersten Teiles der *Logik*, der das Sein behandelt, auf das Gesetz des Umschlagens der Quantität in Qualität und der Qualität in Quantität mit allen dazu gehörigen »sekundären« Kategorien zurückführt. Der Inhalt der Lehre vom Wesen wird von Engels vollkommen richtig auf das Grundgesetz des gegenseitigen Durchdringens der Gegensätze zurückgeführt, wobei er den Kern der Dialektik eben in der Lehre vom Wesen sieht. Das Gesetz der Negation der Negation zieht sich eigentlich durch die gesamte *Logik* als eines der allumfassendsten und weit wirkenden Gesetze. [...]
Wir haben keine Möglichkeit, einen mehr oder weniger vollkommenen Überblick über die Hegelsche Logik zu geben; wir haben auch keine Absicht, uns hier mit einer materialistischen Kritik und Interpretation dieser Logik zu beschäftigen. Das einzige, was wir für notwendig halten, ist eine Reihe von kritischen Bemerkungen hinsichtlich der Hegelschen Konstruktion im ganzen. Es ist uns vollkommen unmöglich, uns in Einzelheiten zu vertiefen, weil das viel zuviel Platz beanspruchen würde.
Wir haben oben schon unterstrichen, daß Hegels Logik ihrem Wesen nach einen apriorischen und idealistischen Charakter hat. Die Entfaltung der Kategorien vollzieht sich auf einem rein logischen Wege. Diese Entfaltung ist nichts anderes als der Selbstentwicklungsprozeß der Idee, die ihre Bestimmungen in

6 F. Engels, *Dialektik der Natur*, S. 38 (russ.) [MEW, Bd. 20, S. 348 f.].

einer bestimmten logischen Folgerichtigkeit zum Vorschein bringt. Ein Begriff der Idee geht selbst wegen seiner Einseitigkeit und Begrenztheit in einen anderen Begriff über, der seinerseits sich als widerspruchsvoll erweist und deswegen genötigt ist, in einen anderen Begriff überzugehen usw. Somit betrachtet man den Begriff als reales Wesen, das sich angeblich bewegt und sich entwickelt. In der Tat spottet eine derartige Fragestellung jeder Kritik. Begriffe an sich gehen nicht über und können nicht von sich aus in andere Begriffe übergehen. Nur ein denkendes Subjekt hat mit Begriffen zu tun, darum ist auch ihr Übergang ineinander, ihre Vorwärtsbewegung eine Arbeit unseres Gedankens; wir zwingen sie ja ineinander überzugehen und sich überhaupt zu bewegen, zu entwickeln und zu entfalten; wir haben es tatsächlich mit einem Prozeß unserer Gedanken, mit der Entwicklung unserer logischen Begriffe mit Hilfe unserer Denkfähigkeit zu tun; doch schreiben wir diesen Entwicklungsprozeß des Gedankens der objektiven Wirklichkeit zu, womit wir ihn hypostasieren und ihn in einen realen Prozeß verwandeln. Das ist auch die Mystifizierung, von der K. Marx spricht. Darum ist Hegels Logik ihrem Wesen nach falsch aufgebaut; sie steht wirklich auf dem Kopf, indem sie die Entwicklung der wirklichen Welt als Entwicklung logischer Begriffe ansieht, während unsere Begriffe und deren Entwicklungsprozeß in der Tat nur Widerspiegelungen des Entwicklungsprozesses der wirklichen Welt sind. Die Übergänge einer Kategorie in eine andere oder eines Widerspruchs zu einem folgenden sind, wie Engels schrieb, fast immer willkürlich. Oft geschieht das abrupt. Engels hat vollkommen recht mit seiner Kritik. Es versteht sich von selbst, daß bei dem prinzipiellen Ansatz Hegels die Übergänge einen künstlichen, willkürlichen und gezwungenen Charakter haben müssen, weil noch niemand beobachtet hat, wie eine logische Kategorie in eine andere übergeht. Aber andererseits ist Hegel kraft seiner prinzipiellen Position verpflichtet, uns eine rein logische Begründung des Übergangs einer Kategorie in eine andere zu geben, und diese logische Begründung der Übergänge wird von Hegel nicht immer schlecht ausgeführt. Man muß sich nur daran erinnern, daß ein logischer Übergang nicht mit einem realen Übergang identisch ist. Darum ist es natürlich, daß die Angelegenheit in der materialistischen Logik eine vollkommen andere Gestalt annehmen muß. Weil die Kategorien kein selbständiges Dasein haben, weil die Kategorien bloß idealer Ausdruck der realen Verhältnisse sind, verändert sich mit den letzteren auch die Korrelation der Kategorien. Wenn wir z. B. den Umschlag der Qualität in Quantität wirklich feststellen, dann können wir in abstrakter Form von dem Umschlag der Kategorie der Qualität in Quantität sprechen; aber dabei soll man beachten, daß sich der Übergang des Begriffes der Qualität in den Begriff der Quantität nur in unserem Gedanken und nur darum vollzogen hat, weil eine gewisse reale Qualität in eine Quantität in der materiellen Welt umgeschlagen ist. Es gibt keine Qualität als solche, wie es keine Quantität als solche geben kann. Qualität und Quantität sind gleichermaßen »Prädikate« materieller Dinge. Dasselbe bezieht sich überhaupt auf alle Kategorien. Also können die Kategorien ihrem Wesen nach nicht in andere übergehen, weil sie als selbständige Wesen nicht existieren.

Zugleich muß man doch unterstreichen, daß, wenngleich Hegel von der Bewegung der Begriffe ausgeht, seine Konstruktion nichts anderes als eine apriorische Deduktion der Kategorien ist, und er die Wirklichkeit aus reinen Begriffen konstruiert, dessenungeachtet seine Logik in gewissem Sinne eine unbewußte Wiedergabe der Wirklichkeit in abstrakten Begriffen darstellt. Darum ist auch die Logik Hegels eine eigenartige Schöpfung, in der sich »unter einer falschen Form und in einer künstlichen Verbindung« das Große und Geniale verbirgt.

»Die Verkehrung der Dialektik ist bei Hegel« – sagt richtig Engels – »darauf zurückzuführen, daß sie bei ihm ›Selbstentwicklung des Denkens‹ sein muß und die Dialektik der Dinge darum nur ihren Abglanz darstellt. In der Tat ist aber doch die Dialektik in unserem Kopf eine Widerspiegelung der Entwicklung, die sich in der Welt der Natur und in der menschlichen Gesellschaft vollzieht und die sich den dialektischen Formen unterordnet.«[7]

7 [vgl. *Dialektik der Natur*, l. c., S. 475].

Vom Standpunkt Hegels aus herrscht in der Welt der Logos, die Vernunft; diese Vernunft denkt; die Welt ist denkende Vernunft. Die Begriffe sind für Hegel keine subjektiven Formen des denkenden Subjekts, die die objektive Welt widerspiegeln. Die Begriffe bilden das objektive Wesen der Dinge. Das Objekt ist nach der Meinung Hegels die Wirklichkeit des Begriffs. Darum haben wir die Möglichkeit, ganz unabhängig von der Erfahrung, ausschließlich durch die Tätigkeit der reinen Vernunft, die Gesamtheit der Begriffe zu entwickeln, die ein integriertes geschlossenes System bilden. Die Vernunft entwickelt aus sich selbst den ganzen Reichtum des Inhalts der Begriffe und stellt auch die Einheit aller dieser Begriffe dar, die ihren Inhalt bilden. Die Vernunft ist eine unendliche Form, die sich ihren Inhalt gibt und diesen in einer bestimmten logischen Folge entwickelt, wo jeder Begriff einen bestimmten Platz in der Eigenschaft eines notwendigen Gliedes oder eines Moments des Ganzen – der Idee – einnimmt. Dieser Entfaltungsprozeß der ganzheitlichen einen Idee zu einer Reihe oder, richtiger gesagt, zu einem Kreise von Begriffen, die innerlich miteinander verbunden sind und die notwendig ineinander übergehen, stellt, wie schon gesagt wurde, einen rein logischen, zeitlosen Prozeß der Selbstentwicklung der Begriffe dar. Der jedem einzelnen Begriff eigene Widerspruch, die in ihm beschlossene »Negativität«, bildet die treibende Kraft der Selbstbewegung des Begriffes. Das Moment der Negativität schafft auch eigentlich die Dialektik der Begriffe. Es ist gleichzeitig notwendig zu unterstreichen, daß die Dialektik Hegels außer den angeführten, noch an zwei Mängeln leidet, die sich aus ihrem idealistischen Charakter ergeben: das ist erstens, daß sie angeblich ein absolutes Wissen vermittelt. Die Gesamtheit der Begriffe, die die Einheit der Idee bilden, gibt uns ein absolutes Wissen in der Art einer vollständigen Ausschöpfung aller Welterscheinungen in Zeit und Raum. Laut Hegels Idee sind in seiner Logik sozusagen alle Möglichkeiten der Welt erschöpft. In der Totalität der »Idee« kann man Begriffe weder hinzufügen noch streichen, denn sie erfassen die ganze Wirklichkeit vollkommen. In diesem Sinne stellt Hegels Logik ein geschlossenes System, einen geschlossenen Kreis dar, der keine Weiterentwicklung zuläßt. Der absolut geschlossene Kreis der Begriffe bildet sozusagen einen eisernen Reifen, der die ganze Welt umgürtet und ihr keine Möglichkeit gibt, ihre Grenzen zu überschreiten, sie zu durchbrechen. Die ganze Welt ist gezwungen, sich nur in einem bestimmten Kreislauf der Begriffe zu drehen. Wenn also die Entwicklung für die Welt charakteristisch ist, so nur in bestimmten, schon früher von der absoluten Idee festgesetzten Grenzen. Und das ist der zweite große Mangel der Hegelschen Lehre. Seiner absoluten Idee ist schon sozusagen im voraus eine bestimmte Marschroute vorgeschrieben. Sie beginnt ihren Gang vom reinen Sein und vollzieht ihren unabänderlichen Kreis über »Haltestellen«, die ein für allemal auf dem Wege vorgemerkt sind. Nachdem dieser Kreis begangen ist, bleibt der Idee (oder, in der Übersetzung in die empirische Sprache, der Welt) nichts anderes übrig, als ihre Bewegung wieder von Anfang an zu beginnen und wieder denselben Kreis zu wiederholen usw.

Wenn man in die Logik Hegels tiefer eindringt, ist es notwendig zu sagen, daß der Einfluß des Systems sich verderblich auf die dialektische Methode ausgewirkt hat, daß das System die Methode Hegels in ihrer Grundlage untergräbt. Wir haben in der Logik Hegels in der Hauptsache ein System des Kreislaufs, in dessen Bereich sich nur kleine Kreise spiralförmig entwickeln können. Wohl gibt die Logik Hegels genügend Material für den Aufbau einer echten Theorie der dialektischen Entwicklung auf den Grundlagen des Materialismus. Aber dazu ist es notwendig, das Hegelsche System der Logik in seiner Grundlage zu überwinden. Ohne die Möglichkeit zu haben, uns hier mit dieser Frage konkret zu beschäftigen, halten wir es nur für notwendig, zu unterstreichen, daß Hegels Logik selbst, oder genauer gesagt, seine dialektische Methode die Form eines geschlossenen, absoluten Systems angenommen hat. Die Hegelsche Dialektik ist zugleich eine Theorie der wissenschaftlichen Erkenntnis. Aber das ist eine Theorie des absoluten Wissens. Wohl wird dieses absolute Wissen als Ergebnis der Vollendung des ganzen Kreises erreicht. Auf jeder einzelnen Etappe haben wir nur ein relatives Wissen, weil jede einzelne Kategorie die Wahrheit nur einseitig ausdrückt und in sich Widersprüche enthält, die die Entwicklung des Wissens voranbringen. Aber die Idee liefert uns in ihrer konkreten Ganzheit das absolute Wissen, indem sie alle durchschrittenen Stufen des Begriffs in sich vereinigt. In dieser Beziehung ist die materialistische Dialektik von Marx und Engels sozusagen bis zum Ende dialektisch, was man nicht von der Konstruktion Hegels sagen kann, denn die materialistische Dialektik lehnt das absolute Wissen im Sinne Hegels ab. Für die materialistische Dialektik gibt es kein absolutes Wissen ohne relatives Wissen, es gibt überhaupt kein vollendetes Wissen, das keine Weiterentwicklung zuläßt. Anderseits stellt es sich heraus, daß eben deshalb, weil Hegel annahm, daß seine Logik ein erschöpfendes, d. h. ein absolutes System der Kategorien darstellt, die Logik ihrem Wesen nach durch das zu jener Zeit vorhandene Niveau der Kenntnisse gleichzeitig begrenzt wurde und daher nur ein relativ wahres System ist. Niemand wird behaupten, daß die Hegelsche Logik die Gesamtheit der Kategorien für alle Zeiten erschöpft hat, daß es nicht noch mehr geben kann, weil unser Wissen unbegrenzt ist, sich entwickelt und darum auch neue Gesetze, neue Formen der Wechselbeziehungen der Erscheinungen entdeckt werden können u. a. Also, wie richtig es auch ist, daß die allgemeinsten und grundlegenden Gesetze der Bewegung aller Erscheinungen von Hegel formuliert worden sind, so darf man dies doch nicht im absoluten, sondern im relativen Sinne verstehen. Die grundlegende Kategorie, die die ganze Logik von Hegel beherrscht, ist die Kategorie der Entwicklung. Doch wird kaum jemand darüber streiten, daß diese Kategorie verhältnismäßig jung ist, und daß sie nur in der neuesten Zeit in der Eigenschaft einer beherrschenden Idee in die Wissenschaft eingedrungen ist. Die Wissenschaften der neuesten Zeit haben eine vollständige Revolution auch nur in dem Maße durchgemacht, in dem sie von der Idee der Evolution, der Idee der Entwicklung durchdrungen wurden.

Kraft der angestellten Überlegungen ist es augenscheinlich, daß die Tendenz, ein vollendetes System der Kategorien zu geben, ein vergeblicher Versuch wäre. Ein jedes derartiges System ist durch die Zeit und durch das gegebene Niveau der Entwicklung der Wissenschaft begrenzt. Doch für die gegebene Zeit muß es natürlich nach Möglichkeit vollkommen sein, d. h. allseitig und erschöpfend den Stand unserer Kenntnisse von der Welt widerspiegeln.

Weil Hegel bestrebt war, ein absolutes System des Wissens zu geben, d. h. ein solches System, das einen außer der Zeit stehenden, ewigen, rein logischen Charakter hat, so gab es in seiner Logik auch keinen Platz für die Zeit und für den Raum. Wir meinen, daß es diesen letzten Kategorien angemessen wäre, einen bestimmten Platz in der materialistischen Dialektik einzunehmen, denn »die Grundformen alles Seins sind Raum und Zeit, und ein Sein außer der Zeit ist ein ebenso großer Unsinn, wie ein Sein außerhalb des Raums« (Engels)[8]. Denn Veränderung gibt es nur in der Zeit und im Raum und mit ihrer Hilfe. Wenn wir die Bewegung (der Materie) als Hauptkategorie der materialistischen Dialektik zugrunde legen, so ist es offensichtlich, daß wir ohne Zeit und Raum keine Bewegung denken können. Vom Standpunkt Hegels aus existiert die logische »Idee« an sich als Totalität und Einheit der Begriffe. Die Natur stellt an sich die Verwirklichung der absoluten logischen Idee in dem Sinne dar, daß die logische Idee aus der rein logischen Sphäre heraustritt und in Zeit und Raum in ein reales Dasein übergeht. Eine derartige Konstruktion ist nur dann verständlich, wenn wir auf dem Hegelschen idealistischen Standpunkt stehen, nach dem der Logos jedem realen Sein vorangeht. In der Tat geht Hegel von der Idee aus, daß das Reich der reinen Gedanken der existierenden Welt vorhergeht. Begriffe inkarnieren sich in konkreten Gestalten, wenn sie in die reale Welt übergehen. Aber vom Standpunkt der materialistischen Dialektik aus gibt es keinen Dualismus. Im Gegenteil, nur die wirkliche Welt, aus der unsere Begriffe abstrahiert sind, ist eine Realität. Die reale Welt jedoch, wie sie auch Hegel versteht, existiert in Zeit und

8 [MEW, Bd. 20, S. 48 (›Anti-Dühring‹)].

Raum. Ist es nicht offensichtlich, daß die Logik, die reine Bewegung ist und nichts anderes als Bewegung, ohne Zeit und Raum, die Momente der Bewegung sind, nicht auskommen kann[9]? Es ist nicht unsere Aufgabe, die Entwicklung der Dialektik der Zeit und des Raumes in Verbindung mit der Bewegung zu behandeln. Mit der Ausarbeitung der hier umrissenen Fragen muß man sich besonders beschäftigen. Hier halten wir es nur für notwendig, die Wichtigkeit dieser Kategorien im System der materialistischen Logik zu unterstreichen. [...]

9 Vgl. Betty Heimann, *System und Methode in Hegels Philosophie*, 1927, S. 314.

Lukács und seine Kritik des Marxismus

> Kommunismus ist praktischer Materialis-
> mus. Materialismus ist theoretischer Kom-
> munismus.

I.

Genosse Lukács tritt in seinem Buch *Geschichte und Klassenbewußtsein* (1923) in der Rolle des philosophischen Kritikers
des Marxismus auf. Man muß es dem Verfasser lassen: er
versteht es, seine idealistischen und sogar mystischen Tendenzen
geschickt zu verschleiern. Aber es fällt ihm trotz seiner feinen
Diplomatie doch nicht gar so leicht, die idealistischen Ohren
unter die Tarnkappe zu stecken. Jeder nur ein wenig geschulte
Marxist wird bei etwas Nachdenken leicht diese idealistischen
Tendenzen erkennen, die aus einem Meer krauser Phrasen an
die Oberfläche treten.

Man kann nicht sagen, daß die Methode, die Genosse Lukács
anwendet, indem er Marx gegen Engels ausspielt, eine besonders gelungene oder originelle wäre. Zu dieser Methode haben
schon öfter die verschiedensten Kritiker des Marxismus, sowohl
aus dem Lager der Bourgeoisie als auch Kritiker von der
Gattung der Revisionisten, Zuflucht genommen. Ein Teil von
ihnen bewies, daß Engels zum Materialismus entgleist sei,
während sich Marx dieser Sünde niemals schuldig gemacht
habe. Ein anderer Teil wieder bewies das Gegenteil. Andererseits hielten alle »Kritiker« *Dialektik und Materialismus* für
miteinander unvereinbar und beschuldigten beide Begründer
des Marxismus der schreiendsten Alogik. Die Dialektik, sagen
sie, ist nur anwendbar auf geistigem Gebiet, auf dem Gebiet
der Erkenntnis, die mit Begriffen operiert. Aber von welcher
Dialektik kann denn in bezug auf die materielle Welt gesprochen werden? Sie hatten mit einem Ohr gehört, daß der
Dialektiker Hegel Idealist war, daß der Grund alles Seins

seiner Anschauung nach *die Erkenntnis, der Geist* sei; deshalb, so folgerten sie, läßt sich die Dialektik nur mit dem *Idealismus* vereinbaren. Die materialistische Dialektik dagegen oder den dialektischen Materialismus erklärten sie als logischen Unsinn. Ein verspäteter Kritiker dieser letzten Gattung ist N. Weendorf[1], der den alten Unsinn von der Unanwendbarkeit der Dialektik in bezug auf die empirische Wirklichkeit wiederholt. Es ist nicht schwer zu verstehen, warum die bürgerlichen Kritiker des Marxismus eine so verächtliche Stellung zum Materialismus einnehmen und so »unduldsam« der materialistischen Dialektik gegenüber sind. Ihre »Unduldsamkeit« erklärt sich daraus, daß sie, wie sich Plechanow ausdrückte, keinerlei Revolution und keinerlei Diktatur »dulden« können.

Die Ansichten Weendorfs teilt auch Werner Sombart, der in seinem letzten Artikel »Der Begriff der Gesetzmäßigkeit bei Marx«[2] die Anwendung der Hegelschen Dialektik in bezug auf die empirische Wirklichkeit als *»ungeheuerliche«* Verirrung bezeichnet. Werner Sombart zitiert verständnisvoll jene Stelle aus dem Buche des Genossen Lukács, wo dieser bei der Kritik von Engels eine angebliche Meinungsverschiedenheit mit Marx in der Frage der Anwendbarkeit der Dialektik in bezug auf die Natur aufdeckt. »Die neue Anschauung über das Wesen der dialektischen Methode von Marx« – schreibt Sombart – »verteidigt jetzt Lukács in seinem Buch *Geschichte und Klassenbewußtsein.*« Seiner Meinung nach hat Engels die Lehren seines Freundes ganz und gar nicht verstanden. Im Gegensatz zu Engels ist die Anwendung der dialektischen Methode unbedingt zu begrenzen auf die sozialhistorische Wirklichkeit[3]. Weiter führt Sombart die von Lukács gegebene Erklärung der Dialektik an.

Also, Genosse Lukács tritt mit einer *neuen* Anschauung über das Wesen der Dialektik hervor. In einem sehr wichtigen und

1 H. Weendorf, Dialektik und materialistische Geschichtsauffassung, *Historische Vierteljahrsschrift*, XXI. Jahrg. 2. H.
2 Werner Sombart, »Der Begriff der Gesetzmäßigkeit bei Marx«, *Schmollers Jahrbuch*, 47. Jahrg. 1924.
3 Ibidem, S. 30.

wesentlichen Punkt besteht zwischen Lukács, Weendorf und Sombart vollkommene Übereinstimmung: und zwar in der Frage von der Anwendbarkeit der *Dialektik in bezug auf die Natur*. Leider geizt Genosse Lukács besonders dort mit seinen Argumenten, wo er seine Gedanken bis zu Ende entwickeln müßte. Er schweigt hartnäckig gerade dort, wo er sprechen müßte. Man hat deshalb nach der Lektüre seiner Schrift den peinlichen Eindruck der Zweideutigkeit.

In Wirklichkeit ist die Frage der Anwendbarkeit oder Nichtanwendbarkeit der Dialektik in bezug auf die Natur untrennbar verknüpft mit der Frage der Weltanschauung überhaupt. Genosse Lukács stellt sich auf den Boden jener, die so oder anders den *historischen Materialismus* anerkennen, den *philosophischen Materialismus* dagegen verwerfen. Und wieder in voller Übereinstimmung mit den bürgerlichen Kritikern des Marxismus sprechen Genosse Lukács und seine Anhänger mit Verachtung von der »naturalistischen Metaphysik« von Engels und Plechanow. »Naturalistische Metaphysik« ist ein Pseudonym für den *Materialismus*. Angesteckt von den Vorurteilen der bürgerlichen Philosophen, hat sich Genosse Lukács sowohl ihren Jargon als auch ihr ablehnendes Verhalten dem Materialismus gegenüber zueigen gemacht. Allerdings hält sich Lukács von einer eingehenden Darlegung seiner Zweifel in dieser Frage zurück. Wir befinden uns deshalb in voller Unkenntnis über jene philosophischen Betrachtungen, die ihn veranlassen, den philosophischen Standpunkt zu verwerfen. Eines jedoch ist uns ganz klar: Lukács lehnt sowohl den *Materialismus* als auch die *Dialektik* in ihrer Anwendbarkeit in bezug auf die *Natur* ab. Diese Schlußfolgerung ist überaus wichtig, und wir beschränken uns vorderhand darauf, diesen Umstand zu fixieren. Aus dieser Schlußfolgerung könnte man weiter schließen, daß unser Verfasser *Dualist* ist: Idealist – insoweit es sich um die Natur handelt, und dialektischer Materialist – in bezug auf die sozialhistorische Wirklichkeit. Aber diese Schlußfolgerung kann nur als lächerlich bezeichnet werden, da wir aus dem weiteren ersehen werden, daß wir es in Wirklichkeit zu tun haben mit einer neuen Auffassung der dialektischen Methode, d. h. mit einer Auffassung, die in Widerspruch steht mit dem Marxismus, mit dem dialektischen Materialismus. Wir werden uns mit anderen Worten davon überzeugen, daß Lukács auch in bezug auf die sozialhistorische Wirklichkeit vollständig auf idealistischem Boden steht, da er namentlich in der Kategorie der *Erkenntnis* im gewissen Sinne die Substanz oder die Wahrheit der Wirklichkeit sieht. In dieser Beziehung erinnert Lukács sehr stark an Bruno Bauer und seine »Philosophische Selbsterkenntnis«, die von Marx so bitter verspottet wurde. Im allgemeinen sind die Ansichten von Lukács ein bunter Mischmasch der Ideen des orthodoxen Hegelianertums, schmackhaft gemacht durch Beimengung der Ideen von Laskl, Bergson, Weber, Rickert . . . Marx und Lenin. Man kann nach dem Gesagten à priori behaupten, daß wir in der Person des Genossen Lukács tatsächlich einen Neuerer vor uns haben.

II.

Lukács hat bereits seine Jünger und ist im gewissen Sinne der führende Kopf einer ganzen Richtung, der unter anderem angehören: die Genossen Korsch[4], Fogarasi, Reway u. a. Bei einer solchen Lage der Dinge ist es unmöglich, sie einfach zu ignorieren. Wir müssen zumindest die Grundprinzipien dieser »neuen Strömung« im Marxismus einer Kritik unterziehen.
Das Buch von Lukács beginnt mit einer Kritik von Engels. Bereits im Vorwort erklärt der Verfasser, daß er gewillt sei, den orthodoxen Marxismus sogar gegen Engels zu verteidigen.
Ferner unterstreicht der Verfasser im Vorwort, daß er beabsichtige, die Lehre von Marx zu revidieren und zu verbessern und den *Marxismus nur im Geiste von Marx zu interpretieren*. Eine sehr ehrenwerte Aufgabe also! Aber eine solche Fragestellung ist dazu angetan, einen Zweifel an ihrer Richtigkeit hervorzurufen, besonders, wenn man sich erinnert, daß Engels

4 Siehe sein Buch *Marxismus und Philosophie* [1923].

vierzig Jahre lang in engster kameradschaftlicher Verbindung mit Marx zusammen gearbeitet hat, und daß die grundlegende philosophische Arbeit von Engels *unter unmittelbarer Beteiligung von Marx selbst geschrieben wurde.* Indessen, diese Arbeit – es handelt sich hier um den »Anti-Dühring« – befriedigt Lukács und seine Jünger nicht. Welchen Sinn hat es aber dann, sich hinter dem breiten Rücken von Marx zu verstecken, um so geschützt Engels eine Nase zu drehen? Man kann behaupten, daß Engels, solange Marx lebte, keine Zeile geschrieben hat, die nicht von diesem gebilligt worden wäre. Im Vorwort zur zweiten Auflage des »Anti-Dühring« schreibt Engels über dieses Zusammenarbeiten folgendes: »Ich bemerke nebenbei: Da hier die entwickelte Anschauungsweise zum weitaus größten Teil von Marx begründet und entwickelt worden, und nur zum geringsten Teil von mir, so verstand es sich unter uns von selbst, daß diese meine Darstellung nicht ohne seine Kenntnis erfolgte. Ich habe ihm das ganze Manuskript vor dem Druck vorgelesen, und das zehnte Kapitel des Abschnitts über Ökonomie (»Aus der ›kritischen Geschichte‹«) ist von Marx geschrieben und mußte nur, äußerlicher Rücksichten halber, von mir leider etwas verkürzt werden. Es war eben von jeher unser Brauch, uns in Spezialfächern gegenseitig auszuhelfen.« (Vorwort zu *Herrn Eugen Dührings Umwälzung der Wissenschaft,* S. XII [MEW Bd. 20 S. 9].) Man sollte glauben, daß dieses Zeugnis von Engels den »kritischen« Eifer der Reformatoren ein wenig abkühlen müßte. Jedenfalls haben die geehrten »Kritiker« keinen Grund, Marx zu schonen, der den »Anti-Dühring« im Manuskript gelesen hat. Ja, noch mehr! Die von Engels dargelegte Weltanschauung wurde von Marx begründet und entwickelt . . .

Lukács behauptet, daß sich Engels von Marx entfernte und die Ansichten seines Freundes verdrehe. Marx habe die Anwendbarkeit der dialektischen Methode auf die sozialhistorische Wirklichkeit beschränkt, während Engels die Dialektik auch in bezug auf die Natur anwendet. Aber wie wir bereits bewiesen haben, entbehrt diese Behauptung jeder Grundlage.

Marx und Engels sind in gleicher Weise »schuldig« der Anwendung der Dialektik in bezug auf die Natur. Die Begründer des Marxismus waren keine Eklektiker wie Lukács, sondern außergewöhnliche Denker. Aber es ist nur natürlich, wenn sich jeder Mensch für einen »Maßstab der Dinge« hält und andere nach sich selbst beurteilt. Lukács *wünscht*, daß Marx mit ihm sei, und deshalb schreibt er ihm seine Gedanken, seine Ideen, seine Auffassung der Dialektik zu. Und so gelangen wir zu dem Resultat, daß nicht Engels, sondern Lukács selbst die Lehren von Marx verdreht.

Lukács stimmt mit Marx und Engels nicht nur in der Frage von der Anwendbarkeit der Dialektik in bezug auf die Natur nicht überein, sondern auch in der Auffassung des Wesens der Dialektik selbst. Man sollte glauben, daß Engels auch hier eine große Verwirrung angerichtet hat, indem er das Wesentlichste außer acht gelassen und seine Aufmerksamkeit auf weniger wichtige Momente der Dialektik konzentriert hat. Lukács behauptet, daß auch in dieser Frage Marx auf seiner Seite stehe, und er hält sich deshalb für den berufenen Verteidiger von Marx gegen Engels.

Beide Beschuldigungen gegen Engels formuliert Lukács in einer kurzen Anmerkung, die wir wörtlich wiedergeben: »Diese Beschränkung der Methode auf die historisch-soziale Wirklichkeit ist sehr wichtig«, sagt unser Autor. – »Die Mißverständnisse, die aus der Engelsschen Darstellung der Dialektik entstehen, beruhen wesentlich darauf, daß Engels – dem falschen Beispiel Hegels folgend – die dialektische Methode auch auf die Erkenntnis der Natur ausdehnt. Wo doch die entscheidenden Bestimmungen der Dialektik: Wechselwirkung von Subjekt und Objekt, Einheit von Theorie und Praxis, geschichtliche Veränderung des Substrats der Kategorien als Grundlage ihrer Veränderung im Denken usw. in der Naturerkenntnis nicht vorhanden sind.« (Georg Lukács, *Geschichte und Klassenbewußtsein*, Berlin 1923, S. 17.)

Auch hier beeilt sich der Verfasser, die Einschränkung zu machen, daß es ihm leider ganz unmöglich sei, auf diese Frage näher einzugehen. Warum es ihm *ganz unmöglich* sei, das Auseinandergehen seiner Ansichten mit denen von Engels zu erklären, können wir allerdings nicht begreifen. Man sollte glauben, daß er irgendwelche Beweise für seine ernsten Beschuldigungen vorbringen müßte. Aber wo nichts ist, hat auch der Kaiser sein Recht verloren. Wir sehen also bei Lukács eine neue Auffassung der Dialektik oder, besser gesagt, eine Beschränkung, eine Verengung der Dialektik auf die angeführten drei Erklärungen. Aber damit würden sich weder Marx noch Hegel einverstanden erklären, die der Verfasser so nachdrücklich zitiert, um damit die Richtigkeit seiner Ansichten und seine Übereinstimmung mit ihnen zu beweisen.

Aber hören wir zuerst, was Lukács sagt! Im ersten Kapitel seines Buches (»Was ist orthodoxer Marxismus?«) beweist, oder besser gesagt, verweist der Verfasser auf die Bedeutung der *Methode* des Marxismus. Die Methode ist zweifellos von außerordentlicher Bedeutung; die dialektische Methode bildet nach den Worten von Hegel die Seele jeder wissenschaftlichen Erkenntnis. Nichtsdestoweniger muß man aber der Behauptung von Lukács widersprechen, daß vom orthodoxen Marxisten nur die Anerkennung der Methode zu fordern sei. Wir stimmen selbstverständlich Lukács vollständig zu, daß im dialektischen Materialismus die richtige Untersuchungsmethode gefunden ist, und daß diese Methode im Sinne ihrer Begründer ausgearbeitet, vertieft und entwickelt werden muß. Aber wir sind nicht einverstanden mit der Erklärung des Verfassers, daß der *Inhalt* der Lehre nur eine Bedeutung zweiten Grades hat. Man kann zugeben – sagt er –, daß die neuesten Untersuchungen die Unrichtigkeit »sämtlicher einzelner« Urteile von Marx beweisen werden. In diesem Falle könnte natürlich jeder ernste »orthodoxe« Marxist die neuesten Resultate anerkennen, »sämtliche einzelne« Richtlinien von Marx ablehnen und gleichzeitig orthodoxer Marxist bleiben; denn der orthodoxe Marxismus bedeutet nicht die Anerkennung der Resultate der Marxschen Untersuchungen auf guten Glauben, nicht den »Glauben« an diese oder jene Richtlinien, nicht diese oder jene Auslegung des

»heiligen« Buches. Der Leser muß zugeben, daß diese Erklärung überaus zweideutig gehalten ist. Was bedeuten denn die Worte: »sämtliche einzelnen« Richtlinien? Jede Lehre besteht aus einer Summe einzelner Richtlinien. Wenn wir somit *alle einzelnen* Richtlinien einer Lehre ablehnen, dann ist doch ganz klar, daß wir damit die Lehre selbst ablehnen. Aber hier zieht es Lukács vor, sich »diplomatisch« und gewunden auszudrücken. In seinem *Kapital* deckt Marx unter Anwendung der dialektischen Methode den inneren Mechanismus der kapitalistischen Gesellschaft auf. Der Sozialismus wurde – nach den Worten von Engels – zur Wissenschaft dank der Entdeckung der materialistischen Geschichtsauffassung und dank der Enthüllung der auf dem Mehrwert basierenden kapitalistischen Produktionsweise, Entdeckungen, die wir Marx zu verdanken haben. Wer will es leugnen, daß das *Kapital* zu ganz bestimmten »Resultaten« gelangt? Nach der Ansicht von Lukács kommt diesen Resultaten an sich keine Bedeutung zu, und sie können leicht widerlegt werden durch neue Untersuchungen, wovon der Marxismus nicht im geringsten Schaden leiden wird, da er bei seiner Methode verbleiben wird. Wir danken Ihnen ganz ergebenst, Genosse Lukács, für Ihre Liebenswürdigkeit, aber einen solchen idealistischen Standpunkt kann kein Marxist anerkennen! Für uns sind die Resultate ebenso wichtig wie die Methode. Der von Lukács in bezug auf seine Orthodoxie angezweifelte Friedrich Engels hat den »Resultaten« eine sehr große Bedeutung beigemessen. Betreffs der Dühringschen Kritik des *Kapitals* bemerkt Engels, daß er zunächst imstande war, »die Methode von den durch sie erzielten Resultaten zu unterscheiden und zu begreifen, daß besonders letztere keineswegs dadurch widerlegt werden, weil die Methode überhaupt kritisiert wurde«. Wie wir sehen, schätzt Engels die Untersuchungsresultate des *Kapitals* sehr hoch ein. Der »orthodoxe« Marxist Lukács ist bereit, die Untersuchungs-»Resultate« des *Kapitals* zu opfern, womit man sich selbstverständlich keinesfalls einverstanden erklären kann. Aber welche Bedeutung kann die *Methode* an sich haben, wenn ihre Richtigkeit nicht bestätigt wird durch die *Praxis,* wenn die »*Resultate*« der Untersuchung mit der Praxis in Widerspruch stehen?

Es ist klar, daß der Methode eine sich selbst genügende Bedeutung nicht zukommt, daß sie kein rein logisches Schema darstellt, das nur auf dem Gebiete des reinen Denkens anwendbar ist. Wenn wir die Methode nicht vom idealistischen, sondern vom materialistischen und dialektischen Standpunkt betrachten, so muß man zugeben, daß sie untrennbar verknüpft ist mit dem Inhalt, mit den »Resultaten«, und daß bei richtiger Methode kein Widerspruch zwischen ihr und ihrem Inhalt bestehen kann. Für Lukács hat dieser Umstand keine Bedeutung, denn er ist Idealist vom Scheitel bis zur Sohle. Für ihn besitzt die Theorie, die Methode irgendeine absolute Bedeutung, und wenn sich die Wirklichkeit darin nicht unterbringen läßt – »um so schlimmer für die Tatsachen«. Eine solche Fragestellung ergibt sich jedoch bei Lukács infolge seiner eigenartigen idealistischen Auffassung von der *Erkenntnis* und somit auch von der *Theorie,* die der Wirklichkeit gegenüberstehen oder sie sogar – richtiger gesagt – in sich einschließen. Die einzig richtige materialistische Auffassung der Dinge – sagt Engels – besteht darin, daß »die Prinzipien nicht Ausgangspunkt der Untersuchung, sondern Endresultat derselben sind; sie werden nicht angewendet in bezug auf die Natur und die Geschichte der Menschheit, sondern werden von dieser und jener abstrahiert; nicht die Natur und die menschliche Welt bewegen sich nach Prinzipien, sondern die Prinzipien sind nur so weit richtig, soweit sie mit der Natur und der Geschichte übereinstimmen.« Die dialektischen Kategorien, die den Inhalt der Methode ausmachen, haben keine selbständige Existenz, sondern sind gegeben zusammen mit dem Objekt und dem Gegenstand der Untersuchung. Es fragt sich, wie man auf die Untersuchungsergebnisse verzichten und doch bei der Methode bleiben kann? Im Gegenteil, die Methode wird um so mehr bekräftigt, je mehr sie den Resultaten und dem Inhalt der untersuchten Wirklichkeit »entspricht«. Die *Methode* ist vor allem das Mittel oder das Werkzeug zur Auffindung *neuer*

Resultate. Die Dialektik hat dieselbe Aufgabe, aber gleichzeitig »enthält sie die Anfänge einer breiteren Weltanschauung, da sie« – wie sich Engels ausdrückt – »den engen Horizont der formalen Logik durchbricht«. Wenn der *historische* Prozeß dem *dialektischen* Prozeß widersprechen würde, wie dies Lukács zuläßt, dann wäre damit die Unbrauchbarkeit der dialektischen Methode erwiesen. Der dialektische Prozeß kann nicht getrennt vom historischen existieren.

III.

Indem sich Lukács der Erklärung des Wesens der Dialektik zuwendet, unterstreicht er, daß die Einheitlichkeit von Theorie und Praxis Voraussetzung der revolutionären Funktionen der Theorie sei. Die Theorie ist der gedankliche Ausdruck des revolutionären Prozesses selbst, aber dieser Bedeutung der Theorie sei sich Engels nicht klar bewußt geworden. In seiner Darlegung der Dialektik fehle das wichtigste Moment. Engels beschreibt, so sagt Lukács, die dialektische Auffassung im Gegensatz zur metaphysischen; er unterstreicht, daß die Dialektik die Unbeweglichkeit der Begriffe und der ihnen entsprechenden Gegenstände nicht kennt, daß die Dialektik ein ununterbrochener Prozeß ist, ein ununterbrochenes Aufheben der Gegensätze, die einer in den anderen übergehen. Aber das wesentlichste, und zwar *die dialektische gegenseitige Einwirkung von Subjekt und Objekt im historischen Prozeß,* würde von Engels in seiner Darlegung der Dialektik gar nicht erwähnt, und doch gebühre dieser gegenseitigen Einwirkung der erste Platz, denn ohne sie hört die dialektische Methode trotz der »Flüssigkeit« der Begriffe auf, eine revolutionäre Methode zu sein. Denn das wichtigste Problem für die dialektische Methode ist ja die Änderung der Wirklichkeit. Wenn die wichtigste Funktion der Theorie weiter nicht beachtet wird, fährt Lukács fort, dann wird der Vorzug der dialektischen Methode, die sich mit »fließenden« Begriffen befaßt, ein sehr problematischer und hat nur einen »rein wissenschaftlichen« Charakter. Die Methode an und für sich – es handelt sich selbstverständlich um die dialektische Methode – kann in Abhängigkeit von der Entwicklung der Wissenschaft anerkannt oder abgelehnt werden, ohne daß sich deshalb irgendetwas in Wirklichkeit ändern würde. »Ja, noch mehr, die Undurchdringlichkeit, der fatalistisch-unveränderliche Charakter der Wirklichkeit, ihre ›Gesetzmäßigkeit‹ im Sinne des bürgerlichen, betrachtenden Materialismus und der innerlich mit ihm verknüpften klassischen Ökonomie kann sich in noch höherem Maße verstärken, als wir dies bei den Machisten unter den Nachfolgern von Marx gesehen haben.« Ferner unterstreicht Lukács, daß auch der Machismus einen »Voluntarismus«, aber einen bürgerlichen Voluntarismus, erzeugen kann. Denn Fatalismus und Voluntarismus schließen einander vom Standpunkt der Dialektik nicht aus, sondern ergänzen einander; sie sind nur dialektische Gegensätze, in Wechselbeziehung stehende Begriffe.

Alle diese Erörterungen sind im höchsten Grade nebelhaft und zweideutig; aus ihnen folgt, daß Engels, der das Problem über die Beziehungen von Subjekt und Objekt im historischen Prozeß nicht zum Mittelpunkt seiner methodologischen Untersuchung gemacht hat, zum bürgerlichen betrachtenden Materialismus, zum Machismus, zum Fatalismus usw. entgleist ist. Und Lukács hält Engels vor, daß das Zentralproblem der dialektischen Methode die Veränderung der Wirklichkeit ist, als ob nicht Marx und Engels als erste diese Richtlinien nicht nur aufgestellt, sondern sich auch in allen Einzelheiten streng an sie gehalten hätten, als ob nicht sie als die ersten den *Kommunismus als den praktischen Materialismus* formuliert hätten. Wenn der Materialismus (Marx und Engels) theoretischer Kommunismus, und der Kommunismus – praktischer Materialismus ist, so ist klar, daß in dieser Formel die Einheitlichkeit von Theorie und Praxis und die »revolutionäre Funktion der Theorie« – um die Worte Lukács' zu gebrauchen – in einer Weise dialektisch ausgedrückt ist, wie es besser nicht geschehen kann. Es drängt sich die Frage auf, was denn Lukács noch will, was dieser Reformator erstrebt. Das erkennen wir aus dem Folgenden. Im voraus können wir bereits jetzt sagen, daß die Theorie und also auch die Erkenntnis für ihn selbständige, von der »Materie«, von der Wirklichkeit unabhängige Bedeutung haben, daß er die Praxis ebenso idealistisch begreift wie die Theorie, und daß seine Auffassung von der Dialektik von der Auffassung von Marx und Engels abweicht.

Als überaus eigenartig muß die Identifizierung von Gesetzmäßigkeit und Fatalismus, Praxis und Voluntarismus bezeichnet werden, wobei Lukács das Wort Gesetzmäßigkeit in Gänsefüßchen setzt und als »bourgeoise Kategorie« bezeichnet. Wenn sich Lukács dem Machismus gegenüber ablehnend verhält, so scheint es uns, daß der Grund darin liegt, daß seiner Meinung nach der Machismus nicht idealistisch genug ist, daß er eine Abart des bürgerlichen betrachtenden Materialismus ist. Übrigens, von was für einem modernen bürgerlichen Materialismus spricht Lukács? Ist es nicht allbekannt, daß sich die Bourgeoisie jedem Materialismus gegenüber, sowohl dem betrachtenden als auch dem naturwissenschaftlichen, ablehnend verhält?

Was den Machismus betrifft, so ist er durch und durch subjektiv; die physikalische Gesetzmäßigkeit wird von ihm überhaupt geleugnet. Die Notwendigkeit und die Gesetzmäßigkeit beziehen sich doch – wie Mach und seine Jünger sagen – nicht auf die äußere Welt, sondern auf die Welt der Begriffe. Der Machismus enthält tatsächlich viel, zuviel »Voluntarismus«. Aber was ist das für ein Voluntarismus, den Lukács »diplomatisch« dem Voluntarismus des Marxismus gegenüberstellt? Der machistische Voluntarismus stützt sich einerseits – wie ich das bereits an anderer Stelle gezeigt habe – auf die *Metaphysik des Willens* und nähert sich in dieser Beziehung Schopenhauer[5], hat aber selbstverständlich nichts gemein mit dem Marxismus. Andererseits gehen gerade bei den Machisten Praxis und Theorie stark auseinander. Ist es nicht Mach, der verkündet, »wer in der Theorie den äußersten Determinismus verteidigt, muß

5 Siehe auch Lenin, *Materialismus und Empiriokritizismus,* 1923, S. 158 (russisch) [Kap. III, § 6].

in der Praxis unbedingt Indeterminist sein«; derselbe Mach sagt ferner: »Die Richtigkeit der Position des Determinismus und des Indeterminismus kann nicht bewiesen werden.« Also, der Voluntarismus von Mach läuft hinaus auf die Anerkennung der Existenz einer Welt des *Willens*, d. h. er führt zu einem Idealismus des Willens, wozu auch bei Lukács eine gewisse Neigung besteht. Der Voluntarismus bedeutet den Machisten nicht nur in der Theorie, sondern auch in der Praxis, wie Lenin richtig gesagt hat, »die subjektive Methode in der Soziologie«. Der Machismus hat sogar nichts gemein mit dem naturwissenschaftlichen, bürgerlichen oder betrachtenden Materialismus, wie dies Lukács glaubt.

Der Leser sieht, mit welchem Geschick Lukács die einfachsten Dinge verwirrt und den Verstand des Lesers auf Irrwege führt. Wir haben bereits gehört, daß Engels nach den Worten von Lukács das Wesen der materialistischen Methode nicht darlegte oder nicht begriff und sich deshalb dem bürgerlichen Materialismus in die Arme warf. Aber plötzlich kommt Lukács zur Besinnung und erklärt auf derselben Seite seines Buches das Gegenteil, was ihn jedoch nicht hindert, einige Zeilen weiter seine erste Beschuldigung zu wiederholen. So schreibt er: »Darum führt jeder Versuch, die dialektische Methode ›kritisch‹ zu vertiefen, notwendig zu einer Verflachung. Denn der methodologische (bei ihm heißt es ›methodisch‹, A. D.) Ausgangspunkt einer jeden ›kritischen‹ Stellungnahme ist eben die Trennung von Methode und Wirklichkeit, von Denken und Sein. . . . Es muß aber festgestellt werden, daß sie sich nicht in der Richtung, die das innerste Wesen der dialektischen Methode ausmacht, bewegt. Marx und Engels haben sich darüber in einer schwer zu mißdeutenden Weise geäußert.« (Lukács, ebenda, S. 16.) Unmittelbar darauf führt Lukács Zitate von Engels und Marx an. Das Zitat von Engels lautet:

»Damit reduzierte sich die Dialektik auf die Wissenschaft von den allgemeinen Gesetzen der Bewegung, sowohl der äußeren Welt wie des menschlichen Denkens – zwei Reihen von Gesetzen, die der Sache nach identisch, dem Ausdruck nach aber insofern verschieden sind, als der menschliche Kopf sie mit Bewußtsein anwenden kann, während sie in der Natur und bis jetzt auch großenteils in der Menschengeschichte sich in unbewußter Weise, in der Form der äußeren Notwendigkeit, inmitten einer endlosen Reihe scheinbarer Zufälligkeiten durchsetzen. Damit aber wurde die Begriffsdialektik selbst nur der bewußte Reflex der dialektischen Bewegung der wirklichen Welt, und damit wurde die Hegelsche Dialektik auf den Kopf, oder vielmehr vom Kopf, auf dem sie stand, wieder auf die Füße gestellt.« (Engels, *Ludwig Feuerbach,* 1922, S. 38 [MEW, Bd. 21, S. 293]).

Leider unterbricht Lukács dieses Zitat – wohl nicht ohne Absicht – bereits bei den Worten: ». . . die der Sache nach identisch«. Das andere Zitat von Marx lautet im Original folgendermaßen:

»Wie überhaupt bei jeder historischen, sozialen Wissenschaft, ist bei dem Gange der ökonomischen Kategorien immer festzuhalten, daß, wie in der Wirklichkeit, so im Kopf, das Subjekt, hier die moderne bürgerliche Gesellschaft, gegeben ist, und daß die Kategorien daher Daseinsformen, Existenzbestimmungen, oft nur einzelne Seiten dieser bestimmten Gesellschaft, dieses Subjekts, ausdrücken . . .« (Marx, [Einleitung] *Zur Kritik der politischen Ökonomie,* 1922, XLIII [MEW, Bd. 13, S. 637].)

Gestützt auf diese zwei Zitate, gelangt nun unser feiner Dialektiker zu folgenden Schlußfolgerungen: Erstens: Hier ist – auch bei Engels – ein bestimmter Inhalt der dialektischen Methode ausgedrückt. Zweitens: Marx beschränkt die Anwendbarkeit der dialektischen Methode auf die sozialhistorische Wirklichkeit. Drittens: Aus der Gegenüberstellung der beiden Zitate folgt das angebliche Auseinandergehen der Ansichten von Marx und Engels in der Frage von der Anwendbarkeit der Dialektik in bezug auf die Natur. Aber Lukács bemerkt nicht, in welche Widersprüche er sich verwickelt, wenn er in Übereinstimmung mit Engels sagt, daß die Dialektik die Wissenschaft von den allgemeinen Bewegungsgesetzen in der äußeren Welt und im menschlichen Denken ist, und zugleich die Dialektik »in der Erkenntnis der Natur« ablehnt. Andererseits ergibt sich keinesfalls aus dem von ihm angeführten Zitat von Marx, wo speziell von den ökonomischen Kategorien die Rede ist, daß Marx die Anwendbarkeit der Dialektik in bezug auf die Natur bestritt. Ferner unterstreicht Lukács, daß das Wesen der Dialektik in der Einheitlichkeit von Denken und Sein, von Methode und Wirklichkeit besteht. In der Tat sprechen sowohl Engels als auch Marx ganz bestimmt von Kategorien als von den Formen des Seins, von den Existenzbedingungen des betreffenden Subjekts, das sowohl in der Wirklichkeit als auch in unserem Kopf existiert.

Genosse Reway, ein Jünger von Lukács, sagt direkt, daß Engels und Plechanow die Frage der Beziehungen des Seins und des Denkens nicht im Geiste der Dialektik, sondern im Geiste der naturalistischen Metaphysik gelöst haben. Sie verdrehen die Anschauungen Hegels, der die Identität von Subjekt und Objekt, vom Sein und Denken betonte. Aber sie verdrehen nicht nur die Ansichten von Hegel, sondern auch die von Marx, der angeblich ebenfalls diesen Standpunkt vertrat. Was Plechanow betrifft – schreibt Reway –, so hat er sich sogar dahin verstiegen, zu erklären, daß er es für möglich hält, die Wurzel der Psychologie in der Physiologie des Nervensystems zu suchen. Engels, Plechanow und ihre Anhänger – sagt weiter Reway, dieser treue Schüler von Lukács – stehen auf dem Standpunkt einer »unbegreiflichen Verherrlichung« der naturwissenschaftlichen Erkenntnis. Was unsere Neuerer damit sagen wollen, weiß Allah allein. Aber jedenfalls, richtig ist das eine, daß Marx und Engels, Plechanow, Lenin und ihre Schüler sich wirklich erkühnten, »den philosophischen Marxismus mit dem naturalistischen Materialismus zu verknüpfen«, wie sich unsere Kritiker großartig ausdrücken und worüber sie so in Entsetzen geraten. Alle diese orthodoxen Marxisten waren bemüht, »die Natur dialektisch zu machen«. (Dieser bemerkenswerte Gedankensalto wird vom Genossen Reway ausgeführt.) Irgendeinen Sinn enthalten diese Worte natürlich nicht. Niemand hat je versucht, die Natur dialektisch zu machen. So können sich nur subjektive Idealisten ausdrücken, die mit Verachtung auf den »naturalistischen Materialismus« herabsehen. Vom Standpunkt des dialektischen Materialismus ist die Natur an sich dialektisch. Und nur so weit ist auch unsere *Erkenntnis* von der Natur dialektisch. Aber unsere Idealisten sind scheinbar gar nicht imstande, den *objektiven* Charakter des dialektischen Prozesses in der Natur und in der Geschichte zu begreifen. Der Leser sieht, welche idealistischen Zickzackwege der Marxist einschlagen muß, wenn er den philosophischen Materialismus ablehnt. In ihrem Bestreben, die Natur dialektisch »zu machen«, machten die orthodoxen Marxisten die Dialektik naturalistisch – sagen unsere strengen Kritiker. Denn der Versuch, die Natur dialektisch zu sehen, führt dazu, daß die historische Dialektik vernachlässigt wird. Das Bestreben, die Geschichte unter die Herrschaft der Natur zu bringen, führt die Verzerrung der dialektischen Struktur der Geschichte nach sich. Es ist deshalb kein Zufall, so folgern unsere Neuerer, daß unsere politisch-revolutionären Orthodoxen dem dogmatischen »bürgerlichen« Materialismus naiv-sorglos gegenüberstehen, während sie gleichzeitig in den Lehren von Kant, Mach usw. eine unmittelbare politische Gefahr erblicken. Es ist wohl auch kein Zufall, daß die Dialektik, als theoretisches Werkzeug, von jenen Marxisten so vollkommen beherrscht wird, bei denen sie angeblich in ihrer philosophischen Bedeutung verzerrt und nur äußerlich angewendet wurde, während jene Marxisten, die den primitiven Materialismus kritisch überwanden, die Dialektik nicht nur auf dem Gebiete der Philosophie, sondern auch auf dem Gebiete der politischen Theorie ablehnten. Das ist das Liedchen der Anhänger von Lukács. Sie verhalten sich scharf ablehnend zum »dogmatischen«, bürgerlichen *Materialismus*, aber sie sind liebenswürdig-herablassend zum Machismus und Kantianismus, die den primitiven Materialismus »kritisch« überwunden haben. Sie können es nicht begreifen, wie diese orthodoxen Marxisten sich so »sorglos« dem »bürgerlichen« Materialismus gegenüber verhalten und gleichzeitig gegen Machisten und Kantianer vorgehen. Indessen ist das gar nicht so schwer zu verstehen. Die orthodoxen Marxisten »zerstörten« und werden »zerstören« (dieser Ausdruck stammt von den Anhängern Lukács', die darüber Tränen vergießen) den Machismus und den Kantianismus deshalb, weil sie idealistische und nicht materialistische Systeme sind. Für den Materialismus treten sie deshalb ein, weil sie Marxisten, d. h. Materialisten sind. Sogar der französische, d. h. der bürgerliche Materialismus »geriet nach den Worten von Marx direkt in den Sozialismus und Kommunismus«. Derselbe Marx, den unser lieber Lukács und seine Anhänger jetzt vergebens in einen Idealisten umkrempeln wollen, war der Meinung, daß »nicht viel Verstand dazu nötig sei, um die Verbindung zu begreifen, die zwischen den Lehren des französischen Materialismus und dem Kommunismus bestehe...« Er sah ganz richtig im Materialismus sozialistische Strömungen, das logische Fundament des Kommunismus. Aber der alte französische Materialismus war gekennzeichnet durch seinen metaphysischen und mechanischen Charakter. Das große Verdienst von Marx und Engels besteht darin, daß sie daraus den dialektischen Materialismus formten. Lukács und seine Anhänger stehen mit ihren Zweifeln vor einer ihnen unbegreiflichen Tatsache. Wie konnte es geschehen, daß materialistische Marxisten[6], die allerdings die philosophische Natur der Dialektik »verdrehten« und sie nur äußerlich anwandten, diese Dialektik doch beherrschten und sich in der Politik auf den Boden des revolutionären Marxismus stellten, während Machisten und Kantianer, die den naiven Materialismus »kritisch« überwanden, die Dialektik über Bord warfen und sich als die vulgärsten Revisionisten erwiesen? Diese Tatsache zu erklären, sind sie nicht imstande, obwohl sie sie »nicht für zufällig« halten.

IV.

Also Engels und seine Anhänger lösen das Problem von den Beziehungen zwischen Denken und Sein, Subjekt und Objekt im Sinne der »naturalistischen Metaphysik«, d. h. im Sinne des

---

6 Wir denken hier natürlich nicht an E. Bernstein, den Lukács infolge irgendeines wunderlichen Mißverständnisses zu den Materialisten zählt. Tut er dies vielleicht deshalb, um die Materialisten zu kompromittieren?

Materialismus, was unseren Reformatoren sehr mißfällt. Sie verwerfen, als wahre »Orthodoxe« im Gegensatz zu irgendeinem Engels, den »naiven« Materialismus und vertreten die Identität von Subjekt und Objekt, von Denken und Sein. Hierbei berufen sie sich, wie wir bereits gesehen haben, auf Marx, dessen Lehren von Engels verdreht oder nicht verstanden wurden. Wir haben uns bereits überzeugt, inwieweit dies zutrifft. Die ganz unbegründete Gegenüberstellung von Engels und Marx muß entschieden zurückgewiesen werden. Niemals stand Marx auf dem Standpunkt der Identität von Subjekt und Objekt, von Denken und Sein. Das ist reinster *Idealismus*, der von rechtgläubigen Hegelianern in der Art eines Lukács und seiner Anhänger verkündet werden kann, der aber Marx vollkommen fremd war. Lenin hat ganz richtig gegen eine solche Fragestellung durch A. Bogdanow, mit welchem Lukács überhaupt sehr vieles gemein hat, protestiert. Über die Identität von Sein und Erkenntnis schrieb Lenin:

»Das gesellschaftliche Sein und das gesellschaftliche Bewußtsein sind nicht identisch, ebensowenig, wie Sein überhaupt und Bewußtsein überhaupt identisch sind. Daraus, daß die Menschen als bewußte Wesen in gesellschaftlichen Verkehr treten, *folgt keineswegs*, daß das gesellschaftliche Bewußtsein mit dem gesellschaftlichen Sein identisch ist. Wenn die Menschen miteinander in Verkehr treten, sind sie sich in allen einigermaßen komplizierten Gesellschaftsformationen – und insbesondere in der kapitalistischen Gesellschaftsformation – *nicht bewußt*, was für gesellschaftliche Verhältnisse sich daraus bilden, nach welchen Gesetzen sie sich entwickeln usw. . . . . Das gesellschaftliche Bewußtsein *widerspiegelt* das gesellschaftliche Sein – darin besteht die Lehre von Marx. Die Widerspiegelung kann eine annähernd richtige Kopie des Widergespiegelten sein, aber es ist unsinnig, hier von Identität zu sprechen. Das Bewußtsein *widerspiegelt* überhaupt das Sein – das ist eine allgemeine These des *gesamten* Materialismus.«[7]

Alle orthodoxen Marxisten stehen auf folgendem von Lenin vertretenen Standpunkt: Sein und Denken sind nicht identisch sondern voneinander verschieden. Das Sein existiert unabhängig von der Erkenntnis als eine Art objektive Realität. Die Er-

7 N. Lenin, *Materialismus und Empiriokritizismus*, 1923, S. 273 (russisch) [Dietz, Berlin 1967, S. 326].

kenntnis oder das Denken widerspiegeln nur das Sein. Wegen dieser Gleichsetzung von Sein und Denken griff Lenin die Machisten mit ganzer Schärfe an. Bei Lukács und seinen Anhängern hat die Fragestellung von der Identität von Denken und Sein, von Subjekt und Objekt einen noch mehr idealistischen Charakter als bei den Machisten. Es ist uns nicht möglich, in dem Rahmen unserer Abhandlung ausführlicher bei diesem Problem zu verweilen. Wir wollen nur, um Mißverständnissen vorzubeugen, bemerken, daß man den Unterschied von Sein und Denken nicht metaphysisch, sondern dialektisch verstehen muß. Zwischen Sein und Denken besteht kein absoluter Abgrund, aber es besteht auch nicht die idealistische Identität, von der Lukács spricht. Die grundlegende historisch-materialistische Richtlinie, nach welcher die *Erkenntnis durch das Sein bestimmt wird*, erfährt durch die *Philosophie der Identität von Erkenntnis und Sein* eine vollkommene Verzerrung. Das zeigt sich namentlich darin, wie Lukács das »Problem« des Proletariats behandelt. Die Anhänger von Lukács befriedigt nicht die von Marx, Engels und Plechanow gefundene materialistische Entscheidung der Frage von den Beziehungen zwischen Denken und Sein. Betrachten wir einmal, etwa an einem Beispiel von Plechanow, wie die Materialisten dieses Problem auslegen.

»Ich bin ›Ich‹ für mich selbst und zugleich ›Du‹ für den anderen. Ich bin *Subjekt* und gleichzeitig *Objekt*. Es muß hier außerdem bemerkt werden, daß Ich nicht das abstrakte Wesen ist, mit welchem die idealistische Philosophie operiert. Ich ist ein *wirkliches* Wesen; mein *Körper* gehört zu meinem *Wesen*, ja, noch mehr – mein Körper als Ganzes ist mein Ich, mein wirkliches Wesen. Nicht das abstrakte Wesen denkt, sondern gerade dieses wirkliche Wesen, dieser Körper. Also im Gegensatz zu dem, was die Idealisten behaupten, ist das wirklich materielle Wesen Subjekt, und das Denken Prädikat. Darin besteht auch die einzig mögliche Lösung dieses Widerspruches zwischen Sein und Denken, den der Idealismus so vergeblich zu lösen versucht. *Hier wird nicht* ein einziges Element der Widersprüche *beseitigt*, beide werden *bewahrt* und zeigen ihre wirkliche *Einheitlichkeit*.«[8]

8 G. Plechanow, *Grundfragen des Marxismus* (Ausgabe von Rjasanow, 1922, S. 19, russisch) [*Die Grundprobleme des Marxismus*, Wien 1929, S. 19 f.].

Uns scheint, daß das die einzig richtige dialektische Lösung der Frage ist. Hier wird nicht nur das Moment der *Einheitlichkeit,* sondern auch das Moment der *Gegensatzmäßigkeit* unterstrichen. Es fragt sich, warum diese *materialistische* und gleichzeitig *dialektische* Fragestellung Lukács und seine Anhänger nicht zufriedenstellt. Eine vernünftige Antwort auf diese Frage geben sie nicht. Wir würden aber sehr gerne wissen, wodurch sie diesen »naturalistischen Materialismus« ersetzen wollen.

Indem die Anhänger von Lukács gegen die »Übertragung« der Dialektik auf die Natur protestieren, stellen sie wirklich lächerliche Ansichten auf. Einesteils behaupten sie, daß die materialistisch gesehene Natur undurchdringlich ist; sie bleibt ein dem Subjekt metaphysisch gegenübergestelltes Objekt, das sozusagen für das Subjekt unsichtbar ist. Wie ist diese Behauptung zu verstehen? Kann man es leugnen, daß der Mensch durch seine Tätigkeit die Natur ändert? Oder ist die Natur der menschlichen Erkenntnis unzugänglich? Wenn dem aber nicht so ist, dann ist es dumm, von der »Undurchdringlichkeit« der Natur zu sprechen. Eine andere tiefsinnige Erklärung läuft darauf hinaus, daß wir die Natur durch das »Hineintragen« der Dialektik »historisieren«, daß eine solche »Historisierung« oder *Dialektisierung der Natur* unbedingt *zur Naturalisierung der Historie (oder Dialektik)* führt. Was soll man zu einer solchen tiefsinnigen Argumentation sagen? Augenscheinlich sind unsere orthodoxen Hegelianer geneigt, in der Natur irgendetwas Stein-Gewordenes zu sehen, das den Gesetzen der historischen Entwicklung nicht unterworfen ist. Aber die Behauptung solcher Dummheiten in unseren Tagen ist unverzeihlich. Niemand anderes als Marx, auf dessen Autorität die Lukács-Anhänger sich so gerne berufen, hat gesagt, daß es im Grunde genommen nur eine Wissenschaft gibt – die Geschichte, die sich teilt in die *Geschichte der Natur* und in die *Geschichte der Menschen*[9]. Das schließt selbstverständlich nicht aus, daß die *Geschichte der Natur* von ganz anderen *Gesetzen* gelenkt wird als die *Ge-*

9 Siehe *Marx- und Engels-Archiv,* red. v. D. Rjasanow, Bd. 1 (*Marx und Engels,* »Über Feuerbach«).

schichte der Menschen. Was bleibt also von der Behauptung Lukács übrig, daß Marx die Dialektik aus der Natur verjagt habe? Auch nicht ein Jota – denn diese Behauptung hat sich Lukács aus den Fingern gesogen. Wir haben bereits gehört, daß der »Anti-Dühring«, in welchen nach den Worten von Lukács eine Verdrehung des Marxismus festzustellen ist, eine Vorredigierung durch Marx selbst erfuhr; das heißt also, daß Marx seine eigenen Lehren selbst verdreht hat.

Wer den Briefwechsel zwischen Marx und Engels kennt, der weiß, daß sie während eines Zeitraums von 40 Jahren in allen wichtigen Fragen der Theorie und Praxis des Marxismus und besonders in der Frage der Dialektik in der Natur ihre Meinungen ausgetauscht haben. Dieser Briefwechsel beweist uns noch einmal, daß zwischen Marx und Engels eine vollkommene Übereinstimmung in allen kritischen Fragen herrschte. Engels befaßte sich speziell mit Fragen der *Naturwissenschaft*, während Marx sich vollständig dem Studium der *Gesetze der gesellschaftlichen Entwicklung* widmete. Aber diese Arbeitsteilung war begleitet von einem gegenseitigen Gedankenaustausch, einer sozusagen gegenseitigen Kontrolle. Marx informierte Engels aufs eingehendste über alle seine Arbeiten, und Engels beriet sich in allen Fragen mit Marx. Besonders die Frage von der Dialektik in der Natur wird von Engels in seinen Briefen öfters angeschnitten. In den Antworten von Marx finden wir immer seine volle Übereinstimmung mit Engels. Es ist doch klar, daß Marx, wenn er die Ansichten von Engels betreffs der »Dialektik in der Natur« nicht geteilt hätte, dies seinem Freund irgendwie zu verstehen gegeben hätte. Wir finden gerade das Gegenteil. So erwähnt z. B. Engels in einem Briefe vom 16. Juni 1867 die neue Molekulartheorie, die er Hoffmann zuschreibt: »Das Molekül als kleinster *selbständiger Existenz fähigster Teil* der Materie ist eine ganz rationale Kategorie, ein ›Knoten‹, wie Hegel sagt, in der unendlichen Reihe der Teilungen, der sie nicht abschließt, aber einen qualitativen Unterschied setzt.« (Der Briefwechsel zwischen Friedrich Engels und Karl Marx, 1921, III. Band, S. 381 [MEW Bd. 31, S. 304].) Als Antwort auf diesen Brief schreibt Marx am 22. Juni 1867: »Mit Hoffmann hast Du ganz recht. Du wirst übrigens aus dem Schluß meines Kapitels III, wo die Verwandlung des Handwerksmeisters in Kapitalist – infolge bloß *quantitativer* Änderungen – angedeutet wird, ersehen, daß ich dort im *Text* Hegels Entdeckung über *das Gesetz des Umschlags der bloß quantitativen Änderung in qualitative* zitiere als gleich bewährt in Geschichte und Naturwissenschaft« [S. 306][10]. Marx spricht also ganz bestimmt von einem dialektischen Gesetz, das sowohl durch die *Geschichte* als auch durch die *Natur* bekräftigt wird. Man könnte noch eine ganze Reihe anderer Tatsachen anführen als Beweis dafür, daß zwischen Marx und Engels in der Frage von der Dialektik in der Natur vollkommene Übereinstimmung herrschte. Wir glauben aber, daß dies überflüssig und jedem Marxisten auch ohne besondere Zitate klar ist.

V.

Wir müssen noch einige Worte über die Dialektik im allgemeinen sagen, weil Genosse Lukács da mit seiner besonderen Auffassung hervortritt, daß die orthodoxen marxistischen Materialisten mit Engels an der Spitze nicht nur Marx, sondern Hegel »verdreht« haben. Lukács fühlt sich berufen, nicht nur den echten Marx, sondern auch den echten Hegel wieder von den »Verdrehungen« der Orthodoxen zu reinigen. Worin besteht das Wesen der Dialektik? Auf diese Frage gibt Lukács folgende Antwort: Die Grundlage der Dialektik ist die gegenseitige Einwirkung von Subjekt und Objekt, die Einheitlichkeit von Theorie und Praxis, und die historische Veränderung des Substrats der Kategorien, als Grundlage ihrer Änderung im Denken. Stimmt das? Nein, das stimmt nicht. Sehen wir einmal nach, was Hegel unter der Dialektik versteht. Hegel sagt in

---

10 »Hier, wie in der *Naturwissenschaft*, bewährt sich die Richtigkeit des von Hegel in seiner *Logik* entdeckten Gesetzes, daß bloß *quantitative* Veränderungen auf einem gewissen Punkt in *qualitative* Unterschiede umschlagen.« (*K. Marx, Kapital*, 1920, S. 285 [Dietz, Berlin 1953, Bd. 1, S. 323].

seiner *Enzyklopädie* (§ 81), daß die wirkliche Dialektik der innere und fortschreitende Übergang einer Erklärung in eine andere ist, in welcher zutage tritt, daß diese Erklärungen des Verstandes einseitig und eng begrenzt sind, d. h. eine Negierung ihrer selbst enthalten. Seinen besonderen Charakter bekommt das alles dadurch, daß es sich selbst aufhebt. Ferner sagt Hegel im ersten Zusatz zu diesem Paragraphen, es sei von höchster Wichtigkeit, »das Dialektische gehörig aufzufassen und zu erkennen«.

»Es ist dasselbe überhaupt das Prinzip aller Bewegung, alles Lebens und aller Betätigung in der Wirklichkeit. Ebenso ist das Dialektische auch die Seele alles wahrhaft wissenschaftlichen Erkennens. In unserem gewöhnlichen Bewußtsein erscheint das Nicht-Stehenbleiben bei den abstrakten Verstandesbestimmungen als bloße Billigkeit, nach dem Sprichwort: ›leben und leben lassen‹, so daß das eine gilt und auch das andere. Das Nähere aber ist, daß das Endliche nicht bloß von außen beschränkt wird, sondern durch seine eigene Natur sich aufhebt und durch sich selbst in sein Gegenteil übergeht ... Wie sehr nun auch der Verstand sich gegen die Dialektik zu sträuben pflegt, so ist dieselbe doch gleichwohl keineswegs als bloß für das philosophische Bewußtsein vorhanden zu betrachten, sondern es findet sich vielmehr dasjenige, um was es sich hierbei handelt, auch schon in allem sonstigen Bewußtsein und in der allgemeinen Erfahrung. *Alles, was uns umgibt, kann als Beispiel des Dialektischen betrachtet werden. Wir wissen, daß alles Endliche, anstatt ein Festes und Letztes zu sein, vielmehr veränderlich und vergänglich ist, und dies ist nichts anderes als die Dialektik des Endlichen,* wodurch dasselbe, als an sich das Andere seiner selbst, auch über das, was es unmittelbar ist, hinausgetrieben wird und in sein Entgegengesetztes umschlägt.«

Die Dialektik ist also nach der Lehre von Hegel (und selbstverständlich auch nach der Lehre des orthodoxen Marxismus) nicht etwas Äußerliches in bezug auf den Gegenstand, keine Bewegung unseres subjektiven Gedankens, kein mechanischer Kampf sich in entgegengesetzten Richtungen bewegender Kräfte, wie es Dühring annimmt, sondern das innere Leben der Gegensätze selbst, der dem Gegenstande immanente Prozeß der Veränderung und Vernichtung. Deshalb sagt Hegel, daß die Veränderung und die Vernichtung des Gegenstandes *seine Dialektik* ist. In dem gleichen Sinne spricht Engels von dem Gegensatz, der objektiv in den Dingen und Erscheinungen selbst vorhanden ist[11].

In Zusatz 2 zum § 81 verweist Hegel weiter auf die positiven Resultate der Dialektik. Die Philosophie verweilt nicht bei dem negativen Resultat der Dialektik. Das Resultat der Dialektik ist die Negierung, aber diese Negierung ist zugleich eine Bejahung, weil sie in sich das als aufgehoben enthält, von dem sie hervorgegangen ist, und getrennt davon nicht existiert. Diese Einheit der beiden einander gegensätzlichen Erklärungen bildet das höhere, sogenannte positiv-vernünftige Moment, zum Unterschied von den zwei niederen Momenten der Idee: der abstrakten und der speziell dialektischen oder negativ-vernünftigen[12].

Dieselben Gedanken entwickelt Hegel auch in der *Wissenschaft der Logik* (und in der *Phänomenologie des Geistes*). In dem Schlußkapitel »Die absolute Idee« entwickelt Hegel wieder den Gedanken, daß das Wesen der Dialektik auf der Voraussetzung und der Beseitigung der den Begriffen (und auch den Dingen) eigenen Widersprüche beruht. Die Vorwärtsbewegung vollzieht sich über drei Momente und zwei Verneinungen: Voraussetzung des Begriffes, Gegensatz und Lösung des Gegensatzes – weshalb Hegel die Dialektik auch *Methode der absoluten Verneinung* nennt. »Das Unmittelbare ist nach dieser negativen Seite in dem Andern *untergegangen*, aber das Andere ist wesentlich

---

11 Engels, *Anti-Dühring.*
12 Siehe auch Hegel, *Grundlinien der Philosophie des Rechts,* Ausgabe Lasson, 1911: »Die höhere Dialektik des Begriffes ist, die Bestimmung nicht bloß als Schranke und Gegenteil, sondern aus ihr den *positiven* Inhalt und Resultat hervorzubringen und aufzufassen, als wodurch sie allein *Entwickelung* und immanentes Fortschreiten ist. Diese Dialektik ist dann nicht *äußeres* Tun eines subjektiven Denkens, sondern die *eigene Seele* des Inhalts, die organisch ihre Zweige und Früchte hervortreibt. Dieser Entwickelung der Idee als eigener Tätigkeit ihrer Vernunft sieht das Denken als subjektives, ohne seinerseits eine Zutat hinzuzufügen, nur zu. Etwas vernünftig betrachten heißt, nicht an den Gegenstand von außen her eine Vernunft hinzubringen und ihn dadurch bearbeiten, sondern der Gegenstand ist für sich selbst vernünftig; . . . die Wissenschaft hat nur das Geschäft, diese eigene Arbeit der Vernunft der Sache zum Bewußtsein zu bringen.« (§ 31, S. 44 [ed. Hoffmeister, 1955, S. 47])

nicht das *leere Negative*, das *Nichts*, das als das gewöhnliche Resultat der Dialektik genommen wird, sondern es ist das *Andere des Ersten*, das *Negative des Unmittelbaren;* also ist es bestimmt als das *Vermittelte*, – *enthält* überhaupt die *Bestimmung des Ersten* in sich. Das Erste ist somit wesentlich auch im Andern *aufbewahrt* und *erhalten*.« (Hegel, *Wissenschaft der Logik*, II. Teil, S. 494, Ausg. Lasson, 1923.)

Engels erklärt ganz im Sinne von Hegel, daß die Dialektik in nichts anderem bestehe als in der Anschauung, daß man die Welt nicht betrachten dürfe als einen Komplex fertiger *Dinge*, sondern als einen Komplex von *Prozessen;* die scheinbar unveränderlichen Dinge erfahren ebenso wie ihre gedanklichen Reflexe – die Begriffe – ununterbrochene Veränderungen, entstehen und verschwinden beständig, und die weitere Entwicklung bahnt sich schließlich bei aller scheinbaren Zufälligkeit und trotz zeitweiliger Rückströmungen ihren Weg. Und in voller Übereinstimmung mit Hegel lehrt Engels, daß das innere Stimulans oder Prinzip jeder Entwicklung – der anfängliche Gegensatz ist. In dieser Frage besteht also zwischen Hegel einerseits und Marx und Engels andererseits volle Übereinstimmung.

Sie sehen die Welt – die Natur und die Geschichte – als *dialektischen Entwicklungsprozeß*, in dessen Verlauf alles Endliche entsteht, sich ändert und sich vernichtet, dank der ihm eigenen inneren *Gegensätze*. Das ist das Wesen der Dialektik. Jetzt taucht die Frage auf von dem *Zusammenhang der Kategorien* im System der Dialektik, von der relativen Bedeutung jeder einzelnen Kategorie, und besonders die Frage von der Stellung der Kategorien des Subjekts und Objekts, der Theorie und der Praxis. Diese Kategorien sind von Hegel auch in dem letzten Teil der *Logik* entwickelt. Gerade diese Kategorien hat Lukács als die wesentlichsten herausgegriffen. Leider ist es uns diesmal nicht möglich, uns mit der Analyse und der relativen Bewertung der verschiedenen Kategorien bei Hegel und im System des Marxismus zu befassen. Wir möchten nur unterstreichen, daß Hegel stets den Entwicklungsprozeß in allen seinen Momenten in Betracht gezogen hat, daß er, den Gipfel der absoluten Idee erklimmend, zugleich zeigte, daß der gesamte Entwicklungsprozeß ihren Inhalt bildet. Die Vorwärtsbewegung beginnt von abstrakten und einfachen Begriffen oder Kategorien und geht in die nächsten Begriffe über, die immer reicher und konkreter werden. Hegel sagt, daß auf jeder Stufe des erweiterten bestimmten Begriffes die ganze Masse seines früheren Inhalts auftaucht, von welchem bei der dialektischen Entwicklung nicht nur nichts verloren geht, sondern der alles neu Erworbene mit sich trägt und sich in sich bereichert und verdichtet. Das ist auch im großen und ganzen der Standpunkt von Marx. »Die einfachen Kategorien (sind) Ausdruck von Verhältnissen, in denen das unentwickelte Konkrete sich realisiert haben mag«; die konkrete Kategorie ist nach den Worten von Marx der geistige Ausdruck des vielseitigeren Verhältnisses. Das entwickeltere Konkrete bewahrt die einfache Kategorie »als ein untergeordnetes Verhältnis«. [MEW, Bd. 13, S. 633.] Es würde uns zu weit führen, wenn wir die von Marx in den angeführten Worten geäußerten Gedanken eingehend analysieren wollten; wir müssen nur unterstreichen, daß man vom Standpunkt der dialektischen Methode *die Resultate nicht von dem gesamten Entwicklungsprinzip trennen darf,* dessen Ausdruck ja das Resultat ist. Deshalb werden alle »niedrigen« Kategorien auf den höheren Entwicklungsstufen bewahrt und nicht verändert, wie das offenbar Lukács glaubt, wenn er im gesellschaftlich-historischen Leben »der gegenseitigen Einwirkung von Subjekt und Objekt«, der Einheit von Theorie und Praxis entscheidende Bedeutung beimißt, ganz zu schweigen davon, daß diese letzten dialektischen Gegensätze von ihm falsch verstanden werden. Nach Lukács wird die »Praxis« *überwunden* nur durch die Theorie, nur durch die Erkenntnis, und nicht durch die Selbstentwicklung der Wirklichkeit, von der die Erkenntnis ja ein Teil ist. Was die »gegenseitigen Beziehungen von Subjekt und Objekt« betrifft, so nehmen sie bei ihm in voller Übereinstimmung mit seiner ganzen idealistischen Konzeption *identische* Bedeutung an. Es ist aber bemerkenswert, daß selbst der absolute Idealist Hegel, bei dem manchmal die Dialektik über den Idealismus triumphiert, vor der metaphysischen Auffassung der Einheitlichkeit von Subjekt und Objekt warnte. So sagt er an einer Stelle der *Enzyklopädie*, daß die Erklärung »das Absolute ist die Einheit des Subjektiven und des Objektiven« richtig ist, aber nicht vollständig, weil hier nur die Einheit betont wird, während das Subjektive und das Objektive nicht nur miteinander identisch, sondern auch voneinander verschieden sind. (Zusatz zu § 82.) Wir haben bereits gesehen, wie die Materialisten die Einheit von Subjekt und Objekt, von Denken und Sein auffassen. In den oben angeführten Zitaten von Marx und Engels glaubt Lukács, den Beweis dafür gefunden zu haben, daß die Begründer des Marxismus Denken und Sein miteinander identifizieren. Wie ist aber diese »Identität« zu verstehen? Unserer Meinung nach ist sie so zu verstehen, daß unsere Idee der Wirklichkeit, und unser subjektives Denken dem objektiven Sein *entspricht*. In seinem Brief an Conrad Schmidt vom 12. März 1895 schreibt Engels:

»Die Identität von Denken und Sein, um mich hegelsch auszudrücken, deckt sich überall mit Ihrem Beispiel von Kreis und Polygon. Oder die beiden, der Begriff einer Sache und ihre Wirklichkeit, laufen nebeneinander wie zwei Asymptoten, sich stets einander nähernd und doch nie zusammentreffend. Dieser Unterschied beider ist eben der Unterschied, der es macht, daß der Begriff nicht ohne weiteres, unmittelbar, schon die Realität, und die Realität nicht unmittelbar ihr eigner Begriff ist.« [MEW Bd. 39, S. 431].

Der Begriff fällt nicht unmittelbar mit der Wirklichkeit zusammen, aber er folgt aus ihr; die Wirklichkeit entspricht den Resultaten des Denkens; der Begriff entspricht der Wirklichkeit, indem er sich ihr asymptotisch nähert, wie sich Engels ausdrückt. Denselben Gedanken entwickelt, wie wir gesehen haben, auch Lenin. Wenn also Lukács das Wesen der Dialektik in der Identität von Sein und Denken sieht, dann begeht er einen groben Fehler und beruft sich hierbei vergebens auf Marx und Engels.
Im Hegelschen System bilden *die Erkenntnis* sowie *die Idee des Guten* objektive Stufen in der Entwicklung der absoluten Idee. Sie hat sich selbst zum Gegenstand. Die Einheitlichkeit des Subjektiven und Objektiven bildet eigentlich die Idee. Die Er-

kenntnis ist die theoretische Tätigkeit der Idee; die Forderung, das Gute zu verwirklichen, ist die praktische Tätigkeit der Idee. Die absolute Idee ist die Einheit von theoretischer und praktischer Idee. Gestützt auf Hegel, stellt Lukács als höhere Kategorie des gesellschaftlich-historischen Lebens die »Einheitlichkeit von Subjekt und Objekt«, d. h. die *Erkenntnis* oder die *Idee* auf. Lukács entwickelt seinen Gedanken nicht bis ans Ende, aber er ist trotzdem nicht schwer zu erraten. Seine Auffassung von den gegenseitigen Beziehungen zwischen Theorie und Praxis – oder, wie sich Hegel ausdrückt, von der Einheit von Erkenntnis und Leben – erinnert an die Hegelsche absolute Idee, die eben die Einheitlichkeit der theoretischen und praktischen *Idee* bildet, denn Lukács faßt diese gegenseitigen Beziehungen nicht materialistisch, sondern, wie Hegel, *idealistisch* auf. Bei Lukács bildet also die *Erkenntnis und die Idee* die Basis für die sozialhistorische Dialektik. Nachdem er mit seiner Umkrempelung des Marxismus im idealistischen Geist fertiggeworden ist, schlägt er hilflos die Hände zusammen und fragt: Wie konnte es geschehen, daß Engels gerade das Wichtigste in der Dialektik nicht bemerkte, daß er sie nicht krönte mit der »Einheit von Subjekt und Objekt«? Jetzt verstehen wir auch, warum Lukács die Dialektik in der Natur verwirft. Da sie nun einmal zur »gegenseitigen Einwirkung von Subjekt und Objekt«, zum *Erkenntnisprozeß* führt, gibt es für sie natürlich keinen Platz in der *Natur*[13].

Man könnte uns entgegenhalten, daß Lukács unter »gegenseitiger Einwirkung von Subjekt und Objekt« nicht den Prozeß der Erkenntnis, sondern etwas ganz anderes versteht. Darauf können wir antworten, daß der einzige *materialistische* Sinn dieser »gegenseitigen Einwirkung« nur sein kann: ihre Auffassung als *Prozeß der Arbeit,* als *Prozeß der Produktion,* als

---

13 ». . . die ›Gegensätze in Natur und Geschichte‹, als ob das zwei voneinander getrennte ›Dinge‹ seien, der Mensch nicht immer eine geschichtliche Natur und eine natürliche Geschichte vor sich habe . . .«, sagt Marx. Siehe Marx und Engels, »Über L. Feuerbach« *K. Marx- und F. Engels-Archiv,* red. von D. Rjasanow, Bd. I, S. 217 (russisch) [= *Die deutsche Ideologie,* Stuttgart 1953, S. 61].

Tätigkeit, als Kampf der Gesellschaft mit der Natur. Der Mensch ändert nicht nur die Form dessen, was durch die Natur geschaffen ist; in dem Erzeugnis der Natur verwirklicht er zugleich auch sein bewußtes Ziel, das wie ein Gesetz die Methode und den Charakter seiner Handlungen bestimmt und dem er seinen Willen unterordnen muß – sagt Marx. Die Geschichte ist nichts anderes als eine ununterbrochene Veränderung der menschlichen Natur. Indem der Mensch auf die äußere Natur einwirkt, ändert er im Prozeß dieser Einwirkung seine eigene Natur. Die Produktion der Idee und der Begriffe befindet sich in engster Abhängigkeit und im Zusammenhang mit der materiellen Tätigkeit der Menschen und mit ihren materiellen Beziehungen. Das Sein der Menschen ist der wirkliche Prozeß ihres Lebens. Die Erkenntnis kann nichts anderes sein als die Erkenntnis des Seins. Der Zusammenhang des Individuums (Subjekt) mit der Natur (Objekt), die Einheit beider, ist die Voraussetzung der Erkenntnistheorie; der Zusammenhang der *menschlichen Gesellschaft mit der Natur* – und dieser Zusammenhang wird verwirklicht durch die Produktion des materiellen Lebens – bildet die Grundlage und den Ausgangspunkt jedes historischen Prozesses. Unter solchen Umständen bedeutet »gegenseitige Einwirkung von Subjekt und Objekt« – menschliche Tätigkeit, Arbeit, Produktionsprozeß. Wir können deshalb ganz bestimmt sagen, daß die »Kategorie« der Produktivkräfte, der Produktion, eine wirkliche »Einheit« von Subjekt und Objekt des historischen Prozesses bildet, denn in diesen »Kategorien« ist der unmittelbare Zusammenhang von Subjekt (Gesellschaft) und Objekt (Natur), ihre wirkliche materielle Einheit gegeben. Die Einseitigkeiten des Subjekts und des Objekts werden *durch den realen Prozeß, durch die menschlich-empfindende Tätigkeit, durch die Praxis,* aufgehoben. Welches ist die Praxis des gesellschaftlichen Menschen? Der Produktionsprozeß. »Die Produktion«, sagt Marx, »produziert nicht nur einen Gegenstand für das Subjekt, sondern auch ein Subjekt für den Gegenstand.« [MEW Bd. 13, S. 624.] Wenn wir den Ausdruck »gegenseitige Einwirkung von Subjekt und Objekt« im erweiterten Sinn nehmen, so ist es klar, daß er die zentrale »Kategorie« des gesamten Marxismus vorstellt, daß die *Produktion* die konkrete *Einheit* des gesamten gesellschaftlich-historischen Prozesses ist. Wenn das aber zutrifft, wie kann man dann, so wie Lukács, mit der kategorischen Erklärung kommen, daß die »gegenseitige Einwirkung von Subjekt und Objekt« im historischen Prozeß bei Engels nicht nur nicht das wichtigste Problem der Dialektik bildet, sondern daß der arme Engels diese Frage sogar nirgends berührt habe, weshalb er auch von Lukács so streng gerügt wird. Offenbar versteht Genosse Lukács unter dieser »gegenseitigen Einwirkung« wieder etwas ganz besonderes.

Eine weitere Sünde begeht Engels – wenn man Lukács glauben darf – dadurch, daß er die »Einheit von Theorie und Praxis« nicht begriffen hat. Und Lukács belehrt Engels über die außerordentliche Wichtigkeit dieser Einheit. Was ist aber unter der Einheit von Theorie und Praxis zu verstehen? Jeder Student weiß, daß Marx und Engels gelehrt haben, daß sich ihr Materialismus nicht beschränkt auf die *Erklärung* der Welt, sondern sich die Aufgabe stellt, die Welt zu *verändern;* daß die revolutionäre Theorie aufs engste verbunden ist oder verbunden sein muß mit der revolutionären Praxis. Entsprechend einer solchen Auffassung der Einheit von Theorie und Praxis bezeichneten sie den Kommunismus als praktischen Materialismus und sahen in ihrer eigenen Theorie das unmittelbare Resultat der revolutionären Bewegung. Die wirkliche Einheit von Theorie und Praxis wird verwirklicht durch die praktische Veränderung der Wirklichkeit, durch die revolutionäre Bewegung, die sich auf die theoretisch entdeckten Entwicklungsgesetze der Wirklichkeit stützt. Es ist dumm und lächerlich, Engels dieses ABC erst beibringen zu wollen. Aber wenn zwei dasselbe tun, ist es nicht immer dasselbe! Lukács behauptet, daß Engels diese Frage nicht einmal berührt habe, das heißt also, daß Lukács unter »Einheit von Theorie und Praxis« wieder etwas ganz besonderes versteht. Die Einheit von Subjekt und Objekt versteht er als idealistische Identität so, daß das Objekt von dem Subjekt verschlungen wird. Die Einheit von Theorie und Praxis interpretiert er so, daß sich die Praxis in der Theorie auflöst und von ihr überwunden wird. Es ist selbstverständlich, daß weder Marx noch Engels jemals diesen idealistischen Standpunkt eingenommen haben.

Mit unseren, in aller Eile dargelegten Bemerkungen haben wir nur einige der wichtigsten Probleme berührt und behalten uns vor, auf das Buch des Genossen Lukács bei anderer Gelegenheit zurückzukommen.

Nikolai Bucharin

Theorie des historischen Materialismus
[Auszüge]

Kapitel III: Der dialektische Materialismus (§§ 19–24)

§ 20. *Die materialistische Fragestellung in den Gesellschafts-wissenschaften.* Der Streit zwischen Materialismus und Idealismus muß, wie jeder begreifen wird, auch auf die Gesellschaftswissenschaften abfärben. In der Tat, betrachten wir die menschliche Gesellschaft. Da gibt es verschiedene Erscheinungen. Da haben wir »hohe Materie« – Religion, Philosophie, Moral. Da haben wir auch Politik und den Staat mit seinen Gesetzen. Da haben wir auch alle möglichen Ideen der Menschen auf den verschiedensten Gebieten. Da ist Warenaustausch oder Produktenverteilung. Da ist der Kampf der verschiedenen Klassen untereinander. Da ist die Erzeugung von Produkten – von Weizen, Roggen, Schuhwerk, Maschinen, je nach Ort und Zeit. Wie soll man die Erforschung dieser Gesellschaft anfassen? Von welchem Ende anpacken? Was soll man als Grundlegendes, als Ursprüngliches betrachten? Was als Abgeleitetes, Sekundäres? Es ist klar, daß es eigentlich dieselben Fragen sind, die die Philosophie aufwarf, und die die Philosophen in zwei große Lager der Materialisten und Idealisten teilt. Denn einerseits ist denkbar, daß die Menschen die Gesellschaft ungefähr so auffassen: die Gesellschaft besteht aus Menschen; die Menschen denken, handeln, wünschen, [es] leiten [sie] Ideen, *Gedanken*, »Ansichten«; daraus ergibt sich die Schlußfolgerung: »die Ansichten regieren die Welt«; die Änderung der »Ansichten«, die Änderung der Auffassungen der Menschen sei die Grundursache all dessen, was in der Gesellschaft geschieht; folglich müsse die Gesellschaftswissenschaft in erster Linie namentlich diese Seite der Sache, das »gesellschaftliche Bewußtsein«, den Geist der Gesellschaft erforschen. Dies wird der *idealistische* Standpunkt in den Gesellschaftswissenschaften sein. Wir haben aber gesehen, daß der Idealismus an die Anerkennung der Unabhängigkeit der Ideen vom Materiellen und der Abhängigkeit dieser Ideen von allerhand göttlichen und geheimnisvollen Dingen verknüpft ist. Was Wunder, daß der idealistische Standpunkt infolgedessen mit der direkten Mystik, mit dem Teufelsspuk in den Gesellschaftswissenschaften .verknüpft ist und so zur Aufhebung der Gesellschafts*wissenschaft* führt – dazu, daß an ihre Stelle der *Glaube* an die göttliche Vorsehung oder etwas Ähnliches tritt. So hat der Franzose *Bossuet* (sein Buch *Discours sur l'histoire universelle* – »Betrachtung über die allgemeine Geschichte« – erschien 1682) erklärt, daß in der Geschichte die »göttliche Führung des Menschengeschlechtes« offenbart wird; der deutsche Idealist *Lessing* behauptete, die Geschichte sei die »Erziehung des Menschengeschlechtes durch Gott«; *Fichte* meinte, in der Geschichte wirke die Vernunft; *Schelling* – daß die Geschichte eine beständige, stetig sich entfaltende Offenbarung des Absoluten, also letzten Endes Gottes, sei; *Hegel,* der größte Philosoph des Idealismus, definierte die Weltgeschichte als den »vernünftigen, notwendigen Gang des Weltgeistes«. Man könnte noch viele derartige Beispiele anführen, aber auch diese genügen, um zu zeigen, wie eng die philosophischen Anschauungen mit den Auffassungen auf dem Gebiet der Gesellschaftswissenschaften verknüpft sind.

Die idealistischen Gesellschaftswissenschaften und die idealistische Soziologie sehen also in der Geschichte vor allem die »Ideen« dieser Gesellschaft; die Gesellschaft selbst halten sie für etwas *Psychisches,* nicht Materielles; die Gesellschaft ist ihrer Meinung nach eine Verflechtung unendlicher Kombinationen von Wünschen, Gefühlen, Gedanken, Willensäußerungen der Menschen, mit anderen Worten, die gesellschaftliche Psychologie und das *gesellschaftliche Bewußtsein,* der »Geist« der Gesellschaft.

Man kann jedoch die Gesellschaft bei einem ganz anderen Ende anpacken. In der Tat, wir haben bereits bei der Betrachtung der Frage des Determinismus gesehen, daß der Wille des Menschen keineswegs frei, daß er durch äußere Bedingungen des menschlichen Seins bedingt ist. Und ist die Gesellschaft nicht denselben Gesetzen unterworfen? Wo soll die Erklärung für das gesellschaftliche Bewußtsein gefunden werden? Wovon hängt es ab? Sobald wir diese Fragen stellen, taucht die *materialistische* Auffassung der Gesellschaftswissenschaften auf. Die menschliche Gesellschaft ist ein Produkt der Natur, wie auch das ganze Menschengeschlecht. Sie ist von dieser Natur abhängig und kann nur dann bestehen, wenn sie aus dieser Natur die für sie nützlichen Gegenstände herauspumpt. Sie pumpt sie auf dem Wege der *Produktion* heraus. Sie tut es aber keineswegs immer bewußt. Bewußt geschieht es lediglich in der organisierten Gesellschaft, wo alles planmäßig verläuft. In der nicht organisierten Gesellschaft geschieht es aber unbewußt: z. B. unter dem Kapitalismus sucht der Fabrikant mehr Profite zu erzielen und erweitert *deshalb* die Produktion (aber keineswegs, um der menschlichen Gesellschaft zu helfen); der Bauer produziert, um selbst existieren zu können und um einen Teil zu verkaufen und die Steuern zu bezahlen; der Handwerker – um leben zu können und um etwas zu werden; der Arbeiter – um nicht zu verhungern. Die Folge ist, daß die ganze Gesellschaft irgendwie, gut oder schlecht, existiert. Die *materielle Produktion* und ihre *Mittel* (die materiellen Produktivkräfte) bilden die Grundlage für die Existenz der menschlichen Gesellschaft. *Ohne* sie kann kein »gesellschaftliches Bewußtsein«, keine »geistige Kultur« bestehen, genau so wie es keinen Gedanken ohne Gehirn geben kann. Wir werden dies später ausführlicher untersuchen. Nun vergegenwärtigen wir uns folgendes. Stellen wir uns zwei menschliche Gesellschaften vor: die eine – die Gesellschaft der Wilden, die andere – die Gesellschaft am Ende des Kapitalismus. In der ersten Gesellschaft wird die ganze Zeit auf die unmittelbare Gewinnung von Nahrung: Jagd, Fischfang, Sammeln von Wurzeln, primitive Gartenkultur verwandt; an »Ideen«, »geistiger Kultur« ist hier wenig vorhanden: wir haben da fast Halbaffen, Herdentiere. Die zweite Gesellschaft weist eine reiche »geistige Kultur« auf, einen ganzen babylonischen Turmbau aus Moral, Recht mit unzähligen Gesetzen, zahllosen entwickelten Wissenschaften, Philosophie, Religion, Kunst, angefangen von der Architektur bis zu Modezeichnungen. Dabei ist dieser Turmbau der herrschenden Bourgeoisie ein anderer als der des Proletariats, und wieder ein anderer als der des Bauerntums usw. Kurzum, hier ist, wie man zu sagen pflegt, die »geistige Kultur«, der »Geist« der Gesellschaft, die Summe der »Ideen« sehr gewachsen. Wieso konnte dieser Geist wachsen? Was war die *Bedingung seines Wachstums?* Die Entwicklung der *materiellen Produktion*, die gesteigerte Macht des Menschen über die Natur, die Hebung der *Produktivität der menschlichen Arbeit.* Nur dann muß *nicht die ganze Zeit* auf die armselige materielle Arbeit verwandt werden. Ein Teil der Zeit wird frei, und dies gibt den Menschen die Möglichkeit, nachzudenken, *geistig* zu arbeiten, »geistige Kultur« zu schaffen.

Also, genau so, wie die Materie überhaupt die Mutter des Geistes und nicht der Geist der Vater der Materie ist, ebenso ist es in der Gesellschaft: nicht die gesellschaftliche »geistige Kultur« (»das gesellschaftliche Bewußtsein«) erzeugt die gesellschaftliche Materie, d. h. vor allem die materielle Produktion, das Auspumpen von allerhand nützlichen Dingen aus der Natur, sondern, im Gegenteil, die Entwicklung dieser gesellschaftlichen Materie, d. h. die Entfaltung der materiellen Produktion bildet die Grundlage für die Entwicklung der sogenannten »geistigen Kultur«. Mit anderen Worten, das geistige Leben der Gesellschaft hängt vom Zustand der materiellen Produktion, vom Entwicklungsgrad der Produktivkräfte der menschlichen Gesellschaft ab und muß von ihnen abhängen. *Das geistige Leben der Gesellschaft ist*, gelehrt ausgedrückt, *eine Funktion der Produktivkräfte. Welcher Art* diese Funktion ist, *wie* im einzelnen das geistige Leben der Gesellschaft von den Produktivkräften abhängt, – davon wird später die Rede sein. Jetzt müssen wir lediglich hervorheben, daß bei dieser Auffassung die Gesellschaft natürlich vor allem erscheinen wird nicht als »psychischer Organismus«, nicht als Gesamtheit von Ansichten, insbesondere auf dem Gebiete des »Erhabenen und

Schönen«, des »Heiligen und Reinen«, sondern vor allem als *Arbeitsorganisation* (Marx sprach zuweilen vom »Produktions-organismus«).

Dies ist der *materialistische* Standpunkt in der Soziologie. Der materialistische Standpunkt leugnet ja, wie wir wissen, nicht, daß die »Ideen« wirken. Marx schrieb über den höchsten Grad des Bewußtseins, über die wissenschaftliche *Theorie:* »Auch die Theorie wird zur materiellen Gewalt, sobald sie die Massen ergreift« (Nachlaß I, S. 392 [»Zur Kritik der Hegelschen Rechtsphilosophie«, MEW Bd. 1, S. 385]). Aber die Materia-listen können sich mit dem einfachen Hinweis darauf, daß »die Menschen so dachten«, nicht begnügen. Sie fragen: *warum* »dachten« die Menschen an einem Orte und zu einer Zeit so, und am anderen Orte anders? Wie kommt es, daß in der »zivi-lisierten« Gesellschaft die Menschen so außerordentlich viel denken, ganze Berge von Büchern usw. vollgedacht haben, die Wilden aber nicht? Die Erklärung finden wir in den *materi-ellen Lebensbedingungen der Gesellschaft.* Der Materialismus ist daher imstande, die Erscheinungen des »geistigen Lebens« der Gesellschaft zu *erklären.* Der Idealismus ist dazu nicht im-stande. Für ihn entwickeln sich die »Ideen« aus sich heraus, unabhängig vom »sündigen« Erdenwallen. Deshalb müssen eben die Idealisten, um auch nur irgendeine scheinbare Erklä-rung zu finden, sich auf den lieben Herrgott stützen. »Dieses Gute«, schrieb *Hegel* in seiner *Philosophie der Geschichte* –, »diese Vernunft in ihrer konkretesten Vorstellung ist Gott. *Gott regiert die Welt: der Inhalt seiner Regierung, die Vollführung seines Planes ist die Weltgeschichte«* (*Philosophie der Geschichte,* Reclams Universal-Bibliothek, S. 74 [Werke, Bd. IX, S. 45]). So muß die idealistische Theorie alles auf diesen unglückseligen Greis schieben, der der Lehre seiner Verehrer nach vollkommen ist und erschaffen muß, neben den Adams auch Flöhe und Hu-ren, Mörder und Aussätzige, Hunger und Elend, die Lues und den Schnaps, um die Sünder zu bestrafen, die er ja geschaffen hat und die laut seinem Willen sündigen, um *ewiglich* diese Komödie sich vor den Augen der verwunderten Welt abspielen zu lassen. Aber vom wissenschaftlichen Standpunkt aus führt diese »Theorie« zur Absurdität.

Auf diese Weise stellt sich auch in den Gesellschaftswissenschaften der *materialistische* Standpunkt als der einzig richtige dar.

§ 23. *Der Standpunkt der Widersprüche und der Widerspruch der historischen Entwicklung.* Allem zugrunde liegt also das Gesetz der Veränderung, das Gesetz der beständigen Bewegung. Zwei Philosophen – ein antiker (Heraklit) und ein neuerer (Hegel) haben, wie wir gesehen haben, den Grundsatz der Veränderlichkeit, der Beweglichkeit alles Seienden besonders hervorgehoben. Aber sie beschränkten sich nicht darauf. Sie warfen auch die Frage auf, *wie* namentlich dieser Bewegungsprozeß vor sich gehe. Und da deckten sie den Umstand auf, daß die Veränderungen hervorgerufen werden durch beständige *innere Widersprüche*, durch inneren Kampf. »Der Kampf ist der Vater alles Geschehens«, sprach Heraklit. »Der Widerspruch ist das Fortleitende«, schrieb Hegel.

Dieser Grundsatz ist unzweifelhaft richtig. In der Tat, stellen wir uns einen Moment lang vor, in der Welt gäbe es keinen Zusammenprall von Kräften, es gäbe gar keinen Kampf, die verschiedenen Kräfte würden nicht gegeneinander gerichtet sein. War würde das bedeuten? Das würde bedeuten, daß die ganze Welt sich im Zustand eines *unbeweglichen, starren Gleichgewichts*, d. h. im Zustande einer völligen und absoluten Stabilität, im Zustand einer vollkommenen Ruhe befände, die jegliche Bewegung ausschließt. Wo herrscht Ruhe? Ruhe herrscht dort, wo sämtliche Bestandteile, wo sämtliche Kräfte sich in einem solchen Verhältnis befinden, daß gar kein Zusammenstoß stattfindet, wo es keine Wechselwirkung gibt, wo das eine nicht das andere »anrempelt«, wo es, kurzum, keinen Widerspruch gibt, keine *Gegensätzlichkeit der kämpfenden, zusammenprallenden Kräfte*, wo es keine Störung des Gleichgewichtes gibt, wo, im Gegenteil, *absolute Stabilität* herrscht. Aber wir wissen bereits, daß in Wirklichkeit sich »alles bewegt, alles fließt«. Ruhe, absolute Stabilität gibt es in Wirklichkeit nicht. Wir wollen versuchen, dies etwas ausführlicher zu erläutern.

Man spricht bekanntlich in der Lehre von den Organismen, in der *Biologie*, von der *Anpassung*. Unter Anpassung versteht man eine solche Sachlage, wo dasjenige, das sich an etwas anderes anpaßt, mit diesem zugleich lange fortexistieren kann. Wenn man z. B. sagt, daß irgendeine Tiergattung an die Umgebung, an das Milieu »angepaßt« ist, so heißt dies, daß sie in dieser Umgebung am Leben bleiben kann: sie richtet sich danach, ihre Eigenschaften sind derart, daß sie ihr das Leben erleichtern. Der Maulwurf ist an das Milieu »angepaßt«, das unter der Erde ist, der Fisch ist an das Milieu im Wasser »angepaßt«; aber man werfe den Maulwurf ins Wasser, oder vergrabe den Fisch unter die Erde, – und sie gehen sofort zugrunde.

Eine ähnliche Erscheinung beobachten wir auch in der sogenannten »toten« Natur: die Erde fällt z. B. nicht auf die Sonne, sondern bewegt sich um sie, sozusagen »ohne anzustoßen«. Das ganze Sonnensystem steht in einem solchen Verhältnis zu der umgebenden Außenwelt, daß es auf die Dauer bestehen kann usw. Hier spricht man gewöhnlich nicht von Anpassung, sondern von *Gleichgewicht* unter den Körpern, Gleichgewicht unter den Systemen dieser Körper u. a. m.

Eine ähnliche Erscheinung nehmen wir schließlich auch in der Gesellschaft wahr. Ob recht oder schlecht, die Gesellschaft existiert in der Natur: mehr oder weniger ist sie an sie »angepaßt«, befindet sich so oder so im Gleichgewicht mit der Natur. Auch die verschiedenen Teile der Gesellschaft sind immerhin, soweit die Gesellschaft lebt, so aneinander angepaßt, daß ihre gleichzeitige Existenz möglich ist: wieviel Jahre bestand doch der Kapitalismus mit den Kapitalisten und den Arbeitern!

Aus allen diesen Beispielen wird ersichtlich, daß es sich eigentlich um eines und dasselbe, nämlich um das *Gleichgewicht* handelt. Wenn aber dem so ist, was hat das mit Widersprüchen und Kampf zu tun? Gerade umgekehrt: der Kampf ist ja eine *Störung* des Gleichgewichts! Wozu also das ganze Gerede? Es handelt sich jedoch darum, daß *dasjenige Gleichgewicht, das wir in Natur und Gesellschaft beobachten, nicht ein absolutes, ein unbewegliches Gleichgewicht, sondern ein bewegliches Gleichgewicht ist.* Was heißt das? Das heißt, daß das Gleichgewicht eintritt und sofort gestört wird, auf neuer Grundlage wieder eintritt und wieder gestört wird, und so immer fort.

In der Welt bestehen verschieden wirkende, gegeneinander gerichtete Kräfte. Nur in Ausnahmefällen heben sie sich für einen Augenblick auf. Dann haben wir einen Zustand der »Ruhe«, d. h. ihr wirklicher »Kampf« bleibt verborgen. Aber eine dieser Kräfte braucht sich nur zu verändern, und ihr »innerer Widerspruch« wird sofort offenbart, es tritt eine Gleichgewichtsstörung ein, und wenn für einen Augenblick lang neues Gleichgewicht eintritt, so tritt es auf *neuer* Grundlage, d. h. bei einer *anderen* Kombination der Kräfte usw. ein. Was folgt daraus? *Daraus folgt eben, daß der »Kampf«, die »Widersprüche«, d. h. die Antagonismen der verschieden gerichteten Kräfte es sind, die die Bewegung bedingen.*

Andrerseits sehen wir hier auch die *Form* dieses Prozesses: es ist, erstens, der Gleichgewichtszustand; zweitens, die Störung dieses Gleichgewichtes; drittens, die Wiederherstellung des Gleichgewichtes auf neuer Grundlage. Und dann beginnt die Geschichte von neuem: das neue Gleichgewicht wird zum Ausgangspunkt für die neue Störung, dann folgt wieder ein anderes Gleichgewicht und so fort, ins Unendliche. Im großen und ganzen haben wir einen Prozeß der Bewegung vor uns, dessen Grundlage die Entwicklung der inneren Widersprüche bildet.

Hegel hat diesen Charakter der Bewegung wahrgenommen und ihn in folgender Weise ausgedrückt: den ursprünglichen Gleichgewichtszustand bezeichnete er als *These*, die Gleichgewichtsstörung als *Antithese*, d. h. als Gegensatz, und die Wiederherstellung des Gleichgewichts auf neuer Grundlage als *Synthese* (zusammenfassende Lage, die die Widersprüche aussöhnt). Diesen Charakter der Bewegung alles Seienden, der in die dreigliedrige Formel (»Triade«) paßt, bezeichnete er als den *dialektischen*.

[. . .] Wir halten es für durchaus möglich, die, wie Marx sie nannte, »mystische« Sprache der Hegel'schen Dialektik in die Sprache der modernen Mechanik umzusetzen. Verhältnismäßig vor kurzer Zeit waren unter fast allen Marxisten Einwände gegen die mechanische Terminologie laut. Das kam daher, weil nach der alten Vorstellung die Atome betrachtet wurden als losgelöste, von einander getrennte, isolierte Teilchen. Jetzt, nach der Lehre von den Elektronen und den Atomen als ganzen sonnenähnlichen Systemen, liegt kein Grund vor, vor der mechanischen Terminologie zurückzuscheuen. Die fortgeschrittensten Richtungen des wissenschaftlichen Denkens auf allen Gebieten fassen die Frage so auf. Wir finden bei *Marx* Fingerzeige für eine solche Fragestellung (die Lehre vom Gleichgewicht unter den verschiedenen Produktionszweigen, die darauf beruhende Theorie des Arbeitswertes u. a. m.).

Jedes beliebige Ding – sei es ein Stein, ein Lebewesen, eine menschliche Gesellschaft oder sonst was – können wir als etwas Ganzes betrachten, das aus miteinander verbundenen Teilen (Elementen) besteht; mit anderen Worten, wir können dieses Ganze als *System* betrachten. Ein jedes solches Ding (System) besteht nicht im leeren Raum; es wird von anderen Elementen der Natur umgeben, die man ihm gegenüber als Milieu oder Umwelt bezeichnet. Für den Baum im Walde bilden das Milieu alle übrigen Bäume, die Bächlein, die Erde, die Farnkräuter, das Gras, das Gebüsch und alles übrige mit allen Eigenschaften. Für den Menschen ist das Milieu vor allem die menschliche Gesellschaft, in der er lebt; das Milieu der menschlichen Gesellschaft ist die Natur usw. Zwischen dem Milieu und dem System besteht ein beständiger Zusammenhang; das »Milieu« wirkt auf das »System«, das »System« wirkt seinerseits auf das »Milieu«. Nun müssen wir vor allem eine Grundfrage anschneiden: welcher Art ist das Verhältnis zwischen Milieu und System; wie kann es gekennzeichnet werden, welches sind seine Formen; welche Bedeutung haben sie für dieses System?
Hier können wir dreierlei Hauptarten dieses Verhältnisses unterscheiden.
1. *Stabiles Gleichgewicht*. Stabiles Gleichgewicht tritt dann ein, wenn das Wechselverhältnis zwischen Milieu und System sich ausdrückt in einer unveränderten Lage der Dinge oder in einer

solchen Störung der früheren Lage, die in ihrer früheren Form wiederhergestellt wird. [. . .] In diesem Fall wird der Widerspruch zwischen Milieu und System beständig *auf demselben quantitativen Wechselverhältnis* wiederhergestellt. [. . .]

2. *Bewegliches Gleichgewicht mit positivem Vorzeichen (Entwicklung des Systems).* In Wirklichkeit jedoch gibt es kein stabiles Gleichgewicht. Dies ist nur ein vorgestellter, nur ein gedachter oder, wie man sagt, »idealer« Fall. In Wirklichkeit wird das Verhältnis zwischen dem Milieu und dem System niemals im gleichen Verhältnis wieder hergestellt. Mit anderen Worten: die Gleichgewichtsstörung führt in Wirklichkeit nicht zur Wiederherstellung des Gleichgewichtes auf genau derselben Grundlage wie früher, sondern das neue Gleichgewicht entsteht auf neuer Grundlage [. . .] Unser »System« wird wachsen: neues Gleichgewicht wird auf neuer Grundlage eintreten. Hier haben wir *Entwicklung* vor uns. Mit anderen Worten: der Widerspruch zwischen Milieu und System wurde quantitativ ein anderer.

[. . .] Der Widerspruch zwischen der Gesellschaft und der Natur wird jedesmal auf neuer, »höherer« Grundlage wiederhergestellt werden, und zwar auf einer solchen, da das System wachsen, sich entwickeln wird. Hier haben wir einen Fall des beweglichen Gleichgewichtes, sozusagen mit positivem Vorzeichen.

3. *Bewegliches Gleichgewicht mit negativem Vorzeichen (Zerstörung des Systems).* Es kann jedoch auch der entgegengesetzte Fall eintreten, nämlich, daß das neue Gleichgewicht auf »niederer« Grundlage hergestellt wird. [. . .] Vorausgesetzt, das Verhältnis zwischen der Natur und der Gesellschaft ändert sich in der Richtung, daß die Gesellschaft gezwungen wird, immer mehr auszugeben und immer weniger zu erhalten (der Boden wird erschöpft, die Technik verschlechtert sich usw.). Dann wird das neue Gleichgewicht jedesmal auf herabgesetzter Grundlage eintreten, auf Kosten des Unterganges eines Teiles der Gesellschaft. Hier haben wir eine Bewegung mit negativem Vorzeichen: die Gesellschaft wird eine untergehende, eine verfallende Gesellschaft sein.

Auf diese drei Fälle lassen sich alle denkbaren Fälle zurückführen. Der Bewegung liegt, wie wir gesehen haben, tatsächlich ein Widerspruch zwischen Milieu und System zugrunde, der beständig reproduziert wird.

Aber die Frage hat noch eine andere Seite. Bisher sprachen wir nur von den Widersprüchen zwischen Milieu und System, von *äußeren* Widersprüchen. Aber es gibt auch *innere* Widersprüche, innerhalb des Systems selbst. Jedes System besteht aus Bestandteilen (Elementen), die auf diese oder jene Art miteinander verbunden sind. Die menschliche Gesellschaft – aus Menschen, der Wald – aus Bäumen und Sträuchern, der Steinhaufe – aus den Steinen, die Herde – aus einzelnen Tieren usw. Und hierbei gibt es eine ganze Reihe von Widersprüchen, Ungereimtheiten, Gegensätzen. Ein absolutes Gleichgewicht gibt es da nicht. Wenn, streng genommen, kein absolutes Gleichgewicht zwischen dem Milieu und dem System besteht, so ist ein solches Gleichgewicht auch zwischen den Elementen (Teilen) dieses Systems selber nicht da. [...]

Hierbei müssen wir noch folgende Tatsache beachten, zu der wir noch wiederholt in diesem Buche zurückzukehren haben werden. Wir sahen, daß es zweierlei Widersprüche gibt: zwischen dem Milieu und dem System, und zwischen den Elementen des Systems selber. Besteht zwischen diesen beiden Erscheinungen ein Zusammenhang?

Man braucht nur etwas über diese Frage nachzudenken, um bejahend zu antworten: ja, ein solcher Zusammenhang besteht. Denn es ist vollkommen klar, daß der innere Bau des Systems (das innere Gleichgewicht) sich ändern muß, je nach dem Verhältnis, das zwischen dem System und dem *Milieu* besteht. Das Verhältnis zwischen dem System und dem Milieu ist eine entscheidende Größe. Denn die ganze Lage des Systems, die Grundformen seiner Bewegung (Verfall, Entwicklung, Stagnierung) werden gerade durch dieses Verhältnis bestimmt.

In der Tat. Stellen wir die Frage folgendermaßen: wir sahen oben, daß der Charakter des Gleichgewichtes zwischen der Gesellschaft und der Natur die Grundlinie der gesellschaftlichen

Bewegung bestimmt. Kann unter diesen Umständen der innere Bau auf die Dauer sich in entgegengesetzter Richtung entwickeln? Natürlich nicht. Setzen wir voraus, daß wir es mit einer sich entwickelnden Gesellschaft zu tun haben. Kann sich unter diesen Umständen der innere Bau der Gesellschaft *immerzu* verschlechtern? Natürlich nicht. *Falls* er aber *bei der Entwicklung* sich verschlechtert, d. h. wenn die innere Ungereimtheit anwächst, so heißt es, daß ein *neuer Widerspruch* zutage tritt: ein Widerspruch zwischen dem inneren und dem äußeren Gleichgewicht. Was dann? Wenn die Gesellschaft auch dann sich entwickeln wird, dann muß sie eine Umgestaltung erfahren: d. h. ihre innere Struktur muß sich an den Charakter des äußeren Gleichgewichtes anpassen. Folglich: *das innere (strukturelle) Gleichgewicht ist eine Größe, die vom äußeren Gleichgewicht abhängig ist (ist eine »Funktion« dieses äußeren Gleichgewichts).*

§ 24. *Theorie der sprunghaften Veränderungen und Theorie der revolutionären Veränderungen in den Gesellschaftswissenschaften.* Es bleibt uns noch die letzte Seite der dialektischen Methode, namentlich die Theorie der sprunghaften Veränderungen zu betrachten. Bekanntlich ist die Meinung außerordentlich verbreitet, daß angeblich »die Natur keine Sprünge macht« (»natura non facit saltus«). Dieser weise Ausspruch wird gewöhnlich angeführt zur »soliden« Begründung der Unmöglichkeit der Revolution, obwohl die Revolution dennoch geschieht, ungeachtet der guten Absichten der Herren Professoren. Aber – wahrhaftig – ist die Natur so gemäßigt und akkurat, wie behauptet wird?
Diesbezüglich schrieb Hegel in seiner *Wissenschaft der Logik* (Werke, Band III, S. 460):

»Es gibt keinen Sprung in der Natur, wird gesagt; und die gewöhnliche Vorstellung, wenn sie ein Entstehen oder Vergehen begreifen soll, meint . . . . es damit begriffen zu haben, daß sie es als ein allmähliches Hervorgehen oder Verschwinden vorstellt. Es hat sich aber gezeigt, daß die Veränderungen des Seins überhaupt nicht nur das Übergehen einer Größe in eine andere Größe, sondern Übergang *vom*

Qualitativen in das Quantitative und umgekehrt sind, ein *Anders-werden,* das ein *Abbrechen des Allmählichen* und ein Qualitativ-Anderes gegen das vorhergehende Dasein ist.« (Kursiv von uns, N. B.)

Was hat all das zu besagen?

Hegel spricht vom Übergang der *Quantität in Qualität.* Wir wollen es durch ein einfaches und gewöhnliches Beispiel erklären. Angenommen, wir erwärmen Wasser. Die ganze Zeit hindurch, bis wir es auf 100 Grad Celsius anwärmen, kocht es nicht und verdampft nicht. Seine Teilchen bewegen sich immer rascher und rascher, aber sie springen nicht in Dampfform auf die Oberfläche hinaus. Wir beobachten allein nur eine Veränderung der *Quantität:* die Teilchen rennen rascher, die Temperatur wird höher, aber das Wasser bleibt Wasser mit all seinen Wassereigenschaften. Die Quantität verändert sich immerfort. Aber die Qualität bleibt dieselbe. Aber nun haben wir das Wasser auf 100 Grad erwärmt, es auf den »Siedepunkt« gebracht. Und plötzlich beginnt es zu sieden; seine wie toll sich bewegenden Teilchen springen außer sich auf die Oberfläche in Gestalt von *Dampf*bläschen. Das Wasser *hört auf, Wasser zu sein*: es verwandelt sich in *Dampf,* in ein Gas. Das ist nicht mehr die frühere Qualität. Wir haben etwas anderes mit neuen Eigenschaften. Hier sehen wir auch zwei Haupteigentümlichkeiten im Prozeß der Veränderung.

Erstens rufen auf bestimmter Bewegungsstufe die quantitativen Veränderungen qualitative Veränderungen hervor (oder, wie man der Kürze halber zu sagen pflegt, »die Quantität schlägt in Qualität um«); *zweitens* vollzieht sich dieser Übergang der Quantität in Qualität in Form eines *Sprunges,* wo die Stetigkeit und Allmählichkeit plötzlich unterbrochen werden. Das Wasser verwandelt sich gar nicht die ganze Zeit hindurch und mit weiser Allmählichkeit zuerst in »kleinen« Dampf, der dann groß wird. Eine Zeitlang siedete das Wasser überhaupt nicht. Es fing aber an zu *sieden,* sobald ein bestimmter Punkt erreicht wurde. Und das bedeutet nichts anderes als einen *Sprung.*

Die Verwandlung der Quantität in Qualität bildet eines der Grundgesetze der Bewegung der Materie; man kann sie in der

Natur und in der Gesellschaft buchstäblich auf Schritt und Tritt verfolgen. [...]

Das Leugnen des sich widersprechenden Charakters der Entwicklung beruht bei den bürgerlichen Gelehrten auf der Furcht von dem Klassenkampfe und auf dem Vertuschen der gesellschaftlichen Widersprüche. Ebenso beruht die Furcht vor den Sprüngen auf der Furcht vor den Revolutionen. Die ganze Weisheit läuft auf folgende Betrachtung heraus: die Natur kennt keine Sprünge, es gibt und kann nirgends Sprünge geben; folglich untersteht euch nicht, ihr Proletarier, Revolution zu machen!

Man sieht jedoch hier überaus deutlich, wie die bürgerliche Wissenschaft in Widerspruch zu den grundlegenden wissenschaftlichen Forderungen gerät. In Wirklichkeit wissen ja Alle, daß eine ganze Reihe von Revolutionen in der Gesellschaft vorkam. Versucht einer zu leugnen, daß die englische Revolution war? oder die große französische Revolution? oder 1848? oder 1917–1921? Wenn aber in der Gesellschaft diese Sprünge vorkamen und vorkommen, so ist es Sache der Wissenschaft, sie nicht zu »leugnen« (d. h. sich vor der Wirklichkeit zu verschließen), sondern diese Sprünge zu *begreifen*, sie zu *erklären*.

Die Revolutionen in der Gesellschaft sind dasselbe, wie die Sprünge in der Natur. Sie fallen nicht vom Himmel herab. Sie werden durch den ganzen Gang der vorhergehenden Entwicklung vorbereitet, genau so wie das Sieden des Wassers durch das Anwärmen vorbereitet wird, oder genau so, wie das Sprengen des Kessels vorbereitet wird durch den wachsenden Dampfdruck auf seine Wände. Die Revolution in der Gesellschaft ist deren Umgestaltung, eine »strukturelle Veränderung des Systems«. Sie ergibt sich unvermeidlich als Folge des Widerspruches zwischen diesem Bau der Gesellschaft und den Bedürfnissen ihrer Entwicklung. [...]

§ 33. *Das Gleichgewicht zwischen Natur und Gesellschaft, seine Störung und Wiederherstellung.* Wenn wir jetzt den ganzen Prozeß in seiner Gesamtheit betrachten, so sehen wir, daß der Reproduktionsprozeß ein Prozeß der beständigen Störung und Wiederherstellung des Gleichgewichts zwischen Natur und Gesellschaft ist.

Marx unterscheidet die *einfache* Reproduktion und die *erweiterte* Reproduktion.

Wann haben wir eine einfache Reproduktion?

Im Produktionsprozeß werden bekanntlich *Produktionsmittel* verausgabt (es wird Rohmaterial verarbeitet, allerhand Hilfsmittel wie Maschinenöl, Putzzeug usw. werden verbraucht; die Maschinen selbst und die Gebäude, wo die Arbeit vor sich geht, allerhand Instrumente und ihre Teile werden abgenutzt); andererseits wird auch *Arbeitskraft* verausgabt (wenn Menschen arbeiten, nutzen sie sich ab, ihre Arbeitskraft wird verbraucht, und es bedarf eines bestimmten Aufwandes, damit diese Arbeitskraft wieder hergestellt wird). Damit der Produktionsprozeß weitergehe, ist es nötig, daß in ihm selbst und mit seiner Hilfe dasjenige erzeugt wird, was in ihm verschwindet. Z. B., in der Textilindustrie wird als Rohmaterial die Baumwolle verbraucht, die Webstühle werden abgenutzt. Damit die Produktion auch weiter vor sich gehen kann, muß zu gleicher Zeit Baumwolle angebaut und Webstühle fabriziert werden. An einer Stelle verschwindet die Baumwolle und verwandelt sich in Gewebe. An anderer Stelle verschwindet das Gewebe (es wird von den Arbeitern u. a. verbraucht), und es entsteht Baumwolle. An der einen Stelle verschwinden die Webstühle, an der anderen entstehen sie. Mit anderen Worten, die an einer Stelle verbrauchten, notwendigen Elemente der Produktion müssen an anderer Stelle erzeugt werden; es muß ein *beständiger Ersatz* des für die Produktion Notwendigen stattfinden. Wenn dieser Ersatz so stattfindet, daß er genau dem Verschwinden gleichkommt, dann haben wir es mit einer *einfachen Reproduktion* zu tun. Dieser Fall entspricht demjenigen, daß die Produktivität der gesellschaftlichen Arbeit dieselbe bleibt, die Produktivkräfte nicht vorwärts kommen, die Gesellschaft weder vorwärts noch rückwärts schreitet. Das wird, wie leicht einzusehen ist, der Fall des *stabilen Gleichgewichtes zwischen Gesellschaft und Natur* sein. Hier findet beständig eine Störung des Gleichgewichtes (die erzeugten Produkte verschwinden) und beständig seine Wiederherstellung statt (sie entstehen von neuem); aber diese Wiederherstellung vollzieht sich *auf derselben Grundlage:* wieviel verbraucht wurde, ebensoviel wird erzeugt, ebensoviel wird wieder verbraucht, wird genau soviel wieder erzeugt usw. Die Reproduktion vollführt immer einen und denselben Tanz.

Etwas anderes geschieht beim *Wachstum der Produktivkräfte.* Dann wird, wie wir gesehen haben, ein Teil der gesellschaftlichen Arbeit frei und wird auf die Erweiterung der gesellschaftlichen Produktion verwandt (andere, neue Zweige; Erweiterung der alten). Das heißt, daß nicht nur die früher vorhandenen Elemente der Produktion ersetzt werden, sondern daß neue Elemente in den Produktionskreis geworfen werden. Die Produktion wiederholt nicht denselben Weg, vollzieht nicht denselben Zyklus, sondern holt weiter aus. Das ist die *erweiterte Reproduktion.* Man sieht, daß das Gleichgewicht hier anders wiederhergestellt wird: soviel wurde verbraucht, noch mehr wurde erzeugt; noch mehr wurde verbraucht, *noch* mehr wurde erzeugt. Das Gleichgewicht tritt jedesmal auf *neuer,* weiterer Grundlage auf. Das ist ein *bewegliches Gewicht mit positivem Vorzeichen.*

Der dritte Fall tritt, endlich, beim *Sinken* der Produktivkräfte ein. In diesem Fall geht der Reproduktionsprozeß zurück: es wird immer weniger und weniger produziert. Soviel verbraucht, weniger produziert; weniger verbraucht, noch weniger produziert usw.

Auch hierbei wiederholt die Reproduktion nicht denselben Kreislauf. Aber sie erfaßt jedesmal nicht einen weiteren Kreis, sondern, im Gegenteil, einen engeren. Die Lebensgrundlage der

Gesellschaft verengert sich immer mehr. Das Gleichgewicht zwischen Gesellschaft und Natur wird auf neuer Grundlage wiederhergestellt, aber diese Grundlage wird immer kleiner und kleiner.

Zugleich paßt sich die Gesellschaft selbst an diese immer enger werdende Lebensgrundlage nur auf dem Wege einer teilweisen Zerstörung ihrer an. Dies ist ein *bewegliches Gleichgewicht mit negativem Vorzeichen*. Die Reproduktion kann man in diesem Fall als *negative* erweiterte Reproduktion, oder erweiterte *Unterproduktion* bezeichnen.

Wir haben die Frage sozusagen von verschiedenen Seiten berochen. Und überall zeigte sich dasselbe. Folglich läuft die Sache auf den Charakter des Gleichgewichts zwischen der Gesellschaft und der Natur hinaus. Und da die Produktivkräfte als genauer Ausdruck des Gleichgewichts dienen, so können wir nach ihnen über diesen Charakter selbst urteilen. Es ist klar, daß dasselbe auch *von der Technik* der Gesellschaft gesagt werden kann.

§ 34. *Die Produktivkräfte als Ausgangspunkt der soziologischen Analyse.* Aus allem Gesagten ergibt sich mit Notwendigkeit folgende wissenschaftliche Regel: *bei der Betrachtung der Gesellschaft, ihrer Entwicklungsbedingungen, ihrer Formen, ihres Inhalts usw. muß man diese Betrachtung mit der Analyse der Produktivkräfte oder mit der technischen Grundlage der Gesellschaft beginnen.* [...]

Die menschliche Gesellschaft arbeitet in und an der Natur als dem Arbeitsgegenstand. Das unterliegt keinem Zweifel. Aber jene Elemente, die an sich in der Natur vorkommen, sind hier mehr oder weniger beständig da. Sie *können* daher die *Veränderungen nicht erklären*. Verändert wird die gesellschaftliche *Technik*, die sich natürlich an das anpaßt, was in der Natur *vorhanden* ist (an ein Nichts kann man sich nicht anpassen, aus einem Loch läßt sich keine Kanone machen). Ist aber die Technik die *veränderliche* Größe, und zwar so, daß diese Veränderung der Technik eine Änderung im Verhältnis zwischen Natur und Gesellschaft hervorruft, so ist klar, daß hier auch der Ausgangspunkt für die Analyse der gesellschaftlichen Veränderungen liegen muß.

Kapitel VI: Das Gleichgewicht zwischen den Elementen der Gesellschaft (§§ 35–44)

§ 36. *Sachen, Menschen, Ideen.* [...] Technik heißt nicht einfach Stücke der Außennatur: es sind die verlängerten Organe der Gesellschaft, es ist *gesellschaftliche* Technik. Wir können daher von der Gesellschaft in einem weiteren Sinne sprechen, als wir es bisher getan haben. Dann schließt sie auch die Sachen in ihr »gesellschaftliches Sein«, d. h. vor allem das technische System der Gesellschaft ein. Das ist der materiell-sachliche Teil der Gesellschaft, ihr *sachlicher* Arbeitsapparat. Streng genommen, werden die Sachen durch die Produktionsmittel keineswegs erschöpft und können sogar zu der Produktion in einem sehr entfernten Verhältnis stehen (abgesehen davon, daß sie selbst mitunter Produkte der materiellen Produktion sind): hierzu gehören z. B. Bücher, Landkarten, Diagramme, Museen, Bildergalerien, Sternwarten, meteorologische Stationen (überall handelt es sich um ihren materiell-sachlichen Teil), Laboratorien, Meßinstrumente, allerhand Fernrohre und Mikroskope, Kolben, Retorten und so weiter und ähnliches mehr. Alle diese Sachen gehören nicht unmittelbar zum Prozeß der materiellen Produktion und fügen sich der gesellschaftlichen Technik nicht ein, sind nicht Bestandteile der materiellen Produktivkräfte. Dessen ungeachtet ist ihre Rolle für jedermann klar: sie sind nicht einfach Stücke der Außennatur, sie haben auch ein »gesellschaftliches Sein«; sie gehören folglich auch zu dem Begriff Gesellschaft in dem erweiterten Sinne.

Aus Kapitel VI wissen wir, daß die Gesellschaft ein System von zusammengeschlossenen *Menschen* darstellt. Jetzt sehen wir, daß hier auch die Dinge hineingefügt sind. Aber im engeren Sinne des Wortes versteht man unter der Gesellschaft die Menschen, und zwar nicht den einfachen Haufen, sondern das ge-

bundene System. Wir betrachteten diese Menschen in erster Linie als wirksame materielle Körper. Auf diese Weise haben wir festgestellt, daß die Gesellschaft vor allem eine Arbeitsorganisation, ein Arbeitssystem, ein *menschlicher* Arbeitsapparat ist. Aber wir wissen wohl, daß die Menschen nicht einfach physische Körper sind: sie denken, fühlen, wünschen, stellen sich Ziele und tauschen beständig ihre Gedanken und Wünsche aus. Die Beziehungen zwischen den Menschen sind *nicht nur* materielle Arbeitsbeziehungen, sie sind auch psychische, »geistige« Beziehungen; die Gesellschaft produziert ja nicht nur materielle Güter: sie produziert auch sogenannte »geistige Werte«: Wissenschaft, Kunst usw.; sie erzeugt, mit anderen Worten, nicht nur Sachen, sondern auch *Ideen.* Und sind einmal diese Ideen erzeugt, so fügen sie sich zu ganzen *Ideensystemen.*
Auf diese Weise finden wir in der Gesellschaft dreierlei Elemente: Sachen, Menschen, Ideen. Es wäre natürlich sinnlos zu glauben, daß dies ganz selbständige Elemente sind: jeder versteht, daß, wenn es keine Menschen gegeben hätte, es auch keine Ideen geben würde, daß die Ideen nur in den Menschen leben und nicht im Raume schwimmen, wie das Öl auf dem Wasser. Aber daraus folgt nicht, daß wir sie nicht unterscheiden sollen. Und ebenso ist es klar, daß zwischen all diesen Elementen ein bestimmtes *Gleichgewicht* vorhanden sein muß. Grob gesagt, heißt es ungefähr: *die Gesellschaft könnte nicht existieren, wenn die Ordnung der Dinge, die Ordnung der Menschen und die Ordnung der Ideen einander nicht entsprechen würden.* Aber das muß man natürlich viel genauer beweisen. [...]

§ 44. *Der Widerspruchscharakter der Entwicklung; das äußere und das innere Gleichgewicht der Gesellschaft.* In den vorigen Paragraphen haben wir die Erscheinungen des gesellschaftlichen Gleichgewichtes untersucht. Aber wir müssen dabei keinen Augenblick den Umstand außer acht lassen, daß wir das *bewegliche* Gleichgewicht meinen, d. h. eine solche Sachlage, wo das Gleichgewicht beständig gestört wird, dann auf veränderter Grundlage wiederhergestellt wird, von neuem gestört wird usw.

Mit anderen Worten, wir haben einen sich widersprechenden Prozeß vor uns, nicht einen Ruhezustand und auch nicht einen Zustand des absoluten Angepaßtseins, sondern einen Kampf der Gegensätze, einen *dialektischen* Bewegungsprozeß. Deshalb müssen wir, wenn wir den *Bau* der Gesellschaft, d. h. das Wechselverhältnis zwischen ihren Teilen betrachten, uns keineswegs eine völlige Harmonie zwischen diesen Teilen vorstellen. Denn jede Struktur birgt Widersprüche in sich, und in jeder gesellschaftlichen Klassenform sind diese Widersprüche überaus stark. Die bürgerlichen Soziologen, die den gegenseitigen *Zusammenhang* der verschiedenen gesellschaftlichen Erscheinungen sehen, begreifen aber nicht die innere *Gegensätzlichkeit* der gesellschaftlichen Formen. In dieser Hinsicht interessant ist die ganze Schule des Urhebers der bürgerlichen Soziologie, *Auguste Comte*. Der Zusammenhang aller gesellschaftlichen Erscheinungen ist bei ihm da (der sogenannte »consensus«), und darin drückt sich die »Ordnung« aus. Aber die Widersprüche dieser »Ordnung«, insbesondere solche Widersprüche, die diese Ordnung zum unvermeidlichen Untergang führen, bilden den Gegenstand der Untersuchung nicht. Hingegen ist diese Seite der Sache für die Anhänger des dialektischen Materialismus eine der wesentlichsten Seiten oder gar die wesentlichste. Denn wie wir wissen, bilden gerade die Widersprüche des betreffenden Systems dasjenige, was »bewegt«, dasjenige, was zur Veränderung der Formen, zur eigentümlichen Veränderung, Verwandlung (»Transformation«) der Arten im Prozesse der gesellschaftlichen Entwicklung oder des gesellschaftlichen Verfalls führt.

Bei der Betrachtung des gesellschaftlichen Baues sahen wir, daß seine Veränderungen an die Veränderungen jenes Verhältnisses geknüpft sind, das zwischen der Gesellschaft und der Natur besteht. Wir bezeichneten dieses letztere Gleichgewicht als *äußeres* Gleichgewicht, während wir das Gleichgewicht zwischen den verschiedenen Reihen der gesellschaftlichen Erscheinungen das *innere* Gleichgewicht der Gesellschaft nannten. Wenn wir nun die ganze Gesellschaft vom Standpunkt der sich *wider-*

sprechenden Entwicklung betrachten, so taucht vor uns sofort eine Menge von Fragen auf: vor allem werden wir sehen, daß innerhalb *einer jeden Reihe* gesellschaftlicher Erscheinungen Widersprüche bestehen (z. B. in der Ökonomie die Widersprüche zwischen den verschiedenen Arbeitsfunktionen, in der sozial-politischen Struktur die Widersprüche zwischen den Klassen, in der Ideologie die Widersprüche zwischen den ideologischen Systemen der Klassen usw., schon ganz abgesehen von vielen anderen Widersprüchen); dann werden wir ohne weiteres die Widersprüche zwischen der Ökonomie und der Politik wahrnehmen (wenn z. B. die Rechtsnormen hinter der ökonomischen Entwicklung zurückgeblieben sind und, sagen wir, irgendeine »Reform« heranreift), zwischen der Ökonomie und der Ideologie, zwischen der Psychologie und der Ideologie (wenn z. B. schon empfunden wird, daß etwas Neues notwendig ist, und dieses Neue noch nicht seine ideologische Form gefunden hat), zwischen der Wissenschaft und der Philosophie usw. Das sind Widersprüche *zwischen den Reihen verschiedener gesellschaftlicher Erscheinungen.* Das eine wie das andere gehört zum inneren Gleichgewicht. Aber es gibt einen Widerspruch zwischen der Gesellschaft und der Natur, eine Gleichgewichtsstörung zwischen der Gesellschaft und der Umwelt, was sich in der Bewegung der Produktivkräfte ausdrückt. Das ist das Gebiet des *äußeren Gleichgewichts.* Wir wissen, daß es noch einen außerordentlich wichtigen Fall des Widerspruches gibt. Das ist der *Widerspruch zwischen der Bewegung der Produktivkräfte und der gesellschaftlich-ökonomischen* (und zugleich auch jeder anderen) *Struktur der Gesellschaft.*

In Konflikt gerät hier das Verhältnis, das zwischen der Gesellschaft und der Natur besteht, mit den Verhältnissen, die innerhalb der Gesellschaft entstanden sind. Es ist leicht einzusehen, daß dieser Konflikt, dieser Widerspruch im Leben der Gesellschaft eine sehr wesentliche Rolle spielen muß, denn er betrifft die »Grundlagen der bestehenden Ordnung«, die »Säulen«, auf denen die gegebene Ordnung der Dinge ruht.

Wir haben hier bloß die Hauptfragen skizziert, die mit den

gesellschaftlichen Widersprüchen im Zusammenhang stehen. Diese Fragen zu untersuchen soll Sache des nächsten Kapitels sein, wo wir die Gesellschaft in ihrer Bewegung betrachten werden. Bisher haben wir hauptsächlich den *Bau* der Gesellschaft, den Bau der gegebenen gesellschaftlichen Form betrachtet. Des ferneren werden wir vor allem die Übergänge einer Struktur in die andere zu behandeln haben. Hier ist von Wichtigkeit, noch einmal zu betonen, daß das Gesetz des gesellschaftlichen Gleichgewichts ein Gesetz des *beweglichen* Gleichgewichtes ist, *das Antagonismen, Widersprüche, Ungereimtheiten, Konflikte, Kampf und – was besonders wichtig ist – unter bestimmten Umständen die Unvermeidlichkeit von Katastrophen und Revolutionen nicht nur nicht ausschließt, sondern im Gegenteil voraussetzt. Unsere marxistische Theorie ist die revolutionäre Theorie.*

Kapitel VII: Störung und Wiederherstellung des gesellschaftlichen Gleichgewichts (§§ 45–50)

§ 45. *Der Prozeß der gesellschaftlichen Veränderungen und die Produktivkräfte.* Der Prozeß der gesellschaftlichen Veränderungen steht, wie wir wissen, im Zusammenhang mit der Veränderung im Zustand der Produktivkräfte. Diese Bewegung der Produktivkräfte und die damit verbundene Bewegung und Umgruppierung aller Elemente der Gesellschaft ist nichts anderes als ein Prozeß der beständigen Störung des gesellschaftlichen Gleichgewichtes und seiner Wiederherstellung. In der Tat, setzen wir eine fortschrittliche Bewegung der Produktivkräfte voraus. Was bedeutet das? Das bedeutet vor allem und vorhanden, daß zwischen der gesellschaftlichen Technik und der gesellschaftlichen Ökonomie ein Widerspruch entsteht: das System verliert das Gleichgewicht. Die Produktivkräfte haben einen gewissen Zuwachs erhalten. Also muß eine gewisse Umgruppierung der Personen eintreten. Warum? Darum, weil sonst kein Gleichgewicht vorhanden ist, d. h. das System kann in dieser Gestalt nicht lange existieren. Dieser Widerspruch wird gelöst. Wie? Dank dem Umstand, daß folgende Umgruppierung der Menschen stattfindet: die Ökonomie »paßt sich« an den Zustand der Produktivkräfte, an die gesellschaftliche Technik an. Aber die Umgruppierung der Personen im Wirtschaftsapparat setzt auch eine notwendige Umgruppierung der Personen in der sozialpolitischen Struktur der Gesellschaft voraus (eine andere Kombination der Parteien, ein anderes Kräfteverhältnis der Parteien usw.). Weiter. Derselbe Umstand ruft auch die Notwendigkeit einer Änderung der Normen (der Rechts-, Moral- und aller anderen Normen) hervor. Denn nur auf diese Weise wird der Widerspruch gelöst oder, was dasselbe ist, wird das Gleichgewicht zwischen dem Personensystem und dem System dieser Normen wiederhergestellt. Aber dasselbe bezieht sich auch auf die ganze Psychologie der Gesellschaft sowie auf ihre ganze Ideologie. Dies wurde glänzend von *G. W. Plechanow* formuliert: »*Aus der Entstehung, Veränderung und Zerstörung der Ideenassoziationen unter dem Einfluß der Entstehung, Veränderung und Zerstörung gewisser Kombinationen der gesellschaftlichen Kräfte erklärt sich in hohem Maße die Geschichte der Ideologien*« (N. Beltow-Plechanow: »Über die materialistische Geschichtsauffassung« in: *Kritik unserer Kritiker*, S. 333; kursiviert vom Verf.). Die neue »Kombination«, d. h. die neue Verbindung der Personen gerät in Konflikt mit der alten Kombination der Ideen (mit den alten Ideenassoziationen). Hier ist das innere Gleichgewicht gestört. Es wird wiederhergestellt auf neuer Grundlage, wo eine neue »Kombination« der Ideen entsteht, d. h. wo die gesellschaftliche Psychologie und die gesellschaftliche Ideologie sich anpassen, damit dieses Gleichgewicht von neuem gestört werde usw.

Hier entsteht eine sehr wichtige Frage, die von gewaltiger sowohl theoretischer als auch praktischer Bedeutung ist.

In der Tat. Wir können uns vorstellen, daß die Wiederherstellung des gesellschaftlichen Gleichgewichtes in zwei Formen denkbar ist: in Form einer langsamen (evolutionären) Anpassung der verschiedenen Elemente des gesellschaftlichen Ganzen aneinander und in Form stürmischer Umwälzungen. Aus der Geschichte wissen wir, daß es Revolutionen gab und gibt. Sie sind historische *Tatsachen*. Wann aber vollziehen sie sich? Wann geht eine langsame Anpassung der verschiedenen Elemente der Gesellschaft vor sich, und wann tritt eine Explosion ein? Und worin liegt das Wesen jenes Konfliktes, jenes Zusammenpralls, der sich in der Revolution ausdrückt?

Im Zusammenhang damit steht noch eine Reihe anderer Fragen über die Dynamik der Gesellschaft. Wir wissen nämlich, daß jede beliebige Gesellschaft sich im Prozeß der unaufhörlichen Veränderung innerer Umgruppierungen, der Veränderung von Form und Inhalt usw. befindet. Wir wissen, daß dieser Prozeß im Zusammenhang steht mit der Entwicklung der Produktivkräfte. Wir sehen jedoch einerseits Veränderungen *innerhalb der Grenzen* einer und derselben gesellschaftlich-ökonomischen Struktur; und andererseits den *Übergang* einer »Art« der Gesellschaft in eine andere, das Ablösen einer »Produktionsweise« durch eine andere »Produktionsweise«. Wann ist das eine der Fall, und wann muß das andere eintreten? Dies muß ebenfalls beantwortet werden.

Eine allgemeine Beschreibung des Prozesses der gesellschaftlichen Entwicklung finden wir bei *Marx* in: *Zur Kritik der politischen Ökonomie*. Marx schildert diesen Prozeß folgendermaßen:

»Auf einer gewissen Stufe ihrer Entwicklung geraten die materiellen Produktivkräfte der Gesellschaft in Widerspruch mit den vorhandenen Produktionsverhältnissen, oder, was nur ein juristischer Ausdruck dafür ist, mit den Eigentumsverhältnissen, innerhalb deren sie sich bisher bewegt hatten. Aus Entwicklungsformen der Produktivkräfte schlagen diese Verhältnisse in Fesseln derselben um. Es tritt dann eine Epoche sozialer Revolution ein. Mit der Veränderung der ökonomischen Grundlage wälzt sich der ganze ungeheure Überbau langsamer oder rascher um. In der Betrachtung solcher Umwälzungen muß man stets unterscheiden zwischen der materiellen, naturwissenschaftlich treu zu konstatierenden Umwälzung in den ökonomischen Produktionsbedingungen und den juristischen, politischen, religiösen, künstlerischen oder philosophischen, kurz, ideologischen Formen, worin sich die Menschen dieses Konflikts bewußt werden und ihn ausfechten.

So wenig man das, was ein Individuum ist, nach dem beurteilt, was es sich selbst dünkt, ebensowenig kann man eine solche Umwälzungsepoche aus ihrem Bewußtsein beurteilen, sondern muß vielmehr dies Bewußtsein aus den Widersprüchen des materiellen Lebens, aus dem vorhandenen Konflikt zwischen gesellschaftlichen Produktivkräften und Produktionsverhältnissen erklären.« [MEW, Bd. 13, S. 9].

Nach Marx tritt also eine Revolution dann ein, wenn das Gleichgewicht zwischen den *Produktivkräften der Gesellschaft und den Grundzügen ihrer ökonomischen Struktur* gestört worden ist. Darin besteht das Wesen des Konflikts, den die Revolution lösen soll. Hier handelt es sich folglich um den Übergang einer Form in die andere. Solange aber die ökonomische Struktur eine Entwicklung der Produktivkräfte ermöglicht, solange nehmen die gesellschaftlichen Veränderungen den Charakter einer *Umwälzung* nicht an: sie ändern sich auf dem Wege der Evolution.

Später werden wir diese Frage ausführlicher behandeln. Jetzt möchten wir nur auf einen Punkt aufmerksam machen: *nach Marx besteht die Ursache der Revolution keineswegs im Zusammenprallen der Wirtschaft und des Rechtes, wie es sehr viele Kritiker des Marxismus behaupten, sondern im Zusammenprallen der Produktivkräfte und der »Wirtschaft« (d. h. der Ökonomie).* [...]

§ 46. *Die Produktivkräfte und die gesellschaftlich-ökonomische Struktur.* [...] der Kampf während der Revolution geht *um die Herrschaft über die wichtigsten Produktionsmittel,* die sich in der Klassengesellschaft in den Händen derjenigen Klasse befinden, welche diese ihre Herrschaft über die Sachen und durch sie auch über die Menschen *noch durch die Macht ihrer staatlichen Organisation befestigt.*

Hier sind wir an den entscheidenden Punkt in unserer Suche nach denjenigen Produktionsverhältnissen angelangt, die durch eine Revolution gesprengt werden müssen, falls die Gesellschaft imstande sein soll, ihre Produktivkräfte weiter zu entfalten. Marx stellt im III. Band des *Kapital* die Frage der Gesellschaftsform kategorisch und hebt aus der *ganzen* Gesamtheit der Produktionsverhältnisse ihren *grundlegenden*, spezifischen Teil hervor.

»Die *spezifische* ökonomische Form, in der unbezahlte Mehrarbeit aus den unmittelbaren Produzenten ausgepumpt wird, bestimmt das Herrschafts- und Knechtschaftsverhältnis, wie es unmittelbar aus der Produktion selbst hervorwächst und seinerseits bestimmend auf sie zurückwirkt. Hierauf aber gründet sich die ganze Gestaltung des ökonomischen, aus den Produktionsverhältnissen selbst hervorwachsenden Gemeinwesens und damit zugleich seine spezifische politische Gestalt. *Es ist jedesmal das unmittelbare Verhältnis der Eigentümer der Produktionsbedingungen zu den unmittelbaren Produzenten . . .*, worin wir das innerste Geheimnis, die verborgene Grundlage *der ganzen gesellschaftlichen Konstruktion und daher auch der politischen Form* des Souveränitäts- und Abhängigkeitsverhältnisses, kurz, *der jedesmaligen spezifischen Staatsform finden.*« (Marx: *Kapital*, III. 2, S. 324–325 [Dietz, Berlin 1953, Bd. 3, S. 842] – kursiv von uns, N.B.).

Wie verhält es sich also mit der Sache? Ziemlich einfach. Unter allen vielgestaltigen Produktionsverhältnissen tut sich seiner Bedeutung nach ein Typus dieser Verhältnisse hervor: nämlich derjenige, der die Beziehungen *zwischen den Klassen* ausdrückt, welche die Hauptproduktionsmittel in ihren Händen halten, und den anderen Klassen, welche entweder die nebensächlichen oder gar keine Produktionsmittel in den Händen haben. Die in der Wirtschaft herrschende Klasse herrscht auch in der Politik und *befestigt politisch* den betreffenden Typus der Produktionsverhältnisse, der den zu ihren Gunsten sich vollziehenden Prozeß der Ausbeutung sichert. »Die Politik ist der konzentrierte (zusammengepreßte, verdichtete) Ausdruck der Ökonomie«, wie eine der Resolutionen des 9. Parteitags der KPR sagt.
Man könnte dasselbe auch in etwas anderen Worten ausdrücken. Wir sehen, daß es sich nicht um alle und jegliche Produktionsverhältnisse handelt, sondern um die Verhältnisse der *ökonomischen Herrschaft,* die sich auf ein bestimmtes Verhältnis zu den Dingen, zu den *Produktionsmitteln* stützt. In der Sprache der Rechtler, der Juristen, handelt es sich um die grundlegenden *»Eigentumsverhältnisse«*, um die Verhältnisse

des *Klasseneigentums an den Produktionsmitteln.* Diese »Eigentumsverhältnisse« sind nicht etwas anderes als die grundlegenden Produktionsverhältnisse. Das ist *eines und dasselbe,* nur in einer anderen Sprache ausgedrückt, – nicht ökonomisch, sondern juristisch. Und diese Verhältnisse sind nun geknüpft auch an die politische Herrschaft der bestimmten Klasse, sie werden durch diese Herrschaft erhalten, befestigt und erweitert um jeden Preis.

Innerhalb *dieses Rahmens* können alle möglichen Veränderungen »evolutionärer Art« stattfinden; *ein Verlassen dieses Rahmens* kann aber nur mit Hilfe eines revolutionären Umsturzes geschehen. [...]

Die Ursache der Revolutionen ist der Konflikt zwischen den Produktivkräften und den Produktionsverhältnissen, die in der politischen Organisation der herrschenden Klasse befestigt sind. Diese Produktionsverhältnisse hindern so sehr die Entwicklung der Produktionskräfte, daß sie unbedingt gesprengt werden müssen, soll sich die Gesellschaft weiter entwickeln. Können sie nicht gesprengt werden, so hemmen und ersticken sie die Entfaltung der Produktivkräfte, und die ganze Gesellschaft verfällt in Stagnation oder geht zurück, d. h. macht eine Periode des Verfalls durch. [...]

§ 47. *Die Revolution und ihre Phasen (verschiedene Perioden).*
Den Ausgangspunkt der Revolution bildet der Konflikt zwischen den Produktivkräften und den Produktionsverhältnissen, der die Klasse, die Trägerin der neuen Produktionsweise, in eine besondere Lage versetzt, *ihr Bewußtsein und ihren Willen auf bestimmte Art »determiniert«.* Die Voraussetzung der Revolution ist also eine Revolutionierung des Bewußtseins der neuen Klasse, eine *ideologische Revolution in der Klasse, die die Totengräberin der alten Gesellschaft ist.*
Es gilt, bei diesem Punkte zu verweilen. Vor allem müssen wir beachten, daß diese Revolution eine *materielle* Grundlage hat. Dann müssen wir uns darüber klar werden, warum hier die Rede ist von einer stürmischen Veränderung im Bewußtsein der

neuen Klasse, nämlich von einem *revolutionären* Prozeß. Untersuchen wir diese Frage aufmerksam.

Jede Gesellschaftsordnung basiert, wie wir aus den vorhergehenden Kapiteln genau wissen, nicht allein auf ökonomischer Grundlage, denn auch jede beliebige Ideologie, die unter der betreffenden Ordnung der Dinge herrscht, ist eine Art Klammer, die diese Ordnung zusammenhält.

Die Ideologien sind nicht einfache Spielzeuge, sondern gewissermaßen verschiedenartige Reifen, die den ganzen gesellschaftlichen Körper im Gleichgewicht halten. Fragen wir uns nun, was eintreten würde, wenn die Psychologie und die Ideologie der unterdrückten Klassen der bestehenden Ordnung total feindlich wäre? Es ist klar, daß unter solchen Umständen diese Ordnung sich nicht halten könnte. In der Tat, betrachten wir irgendeine Gesellschaftsform, und da werden wir uns davon überzeugen, daß, insofern diese Gesellschaft existiert, in ihr im großen und ganzen die Psychologie und die Ideologie des Burgfriedens herrschen. Das wird besonders ersichtlich am Beispiel des Kapitalismus zu Beginn des Krieges 1914–1918. Hatte nicht die Arbeiterklasse eine Ideologie entfaltet, die unabhängig von der Bourgeoisie war! Aber was zeigte sich dann? Es zeigte sich, daß sogar unter der Arbeiterklasse der Glaube an die Unerschütterlichkeit der kapitalistischen Weltordnung, die Anhänglichkeit an den kapitalistischen Staat, die Mentalität des Burgfriedens außerordentlich stark war. Es bedurfte einer ganzen psychologischen und ideologischen Revolution, damit sich eine Klasse gegen die andere wirklich erhob. Wann vollzieht sich aber diese psychologische und ideologische Revolution? Sie vollzieht sich dann, wenn die objektive Entwicklung die unterdrückte Klasse in eine »unerträgliche Lage« versetzt, wenn diese Klasse klar sieht und fühlt, daß unter der betreffenden Ordnung keine Verbesserung möglich ist, kein »Ausweg« da ist, daß »es nicht so weiter geht«. Das geschieht dann, wenn der Konflikt zwischen dem Wachstum der Produktivkräfte und den Produktionsverhältnissen einen Zusammenbruch des gesellschaftlichen Gleichgewichtes und die *Unmöglich-*

keit seiner Wiederherstellung auf der alten Grundlage hervorgerufen hat. [. . .]

[Erste Phase: die] geistige *Revolution besteht im Zusammenbruch der alten Psychologie und Ideologie (sie werden von den neuen heranstürmenden Tatsachen des Lebens gebrochen) und der Schaffung einer neuen, wirklich revolutionären Psychologie und Ideologie.*

Die zweite Phase der Revolution bildet *die politische Revolution, d. h. die Machtergreifung durch die neue Klasse.* Hier geht die revolutionäre Psychologie der neuen Klasse in Handlung über. Die unterdrückte Klasse stößt unmittelbar auf die konzentrierte Gewalt der herrschenden Klasse, auf ihren Staatsapparat. Um diesen Widerstand zu brechen, desorganisiert die neue Klasse im Prozeß des Kampfes die Staatsorganisation des Gegners, zerstört sie mehr oder weniger und baut zum Teil aus den Elementen des Alten, teilweise aber aus neuen Elementen ihre eigene staatliche Organisation. [. . .]

Die politische Phase der Revolution besteht also nicht darin, daß eine neue Klasse die unversehrt gebliebene alte Maschinerie ergreift, sondern darin, daß sie sie mehr oder weniger (je nachdem, welche Klasse der alten Gesellschaft folgt) *zerstört und eine neue Organisation aufbaut, d. h. die Sachen und die Personen neu kombiniert, die entsprechenden Ideen neu systematisiert.*

Die dritte Stufe der Revolution bildet die ökonomische Revolution. Diese besteht darin, daß die neue Klasse, die an die Macht gelangt ist, diese Macht als Hebel der ökonomischen Umwälzung ausnutzt, indem sie die Produktionsverhältnisse des alten Schlages ganz zerbricht und neue Verhältnisse aufzubauen hilft, die im Schoße der alten Ordnung, *im Widerspruch* zu ihr, reiften. [. . .]

Kapitel VIII: Klassen und Klassenkampf (§§ 51–60)

§ 58. *Klasse, Partei, Führer.* Wenn man von einer Klasse spricht, so versteht man darunter eine Gruppe von Personen, die durch gemeinsame Lage in der Produktion, folglich durch die gemein same Lage in der Distribution, also auch durch gemeinsame Interessen (Klasseninteressen) verbunden sind. Es wäre jedoch absolut naiv, vorauszusetzen, daß jede Klasse ein durchaus einheitliches Ganzes darstellt, wo alle Teile gleich sind, wo Hinz genau dasselbe ist wie Kunz. [...]

Die Arbeiterklasse zerfällt *ihrem Klassenbewußtsein nach*, d. h. in bezug auf ihre dauernden, allgemeinen, nicht ihre persönlichen, nicht ihre Zunft- und Gruppeninteressen, sondern in bezug auf die Interessen der *Gesamtklasse in eine Reihe von Gruppen und Untergruppen, gleichsam wie eine einzige Kette aus einer Reihe von Ringen von ungleicher Dauerhaftigkeit besteht.*

Diese *Ungleichartigkeit der Klasse* ist auch die Ursache dessen, daß die Partei notwendig wird.

In der Tat. Setzen wir einen Augenblick lang voraus, die Arbeiterklasse wäre vollkommen und absolut gleichartig. Dann hätte sie jedesmal in der ganzen Masse auftreten können. Zur Leitung aller Aktionen hätte man die Menschen oder Gruppen von Menschen *der Reihe nach* wählen können: eine ständige Organisation der Leitung wäre überflüssig, wäre unnötig.

In Wirklichkeit aber liegen die Dinge ganz anders. Der Kampf der Arbeiterklasse ist unvermeidlich. Die Leitung dieses Kampfes ist notwendig. Sie ist um so mehr notwendig, da der Gegner mächtig und tückisch ist und der Kampf mit ihm ein harter Kampf ist. Wer soll die ganze Klasse leiten? Welcher Teil der Klasse? Natürlich der fortgeschrittenste, der geschulteste und geschlossenste Teil.

Dieser Teil ist die *Partei*.

Die Partei ist nicht die Klasse, sondern ein mitunter geringer Teil der Klasse. Aber die Partei ist der *Kopf* der Klasse. Aus diesem Grunde ist es höchst *unsinnig*, die Partei der Klasse *gegenüberstellen* zu wollen. Die Partei der Arbeiterklasse ist eben dasjenige, was die Interessen der *Klasse* am besten zum Ausdruck bringt. Klasse und Partei kann man *auseinanderhalten*, wie man den Kopf und den ganzen Menschen auseinanderhält. Man kann sie aber *nicht gegenüberstellen*, wie man einem Menschen den Kopf nicht abtrennen kann, wenn man ihm langes Leben wünscht.

Wovon hängt der Erfolg des Kampfes unter diesen Umständen ab? Von *dem richtigen Verhältnis* zwischen den verschiedenen Teilen der Arbeiterklasse, und vor allem von dem richtigen Wechselverhältnis zwischen der Partei und den Parteilosen. Es gilt einerseits, zu leiten und zu kommandieren. Andererseits heißt es: erziehen und überzeugen. Ohne Erziehung und Überzeugung kann man hier auch nicht leiten. Einerseits ist es nötig, daß die Klasse zusammengeschlossen und besonders organisiert ist als *Teil* der Klasse, andererseits muß sie sich immer enger mit den parteilosen Massen zusammenschließen und einen immer größeren Teil dieser Massen in ihre Organisation hineinziehen. Das geistige Wachstum der Klasse findet also seinen Ausdruck im Wachstum der Partei dieser Klasse und, umgekehrt, der Niedergang der Klasse drückt sich im Niedergang der Partei oder in ihrem sinkenden Einfluß auf die Parteilosen aus.

Wir haben bereits gesehen, daß die Ungleichartigkeit der Klasse ihren Ausdruck findet in der Notwendigkeit der *Partei* dieser Klasse. Aber die kapitalistischen Bedingungen des »Seins« und das tiefe Kulturniveau nicht nur der Arbeiterklasse, sondern selbst auch der übrigen Klassen erzeugen eine Lage, da auch die *Avantgarde* des Proletariats, d. h. ihre Partei, ebenfalls ungleichartig ist. Sie ist mehr oder weniger gleichartig, wenn man sie mit den *anderen* Teilen der Arbeiterklasse vergleicht. Nimmt man aber die *verschiedenen Teile dieser Vorhut,* d. h. die der Partei selbst, so werden wir mit Leichtigkeit ihre innere Ungleichartigkeit feststellen können.

Hier lassen sich genau dieselben Betrachtungen anwenden wie im Fall der Klasse.

Stellen wir uns einen der Wirklichkeit entgegengesetzten Fall vor, nämlich die völlige Gleichartigkeit der Partei – nach dem Klassenbewußtsein, der Erfahrung, dem Vermögen zu leiten usw. Dann brauchte man natürlich keine Führer. Die Funktionen der »Führer« könnten der Reihe nach von Allen ausgefüllt werden ohne jeden Schaden für die Sache selbst.

Aber in Wirklichkeit besteht keine völlige Gleichartigkeit, auch nicht in der Avantgarde, und das ist die Grundursache, die die Notwendigkeit mehr oder weniger stabiler Gruppierungen der einzelnen leitenden Personen hervorruft, die man als »Führer« bezeichnet.

Gute Führer sind deshalb Führer, weil sie am besten die richtigen Tendenzen der Parteien zum Ausdruck bringen. Und genauso, wie eine Gegenüberstellung von Partei und Klasse unsinnig ist, ist es unsinnig, die Partei den Führern dieser Partei gegenüberzustellen.

Wir haben es dennoch getan, als wir die Arbeiterklasse den sozialdemokratischen Führern gegenüberstellten, oder die Massen der organisierten Arbeiter ihren Führern. Aber wir taten und tun dies, um die Sozialdemokratie zu *zerstören*, um den Einfluß der Bourgeoisie zu *zerstören*, der sich durch die *sozialverräterischen* Führer geltend macht. Es wäre jedoch höchst sonderbar, wollte man die Methoden der Zerstörung einer feindlichen Organisation auf uns selbst übertragen und dies als Ausdruck unseres besonderen Revolutionarismus darstellen. [...]

§ 59. *Die Klassen als Werkzeug der gesellschaftlichen Transformation.* Betrachtet man die Gesellschaft als gewisses, objektiv sich entwickelndes System, so sehen wir, daß der Übergang von einem Klassensystem (von einer »gesellschaftlichen Formation der Klassen«) zu einem anderen sich durch den erbitterten Kampf der *Klassen* vollzieht. Die Klassen bilden in dem objektiv sich entfaltenden Prozeß der gesellschaftlichen Veränderungen den grundlegenden Transmissionsapparat (Übertragungsapparat), durch den die ganze Gesamtheit der Lebensverhältnisse der Gesellschaft umgestaltet wird. Die Struktur der Gesellschaft ändert sich *durch* die Menschen und nicht außerhalb der Menschen; die Produktionsverhältnisse sind ebenso ein Produkt des menschlichen Kampfes und der menschlichen Tätigkeit, wie Flachs oder Leinwand (Marx). Aber wenn wir unter den unzähligen individuellen Willen, die in verschiedenen

Richtungen verlaufen und letzten Endes eine gewisse gesellschaftliche Resultante ergeben, versuchen werden, die Grundrichtungen festzustellen, so werden wir gewisse gleichartige Willensbüschel erhalten: das werden die *Klassenwillen* sein. Sie treten besonders scharf einander gegenüber in der Revolution, d. h. in der Erschütterung der Gesellschaft beim Übergang von einer Klassenform in die andere.

Aber andererseits verbirgt sich unter der Gesetzmäßigkeit der Entwicklung des Klassenwillens und der verschiedenen Verflechtungen und Verquickungen *im Zusammenprallen der entgegengesetzten und von einander verschiedenen Klassenwillen die tiefere Gesetzmäßigkeit der objektiven Entwicklung, eine Gesetzmäßigkeit, die auf jeder Entwicklungsstufe die Willenserscheinungen determiniert.*

Wir wissen auch, daß die Willenserscheinungen *beschränkt* werden durch äußere Bedingungen; das heißt: jene Veränderungen in diesen Bedingungen, die sich unter dem umgekehrten Einfluß des menschlichen Willens vollziehen können, sind durch den vorhergehenden Zustand dieser Bedingungen beschränkt. So bilden der Klassenkampf und der Klassenwille einen *wirkenden Übertragungsapparat beim Übergang von einer gesellschaftlichen Struktur zur anderen.*

Die neue Klasse muß dabei als Organisation und Trägerin der *neuen gesellschaftlichen und ökonomischen Ordnung* auftreten. Die Klasse, die nicht die Trägerin der neuen Produktionsweise ist, kann die Gesellschaft nicht »umgestalten«. Im Gegenteil, jene Klassenmacht, die die wachsenden und immer fortschreitenden Produktionsverhältnisse in sich verkörpert, jene Macht ist auch der grundlegende, lebendige Hebel der gesellschaftlichen Umwälzung. So hat die Bourgeoisie, als Trägerin neuer Produktionsverhältnisse und einer neuen ökonomischen Struktur, in ihren Revolutionen die Gesellschaft von ihrem alten feudalen Geleise auf das Geleise der bürgerlichen Entwicklung übergeführt; so wird das Proletariat, als Träger und Organisator der sozialistischen Produktionsweise in ihrer ursprünglichen Klassenformulierung, die Gesellschaft, die schon auf alter Grundlage nicht weiter leben kann, vom bürgerlichen Geleise auf das sozialistische überleiten.

§ 60. *Die klassenlose Gesellschaft der Zukunft.* Aber hier stoßen wir auf eine Frage, die in der marxistischen Literatur sehr wenig erörtert worden ist. Diese Frage ist folgende. Wir haben gesehen, daß die Klasse durch die Partei herrscht, die Partei herrscht durch die Führer, jede Klasse und jede Partei hat sozusagen ihren Kommandostab. Dieser Kommandostab ist technisch notwendig, denn wie wir gesehen haben, ergibt er sich aus der Uneinheitlichkeit der Klasse und aus der kulturellen Uneinheitlichkeit der Parteimitglieder. Mit anderen Worten: jede Klasse hat *ihre Organisatoren.* Betrachten wir die Entwicklung der Gesellschaft von diesem Standpunkt aus, so kann man natürlich folgende Frage stellen: ist denn die kommunistische klassenlose Gesellschaft, von der die Marxisten reden, überhaupt möglich?

Wahrlich. Wir wissen, daß die Klassen selbst organisch erwachsen sind, wie es *Engels* hervorhob, aus der Arbeitsteilung, aus den organisatorischen Funktionen, die für die Weiterentwicklung der Gesellschaft technisch notwendig geworden waren. Aber es ist klar, daß auch in der zukünftigen Gesellschaft diese organisatorische Arbeit notwendig sein wird. Freilich, darauf könnte man erwidern: in der Zukunftsgesellschaft wird es kein Privateigentum und keine Bildung dieses Privateigentums geben. Und gerade dieses Verhältnis des Privateigentums ist dasjenige, was die Klasse ausmacht.

Jedoch hier gibt es auch ein Gegenargument. So schreibt Prof. *Robert Michels* in seinem sehr interessanten Buche *Zur Soziologie des Parteiwesens in der modernen Demokratie* (Leipzig 1910, S. 370): »In diesem Punkte machen sich aber wieder Zweifel geltend, deren konsequente Durchdenkung zur glatten Verneinung der Möglichkeit eines klassenlosen Staates führt (hier müßte es nicht »eines Staates«, sondern »einer Gesellschaft« heißen, N. B.). Die Verwaltung eines unermeßlichen Kapitals ... (d. h. von Produktionsmitteln, N. B.) übermittelt den Verwaltern mindestens die gleiche Quantität Macht als der Besitz eigenen Kapitals, der Privatbesitz.« Von diesem Standpunkt aus erscheint die ganze gesellschaftliche Entwicklung bloß als Ablösung von Führergruppen. *(Vilfredo Pareto* spricht auch von einer »Theorie der Eliten-Zirkulation« – »théorie de la circulation des élites«.)

Dieser Punkt muß untersucht werden. Denn wenn dieser Satz richtig ist, so ist auch die Schlußfolgerung richtig, die von *Michels* gezogen wird, nämlich daß die *Sozialisten* siegen können, der *Sozialismus* aber nicht siegen kann.

Wir wollen zuerst noch ein Beispiel anführen. Wenn die Bourgeoisie herrscht, so herrscht sie, wie wir wissen, nicht durch alle Mitglieder ihrer Klasse, sondern durch ihre Führer. Aber Jedermann weiß wohl, daß dadurch keine Klassengliederung *innerhalb* der Bourgeoisie erzeugt wird. Die Gutsbesitzer in Rußland herrschten durch ihre Oberbeamten, die einen ganzen Stab, eine ganze Schicht darstellten. Jedoch diese Schicht trat keineswegs den übrigen Gutsbesitzern als Klasse gegenüber. Warum? Aus dem einfachen Grunde, weil die Lebenslage dieser übrigen keineswegs tiefer war als die Lebenslage der ersteren; das Kulturniveau war im großen und ganzen auch dasselbe, und die Regierenden wurden beständig aus dieser Schicht rekrutiert.

Daher hatte *Engels* recht, als er schrieb, daß die Klassen bis zu einem bestimmten Moment eine Folge der ungenügenden Entfaltung der Produktivkräfte sind: Verwaltung tut not, aber das Brot reicht sozusagen nicht für Alle. Daher wächst parallel mit dem Wachstum der gesellschaftlich notwendigen organisatorischen Funktionen auch das Privateigentum. Aber die kommunistische Gesellschaft ist eine Gesellschaft mit hochentwickelten und sich entwickelnden Produktivkräften. Folglich kann es da keine *ökonomische Grundlage* zur Schaffung der eigentümlichen herrschenden Klasse geben. Denn selbst wenn wir die stabile Macht der Verwalter nach *Michels* voraussetzen, so wird dies die Macht der Fachleute über die Maschinen, nicht aber über die Menschen sein. In der Tat, wie werden sie diese ihre Macht den Menschen gegenüber realisieren können? Überhaupt nicht. *Michels* läßt die grundsätzliche und entscheidende Tatsache außer acht, daß jede administrativ herrschende Position bis jetzt auch eine Hülle der wirtschaftlichen Ausbeutung war. Es geht nicht an, die wirtschaftliche Ausbeutung zu trennen. Aber eine stabile, geschlossene Gruppenmacht wird es nicht einmal über die Maschinen geben. Denn die *Urgrundlage* für die Bildung solcher Monopolgruppierungen wird verschwinden: verschwinden wird das, was *Michels* zur ewigen Kategorie erhebt: die »Inkompetenz der Masse«. Die »Inkompetenz der Masse« ist keineswegs ein notwendiges Attribut jeder Gemeinschaft: sie ist ebenfalls ein Produkt der ökonomischen und technischen Verhältnisse, die sich durch das allgemein kulturelle Sein und durch die *Bildungsverhältnisse* auswirken. Man kann sagen: in der Zukunftsgesellschaft wird eine kollosale Überproduktion von Organisatoren sein, und deshalb wird die *Stabilität* der herrschenden Gruppierungen verlorengehen.

Viel schwieriger verhält es sich mit der Frage für die *Übergangsperiode* vom Kapitalismus zum Sozialismus, d. h. für die Periode der proletarischen Diktatur. Die Arbeiterklasse erringt den Sieg, wenn sie keine einheitliche Masse darstellt und auch nicht darstellen kann. Sie gelangt zum Siege unter Verhältnissen der sinkenden Produktivkräfte und der materiellen Unsicherheit der breiten Massen. Deshalb muß auch eine *Tendenz* zur »Entartung«, d. h. zur Aussonderung einer führenden Schicht in Form eines Klassenkeimes auftreten. Andererseits wird sie durch zwei entgegengesetzte Tendenzen gelähmt werden: erstens durch das *Wachstum der Produktivkräfte;* zweitens durch die Aufhebung des *Bildungsmonopols.* Die erweiterte Reproduktion der Techniker und überhaupt der Organisatoren aus der Arbeiterklasse untergräbt die eventuelle neue Klassengliederung. Davon, welche Tendenzen sich als die stärkeren erweisen, hängt auch der Ausgang des Kampfes ab.

So muß die Arbeiterklasse, die ein so herrliches Instrument wie die marxistische Theorie zur Verfügung hat, dessen eingedenk sein: mit ihren Händen wird eine Ordnung durchgeführt und letzten Endes eingeführt werden, die sich von allen vorhergehenden gesellschaftlichen Formationen prinzipiell unterscheidet, nämlich von der urkommunistischen Horde dadurch, daß sie eine Gesellschaft hochkultivierter Menschen sein wird, die sich und die anderen kennen; und von den Klassenformen dadurch, daß zum erstenmal Bedingungen für eine menschliche Existenz gegeben sein werden, nicht nur für einzelne Gruppen, sondern auch für die ganze Masse der Menschen, die Masse, die aufhören wird, Masse zu sein und eine einheitliche, harmonisch aufgebaute, menschliche Gesellschaft werden wird.

Über die Theorie der »permanenten Revolution«

[. . .] In der Tat ist die übliche Vorstellung über die sozialistische Revolution folgende: Die materielle Voraussetzung des Sozialismus sei – die Großindustrie und eine starke Arbeiterklasse; ist das nicht vorhanden, so müsse die proletarische Revolution unbedingt untergehen, denn dabei käme eine revolutionäre Frühgeburt heraus. Wie tritt Lenin an die Frage heran? Er sagt: »Im großen und ganzen ist das richtig. Unter besonderen Umständen aber verwandelt sich dieses *Richtige* in *Falsches*« [. . .]

Die allgemeine Regel ist wichtig – sagt Genosse Lenin. Aber ein Dummkopf ist der, der nicht begreift, daß man von der allgemeinen Regel allein nicht leben kann. Seid so gut und betrachtet den Fall eingehend, in dem, dank der besonderen Verhältnisse des Krieges und der Revolution im Westen und der beginnenden Revolution im Osten usw., eine solche Möglichkeit für die Arbeiterklasse und die Bauernschaft eintritt, bei der sie die Gutsbesitzer verjagen, die Kapitalisten vertreiben, Fabriken und Betriebe an sich reißen und auf neuen Grundlagen vorwärtsschreiten können, umgeben von einer besonderen Atmosphäre, die niemals früher bestanden hat (Krise des Kapitalismus usw.). Lenin nimmt die üblichen, sehr fest eingewurzelten Vorstellungen über die Revolution und die Möglichkeiten eines Sieges des Proletariats usw. unter Feuer. Und er nimmt an dieser vulgären, geläufigen und buchmäßigen Vorstellung eine sehr große Korrektur vor: In welchen Büchern – fragt er – habt ihr gelesen, daß es unmöglich sei, solche Ausnahmen zu machen? Es ist selbstverständlich, daß eine solche Fragestellung dem Marxismus nicht im geringsten widerspricht. Im Gegenteil, sie ist gerade die ungewöhnlich verfeinerte Anwendung der marxistischen Theorie, der marxistischen, revolutionären Dialektik. Denn hier gerade wird die Eigenart der Wesenszüge der Revolution, die sich vielleicht niemals wiederholen und durch die sich unsere Revolution auszeichnet, erfaßt. Und wie liegen die Dinge beim Genossen Trotzki? Bei Trotzki ist davon auch nicht der leiseste Hinweis zu bemerken. Er stellt sich die Sache sehr einfach vor, wie »alle« sie sich vorstellen, wie darüber in den sozialdemokratischen Schriften geschrieben wird, wie das gewöhnlich behandelt wird. Ein geringes Proletariat, eine geringe Industrie. Das Proletariat gelangt zur Macht und geht unvermeidlich unter. Genosse Lenin aber sagt: Nein, das ist durchaus nicht unvermeidlich, denn die Lage kann so kommen und die Verhältnisse im Lande können sich so gestalten, daß das durchaus nicht obligatorisch ist.

Daraus ergibt sich der Unterschied in der Prognose, der Unterschied in der Perspektive, die Differenzen in einer ganzen Reihe von Teilfragen der praktischen Politik. Daraus ergab sich auch der generelle »Plan« Lenins, sich nicht loszureißen von der Bauernbasis und die Industrie allmählich zu entwickeln. Man denke daran, daß die Akkumulierung einer Kopeke in der Bauernwirtschaft die Grundlage ist, um einen Rubel in der sozialistischen Industrie zu akkumulieren. Man halte sich ständig bei der ganzen wirtschaftlichen und sonstigen Politik mit beiden Händen am Bauern fest. Ihn gilt es durch die Konsumgenossenschaft umzumodeln, ihn gilt es zum Zusammenschluß in der Konsumgenossenschaft zu schleppen. Wir haben die Banken und den Kredit. Im Laufe von Jahrzehnten wandeln wir den Bauer um, ohne uns daran zu stoßen, daß er – Eigentümer ist. Man denke daran, daß er unser Verbündeter sein muß, den wir umzumodeln haben. Man habe Geduld, man eile nicht, man verhaue sich nicht, man stelle seine kommunistischen Tugenden nicht immer in den Vordergrund, da sie den Bauer abschrecken mögen, man verstecke sie zuweilen in die Tasche, wenn sie ihn erschrecken, man verstehe es, ihn vorsichtig und klug hinter sich herzuführen – *nur* dann wird man siegen. Und nun frage man den Genossen Trotzki, ob bei ihm auch nur der Hinweis auf die Konsumgenossenschaft vorhanden ist, die Lenin in seinen letzten Artikeln in den Vordergrund stellte, als er schrieb, wie er sich zu ihr verhält. Widersprechen die Redereien über den unvermeidlichen Untergang nicht dem Leninschen Plane?

Jetzt aber einige Bemerkungen *über die Hilfe seitens des westeuropäischen Proletariats.* Auch hier liegen die Dinge nicht so, wie Genosse Trotzki denkt. Beim Genossen Trotzki leistet das westeuropäische Proletariat *staatliche* Hilfe. Es erobert die Macht und hilft uns auf diese Weise, unseren Karren aus dem verhängnisvollen bäuerlichen Sumpf herauszuziehen. Nun hat aber das Proletariat noch *nicht* gesiegt. Hilft es uns aber darum nicht? Und ist etwa die andere Kraft nicht auch vorhanden, die uns gleichfalls hilft, die Kraft der Kolonialvölker? Worin liegt hier der Fehler des Genossen Trotzki? Immer wieder in der gleichen, formal-logischen Anfassung der Dinge.

Er sieht die Eigenart der Formen nicht, sieht nicht die besondere »Ära«, die die für den Genossen Trotzki so charakteristische Fragestellung ausschließt. Bei Trotzki gibt es *entweder* einen Sieg des westeuropäischen Proletariats *oder* den Untergang bei uns; *entweder* staatliche Hilfe *oder* keinerlei Hilfe.

Was trifft aber im Leben zu? Im Leben haben wir eine Reihe von *Halbsiegen,* das Plus der kolonialen Bewegung, das Plus der Krise des Kapitalismus, die vom Krieg ausgelöst wurde. Das Leben hat sich auch hier bunter und farbenreicher erwiesen. Und all diese Eigenart der internationalen Situation und die *Eigenartigkeit der Form der internationalen proletarischen Hilfe,* jener Form, die sich nicht in den engen Sarg der logischen Schemata Trotzkis zwingen läßt – all das stellt der Leninismus in Rechnung, der Leninismus, dieses biegsamste aller erkenntnistheoretischen Instrumente unserer Zeit.

Jedes Zentralkomitee (unserer Partei) hätte das Land »an den Rand des Abgrunds« gebracht, das in der Frage der Bauernschaft auf dem Standpunkt des Genossen Trotzki gestanden hätte. Eine solche Zentrale hätte unsere Revolution dem Untergange ausgeliefert, sie hätte unter der Aufmachung einer rein »proletarischen« Ideologie und einer rein »proletarischen« Politik in Wirklichkeit eine halbmenschewistische Zunftpolitik getrieben; und eine solche Politik hätte uns unvermeidlich in den Abgrund gestürzt. [. . .] Darum ist es gegenwärtig notwendig, eine ganz bestimmte politische Haltung einzunehmen. Hier haben alle persönlichen Sympathien und Antipathien zur Seite zu treten.

Genosse Trotzki ist erneut hervorgetreten mit einem System von Anschauungen, die das Wesen des Trotzkismus bilden; aber unsere Partei kann sich unter gar keinen Umständen auf jenen Standpunkt stellen, den sie im Laufe so vieler Jahre immer unermüdlich bekämpft hat. Die Theorie der Permanenz ist für uns nicht gleichgültig. Wenn diese Fahne erneut entrollt wird, sind wir gezwungen, uns zu schlagen, denn unsere Partei wird nur dann ihre Sache siegreich zu Ende führen, wenn sie um ein bestimmtes ideologisch-politisches Rückgrat geschart bleibt. Wenn aber unter dieses Gerippe, unter dieses Fundament, auf dem unsere Partei ruht, Dynamit gelegt wird – und das geschieht –, so kann sich darauf unsere Partei nicht einlassen. Unsere Revolution ist nicht abgeschlossen. Wir denken gar nicht daran, abzudanken. [. . .] Wir müssen der Partei die bolschewistische ideologische Nachfolge bewahren und festigen. Die Geschichte unserer Partei hat durchaus nicht im Oktober 1917 begonnen, und sie hat auch im Oktober 1917 nicht aufgehört. Unsere Partei wird noch Jahrzehnte weiterleben . . . Deshalb halten wir uns für verpflichtet, die Partei vor Versuchen zu bewahren, die Leninsche Lehre ein bißchen umzumodeln und auf die Art der permanenten Revolution zu korrigieren. [. . .] Darin liegt die Gewähr dafür, daß wir unsere Partei bolschewisieren.

Letztes Wort des Angeklagten Bucharin

(Aus dem Prozeßbericht der Verhandlungen gegen Bucharin,
Rykow u. a.)

Abendsitzung vom 12. März 1938

Gerichtskommandant: Das Gericht erscheint, bitte sich von den
Plätzen zu erheben.
Vorsitzender: Bitte sich zu setzen.
Angeklagter Bucharin, es wird Ihnen das letzte Wort erteilt.

Bucharin: Bürger Vorsitzender und Bürger Richter, ich bin mit
dem Bürger Staatsanwalt vollständig einverstanden bezüglich
der Bedeutung des Prozesses, auf dem unsere ruchlosen Ver-
brechen aufgedeckt wurden, die der »Block der Rechten und
Trotzkisten« verübte, einer dessen Führer ich war und für
dessen ganze Tätigkeit ich die Verantwortung trage.
Dieser Prozeß, der in der Serie der anderen Prozesse den
Abschluß bildet, deckt alle Verbrechen, deckt die verräterische
Tätigkeit auf, den historischen Sinn und die Wurzel unseres
Kampfes gegen die Partei und die Sowjetregierung.
Ich sitze schon mehr als ein Jahr im Gefängnis und weiß deswegen nicht, was in der Welt vorgeht, aber aus den zufälligen
Bruchstücken der Wirklichkeit, die manchmal bis zu mir
gelangen, sehe, fühle und verstehe ich, daß die Interessen, die
wir so verbrecherisch verraten haben, in eine neue Phase ihrer
gigantischen Entwicklung eintreten, jetzt bereits in die internationale Arena hinaustreten, als größter Machtfaktor der
internationalen proletarischen Phase.
Wir Angeklagten sitzen auf der anderen Seite der Barriere,
und diese Barriere trennt uns von Ihnen, Bürger Richter. Wir
fanden uns in den verfluchten Reihen der Konterrevolution,
wir waren Verräter an der sozialistischen Heimat geworden.

Gleich zu Anfang des Prozesses antwortete ich bejahend auf die Frage des Bürgers Vorsitzenden, ob ich mich schuldig bekenne.

Auf die mir vom Bürger Vorsitzenden gestellte Frage, ob ich die von mir gemachten Aussagen bestätige, antwortete ich, daß ich sie voll und ganz bestätige.

Als ich am Ende der Voruntersuchung zum Verhör zum Staatlichen Ankläger gerufen wurde, der das gesamte Material der Untersuchung kontrollierte, da resümierte er diese Gesamtheit auf folgende Weise (Band 5, Seite 114, vom 1. 12. 1937):

»Frage: Waren Sie Mitglied des Zentrums der konterrevolutionären Organisation der Rechten? Ich antwortete: Ja, ich gebe das zu.

Zweite Frage: Gestehen Sie, daß das Zentrum der sowjetfeindlichen Organisation, dessen Mitglied Sie sind, eine konterrevolutionäre Tätigkeit betrieb und sich den gewaltsamen Sturz der Parteiführung und der Regierung zum Ziel gesetzt hat? Ich antwortete: Ja, ich gestehe das.

Dritte Frage: Gestehen Sie, daß dieses Zentrum eine terroristische Tätigkeit betrieb, Kulakenaufstände organisiert und weißgardistische Kulakenaufstände gegen die Mitglieder des Politbüros, gegen die Führung der Partei und der Sowjetmacht vorbereitet hat? Ich antwortete: Das ist richtig.

Vierte Frage: Bekennen Sie sich der verräterischen Tätigkeit schuldig, die sich in der Vorbereitung einer Verschwörung mit dem Ziele eines Staatsumsturzes ausdrückte? Ich antwortete: Auch das ist wahr.«

Vor Gericht bekannte ich mich und bekenne ich mich der Verbrechen schuldig, die ich begangen habe und die mir vom Bürger Staatlichen Ankläger am Ende der gerichtlichen Untersuchung und aufgrund des dem Staatsanwalt vorliegenden Untersuchungsmaterials zur Last gelegt wurden. Vor Gericht erklärte ich auch und unterstreiche und wiederhole es jetzt, daß ich mich politisch für die ganze Gesamtheit der vom »Block der Rechten und Trotzkisten« verübten Verbrechen schuldig bekenne. Ich unterliege dem strengsten Strafmaß, und ich bin mit dem Bürger Staatsanwalt einverstanden, der einige Male wiederholte, daß ich an der Schwelle meiner Todesstunde stehe.

Nichtsdestoweniger halte ich mich für berechtigt, einige Anklagen zu bestreiten, die auftauchten:

a) in der gedruckten Anklageschrift,

b) während der Untersuchung vor Gericht,

c) in der Anklagerede des Bürgers Staatsanwalt der UdSSR.

Ich halte es für notwendig, daran zu erinnern, daß während meines Verhörs durch den Bürger Staatlicher Ankläger letzterer in äußerst kategorischer Form erklärt hat, daß ich als Angeklagter nicht mehr auf mich nehmen soll, als ich auf mich genommen habe, daß ich nicht Tatsachen ausdenken soll, die nicht stattgefunden haben, und daß er die Eintragung dieser seiner Erklärung ins Protokoll verlangt hat.

Ich wiederhole noch einmal, ich bekenne mich schuldig des Verrats an der sozialistischen Heimat, des schwersten Verbrechens, das überhaupt möglich ist, der Organisierung von Kulakenaufständen, der Vorbereitung terroristischer Akte, der Zugehörigkeit zu einer illegalen sowjetfeindlichen Organisation. Weiter bekenne ich mich der Vorbereitung zu einer Verschwörung, zu der »Palastrevolution« schuldig. Daraus ergibt sich übrigens auch die Unrichtigkeit aller jener Stellen der Anklagerede des Bürgers Staatlichen Anklägers, wo er die Sache so darstellt, daß ich die Pose eines reinen Theoretikers, die Pose eines Philosophen usw. annahm. Das sind Sachen, die von Grund aus praktisch sind. Ich sagte es und wiederhole es jetzt, daß ich ein Führer und nicht ein Weichensteller der konterrevolutionären Sache war. Daraus ergibt sich, wie jedermann versteht, daß ich viele konkrete Dinge auch nicht wissen konnte, daß ich sie auch wirklich nicht wußte, aber das enthebt mich nicht der Verantwortung.

Ich bekenne mich sowohl in politischer wie in juristischer Hinsicht für die defätistische Orientierung verantwortlich, denn sie herrschte im »Block der Rechten und Trotzkisten«, obwohl ich betone:

a) persönlich stand ich nicht auf dieser Position,
b) die Phrase über die Öffnung der Front stammt nicht von mir, sondern war das Echo meines Gesprächs mit Tomski,
c) wenn Ryko zum erstenmal diese Phrase von mir gehört hat, so war diese, ich wiederhole es, ein Echo des Gesprächs mit Tomski.

Aber ich betrachte mich als verantwortlich für das größte und ungeheuerlichste Verbrechen an der sozialistischen Heimat und am ganzen internationalen Proletariat. Ich betrachte mich ferner sowohl politisch als auch juristisch für die Schädlingstätigkeit verantwortlich, obwohl ich persönlich mich nicht erinnern kann, daß ich Direktiven über Schädlingstätigkeit gegeben hätte. Nicht davon sprach ich. Ich habe positiv über dieses Thema einmal mit Grinko gesprochen. Ich sprach schon in meinen Aussagen davon, daß ich seinerzeit Radek erklärt habe, daß ich dieses Kampfmittel für wenig zweckmäßig halte. Indessen stellt mich der Bürger Staatlicher Ankläger in der Rolle eines Leiters der Schädlingstätigkeit dar.

Der Bürger Staatsanwalt hat in seiner Anklagerede auseinandergesetzt, daß die Mitglieder einer Räuberbande an verschiedenen Stellen rauben können und doch einer für den anderen verantwortlich ist. Das letztere ist gerecht, aber die Mitglieder einer Räuberbande müssen einander kennen, um eine Bande zu sein und miteinander in mehr oder minder enger Verbindung zu stehen. Aber ich sah zum erstenmal in der Anklageschrift den Namen Scharangowitsch, und ihn selbst sah ich zum erstenmal vor Gericht. Zum erstenmal erfuhr ich von der Existenz Maximows. Niemals war ich mit Pletnjow bekannt, niemals war ich mit Kasakow bekannt, niemals sprach ich mit Rakowski über konterrevolutionäre Angelegenheiten, niemals sprach ich über diesen Gegenstand mit Rosengolz, niemals sprach ich darüber mit Selenski, niemals im Leben sprach ich mit Bulanow usw. Übrigens hat auch der Staatsanwalt mich nicht mit einem Wort über diese Personen befragt.

Der »Block der Rechten und Trotzkisten« ist vor allem ein Block Rechter und Trotzkisten. Wie kann dazu überhaupt

Lewin gehören, der hier vor Gericht ausgesagt hat, daß er auch jetzt noch nicht weiß, was Menschewiki sind? Wie können dazu Pletnjow, Kasakow und andere gehören?

Folglich sind die auf der Anklagebank Sitzenden nicht irgendeine Gruppe, sie sind auf verschiedenen Linien Mitbeteiligte der Verschwörung, aber nicht eine Gruppe im strengen juristischen Sinne dieses Wortes. Alle Angeklagten waren so oder anders mit dem »Block der Rechten und Trotzkisten« verbunden, einige auch mit Spionagediensten, und weiter nichts. Aber das gibt keinerlei Grund, den Schluß zu ziehen, daß diese Gruppe den »Block der Rechten und Trotzkisten« darstellt.

Zweitens: Der »Block der Rechten und Trotzkisten«, der wirklich bestand und von den Organen des Volkskommissariats für Innere Angelegenheiten zertrümmert wurde, hat sich historisch herausgebildet. Er war wirklich eine Realität, solange ihn die Organe des Volkskommissariats für Innere Angelegenheiten nicht zertrümmerten. Er entstand historisch. Ich hatte ausgesagt, daß ich erst im Jahre 1928, während des VI. Kongresses der Komintern, die ich damals leitete, zum erstenmal mit Kamenew gesprochen habe.

Wie kann man behaupten, daß der Block im Auftrage des faschistischen Spionagedienstes organisiert wurde? Und das eben im Jahre 1928! Übrigens wurde ich damals beinahe von einem Agenten der polnischen Defensive getötet, was allen, die der Parteiführung nahestanden, ausgezeichnet bekannt ist.

Drittens bestreite ich kategorisch, daß ich mit ausländischen Spionagediensten verbunden war, daß sie meine Herren waren und daß ich handelte, indem ich ihren Willen ausführte. Der Bürger Staatsanwalt versichert, daß ich ebenso wie Rykow einer der bedeutendsten Organisatoren der Spionage war. Was für Beweise gibt es dafür? Die Aussagen Scharangowitschs, von dessen Existenz ich bis zur Anklageschrift nichts gehört habe.

Mir wird ein Kontext von Scharangowitsch vorgehalten, aus welchem hervorgeht, daß ich sogar den Plan der Schädlingsarbeit ausgearbeitet haben soll.

Scharangowitsch: Hören Sie auf zu lügen, wenigstens einmal im Leben. Sie lügen auch jetzt noch vor Gericht.

Vorsitzender: Angeklagter Scharangowitsch, stören Sie nicht.

Scharangowitsch: Ich konnte es nicht aushalten.

Bucharin: Iwanow. Über seine Aussagen muß ich überhaupt folgendes sagen. Die entsprechenden Personen, die in der Vergangenheit mit der Ochrana verbunden waren, sagen aus, daß sie aus Furcht vor einer Entlarvung beschlossen haben, den Kampf gegen die Sowjetmacht zu führen, und deswegen zu den Rechten gingen, zur illegalen Organisation, die sich auf den Terror orientierte. Aber wo ist da die Logik? Eine ausgezeichnete Logik, aus Furcht vor einer möglichen Entlarvung in eine terroristische Organisation zu gehen, wo man morgen schon erwischt werden kann. Man kann sich das schwer vorstellen. Ich wenigstens kann mir das nicht vorstellen. Aber der Bürger Staatsanwalt hat ihnen geglaubt, obwohl all dies offenbar nicht überzeugend klingt.

Chodshajew behauptet, daß ich ihm geraten habe, mit dem englischen Residenten in Verbindung zu treten, und Ikramow sagt, daß ich ihm erklärt hätte, Turkestan stelle einen Leckerbissen für England dar. In Wirklichkeit war die Sache durchaus nicht so. Chodshajew sagte ich, daß man die Widersprüche zwischen den imperialistischen Mächten ausnützen muß, und ich unterstützte andeutungsweise den Gedanken der Unabhängigkeit Turkestans. Über irgendwelche Residenten fiel kein einziges Wort. Der Bürger Staatlicher Ankläger fragte – aber haben Sie Chodshajew gesehen? Ich habe ihn gesehen. War das in Taschkent? Das war in Taschkent. Sprachen Sie mit ihm von Politik? Von Politik. Also haben Sie mit ihm vom Residenten gesprochen. Solche Schlußfolgerungen figurierten nicht nur einmal, aber wenn ich gegen solche Schlußfolgerungen protestierte, dann beschuldigte mich der Bürger Staatsanwalt, daß ich die Unwahrheit sage. Finten machte, die Wahrheit zu verheimlichen wünsche usw., und er wurde von einer ganzen Reihe meiner Mitangeklagten unterstützt. Aber mir scheint, daß in diesem Fall die wirkliche Logik vollkommen auf meiner

Seite ist. Auf Grundlage dieses Materials erklärt der Bürger Staatlicher Ankläger – alle Spionageverbindungen gingen über Rykow und Bucharin. Und dabei sagte der Bürger Staatsanwalt, daß hier jedes Wort wichtig sei. In der Rede des Bürgers Staatsanwalt gab es Hinweise auf zwei japanische Zeitungen, aber wo geht aus diesen Mitteilungen hervor, daß gerade von mir und den Rechten die Rede ist?

Ich bekenne mich jedoch schuldig des ruchlosen Planes der Zerstückelung der UdSSR, denn Trotzki schloß Vereinbarungen über territoriale Abtretungen, und ich stand mit den Trotzkisten im Block. Das ist Tatsache, und das gestehe ich.

Ich bestreite kategorisch die Beteiligung an der Ermordung Kirows, Menshinskis, Kuibyschews, Gorkis und Maxim Peschkows. Kirow wurde nach Aussage Jagodas aufgrund eines Beschlusses des »Blocks der Rechten und Trotzkisten« ermordet. Ich habe das nicht gewußt. Aber hier kommt dem Bürger Staatsanwalt das zu Hilfe, was den faktischen Inhalt bildet und was er Logik nennt. Er fragt, ob Bucharin und Rykow mit diesem Mord nichts zu tun haben konnten, und er antwortet, daß es nicht möglich war, daß sie damit nichts zu tun hatten, weil sie davon gewußt haben. Aber mit einer Sache zu tun haben und von ihr wissen – das ist ein und dasselbe. Das ist das, was man in der elementaren Logik eine Tautologie nennt, d. h. das für bewiesen annehmen, was man beweisen muß. Wie ist es aber wirklich zu erklären? Man kann fragen – aber gestatten Sie, wie erklären Sie Übeltäter denn diese Tatsachen hier, können Sie bestreiten, daß es irgendeinen Beschluß irgendeines Teils mit Wissen Jenukidses und Jagodas gab, oder bestreiten Sie auch das? Ich kann das nicht bestreiten, Bürger Richter. Aber wenn ich es nicht bestreiten kann und es gleichzeitig auch nicht behaupten kann, dann kann ich eine gewisse Annahme machen. Sie müssen doch den konspirativen Charakter der Arbeit im Auge haben. Das Zentrum hatte keine Sitzungen, man sprach von Fall zu Fall, und bei solchen konspirativen Methoden des Verkehrs und der Verbindungen miteinander war eine solche Sache durchaus möglich.

Maxim Peschkow. Jagoda selbst erklärt, daß dies ein Mord ist, der ihn persönlich angeht. Ich habe keinerlei Recht, in dieses Gebiet einzubrechen. Aber dies ist eine Erklärung Jagodas, unterstützt durch eine solche fundamentale Tatsache wie seine Bitte, diese Frage in die geschlossene Sitzung des Gerichts zu übertragen, das heißt durch eine genügend wägbare Größe. Krjutschkow aber sagt, daß dies deswegen getan wurde, um den lebensfrohen Tonus Maxim Gorkis zu schwächen. Und sogar, wenn ich nicht irre, stellte sich auch einer der Bürger Verteidiger auf diesen Standpunkt. Das ist grob eingefädelt. Gegen eine solche Argumentation steht eine Tatsache von solchem kolossalem Gewicht wie die persönliche Erklärung Jagodas, die durch die Tatsache der Übertragung dieses Punktes in die geschlossene Verhandlung bekräftigt wird.

Menshinski. Bulanow hat genau ebenso über persönliche Motive ausgesagt. Menshinski war schon krank, er konnte dem »Block der Rechten und Trotzkisten« in keiner Weise mehr schaden. Wie kann dies denn als wahrscheinlich gelten?

Ich verweile bei den Aussagen Bulanows.

Der schwerste und schrecklichste Fall, das ist der Tod Alexei Maximowitschs. Was habe ich ausgesagt, wie und unter welchen Umständen habe ich ausgesagt? Man fragte mich (offensichtlich hatte man schon gewisses Untersuchungsmaterial über diese Sache), ob ich mich nicht an etwas erinnere, was auf die feindliche Einstellung des rechten und trotzkistischen Teiles des Blocks zu Gorki Licht werfen würde. Ich erinnerte mich an das Gespräch mit Tomski, von dem ich hier bei Gericht berichtet habe und über das mich der Staatsanwalt befragte. Dieses Gespräch bestand darin, daß Tomski mir flüchtig sagte, daß die Trotzkisten gegen den Stalinisten Gorki feindliche Akte vorbereiten. Ich dachte damals im Augenblick durchaus nicht, daß die Rede von irgendeinem Terrorakt sein könne. Ich ließ dies unbeachtet. Beim Verhör erinnerte ich mich an das Gespräch mit Tomski. Auf die beharrlichen Fragen des Bürgers Staatsanwalt antwortete ich die ganze Zeit, daß es damals in meinem Bewußtsein keinen Gedanken an irgendeinen Terrorakt gegeben hat. Aber hier vor Gericht sagte ich auf eine der Fragen des Bürgers Staatsanwalt: »Ich sehe jetzt, daß gerade davon die Rede war.« Da macht der Bürger Staatsanwalt daraus das folgende – er sagt: »Aber was ist das anderes als ein verschleiertes Geständnis?« Worin besteht denn dieses verschleierte Geständnis? Worin besteht denn dieses Geständnis? Darin, daß ich bei Gericht von einer ganzen Reihe neuer Tatsachen erfuhr, die mir nicht bekannt gewesen waren, und daß ich deswegen retrospektiv auf dieses Gespräch zurückblicken kann, das ich mit Tomski in einer ganz anderen Perspektive hatte? Ich bin der Meinung, daß hier die Argumentation des Bürgers Staatlichen Anklägers nicht als ausreichend betrachtet werden kann.

Das Jahr 1918. Der Bürger Staatsanwalt hat erklärt, daß ich 1924 genötigt war, ein Geständnis über ein gewisses Gespräch im Smolny zu machen. Ich wurde nicht genötigt. Auf mich wurde absolut keinerlei Druck ausgeübt. Niemand außer mir ließ darüber auch nur ein Wort fallen, und ich veröffentlichte dieses Beispiel deswegen, um damals, in den Jahren 1923–1924 die ganze Schädlichkeit des Fraktionskampfes und wozu er führt zu zeigen. So daß ich vor allem dieses Mißverständnis beseitigen möchte. Der Bürger Staatlicher Ankläger sagte, daß Bucharin nichts gegen die Aussagen der fünf Zeugen angeführt habe, die hier vor allen, vor den Bürgern Richtern in dieser Sache, vorübergezogen sind und behaupteten, daß ich die Absicht, den Gedanken, die Idee gehabt und beharrlich gepredigt hätte, Lenin zu verhaften und physisch zu vernichten, wobei zu Lenin noch die Gestalten der zwei anderen hervorragenden Führer der Partei, Stalin und Swerdlow, hinzukamen. Aber es ist unrichtig, daß ich keinerlei Argumentation vorgebracht habe. Der Bürger Staatsanwalt kann sie als unrichtig, schwach, nicht überzeugend betrachten, aber man kann nicht sagen, daß ich nichts vorgebracht habe. Ich habe eine ganze Reihe von Erwägungen vorgebracht.

Die Hauptzeugin war Warwara Nikolajewna Jakowlewa. Warwara Nikolajewna Jakowlewa verlegt diesen ganzen Vorfall, die Vorbereitung der Verschwörung gemeinsam mit den

»linken« Sozialrevolutionären gegen Lenin, Stalin und Swerdlow, die Vorbereitung ihrer Verhaftung und angenommenen Tötung usw. – all das verlegt sie in ihren Aussagen, damit bei der Konfrontierung, dann bei der gerichtlichen Untersuchung in die Periode vor dem Brester Frieden. Ich habe sowohl bei der Konfrontierung und Voruntersuchung als auch vor Gericht gesagt, daß dies unrichtig ist. Es ist unrichtig, daß die »linken Kommunisten« und Trotzkisten vor dem Brester Frieden einen Staatsstreich mit gewaltsamen Mitteln ausführen wollten, unrichtig deswegen, weil die Trotzkisten und die sogenannten »Linken« die Mehrheit im Zentralkomitee bildeten, und wenn die Trotzkisten im entscheidenden Moment der Abstimmung über die Frage des Brester Friedens nicht kapituliert hätten, so hätten die Trotzkisten und »Linken« damals die Mehrheit im Zentralkomitee gehabt. Wie kann man also annehmen, daß sie in einer solchen Situation kapitulierten, um zu den Methoden der Verschwörung ihre Zuflucht zu nehmen. Jeder, der jene Zeit miterlebt hat, weiß ausgezeichnet, daß die »linken Kommunisten« vor dem Brester Frieden in solcher Stimmung waren, daß sie darauf hofften, auf dem nächsten Parteitag die Parteimehrheit zu erobern. Wie konnte also unter solchen Umständen die Rede davon sein, wovon jetzt die Zeugin Warwara Nikolajewna Jakowlewa spricht. Aber ich habe ein anderes Beispiel angeführt. Warwara Nikolajewna Jakowlewa hat behauptet, daß die Sache darin bestand, daß bei uns das Fraktionszentrum der »linken Kommunisten« das Moskauer Gebietsbüro war. Da habe ich mir erlaubt, einige Namen, einige geachtete Parteimitglieder zu nennen. Ich wollte damit bloß das Argument von Warwara Nikolajewna Jakowlewa kompromittieren. Es ist bekannt, daß eine Reihe hervorragender Männer – Kuibyschew, J. Jaroslawski, Menshinski und andere – damals Anhänger der »linken Kommunisten« waren, zu dieser meiner »linken« Gruppe gehörten. Sie, diese Leute, standen durch ihr spezifisches Gewicht bedeutend höher als die Manzew, Stukow und alle möglichen anderen, und sie waren ihrem politischen Temperament nach und ihrer politischen Aktivität tätiger als die

273

erwähnten Personen. Deswegen schloß in Wirklichkeit die zentrale Gruppe in Leningrad in der Frage des Brester Friedens die erwähnten Personen ein. Ich frage Sie also: Wie wäre ein Aufstandsplan möglich gewesen, wenn diese Leute den wichtigsten Platz in der zentralen Gruppe einnahmen. Das ist undenkbar, das ist unmöglich. Und die Hauptzeugin gegen mich, Warwara Nikolajewna Jakowlewa, bringt hier vollständig die Sache mit der anderen Periode nach dem Brester Frieden, mit der Moskauer Periode, durcheinander.

Ich entschuldige mich sehr, Bürger Richter, daß ich Ihre Aufmerksamkeit bei dieser Sache aufhalte, aber da dies ein außerordentlich schweres Moment und von außerordentlichem Interesse ist und ihm vom Gericht eine so große Aufmerksamkeit gewidmet wurde, so habe ich mir erlaubt, über diesen Punkt zu wiederholen, was ich schon gesagt habe. Der Bürger Staatlicher Ankläger aber hat behauptet, daß ich diesbezüglich nichts zu meiner Rechtfertigung vorgebracht habe.

Ich werde bei den anderen Sachen nicht verweilen, weil ich Ihre Zeit nicht in Anspruch nehmen will. Ich gebe die Tatsache zu, daß ich mit Karelin und Kamkow ein Gespräch hatte, wobei die Initiative in bezug auf die Verhaftung Lenins auf 24 Stunden und das Fortbestehen des Blocks mit den »linken« Sozialrevolutionären von den »linken« Sozialrevolutionären ausging. Aber beim ersten Gespräch war die Antwort darauf eine grob ablehnende, und was das anbelangt, daß in der Folgezeit Verhandlungen mit den »linken« Sozialrevolutionären durch Vermittlung Pjatakows geführt wurden, was man, wie wohl der Bürger Staatsanwalt formulierte, als einen Versuch zum gewaltsamen Sturz der Sowjetmacht ansehen kann – so gestehe ich: Einen solchen Moment gab es. Die Absicht der physischen Vernichtung bestreite ich kategorisch, und hier hilft keineswegs jene Logik, von der Bürger Staatlicher Ankläger gesprochen hat, daß gewaltsame Verhaftung physische Vernichtung heißt.

Die Konstituierende Versammlung wurde verhaftet, indessen hat dabei niemand physisch gelitten. Die Fraktion der »linken« Sozialrevolutionäre wurde verhaftet, indessen hat dabei nicht

ein Mensch physisch gelitten. Dsershinski wurde von den
»linken« Sozialrevolutionären verhaftet, hat aber nicht physisch
gelitten. Und ich sage – und dies wurde in der Rede des Staatlichen Anklägers ausgelassen –, daß in diesen verbrecherischen
und ruchlosen Gesprächen speziell davon gesprochen wurde,
daß um keinen Preis auch nur ein Haar auf dem Haupte der
bezeichneten Personen gekrümmt werden dürfe. Dies mag
scheinen, wie es einem beliebt, aber gerade so verhielt es sich in
Wirklichkeit.

Das ist eine Episode nach dem Brester . . . sie nahm überhaupt
zeitlich einen ungewöhnlich kleinen Platz ein, da bald darauf
die »linken« Sozialrevolutionäre ihre Aktionen unternahmen.
Wir mußten die Fraktion der »linken« Sozialrevolutionäre
verhaften, und ich nahm selbst an dieser Operation teil, ich
nahm selbst an der Leitung der Verhaftung der »linken« Sozialrevolutionäre teil. Danach hatten wir überhaupt nichts mehr
mit den »linken« Sozialrevolutionären zu tun. Ich fuhr nach
dem Ausland, dann kam ich von dort zurück, nachher, ich
wiederhole es, wurde ich durch eine Bombe der »linken« Sozialrevolutionäre verwundet. Ich bestreite nicht, daß diese nicht
persönlich gegen mich gerichtet war, wie der Zeuge Manzew
aussagte, aber ich will sagen, daß allen bekannt war, daß ich
im Hause des Moskauer Komitees ein Referat halten sollte.
Damals wurde auch das Attentat verübt, wobei ich leicht
verwundet wurde. Eine ganze Reihe damaliger Parteifunktio-
näre wurde getötet. Dieses Attentat wurde bekanntlich vom
Block der »linken« Sozialrevolutionäre mit Tscherepanow und
seiner Frau Tamara an der Spitze und von den sogenannten
illegalen Anarchisten ausgeführt.

Ich habe Manzew deswegen genannt, weil der »linke Kommunist« Manzew den Tscherepanow verhaftete, da er nicht
ein Bundesgenosse dieses Tscherepanow war. Die Behauptung,
daß Bela Kun die »linken« Sozialrevolutionäre anspornte,
ist unrichtig.

Ich will sagen, daß es einen Augenblick lang eine verbreche-
rische Verschwörung der »linken Kommunisten« mit den »lin-

ken« Sozialrevolutionären gegeben hat, die nach der Aktion, an deren Unterdrückung eine ganze Reihe »linker Kommunisten« aktiven Anteil nahmen, rasch in die Brüche ging.

Zur Bekräftigung seiner Rede hat der Staatliche Ankläger eine ganze Reihe von Momenten angeführt, die für diesen Abschnitt, für den schwarzen Abschnitt meines Lebens, die Basis bilden sollen.

Hier gibt es einige Fehler. Erstens war ich niemals ein Otsowist, wie dies der Staatliche Ankläger gesagt hat.

Der Staatliche Ankläger rechnet es mir als Schuld an, daß ich als Redakteur zusammen mit Trotzki an der Zeitschrift *Nowi Mir* arbeitete, daß ich einen Block mit Trotzki hatte. Ich wende mich dagegen.

Der Staatliche Ankläger beschuldigt mich, daß ich 1924 gegen Stalin war. An einen solchen Fall erinnere ich mich nicht. Ich beende meine Einwendungen gegen einzelne Anklagen, die der Staatliche Ankläger während der Gerichtsverhandlung gegen mich erhoben hat, und kehre zu den von mir wirklich begangenen Verbrechen zurück. Ich habe sie schon zweimal aufgezählt. Die Schwere dieser Verbrechen ist riesengroß. Mir scheint, daß es nicht angebracht ist, hier noch zu wiederholen, es ist auch ohnedies klar, wie groß diese Verbrechen sind.

Ich wollte nur sagen, daß der trotzkistische Teil oft separat Aktionen durchgeführt hat, und es ist möglich, daß einzelne Teile des Blocks in der Art von Jagoda, ebenfalls einzeln Aktionen durchgeführt haben, weil Jagoda nach den Aussagen Bulanows Rykow und mich als seine Sekretäre ansah und mich hier einen Schwätzer genannt hat, der idiotische Massenaufstände organisierte, während es sich um einen Staatsstreich handelt. Aber ich bin mit dem »Block der Rechten und Trotzkisten« verbunden, und es ist ganz natürlich, daß ich politisch für alles ohne Ausnahme die Verantwortung trage.

Der äußerst schwere Charakter des Verbrechens ist offensichtlich, die politische Verantwortung ist grenzenlos, die juristische Verantwortung ist eine solche, daß sie jedes, selbst das härteste Urteil rechtfertigt. Das härteste Urteil wird gerecht sein, weil man für solche Dinge zehnmal erschießen kann. Dies gestehe ich ganz kategorisch und ohne alle Zweifel.

Ich möchte kurz die Tatsachen meiner verbrecherischen Tätigkeit und meine Reue über meine Verbrechen darlegen.

Ich habe schon beim Beginn der Hauptaussagen in der gerichtlichen Untersuchung darauf hingewiesen, daß uns, die konterrevolutionären Verschwörer, nicht die nackte Logik des Kampfes in diese übelriechende Illegalität gestoßen hat, die während dieses Prozesses in ihrer Nacktheit aufgedeckt wurde. Diese nackte Logik des Kampfes war von einer Entartung der Ideen; einer Entartung der Psychologie, einer Entartung unserer selbst, einer Entartung der Menschen begleitet. Historische Beispiele solcher Entartungen sind bekannt. Es genügt, die Namen Briand, Mussolini usw. zu erwähnen. Bei uns gab es eine Entartung, die uns in ein Lager führt, das nach seinen Positionen, nach seiner Eigenart einem kulakischen Prätorianer-Faschismus sehr nahestand. Da dieser Prozeß bei uns die ganze Zeit unter den Verhältnissen des sich entwickelnden Klassenkampfes sehr schnell vor sich ging, so war eben dieser Kampf, seine Geschwindigkeit, sein Vorhandensein jener Beschleuniger, jener Katalysator des Prozesses, der seinen Ausdruck in der Beschleunigung des Entartungsprozesses gefunden hat.

Aber dieser Prozeß der Entartung der Menschen, darunter auch meiner, ging durchaus nicht in jenen Verhältnissen vor sich, in denen der Prozeß der Entartung der internationalen Arbeitervertreter in Westeuropa vor sich ging. Er ging vor sich in den Verhältnissen des gigantischen sozialistischen Aufbaus mit unermeßlichen Maßstäben, Aufgaben, Siegen, Schwierigkeiten, Heldentum.

Und auf dieser Grundlage scheint es mir wahrscheinlich, daß bei jedem von uns, die hier auf der Anklagebank sitzen, ein eigenartiger Zwiespalt des Bewußtseins bestand, keine Vollwertigkeit des Glaubens an seine konterrevolutionäre Sache. Ich sage nicht, daß dieses Bewußtsein nicht vorhanden war, aber es war nicht vollwertig. Daraus ergab sich eine gewisse halbe Lähmung des Willens, Hemmung der Reflexe. Mir scheint, daß wir bis zu einem gewissen Grade Leute mit gehemmten Reflexen darstellen. Und dies ergab sich nicht aus dem Fehlen eines konsequenten Denkens, sondern aus der objektiven Größe des sozialistischen Aufbaus. Jener Widerspruch, der zwischen der Beschleunigung unserer Entartung und dieser Hemmung der Reflexe eintrat, drückt die Lage eines Konterrevolutionärs oder eines sich entwickelnden Konterrevolutionärs unter den Verhältnissen des sich entwickelnden sozialistischen Aufbaus aus. Es entstand eine doppelte Psychologie. Jeder von uns kann das in seiner eigenen Seele konstatieren, obwohl ich mich nicht mit einer weitgehenden psychologischen Analyse beschäftigen werde.

Manchmal riß es mich selbst mit, daß ich zum Ruhme des sozialistischen Aufbaus schreibe, obwohl ich morgen schon dies durch meine praktischen Taten verbrecherischen Charakters ableugne. Hier bildete sich das heraus, was in der Philosophie Hegels das unglücklichste Bewußtsein genannt wird. Dieses unglücklichste Bewußtsein unterschied sich von dem gewöhnlichen nur dadurch, daß es gleichzeitig ein verbrecherisches Bewußtsein war.

Die Macht des proletarischen Staates äußert sich nicht nur darin, daß er die konterrevolutionären Banden zerschlagen hat, sondern auch darin, daß er seine Feinde innerlich zersetzt, daß er den Willen seiner Feinde desorganisiert hat. Dies gibt es nirgends, und dies kann es in keinem einzigen kapitalistischen Lande geben.

Mir scheint, daß, wenn bezüglich der in der UdSSR vor sich gehenden Prozesse in einem Teil der westeuropäischen und amerikanischen Intelligenz verschiedene Zweifel und Schwankungen beginnen, diese in erster Linie deswegen auftreten, weil dieses Publikum nicht jenen grundlegenden Unterschied versteht, daß in unserem Lande der Gegner, der Feind, gleichzeitig dieses gespaltene, doppelte Bewußtsein hat. Und mir scheint es, daß man dies in erster Linie verstehen muß.

Ich gestatte mir, bei diesen Fragen zu verweilen, weil ich im Ausland mit dieser qualifizierten Intelligenz bedeutende Verbindungen hatte, insbesondere unter den Gelehrten, und ich

278

mußte auch ihnen das erklären, was bei uns in der UdSSR jeder Pionier weiß.

Oft erklärt man die Reue mit verschiedenen vollständig unsinnigen Sachen wie etwa mit tibetanischen Pulvern usw. Von mir will ich sagen, daß ich im Gefängnis, in dem ich etwa ein Jahr gesessen habe, arbeitete, studierte, den Kopf bewahrte. Das ist eine tatsächliche Widerlegung aller Märchen und unsinnigen konterrevolutionären Dummheiten.

Man spricht von Hypnose. Aber ich habe vor Gericht auf dem Prozeß auch juristisch meine Verteidigung geführt, habe mich an Ort und Stelle orientiert, mit dem Staatlichen Ankläger polemisiert, und jeder auch nicht besonders in den entsprechenden Zweigen der Medizin erfahrene Mensch wird zugeben müssen, daß es eine solche Hypnose überhaupt nicht geben kann.

Sehr oft erklärt man diese Reue mit Dostojewskitum, mit spezifischen Eigenschaften der Seele (der sogenannten »L'âme slave«), was man über Typen etwa in der Art wie Aljoscha Karamasow, der Helden des *Idioten* und der anderen Gestalten Dostojewskis sagen kann, die auf die Straße hinaustreten und schreien: »Schlagt mich, Rechtgläubige, ich bin ein Missetäter.«

Aber hier liegt die Sache ganz und gar nicht darin. In unserem Lande ist die sogenannte »L'âme slave« und die Psychologie der Helden Dostojewskis eine längst vergangene Zeit, ein Plusquamperfectum. Solche Typen existieren bei uns nicht, sie existieren [nicht], es sei denn in den Hinterhöfen kleiner Provinzhäuser, aber auch dort existieren sie kaum. Umgekehrt aber gibt es eine solche Psychologie in Westeuropa.

Ich werde hier von mir selbst sprechen, von den Ursachen meiner Reue. Natürlich muß man sagen, daß auch die Beweisstücke eine sehr große Rolle spielen. Ich habe ungefähr drei Monate geleugnet. Dann begann ich Aussagen zu machen. Warum? Die Ursache lag darin, daß ich im Gefängnis meine ganze Vergangenheit umgewertet habe. Denn wenn man sich fragt: Wenn du stirbst, wofür stirbst du? – dann ergibt sich plötzlich mit erschütternder Deutlichkeit eine absolut schwarze Leere. Es gibt nichts, wofür man sterben müßte, wenn man sterben wollte, ohne bereut zu haben. Und umgekehrt nimmt all das Positive, das in der Sowjetunion leuchtet, nimmt all dies im Bewußtsein des Menschen andere Ausmaße an. Dies hat mich letzten Endes endgültig entwaffnet, dazu getrieben, meine Knie vor der Partei und dem Lande zu beugen. Und wenn man sich fragt: Nun gut, du stirbst nicht, wenn du durch irgendein Wunder leben bleibst, dann wieder wofür? Isoliert von allen, ein Feind des Volkes in einer nicht menschlichen Lage, in voller Isolierung von allem, was das Wesen des Lebens ausmacht. Und sofort bekommt man auf diese Frage diese Antwort. Und in solchen Momenten, Bürger Richter, fällt alles Persönliche, aller persönlicher Niederschlag, die Überbleibsel der Erbitterung, Eigenliebe und eine ganze Reihe anderer Sachen weg und verschwinden. Und wenn zu einem dann noch das Echo des weiten internationalen Kampfes gelangt, so tut all dies in seiner Gesamtheit seine Wirkung, und es ergibt sich ein voller innerer moralischer Sieg der UdSSR über ihre kniefälligen Gegner. Aus der Gefängnisbibliothek bekam ich zufällig das Büchlein Feuchtwangers, in dem von dem Prozeß der Trotzkisten die Rede war. Es machte auf mich einen starken Eindruck. Aber ich muß sagen, daß Feuchtwanger nicht bis zum Wesen der Sache drang, er blieb auf halbem Wege stehen, für ihn ist nicht alles klar, in Wirklichkeit aber ist alles klar. Die Weltgeschichte ist das Weltgericht. Eine Gruppenreihe der Führer des Trotzkismus hat bankrott gemacht und wurde auf den Kehrichthaufen geworfen. Das ist richtig. Aber man kann es nicht so machen, wie es Feuchtwanger besonders in bezug auf Trotzki macht, wenn er ihn mit Stalin auf eine Linie stellt. Das ist eine vollständig falsche Betrachtung bei ihm. Denn in der Wirklichkeit steht hinter Stalin das ganze Land, er ist die Hoffnung der Welt, der Schöpfer. Napoleon bemerkte einmal: Schicksal ist Politik. Das Schicksal Trotzkis ist konterrevolutionäre Politik.

Ich komme rasch zum Ende. Ich spreche vielleicht das letztemal in meinem Leben.

Ich will erklären, auf welche Weise ich zur Notwendigkeit gelangte, vor der Untersuchungsbehörde und vor Ihnen, Bürger Richter, zu kapitulieren. Wir sind gegen die Freunde des neuen Lebens mit den verbrecherischsten Kampfmethoden aufgetreten. Ich lehne die Anklage des Anschlags auf das Leben Wladimir Iljitschs ab, aber meine konterrevolutionären Komplicen und ich an ihrer Spitze versuchten das Werk Lenins, das von Stalin mit gigantischem Erfolg fortgesetzt wird, zu zerschlagen. Die Logik dieses Kampfes hat uns von Stufe zu Stufe in den schwärzesten Sumpf hinabgestoßen. Und noch einmal ist es bewiesen, daß das Abgehen von der Position des Bolschewismus den Übergang zum politischen konterrevolutionären Banditentum bedeutet. Jetzt ist das konterrevolutionäre Banditentum zerschmettert, wird sind zerschlagen, wir haben unsere furchtbaren Verbrechen bereut.

Es geht natürlich nicht um diese Reue und darunter auch nicht um meine persönliche Reue. Auch ohne sie kann das Gericht sein Urteil fällen. Die Geständnisse der Angeklagten sind nicht obligatorisch. Die Geständnisse der Angeklagten sind ein mittelalterliches juristisches Prinzip. Aber hier liegt auch ein innerer Zusammenbruch der Kräfte der Konterrevolution vor. Und man muß ein Trotzki sein, um nicht die Waffen zu strecken.

Ich muß hier sagen, daß in dem Parallelogramm der Kräfte, aus welchen sich die konterrevolutionäre Taktik herausbildete, Trotzki der Hauptbewegungsmotor war. Und die allerschärfsten Positionen – Terror, Spionage, Zerstückelung der UdSSR, Schädlingstätigkeit – gingen in erster Linie von dieser Quelle aus.

Ich kann a priori annehmen, daß sowohl Trotzki wie auch meine anderen Verbündeten im Verbrechen wie auch die II. Internationale, um so mehr, als ich darüber mit Nikolajewski gesprochen habe, versuchen werden, uns, namentlich und besonders mich, zu verteidigen. Ich lehne diese Verteidigung ab, denn ich beuge meine Knie vor dem Lande, vor der Partei, vor dem ganzen Volk. Die Ungeheuerlichkeit meiner Verbrechen ist grenzenlos, besonders in der neuen Etappe des Kampfes der

UdSSR. Möge dieser Prozeß die letzte schwerste Lehre sein und mögen alle die große Macht der UdSSR sehen, mögen alle sehen, daß die konterrevolutionäre These über die nationale Begrenztheit der UdSSR in der Luft hängt wie ein kläglicher Fetzen. Alle sehen die weise Führung des Landes, die durch Stalin gesichert wird.

Mit diesem Bewußtsein erwarte ich das Urteil. Es geht nicht um die persönlichen Erlebnisse eines Feindes, der bereut hat, sondern um die Blüte der UdSSR, um ihre internationale Bedeutung.

Georg Lukács
N. Bucharin: Theorie des historischen Materialismus (Rezension)

[. . .] Bucharins Einstellung kommt in eine recht bedenkliche
Nähe zum bürgerlichen (nach Marx' Worten anschauenden)
Materialismus. Die Kritik, die – um von Marx und Engels gar
nicht zu reden – z. B. Mehring und Plechanow an dieser Lehre
geübt haben, die scharfe Abgrenzung ihrer Unfähigkeit, den
geschichtlichen Prozeß zu begreifen, von dem speziellen Zuge-
schnittensein des historischen, des dialektischen Materialismus
auf die Geschichte scheint für Bucharin gar nicht zu existieren.
Es ist ja verständlich, daß nachdem von Bernstein bis Cunow
alle »Idealisten« den sachlichen Kern des Marxismus vollkommen ins Gegenteil gewendet haben, hier eine – letzten Endes
gesunde – Reaktion eingetreten ist. Aber Bucharin entfernt in
seinen philosophischen Betrachtungen – stillschweigend, ohne
sie selbst einer Widerlegung zu würdigen – sämtliche Elemente aus der marxistischen Methode, die aus der klassischen deutschen Philosophie stammen. Wohl wird Hegel hier und da epi-
sodisch erwähnt; zu einer wesentlichen Auseinandersetzung
der Differenz zwischen seiner Dialektik und der von Marx
kommt es aber nirgends. Und sehr charakteristischerweise wird
über Feuerbach nur so viel gesagt, daß durch ihn »die Sache vor-
wärtskam«; »er übte einen Einfluß auf Marx und Engels aus,
die die vollkommenste Theorie des Materialismus lieferten«
(S. 56). Das Problem der Beziehung von Feuerbachs Humanismus zur materialistischen Dialektik wird überhaupt nicht
erörtert.
Diesen Punkt haben wir besonders hervorgehoben, weil sich
hieraus die wesentlichsten Fehler der Bucharinschen Auffassung
des historischen Materialismus am leichtesten begreifen lassen.
Die sehr stark dem bürgerlichen – naturwissenschaftlichen –

Materialismus angenäherte Theorie Bucharins erhält dadurch den Typus einer »science« (nach dem französischen Wortgebrauch), und in ihrer konkreten Anwendung auf Gesellschaft und Geschichte verwischt sie deshalb zuweilen das Entscheidende der marxistischen Methode: *sämtliche Phänomene der Ökonomie* und der »Soziologie« *auf gesellschaftliche Beziehungen der Menschen zueinander zurückzuführen.* Die Theorie erhält den Akzent einer falschen »Objektivität«; sie wird fetischistisch.

Dieser Rest von unaufgelöster Dinghaftigkeit, von falscher »Objektivität« kommt am schärfsten zum Ausdruck in der Behandlung der Rolle *der Technik* in der gesellschaftlichen Entwicklung. Bucharin mutet ihr eine Rolle zu, die ihr sachlich ganz bestimmt nicht zukommt; und er tut dies in einer Weise, die keineswegs *dem Geist* des dialektischen Materialismus entspricht. (Daß Zitate von Marx und Engels auffindbar sind, die *auch* in dieser Richtung ausgelegt werden *können,* versteht sich von selbst.) Bucharin sagt: »Jedes gegebene System der gesellschaftlichen Technik *bestimmt*[1] auch das System der Arbeitsverhältnisse zwischen den Menschen« (S. 150). Seite 158 wird die Schwäche des Austausches, das Überwiegen der Naturalwirtschaft im Altertum als Folge der Schwäche der Technik bestimmt. Seite 164 wird hervorgehoben: »Denn, wenn sich die Technik ändert, so ändert sich auch die Arbeitsteilung in der Gesellschaft«. Seite 206 wird die Abhängigkeit »letzten Endes« von der technischen Entwicklung der Gesellschaft, vom »Niveau der Produktivkräfte« geradezu als »grundlegende Gesetzmäßigkeit« ausgesprochen usw. Es ist einleuchtend, daß die zuletzt angeführte Identifizierung der Technik mit den Produktivkräften weder richtig noch marxistisch ist. Die Technik ist ein *Teil,* ein allerdings sehr wichtiges Moment der Produktivkräfte der Gesellschaft, sie ist aber weder einfach identisch mit ihnen, noch – wie dies aus den früher angeführten Sätzen Bucharins hervorzugehen scheint – das letzthin oder schlechthin entscheidende Moment der Umwandlung dieser Kräfte. Daß jeder Versuch, in einem anderen Prinzip als in der gesellschaftlichen Beziehung der

1 Von mir hervorgehoben.

Menschen zueinander im Produktionsprozeß (und demzufolge in Distribution, Konsumtion usw.), also in der richtig aufgefaßten ökonomischen Struktur der Gesellschaft, die grundlegende Bestimmung der Gesellschaft mit ihrer Entwicklung zu erblicken, zu einem Fetischismus führt, erkennt Bucharin selbst an. So kritisiert er z. B. die Auffassung Cunows, daß die Technik an Naturbedingungen gebunden sei, daß das Vorkommen von bestimmten Rohmaterialien über das Vorkommen einer bestimmten Technik entscheide (S. 132), ebenso scharf wie treffend, indem er nachweist, daß Cunow Rohmaterialien mit Arbeitsgegenständen verwechselt, daß er vergißt, »daß die *entsprechende Technik* notwendig ist, damit Bäume, Erze Fasern usw. die Rolle von Rohmaterialien spielen können . . . Der Einfluß der Natur im Sinne der Materialbeschaffung usw. ist *selbst* ein Produkt der Entwicklung der Technik (S. 132–133).« Muß aber diese richtige und kritische Einstellung nicht auch der Technik selbst gegenüber vollzogen werden? Ist die Annahme, daß die Entwicklung der Gesellschaft von der Entwicklung der Technik abhängt, nicht ebenso ein falscher »Naturalismus« wie die Theorie Cunows, die freilich letzten Endes, wenn auch in etwas verfeinerter Form, auf die »Milieu«-Theorien des 18. und 19. Jahrhunderts zurückgeht? Freilich begeht Bucharin nicht den groben Fehler eines solchen »Naturalismus«, die Veränderung aus dem Bestehenden erklären zu wollen (S. 133); denn die Technik wandelt sich ja im Laufe der gesellschaftlichen Entwicklung. Er erklärt also – formal-logisch richtig – die Veränderung aus einem variablen Moment. Jedoch die verselbständigte Technik als Grundlage der Entwicklung macht aus dem groben Naturalismus bloß einen dynamisch verfeinerten. Denn die Technik ist, wenn sie nicht als *Moment* des jeweiligen Produktionssystems gefaßt wird, wenn ihre Entwicklung nicht aus der Entwicklung der *gesellschaftlichen* Produktivkräfte erklärt wird (statt diese zu erklären), genauso ein den Menschen transzendent gegenüberstehendes fetischistisches Prinzip wie die »Natur«, wie Klima, Milieu, Rohstoffe usw. Daß auf jeder bestimmten Stufe der Entwicklung der Produktivkräfte die von diesen bestimmte Entwicklung der Technik auf die Produktivkräfte wieder Rückwirkungen ausübt, wird selbstredend niemand bezweifeln. Bucharin betont dies in bezug auf alle Ideologien (hier den wichtigen methodischen Anregungen des alten Engels folgend); es geht aber nicht an, es ist sachlich unrichtig und unmarxistisch, die Technik aus der Reihe der ideologischen Formen herauszunehmen und ihr der ökonomischen Struktur der Gesellschaft gegenüber ein selbständiges Dasein zuzusprechen.

Es ist sachlich unrichtig, denn sehr wichtige *Richtungs*änderungen der Technik, die, wenn auch vielleicht nicht unmittelbar, für die gesellschaftliche Entwicklung doch entscheidend geworden sind, werden hierdurch unerklärbar. [...]

Noch klarer erscheint das Verkehrte dieses Zusammenhanges, wenn wir den Übergang von der mittelalterlichen Produktion zum modernen Kapitalismus ins Auge fassen. Marx betont ausdrücklich, daß der Übergang vom zunftmäßigen Handwerk zur Manufaktur keine Umwälzung der Technik bedeutet hat: »Mit Bezug auf die Produktionsweise selbst unterscheidet sich z. B. die Manufaktur in ihren Anfängen kaum anders von der zünftigen Handwerksindustrie als durch die größere Zahl der gleichzeitig von demselben Kapital beschäftigten Arbeiter. Die Werkstatt des Zunftmeisters ist nur erweitert. Der Unterschied ist also zunächst bloß quantitativ.«[2] Der Umschlag in Qualität erfolgt dadurch, daß hierbei die kapitalistische Arbeitsteilung, die kapitalistischen Herrschaftsverhältnisse im Betrieb, die sozialen Bedingungen eines Massenkonsums (Auflösung der Naturalwirtschaft) usw. geschaffen werden. Erst dann sind die *sozialen* Voraussetzungen für die moderne Maschinentechnik gegeben; sie entsteht als *Frucht* eines jahrhundertelangen gesellschaftlichen Umwälzungsprozesses; sie ist die Krönung und Vollendung, nicht aber die hervorbringende Ursache des modernen Kapitalismus. Sie tritt hervor, wenn ihre gesellschaftlichen Vorbedingungen geschaffen sind, wenn die primitiven Formen des Manufakturkapitalismus in dialektische Wider-

2 *Kapital* I, Ausgabe 1919, S. 286. [MEW, Bd. 23, S. 341].

sprüche geraten, d. h. wenn die »enge technische Basis« der Manufaktur »auf einem gewissen Entwicklungsgrad mit den von ihr selbst geschaffenen Produktionsbedürfnissen in Widerspruch« kommt[3]. Daß *dann* die technische Entwicklung die ökonomische außerordentlich beschleunigt, versteht sich von selbst. Aber die so entstehende *Wechselwirkung* hebt keinesfalls die sachliche, geschichtliche und methodische Priorität der Ökonomie vor der Technik auf. So führt z. B. Marx[4] aus: »Diese ganze Ökonomie, die aus der Konzentration der Produktionsmittel und ihrer massenhaften Anwendung entspringt . . ., entspringt daher ebensogut aus dem gesellschaftlichen Charakter der Arbeit, wie der Mehrwert aus der Mehrarbeit jedes einzelnen Arbeiters, für sich isoliert betrachtet«.

Wir sind bei dieser Frage ein wenig auf die Einzelheiten eingegangen. Es mußte geschehen wegen der *methodischen* Wichtigkeit dieser Frage. Und ihre Wichtigkeit beruht nicht nur darauf, daß hier von einem zentralen Problem des Marxismus die Rede ist, sondern auch darauf, daß Bucharin gerade hier das Opfer seiner falschen methodischen Einstellung wurde. Wir haben früher auf seinen Versuch, aus der Dialektik eine »science« zu machen, hingewiesen. Diese Tendenz äußert sich wissenschaftstheoretisch darin, daß er den Marxismus als eine »allgemeine Soziologie« aufgefaßt sehen möchte (S. 7 bis 8). Hier gerät aber seine naturwissenschaftelnde Tendenz mit seinem – oft richtigen – dialektischen Instinkt in einen unlösbaren Widerspruch. Engels hat die Dialektik »auf die Wissenschaft von den allgemeinen Gesetzen der Bewegung sowohl der äußeren Welt als des menschlichen Denkens« reduziert[5]. Damit befindet sich die allgemeine Seite der Theorie Bucharins von der Soziologie als »Methode für die Geschichte« im Einklang. Indem aber bei ihm – was notwendig aus seiner naturwissenschaftlichen Einstellung folgt – diese Soziologie nicht reine Methode bleibt,

3 *Kapital* I, S. 333. [MEW, Bd. 23, S. 390].
4 *Kapital* III. I, S. 53. [MEW, Bd. 23, S. 89].
5 *Feuerbach*, S. 38. [Engels, »Ludwig Feuerbach und der Ausgang der klassischen deutschen Philosophie«, MEW, Bd. 21, S. 293].

sondern sich zu einer eigenen, eine spezielle inhaltliche Erfüllung suchenden Wissenschaft entwickelt, gerät sie in Widerspruch zu dem geschichtlichen Wesen ihrer materiellen Grundlage. Denn die Dialektik kann auf eine *spezielle* inhaltliche Erfüllung verzichten; ist sie doch auf das Ganze des Geschichtsprozesses gerichtet, dessen individuelle, konkrete, sich niemals wiederholende Momente gerade in ihrer qualitativen Verschiedenheit voneinander, gerade in dem ununterbrochenen Wechsel ihrer gegenständlichen Struktur ihre dialektischen Wesenszüge offenbaren und dadurch als *Totalität* zum Erfüllungsgebiet der Dialektik werden. Dagegen muß eine »science«-artige allgemeine Soziologie auch eine eigene *spezielle* inhaltliche Erfüllung, eigene allgemeine Gesetzmäßigkeiten liefern, wenn sie sich nicht selbst aufheben, zur bloßen Erkenntnistheorie werden soll. Bucharin schwankt hier ziemlich unentschieden hin und her. Einerseits sieht er klar ein, daß es eine Gesellschaft »überhaupt« gar nicht gibt (S. 270); er vermag aber hieraus nicht die notwendigen Folgerungen zu ziehen, da die historische Variation für ihn theoretisch (die Anwendungen seiner Theorie sind oft viel besser als die Theorie selbst) nur eine »bestimmte historische *Hülle*«[6], eine »Uniform« vorstellt (ebd.). Andererseits versucht er (S. 8), »Theorie« und »Methode« voneinander zu trennen und sie doch als eine einheitliche Wissenschaft zu behandeln – eine Aufgabe, die wegen der Unklarheit der Fragestellung von vornherein unlösbar sein muß. Und die von uns analysierte grundfalsche Theorie von der Priorität der Technik ist eben nichts anderes als die inhaltliche Erfüllung der von Bucharin geforderten allgemeinen Soziologie: keine zufällige Entgleisung, sondern die notwendige Folge eines nicht bis ans Ende geklärten Ausgangspunktes.

Diese Unklarheit zeigt sich fast überall, wo der Gesetzesbegriff Bucharins in Funktion tritt. Zum Glück vergißt Bucharin bei seinen konkreten Analysen oft seinen theoretischen Ausgangspunkt. So will er aus dem »Gleichgewicht« und seinen Störungen innerhalb bestimmter Systeme allgemeine Gesetzestypen

6 Von mir hervorgehoben.

sowohl für die unorganische und organische Natur, wie für die Gesellschaft ableiten (S. 73–81). Hier wird Hegel mit Marx in einer nicht allzu organischen Weise zusammengekoppelt. Jedoch obwohl Bucharin theoretisch nur so viel zugibt, daß diese Zusammenhänge »*am besten am Beispiel*[7] des kompliziertesten Systems, an der menschlichen Gesellschaft, ersichtlich« werden, so vergißt er glücklicherweise bei der konkreten Analyse der Gesellschaft diese Theorie, so daß er oft – seiner Grundeinstellung zum Trotze – zu sehr interessanten Resultaten gelangt. Dazu kommt, daß die verschiedenen »organischen« etc. Theorien der Gesellschaft in ihm eine gesunde Abwehr hervorrufen, die sich oft in treffenden kritischen Auseinandersetzungen äußert (z. B. S. 31 ff.).

In der Feststellung des *Erkenntnisziels* der Soziologie tritt aber diese naturwissenschaftliche Orientiertheit Bucharins ganz kraß zutage. Er führt aus: »Aus all dem, was hier vorgebracht wurde, folgt, daß in den Gesellschaftswissenschaften, *ebenso wie in den Naturwissenschaften*[8], ein Voraussagen möglich ist. Wir können einstweilen den *Zeitpunkt* für den Eintritt dieser oder jener Erscheinung nicht voraussagen . . . Dies kommt daher, weil wir noch nicht über solche Kenntnisse der Gesetze der gesellschaftlichen Entwicklung verfügen, die sich in genauen *Zahlen* ausdrücken ließen. Wir kennen die *Geschwindigkeit* der sozialen Prozesse nicht, aber wir haben die Möglichkeit, deren *Richtung* zu kennen (S. 44–45).« Bucharin verkennt aber in seiner naturwissenschaftlichen Voreingenommenheit, daß zwischen der Erkenntnismöglichkeit der »zahlenmäßigen« »Tatsachen« und der der Richtungen oder Tendenzen nicht der subjektive Unterschied der Entwicklungsstufe unserer Erkenntnis liegt, sondern die *objektive qualitative Differenz der Gegenstände selbst*. Dies haben Marx und Engels stets klar erkannt. Ich will die klugen und methodisch sehr besonnenen Bemerkungen von Engels[9] über die methodische Unmöglichkeit,

7 Von mir hervorgehoben.
8 Von mir hervorgehoben.
9 In der Einleitung (von 1895) zu Marx' »Klassenkämpfe in Frankreich«, Berlin 1911, S. 8. [MEW, Bd. 7 S. 511 f.] Bd. VII, S. 511–512. (Hrsg.)

die unmittelbare Gegenwart zahlenmäßig exakt zu erfassen, bloß beiläufig erwähnen und weise nur darauf hin, daß Marx in der sachlich wie methodisch gleich grundlegenden Lehre von der Durchschnittsprofitrate zwischen einzelner zahlenmäßig fixierter »Tatsache« und gesellschaftlichen Tendenzen des Gesamtprozesses eine scharfe methodische Scheidungslinie zieht. »Die beständig fluktuierende Marktrate des Zinses« – führt er aus – »ist in jedem Moment als fixe Größe gegeben, wie der Marktpreis der Waren . . . Dagegen *existiert* die allgemeine Profitrate beständig nur als Tendenz . . .«[10] Und diese Auffassung der Tendenzen der Entwicklung, deren Tendenzcharakter also nicht bloß auf dem Mangel unserer Erkenntnis beruht, sondern im Wesen der Gegenständlichkeit des gesellschaftlichen Geschehens begründet ist, auf welcher Struktur wiederum die theoretische Möglichkeit des gesellschaftlichen Handelns, der die Wirklichkeit »umwälzenden Praxis« fundiert ist, wird von keinem Geringeren als Lenin auf Schritt und Tritt wiederholt und hervorgehoben. So z. B. in seiner Kritik der Juniusbroschüre[11], wo er in bezug auf die These: daß im Zeitalter des Imperialismus nationale Kriege unmöglich sind, das Unmarxistische einer solchen These scharf hervorhebt. Er betont, daß dies sehr unwahrscheinlich ist; aber eine Analyse der Entwicklungstendenzen kann niemals eine absolute Unmöglichkeit nachweisen. Dadurch wird das Problem der Erkennbarkeit des »Zeitpunktes« von vornherein zur methodischen Unmöglichkeit gestempelt. Noch schärfer wird diese methodische Unmöglichkeit in seiner auf dem 11. Kongreß der Kommunistischen Internationale gehaltenen Rede über die internationale Lage betont: »Hier müssen wir vor allem zwei weit verbreitete Irrtümer erwähnen . . .; es gibt Revolutionäre, die zu beweisen versuchen, daß es keinen Ausweg aus der Lage gibt. Dies ist ein Fehler. Unbedingt aussichtslose Lage gibt es nicht . . . Der Versuch, von vornherein die ›unbedingte‹ Aussichtslosigkeit zu ›beweisen‹, ist leere Kleinlichkeitskrämerei oder Spiel mit

10 *Kapital* III. I, S. 351; von mir hervorgehoben. [MEW, Bd. 25, S. 378 f.].
11 *Gegen den Strom*, S. 419 f. [Lenin-Werke, Bd. XXII, S. 315 ff.] (Hrsg.)

Begriffen und Worten.« Einen wirklichen Beweis dieser oder jener Frage kann nur die Erfahrung, nur die Praxis bringen[12].

Wir haben uns hier auf Marx, Engels und Lenin nicht als auf »Autoritäten« berufen. Es sollte nur gezeigt werden, daß das Erkenntnisziel Bucharins von dem Weg der großen und fruchtbaren Traditionen des historischen Materialismus, der von Marx und Engels über Mehring und Plechanow zu Lenin und Rosa Luxemburg führt, abbiegt. (Es ist, beiläufig bemerkt, sehr bedauerlich, wenn auch aus der methodischen Einstellung Bucharins heraus durchaus begreiflich, daß Bucharin die grundlegenden ökonomischen Theorien Rosa Luxemburgs gar nicht berücksichtigt.) Denn eine sachliche, eingehende Diskussion dieses Erkenntniszieles selbst würde über den Rahmen dieser Rezension hinausgreifen. Bei einer solchen Diskussion müßte gezeigt werden, daß die ganze philosophische Grundlegung der Theorie Bucharins auf dem Standpunkt des »anschauenden« Materialismus verharrt, daß er, statt die Naturwissenschaften und ihre Methode einer geschichtsmaterialistischen Kritik zu unterwerfen, d. h. sie als Produkte der kapitalistischen Entwicklung zu begreifen, ihre Methode unbesehen, unkritisch, unhistorisch und undialektisch auf die Erkenntnis der Gesellschaft anwendet. Eine solche Kritik aber, die in Plechanow Arbeiten über Holbach, Helvétius und Hegel[13] gute Vorarbeiten besitzt, gehört nicht hierher. Hier sollten bloß jene *Folgen* der Einstellung Bucharins dargelegt werden, die geeignet sind, seine konkreten gesellschafts-wissenschaftlichen Ergebnisse zu trüben oder in falsche Richtungen zu lenken. [...]

---

12 Protokoll des II. Kongresses der Kommunistischen Internationale, Wien 1920, S. 43–44. [Referat über die internationale Lage und die Hauptaufgaben der Kommunistischen Internationale am 19. Juli 1920, in: Lenin-Werke, Bd. XXXI, S. 215].

13 G. W. Plechanow, *Beiträge zur Geschichte des Materialismus. Holbach – Helvétius-Marx,* Berlin 1957].

Antonio Gramsci
Kritische Notizen zu Bucharins »Theorie des Historischen Materialismus«

Prämisse

Eine Arbeit wie das *Gemeinverständliche Lehrbuch,* im wesentlichen für eine Lesergemeinde bestimmt, die nicht aus professionellen Intellektuellen besteht, hätte von der kritischen Analyse der Philosophie des Alltagsverstandes, der »Philosophie der Nichtphilosophen«, ausgehen müssen. Sie hätte ausgehen müssen von der Weltanschauung, die unkritisch in jenen verschiedenen gesellschaftlichen und kulturellen Bereichen übernommen wird, wo sich die sittlich-moralische Individualität des Durchschnittsmenschen entwickelt. Der Alltagsverstand ist keine einheitliche, in Zeit und Raum identische Anschauung: er ist die »Folklore« der Philosophie, und wie die Folklore kommt er in unzähligen Formen vor: sein grundlegender und charakteristischer Zug ist eine – auch in den einzelnen Köpfen – inkonsequente, unzusammenhängende und sich widersprechende Auffassungsweise. Sie entspricht der gesellschaftlichen und kulturellen Stellung des breiten Volkes, dessen Philosophie sie ist. Wenn sich im Lauf der Geschichte eine homogene gesellschaftliche Klasse bildet, wird auch – gegen den Alltagsverstand – eine homogene, zusammenhängende und systematische Philosophie erarbeitet. Das *Gemeinverständliche Lehrbuch* irrt, wenn es (implizit) von der Voraussetzung ausgeht, daß dieser Erarbeitung einer neuartigen Philosophie der Volksmassen die großen Systeme der traditionellen Philosophien und die Religion des hohen Klerus entgegenstehen, das heißt die Weltanschauung der Intellektuellen und der höheren Kultur. In Wirklichkeit sind diese Systeme dem Volk unbekannt und wirken nicht direkt auf seine Denkweise und sein Handeln ein. Gewiß bedeutet das nicht, daß sie geschichtlich völlig unwirksam blieben: aber diese Wirksamkeit ist anderer Natur. Diese Systeme beeinflussen die Volksmassen in Form von äußerer politischer Gewalt, als zusammenhaltendes Element der Kraft der herrschenden Klassen als Element der Unterordnung unter eine äußere Hegemonie, die das ursprüngliche Denken der Volksmassen negativ begrenzt, ohne es positiv zu beeinflussen – im Sinne eines lebendigen Ferments für eine innere Veränderung der unentwickelten und chaotischen Denkansätze der Massen über Welt und Leben. Die Hauptelemente des Alltagsverstandes gehen auf die Religionen zurück. Daher ist das Verhältnis zwischen Alltagsverstand und Religion sehr viel enger als zwischen Alltagsverstand und den philosophischen Systemen der Intellektuellen. [. . .] Im Alltagsverstand überwiegen »realistische« materialistische Elemente, das unmittelbare Produkt grober Empfindungen. Das steht andererseits zum religiösen Element nicht im Widerspruch, im Gegenteil; aber diese Elemente sind »abergläubisch« unkritisch. Die Gefahr des *Gemeinverständlichen Lehrbuches* liegt deshalb in der Bestätigung dieser unkritischen, den Alltagsverstand noch ptolemäisch, anthropomorph, anthropozentrisch belassenden Elemente, anstatt sie wissenschaftlich zu kritisieren.

Was hier über das *Gemeinverständliche Lehrbuch* gesagt wurde, das die systematischen Philosophien kritisiert, anstatt von der Kritik des Alltagsverstandes auszugehen, muß in gewissen Grenzen als methodologische Bemerkung verstanden werden. Gewiß soll das nicht heißen, die Kritik der philosophischen Systeme der Intellektuellen sei zu vernachlässigen. Wenn, individuell gesehen, ein Element der Masse den Alltagsverstand kritisch überwindet, nimmt es dadurch selbst eine neue Philosophie an: daher ist es notwendig, in eine Darstellung der Philosophie der Praxis die Polemik gegen die traditionellen Philosophien mit aufzunehmen. Mehr noch, wegen ihres tendenziellen Charakters, Philosophie der Massen zu sein, kann die Philosophie der Praxis nur in polemischer Form, als ständiger Kampf, begriffen werden. Jedoch muß immer vom Alltagsverstand ausgegangen werden, der die spontane Philo-

sophie des Volkes ist, und den ideologisch homogen zu machen
es gilt.
[. . .] Der »Alltagsverstand« ist sehr verschieden betrachtet
worden: entweder geradezu als Grundlage der Philosophie,
oder er ist vom Standpunkt einer anderen Philosophie aus
kritisiert worden. In Wirklichkeit stellt sich in allen Fällen
heraus, daß nur eine bestimmte Form des Alltagsverstandes
überwunden wurde, um einen anderen, der Weltanschauung
der Führungsgruppe entsprechenderen Alltagsverstand zu
schaffen. [. . .]
Hinweise auf den Alltagsverstand und auf die Beständigkeit
seiner Glaubensinhalte findet man oft bei Marx. Aber er
bezieht sich nicht auf die Gültigkeit dieser Glaubensinhalte,
sondern auf ihre formale Beständigkeit und folglich darauf,
wie zwingend sie sind, wenn sie Verhaltensnormen erzeugen.
In seinen Hinweisen wird die Notwendigkeit neuer Volksglauben ausgesprochen, d. h. eines neuen Alltagsverstands und
folglich einer neuen Kultur und einer neuen Philosophie, die
im Volksbewußtsein ebenso fest Wurzeln schlagen, wie die
traditionellen Volksglauben. [. . .]

Die Dialektik

Im *Lehrbuch* fehlt jegliche Untersuchung der Dialektik. Die
Dialektik wird sehr oberflächlich vorausgesetzt, nicht dargestellt. Das ist absurd bei einem Handbuch, das die wesentlichen Elemente der Lehre enthalten müßte; dessen biblio-
graphische Bezüge zum Lernen anregen und dazu dienen sollen,
den Gegenstand zu vertiefen, aber nicht das Handbuch selbst
ersetzen können. Die fehlende Behandlung der Dialektik kann
zwei Ursachen haben. Zunächst, daß vorausgesetzt wird, die
Philosophie der Praxis sei in zwei Elemente aufgeteilt: einer
als Soziologie konzipierten Theorie der Geschichte und der
Politik, die analog den Methoden der Naturwissenschaften zu
entwickeln sei (experimentell im grob positivistischen Sinne),

sowie einer Philosophie im eigentlichen Sinne. Sie wäre dann der philosophische oder metaphysische oder mechanische (vulgäre) Materialismus.

Auch nach der großen Diskussion gegen den Mechanizismus scheint der Verfasser des *Lehrbuchs* die philosophische Fragestellung nicht geändert zu haben. Wie aus seinem Beitrag zum Londoner Kongreß über die Geschichte der Wissenschaft hervorgeht, hält er [der Autor des *Lehrbuchs*] weiter an der Zweiteilung der Philosophie der Praxis fest: Doktrin der Geschichte und der Politik und Philosophie, die er jedoch als Dialektischen Materialismus bezeichnet und nicht mehr als den alten philosophischen Materialismus. Bei einer solchen Fragestellung ist die Wichtigkeit und Bedeutung der Dialektik nicht mehr zu verstehen, die von Erkenntnislehre und Kernsubstanz der Historiographie und der Wissenschaft der Politik zu einer Unterabteilung der formalen Logik und zu einer elementaren Scholastik degradiert wird. Funktion und Bedeutung der Dialektik können erst in ihrer Wesentlichkeit erfaßt werden, wenn die Philosophie der Praxis als integrale und neuartige Philosophie aufgefaßt wird, die eine neue Phase in der Geschichte und in der Weltentwicklung des Denkens einleitet, weil sie sowohl den traditionellen Idealismus wie den traditionellen Materialismus als Ausdrucksformen der alten Gesellschaft aufhebt (und in der Aufhebung deren lebendige Elemente bewahrt). Wenn die Philosophie der Praxis nur als einer anderen Philosophie untergeordnet gedacht wird, so kann man die neue Dialektik nicht begreifen, in der gerade diese Aufhebung erfolgt.

Der zweite Grund scheint psychologischen Charakters zu sein. Man fühlt, daß die Dialektik eine schwierige Sache ist, weil das dialektische Denken dem vulgären Alltagsverstand entgegensteht. Dieser ist dogmatisch, auf unumstößliche Gewißheiten versessen, und sein Ausdruck ist die formale Logik. Zum besseren Verständnis mag man sich ausdenken, was geschähe, wenn in den Grund- und Oberschulen die Naturwissenschaften auf der Grundlage des' Einsteinschen Relativismus gelehrt würden, zugleich aber mit den traditionellen »naturgesetzlichen« Begriffen des statistischen Gesetzes und der großen Zahl. Die Schüler würden überhaupt nichts verstehen, und der Zusammenstoß zwischen Schulunterricht und Familien- und Volksleben wäre derart heftig, daß die Schule zum Gespött und zum Objekt eines karikierenden Skeptizismus würde.

Dieses Motiv scheint mir für den Verfasser des *Lehrbuchs* eine psychologische Schranke zu sein. Er kapituliert tatsächlich vor dem Alltagsverstand und dem vulgären Denken, weil er sich das Problem nicht in den exakten theoretischen Termini gestellt hat. Er ist daher praktisch ohnmächtig. Das unaufgeklärte Milieu hat den Erzieher beherrscht, der vulgäre Alltagsverstand hat sich gegenüber der Wissenschaft durchgesetzt und nicht umgekehrt; wenn das Milieu Erzieher ist, so muß es ebenso wieder erzogen werden, aber die *Theorie* versteht diese revolutionäre Dialektik nicht. Die Wurzel sämtlicher Irrtümer der Theorie und ihres Autors (dessen Position auch nach der großen Diskussion unverändert ist, in deren Folge er sich offenbar von seinem Buch distanziert hat, wie aus seinem Londoner Beitrag hervorgeht) liegt eben in diesem Anspruch, die Philosophie der Praxis in eine »Soziologie« und eine systematische Philosophie aufzuteilen. Von der Theorie der Geschichte und der Politik abgetrennt, kann die Philosophie nur Metaphysik sein, während die große Errungenschaft der Geschichte des modernen Denkens, von der Philosophie der Praxis repräsentiert, gerade die konkrete Historisierung der Philosophie und ihr Identischsetzen mit der Geschichte ist. [. . .]

Die dem *Gemeinverständlichen Lehrbuch* implizite Philosophie kann als positivistischer Aristotelismus bezeichnet werden, als eine Anpassung der formalen Logik an die Methoden der Physik und Naturwissenschaften. Die geschichtliche Dialektik wird durch Kausalitätsgesetz, Erforschung der Regelmäßigkeit, Normalität, Gleichförmigkeit ersetzt. Aber wie kann bei dieser Auffassung die Aufhebung, die »Umwälzung« der Praxis abgeleitet werden? Mechanisch begriffen kann die Wirkung nie die Ursache oder das System von Ursachen aufheben, es kann folglich keine andere Entwicklung als die platt-vulgäre des Evolutionismus geben.

Wenn der »spekulative Idealismus« die Wissenschaft von den Kategorien und der Synthesis *a priori* des Geistes ist, d. h. eine Form antihistoristischer Abstraktion, so ist die im *Gemeinverständlichen Lehrbuch* implizite Philosophie ein umgekehrter Idealismus, in dem Sinne, daß empirische Begriffe und Klassifikationen die spekulativen Kategorien ersetzen, die genauso abstrakt und antihistorisch wie jene sind.

Eine der sichtbarsten Spuren der alten Metaphysik im *Gemeinverständlichen Lehrbuch* ist das Bemühen, alles auf eine Ursache zurückzuführen, auf die *causa ultima*. Man kann die Geschichte des Monokausalitätsproblems rekonstruieren und zeigen, daß sie eine der Manifestationen der »Gottessuche« ist. Gegen diesen Dogmatismus ist nochmals an die beiden Briefe von Engels im *Socialistischen Akademiker* zu erinnern.

Der Begriff »Wissenschaft«

Wenn im *Gemeinverständlichen Lehrbuch* die Frage nach der regelmäßigen Entwicklungslinie gestellt wird, so geht das auf das etwas kindlich-naive Bedürfnis zurück, das praktische Problem der Vorhersehbarkeit geschichtlicher Ereignisse ein für allemal zu lösen. Auf Grund einer eigentümlichen Umkehrung der Perspektiven scheinen die Naturwissenschaften die Fähigkeit zu besitzen, die Evolution von Naturprozessen vorherzusehen. Deshalb ist die historische Methodologie nur als »wissenschaftlich« erklärt worden, wenn sie die Zukunft der Gesellschaft abstrakt »vorauszusehen« in der Lage sei. Daher die Erforschung der wesentlichen Ursachen, sogar der *causa prima*, der »Ursache der Ursachen«. Aber die Thesen über Feuerbach hatten, schon vorwegnehmend, diese simplifizierende Auffassung kritisiert: In Wirklichkeit kann man nur den Kampf »wissenschaftlich« vorhersehen, aber nicht seine konkreten Momente, die nur Ergebnisse kontrastierender, ständig bewegter, und nicht auf fixe Quantitäten zurückführbare Kräfte sein können, weil in ihnen die Quantität immer in Qualität umschlägt. Es gibt tatsächlich »Voraussicht«, wenn man aktiv wird, wenn der Wille eingesetzt wird und man somit konkret dazu beiträgt, das »vorhergesehene« Resultat zu schaffen. Die Voraussicht erweist sich folglich nicht als ein wissenschaftlicher Akt der Erkenntnis, sondern als ein abstrakter Ausdruck der Anstrengung, einen Kollektivwillen zu schaffen.

Und wie könnte auch die Voraussicht ein Akt der Erkenntnis sein? Man erkennt das, was war oder was ist, nicht das, was sein wird, was ein »Nichtexistierendes« und folglich ein Nichterkennbares *per definitionem* ist. Die Voraussicht ist also ein praktischer Akt und kann nur erklärt werden wie oben ausgeführt. Jede andere Interpretation ist reiner Zeitverlust. Man muß das Problem der Vorhersehbarkeit geschichtlicher Ereignisse genau formulieren, um die mechanische Kausalitätsauffassung eingehend kritisieren zu können, um sie von jedem wissenschaftlichen Prestige zu entkleiden und sie auf jenen reinen Mythos zurückzuführen, der vielleicht früher, in gewissen subalternen Klassen, auf einer niedrigeren Entwicklungsstufe, einmal nützlich war.

Es gilt jedoch, den im *Gemeinverständlichen Lehrbuch* entwickelten Begriff der »Wissenschaft« selbst kritisch zu zerstören; er ist offenkundig den Naturwissenschaften entlehnt, als seien sie die einzige Wissenschaft oder die Wissenschaft *par excellence,* wie der Positivismus es behauptet. [. . .]

Man muß den Nachweis erbringen, daß die »subjektivistische« Anschauung zunächst dazu dient, die Transzendenzphilosophie wie auch die naive Metaphysik des Alltagsverstandes und des philosophischen Materialismus zu kritisieren; ihre Bewahrheitung und historische Interpretation kann sie dann nur in der Überbau-Konzeption finden, während sie in ihrer spekulativen Form nur ein philosophischer Roman bleiben würde.

Dem *Gemeinverständlichen Lehrbuch* kann man den Vorwurf machen, daß es die subjektivistische Anschauung aus der Kritik des Alltagsverstandes heraus darstellt und die Anschauung der objektiven Wirklichkeit der äußeren Welt in ihrer trivialsten und unkritischsten Form übernimmt, ohne die geringste Befürchtung vor dem Einwand, dies sei Mystizismus; wie es dann in der Tat auch geschah.[1] Nur, bei der Analyse dieser Anschauung ist es dann nicht so leicht, einen so mechanisch verstandenen Standpunkt äußerer Objektivität zu rechtfertigen. Ist es möglich, daß eine außergeschichtliche und außermenschliche Objektivität existiert? Aber wer wird eine solche Objektivität beurteilen? Wer wird diesen »Standpunkt des Kosmos an sich« vertreten und was bedeutet ein solcher Standpunkt? Man kann sehr gut behaupten, es handele sich um ein Residuum des Gottesbegriffes, gerade in seiner mystischen Anschauung des unbekannten Gottes. Engels' Formulierung, daß die Einheit der Welt in ihrer von der langen und beschwerlichen Entwicklung der Philosophie und der Naturwissenschaften bewiesenen Materialität bestehe, enthält ja gerade den Keim der richtigen Konzeption, weil auf die Geschichte und den Menschen zurückgegriffen wird, um die objektive Wirklichkeit zu beweisen. Objektiv bedeutet immer »menschlich objektiv«, was dem »geschichtlich Objektiven« genau entspricht, d. h. objektiv würde »universell objektiv« bedeuten. Der Mensch erkennt objektiv, wenn diese Erkenntnis für das ganze, in einem einheitlichen Kultursystem *geschichtlich* vereinigte Menschengeschlecht wirklich ist. Aber dieser geschichtliche Vereinigungsprozeß wird erfolgen, wenn die inneren Widersprüche verschwinden, die die menschliche Gesellschaft zerfleischen, Widersprüche, die zur Bildung von Gruppen und zur Entstehung der nicht universell konkreten Ideologien beitragen, die infolge des praktischen Ursprungs ihrer Substanz sogleich hinfällig werden. Es gibt also einen Kampf um die Objektivität (der Befreiung von partiellen und trügerischen

1 In der Londoner Denkschrift nimmt der Autor des *Gemeinverständlichen Lehrbuchs* kurz Stellung zu dem Vorwurf des Mystizismus, schreibt ihn Sombart zu und beachtet ihn nicht weiter: Sombart hat diesen Vorwurf gewiß von Croce übernommen.

Ideologien), und dieser Kampf geht um die kulturelle Vereinigung des Menschengeschlechtes selbst. Was die Idealisten »Geist« nennen, ist nicht Ausgangs-, sondern Ankunftspunkt. Es ist die Gesamtheit des Überbaus, der sich auf die konkrete und objektiv universelle Vereinheitlichung hin entwickelt und keinesfalls bereits einheitsstiftende Voraussetzung ist.

In den Naturwissenschaften hat eine solche kulturelle Einheit ihre bisher maximale Ausdehnung erreicht. Sie war das Erkenntniselement, das am meisten zur Vereinheitlichung des »Geistes« beitrug, um ihn universeller zu machen; sie ist die am konkretesten objektivierte und verallgemeinerte Subjektivität.

Der metaphysisch-materialistische Objektivitätsbegriff scheint eine auch außerhalb des Menschen existierende »Objektivität« zu vertreten. Wird aber behauptet, es gäbe eine Wirklichkeit auch ohne die Existenz des Menschen, so bedient man sich entweder einer Metapher, oder man verfällt einer Form des Mystizismus. Wir kennen die Wirklichkeit nur im Verhältnis zum Menschen. Und da der Mensch geschichtliches Werden ist, sind auch Erkenntnis und Realität ein Werden, ist auch Objektivität ein Werden, etc.

Die Bemerkung von Engels, daß die Materialität der Welt durch die lange und beschwerliche Entwicklung der Philosophie und der Naturwissenschaften bewiesen werde, müßte analysiert und präzisiert werden. Versteht man unter Wissenschaft die theoretische oder praktisch-experimentelle Tätigkeit? oder die Synthese beider Tätigkeiten? Man könnte sagen, daß der typisch vereinheitlichende Prozeß der Wirklichkeit in der experimentellen Tätigkeit des Wissenschaftlers bestehe, erstes Modell dialektischer Vermittlung zwischen Mensch und Natur, elementare geschichtliche Zelle, wo der Mensch durch die Technik ein Verhältnis zur Natur eingeht, diese erkennt und beherrscht. Ohne Zweifel trennt die Einführung der experimentellen Methode zwei Geschichtsepochen. Mit ihr beginnt die Ablösung von Theologie und Metaphysik und zugleich die Entwicklung des modernen Denkens, dessen Krönung die Philosophie der Praxis ist. Die wissenschaftliche Erfahrung ist die erste Zelle der modernen Produktionsmethode, der neuen Form tätiger Einheit von Mensch und Natur. Der experimentierende Wissenschaftler ist auch ein Arbeiter, kein reiner Denker. Sein Denken wird fortwährend durch die Erfahrung kontrolliert und umgekehrt, bis die vollkommene Einheit von Theorie und Praxis hergestellt ist. [...]

Anmerkung: Man muß die Position von Professor Lukács zur Philosophie der Praxis studieren. Es scheint, Lukács behauptet, man könne von Dialektik nur im Hinblick auf die Geschichte der Menschen und nicht auf die Geschichte der Natur sprechen. Er könnte recht haben; oder auch nicht. Wenn seine Behauptung einen Dualismus zwischen Mensch und Natur voraussetzt, so hat er unrecht, weil er einer für die Religion, für die der griechisch-christlichen Philosophie und auch den Idealismus typischen Naturauffassung verfällt, die Mensch und Natur nur verbal in ein Verhältnis zueinander setzt und zu einer Einheit bringt. Aber wenn die menschliche Geschichte auch als Naturgeschichte (auch vermittels der Geschichte der Wissenschaft) begriffen werden soll, wie kann dann die Dialektik von der Natur getrennt werden? Vielleicht ist Lukács – als Reaktion auf die barocken Theorien des *Gemeinverständlichen Lehrbuchs* – dem entgegengesetzten Irrtum verfallen, einer Form von Idealismus.

Die Wissenschaft und das wissenschaftliche Instrumentarium

Im *Gemeinverständlichen Lehrbuch* wird behauptet, die Fortschritte der Wissenschaften hingen – wie die Wirkung von der Ursache – von der Entwicklung der wissenschaftlichen Instrumente ab. Diese Schlußfolgerung des *Lehrbuchs* geht auf das von Loria übernommene allgemeine Prinzip von der geschichtlichen Funktion des »Produktions- und Arbeitsinstruments« zurück (das an die Stelle des Ensembles der gesellschaftlichen Produktionsverhältnisse tritt). Aber in der Geologie wird außer dem Hammer kein Werkzeug verwendet, und die technischen Fortschritte des Hammers sind gewiß nicht mit den Fortschritten der Geologie zu vergleichen. Wenn die Geschichte der

Wissenschaften, wie das *Lehrbuch* sagt, sich auf die Geschichte ihrer typischen Werkzeuge reduzieren ließe, wie will man eine Geschichte der Geologie konstruieren? Daß die Geologie sich auf die Fortschritte einer Reihe von anderen Wissenschaften stütze und deshalb die Geschichte der von jenen Hilfswissenschaften verwendeten Werkzeuge die Entwicklung der Geologie demonstriere, ist ebenfalls eine unsinnige Behauptung, weil man mit dieser Ausflucht letztlich nur Gemeinplätze zum besten gäbe und auf immer breitere Bewegungen zurückgreifen müßte, bis hin zu den Produktionsverhältnissen. Das Motto der Geologie heißt immer noch *mente et malleo*.

Generell läßt sich sagen, daß der Fortschritt der Wissenschaften nicht materiell dokumentiert werden kann. Die Geschichte der Wissenschaften kann nur für die Erinnerung wiederaufleben – und das gilt nicht einmal für jede Wissenschaft –, wenn die ständige Perfektionierung der Werkzeuge als eines der Mittel des Fortschritts beschrieben wird und die Maschinen als Anwendung der Wissenschaften selbst dargestellt werden. Die »Hauptwerkzeuge« des wissenschaftlichen Fortschritts sind intellektueller, methodologischer (und auch politischer) Natur, und Engels hat mit Recht geschrieben, daß die »intellektuellen Werkzeuge« nicht aus dem Nichts entstanden, nicht dem Menschen angeboren sind, sondern erworben wurden, sich entwickelt haben und sich geschichtlich entwickeln. Wie sehr hat es den Fortschritt der Wissenschaften gefördert, daß der Autorität des Aristoteles und der Bibel im wissenschaftlichen Bereich ein Ende gesetzt wurde. Und ist dies nicht dem allgemeinen Fortschritt der modernen Gesellschaft zu verdanken? Es sei an das Beispiel der Theorien über den Ursprung der Quellen erinnert. Die erste exakte Formulierung dazu findet sich in der Enzyklopädie von Diderot etc.; während man beweisen kann, daß die Menschen aus dem Volk zu diesen Fragen auch vorher eindeutige Meinungen haben, lösten bei den Wissenschaftlern die willkürlichsten und bizarrsten Theorien einander ab, in der Absicht, die Bibel und Aristoteles mit den experimentellen Beobachtungen des *bon sens* in Einklang zu bringen.

Eine andere Frage ist folgende: wenn die Behauptung des *Lehrbuchs* stimmt, worin würde sich dann die Geschichte der Wissenschaften von der Geschichte der Technologie unterscheiden? Mit der Entwicklung der »materiellen« wissenschaftlichen Instrumente, die geschichtlich mit dem Aufkommen der experimentellen Methode· zusammenfiel, hat sich eine spezifische Wissenschaft entwickelt, die Wissenschaft der Instrumente, die eng an die allgemeine Entwicklung von Produktion und Technologie gebunden ist. Wie oberflächlich die Behauptung des *Lehrbuchs* ist, zeigt das Beispiel der mathematischen Wissenschaften, die keines materiellen Instrumentes bedürfen (die Entwicklung der Kinderrechenmaschine kann nicht fortschreiten) und die selbst »Instrument« sämtlicher Naturwissenschaften sind. [...]

Der Begriff »Orthodoxie«

Aus einigen früher entwickelten Punkten geht hervor, daß der Begriff der »Orthodoxie« erneuert und auf seinen authentischen Ursprung zurückgeführt werden muß. Orthodoxie darf nicht diesem oder jenem Anhänger der Philosophie der Praxis nachgewiesen werden, in dieser oder jener Tendenz, die einer der ursprünglichen Lehre fremden Strömung folgt. Sondern man muß die Orthodoxie in der grundlegenden Auffassung suchen, daß die Philosophie der Praxis »sich selbst genüge«, in sich alle grundlegenden Elemente enthalte, mit denen man eine totale und integrale Weltanschauung und eine totale Philosophie und Theorie der Naturwissenschaften konstruieren könne, und nicht nur das, sondern auch eine integrale praktische Organisation der Gesellschaft ins Leben rufen, d. h. eine totale integrale Zivilisation gründen könne.

Dieser dergestalt erneuerte Orthodoxiebegriff dient dazu, das Attribut »revolutionär« besser zu präzisieren, das man mit allzu großer Leichtigkeit auf verschiedene Weltanschauungen, Theorien, Philosophien anwendet. Gegenüber dem Heidentum war das Christentum revolutionär, weil es ein Element der völligen Spaltung zwischen den Anhängern der alten und der neuen Welt darstellte. Eine Theorie ist in dem Maß »revolutionär«, in dem sie zu einem Element der Trennung und der bewußten Unterscheidung in zwei Lager wird, weil sie einen Gipfel bedeutet, der dem gegnerischen Lager unerreichbar ist. Zu meinen, die Philosophie der Praxis sei keine vollkommene autonome und unabhängige Struktur des Denkens, die sich im Antagonismus zu allen traditionellen Philosophien und Religionen befindet, bedeutet nur, daß man noch nicht alle Bindungen zur alten Welt abgebrochen hat, wenn nicht geradezu, daß man kapituliert hat. Die Philosophie der Praxis hat keine heterogenen Stützen nötig; sie selbst ist so robust und so reich an neuen Wahrheiten, daß die alte Welt auf sie zurückgreift, um ihr Arsenal mit den modernsten und wichtigsten Waffen zu versorgen. Das bedeutet, daß die Philosophie der Praxis eine regelrechte Hegemonie über die traditionelle Kultur ausübt, diese aber versucht – weil sie noch stark und vor allem raffinierter ist –, wie das besiegte Griechenland zu reagieren, um schließlich den barbarischen römischen Sieger zu überwinden.

Ein großer Teil des philosophischen Werkes von Croce steht wohl für diesen Versuch, sich die Philosophie der Praxis als Magd der traditionellen Kultur wieder heranzuziehen. Aber wie man aus dem *Lehrbuch* ersieht, geraten auch die Anhänger, die sich als »Orthodoxe« bezeichnen, in den Hinterhalt, und sie selbst begreifen ihre Philosophie als einer allgemeinen (vulgär)-materialistischen Theorie untergeordnet, wie andere sie der idealistischen unterordnen. (Das soll nicht heißen, daß es keine Beziehungen zwischen der Philosophie der Praxis und den alten Philosophien gäbe, nur sind sie weniger eng als die Beziehungen zwischen Christentum und griechischer Philosophie.) In Otto Bauers Büchlein über die Religion[2] kann man einige Andeutungen über die Kombinationen finden, zu denen die irrige Auffassung geführt hat, die Philosophie der Praxis sei nicht autonom und unabhängig, sondern von Mal zu Mal

2 Otto Bauer, *Sozialdemokratie, Religion und Kirche,* Wien 1927.

der Unterstützung durch eine andere materialistische oder idealistische Philosophie bedürftig. Bauer vertritt als politische These den Agnostizismus der Parteien und gesteht den Parteimitgliedern zu, idealistische, materialistische, atheistische, katholische und andere Gruppen zu bilden.

Die »Materie«

Was versteht das *Gemeinverständliche Lehrbuch* unter »Materie«? In einem populären Abriß mehr noch als in einem Buch für Gebildete und besonders, da sie die erste derartige Arbeit zu sein vorgibt, müssen nicht allein die Grundbegriffe genau definiert werden, sondern die gesamte Terminologie, damit die Fehlerquelle vermieden wird, die in der volkstümlichen und vulgären Übernahme wissenschaftlicher Wörter liegt. Natürlich kann für die Philosophie der Praxis »Materie« weder in naturwissenschaftlicher Bedeutung verstanden werden (Physik, Chemie, Mechanik etc., diese Bedeutungen sind in ihrer historischen Entwicklung zu registrieren und zu studieren) noch in den verschiedenen materialistisch-metaphysischen Bedeutungen. Die verschiedenen physischen, chemisch-mechanischen Eigenschaften der Materie, die in ihrer Gesamtheit die Materie selbst ausmachen (es sei denn, man ginge auf eine Konzeption des kantischen Noumenons zurück) werden betrachtet, aber nur, soweit sie zu einem produktiven »ökonomischen Element« werden. Die Materie ist folglich nicht als solche zu betrachten, sondern als eine historisch und gesellschaftlich für die Produktion organisierte, und somit ist die Naturwissenschaft eine wesentlich historische Kategorie, ein menschliches Verhältnis. Ist die Gesamtheit der Eigenschaften jeder Art von Material sich je gleichgeblieben? Die Geschichte der technischen Wissenschaften sagt nein. Wie lange wurde die mechanische Kraft des Dampfes nicht beachtet? Und kann man sagen, daß eine solche mechanische Kraft überhaupt bestand, ehe sie von den Maschinen der Menschen genutzt wurde? In welchem Sinne also und bis zu welchem Punkt stimmt es nicht, daß die Natur keinen Anlaß zu Entdeckungen vorher bestehender Kräfte, vorher bestehender Qualitäten der Materie gebe, sondern nur Anlaß zu eng den Interessen der Gesellschaft verbundenen »Schöpfungen«, die durch die Entwicklung und weiteren Erfordernisse der Entwicklung von Produktivkräften bedingt sind? Und die idealistische Vorstellung, die Natur sei nichts anderes als die ökonomische Kategorie, könnte sie nicht – von spekulativen Überbauelementen gereinigt – auf die Termini der Philosophie der Praxis reduziert, historisch mit ihr verbunden und als eine Entwicklung von ihr bewiesen werden? In Wirklichkeit untersucht die Philosophie der Praxis nicht eine Maschine, um die atomistische Struktur des Materials, die physisch-chemisch-mechanischen Eigenschaften ihrer natürlichen Komponenten festzustellen (Untersuchungsobjekt der exakten Wissenschaften und der Technologie), sondern sie sieht die Maschine als ein Moment der materiellen Produktivkräfte, als Ausdruck eines gesellschaftlichen Verhältnisses, das einer bestimmten geschichtlichen Periode entspricht. Die Gesamtheit der materiellen Produktivkräfte ist das am wenigsten variable Element in der geschichtlichen Entwicklung, es kann von Mal zu Mal mit mathematischer Genauigkeit gemessen werden. Das kann zu Beobachtungen und zu Kriterien experimentellen Charakters führen und folglich zur Rekonstruktion eines robusten Skeletts geschichtlichen Werdens. Die Wandelbarkeit der Gesamtheit der materiellen Produktivkräfte ist ebenfalls meßbar. Mit einer gewissen Genauigkeit läßt sich feststellen, wann sie aus einer quantitativen zu einer qualitativen Entwicklung übergehen. In der Gesamtheit der materiellen Produktivkräfte kristallisiert sich die vergangene Geschichte, und sie ist zugleich die Basis der gegenwärtigen und zukünftigen Geschichte, ist Dokument und zugleich aktive, aktuelle Triebkraft. Aber der Begriff der Tätigkeit dieser Kräfte darf nicht mit der Tätigkeit im physischen oder metaphysischen Sinne verwechselt noch überhaupt damit verglichen werden. Die Elektrizität ist geschichtlich aktiv, aber nicht als bloße Naturkraft (als elektrischer Schlag, der Brände hervorruft, beispielsweise), sondern als Element der Produktion, die der Mensch beherrscht und der Gesamtheit der materiellen Produktivkräfte einverleibt, als Objekt des Privateigentums. Vor ihrer Reduktion auf eine Produktivkraft gab es die Elektrizität auch als abstrakte Naturkraft, sie war aber nicht in der Geschichte wirksam, und war ein hypothetisches Thema der Naturgeschichte (und davor war das geschichtliche »Nichts«, weil sich niemand mit ihr beschäftigte und, mehr noch, niemand sie kannte).

Diese Beobachtungen demonstrieren, wie das von den Naturwissenschaften zur Erklärung geschichtlicher Vorgänge übernommene kausale Element reine Willkür, wenn nicht ein Rückgang auf alte ideologische Interpretationen ist. Zum Beispiel behauptet das *Lehrbuch,* die neue Atomtheorie zerstöre den Individualismus (die Robinsonaden). Was soll das heißen? Was bedeutet diese Anlehnung der Politik an die wissenschaftlichen Theorien, wenn nicht, daß die Geschichte von diesen wissenschaftlichen Theorien bewegt wird, d. h. von den Ideologien? Um ultramaterialistisch zu sein, verfällt man also einer barokken Form von abstraktem Idealismus? Man kann auch nicht argumentieren, nicht die atomistische Theorie habe den Individualismus zerstört, sondern die natürliche, von der Theorie beschriebene und festgestellte Wirklichkeit; es sei denn, man wollte sich in die kompliziertesten Widersprüche verwickeln, denn jene natürliche Wirklichkeit wird als der Theorie vorhergehend vorausgesetzt und folglich tätig – zu einer Zeit, als der Individualismus *en vogue* war. Warum also war diese »atomistische« Wirklichkeit nicht immer wirksam, wenn sie ein Naturgesetz ist und war, warum mußte sie vielmehr, um tätig zu werden, warten, bis von den Menschen eine Theorie ausgearbeitet wurde? Gehorchen also die Menschen nur den ihnen bekannten Gesetzen, als seien diese von den Parlamenten erlassen? Und wer könnte die Menschen die ihnen nicht bekannten Gesetze befolgen lassen, entsprechend dem Prinzip der modernen Gesetzgebung, wonach Unkenntnis der Gesetze kein Grund der Entschuldigung ist? (Man kann auch nicht behaupten, die Gesetze einer bestimmten Naturwissenschaft seien mit den Gesetzen der Geschichte identisch oder – da der Komplex der wissenschaftlichen Ideen eine homogene Einheit bilde – man könne eine Wissenschaft auf eine andere oder ein Gesetz auf ein anderes reduzieren. Warum und auf Grund welchen Privilegs kann in diesem Falle dieses bestimmte Element der Physik und kein anderes auf die Einheit der Weltanschauung reduziert werden?) In Wirklichkeit ist dies nur eines der vielen Elemente im *Gemeinverständlichen Lehrbuch,* die beweisen, wie oberflächlich die Darstellung des Problems der Philosophie der Praxis dort ist. Das *Lehrbuch* hat es nicht verstanden, dieser Weltanschauung ihre wissenschaftliche Autonomie und Position gegenüber der Naturwissenschaften zu geben und – noch schlimmer – auch nicht gegenüber jenem vagen, der vulgären Volksanschauung eigenen allgemeinen Wissenschaftsbegriff (wonach auch Taschenspielerkünste »Wissenschaft« sind). Ist die moderne Atomtheorie eine »definitive«, für immer feststehende Theorie? Wer, welcher Wissenschaftler, würde dies zu behaupten wagen? Oder ist nicht auch sie einfach eine möglicherweise aufhebbare wissenschaftliche Hypothese, die in einer umfassenderen Theorie aufgehen kann? Warum also sollte der Bezug gerade auf diese Theorie entscheidend sein und die Frage der Robinsonaden und des Individualismus gelöst haben? (Abgesehen von der Tatsache, daß die Robinsonaden manchmal praktische Schemata sein können, die konstruiert wurden, um auf eine Tendenz zu verweisen oder einen Beweis *ad absurdum* zu führen: auch der Autor der kritischen Ökonomie hat auf die Robinsonaden zurückgegriffen.) Aber es gibt andere Fragen: Wenn die atomistische Theorie das wäre, was das *Lehrbuch* behauptet, warum gehorchte dann die Gesellschaft nicht immer diesem Gesetz, da doch die Geschichte der Gesellschaft in einer Reihe von Umwälzungen besteht und die Formen der Gesellschaft zahlreich waren, während die Atomtheorie der Reflex einer immer gleichen natürlichen Wirklichkeit ist. Oder will man etwa behaupten, der Übergang vom korporativen mittelalterlichen Regime zum ökonomischen Individualismus sei unwissenschaftlich gewesen, ein Fehler der Geschichte und der Natur? Nach der Theorie der Praxis ist offenkundig, daß nicht die atomistische Theorie die menschliche Geschichte erklärt, sondern umgekehrt: die atomistische Theorie ist, wie alle wissenschaftlichen Hypothesen und Meinungen, ein Überbau.[3]

Quantität und Qualität

Im *Gemeinverständlichen Lehrbuch* wird gesagt (beiläufig, weil die Behauptung nicht bewiesen, nicht abgewogen, keine fruchtbare Konzeption ist, sondern zufällig ist, ohne Zusammenhang mit Vorangegangenem oder Folgendem), jede Gesellschaft sei etwas mehr als die bloße Summe ihrer individuellen Komponenten. Das ist abstrakt wahr, was aber bedeutet es konkret? Die darauf empirisch gegebene Erklärung ist oft etwas barock. Man hat gesagt, daß hundert Kühe – jede für sich genommen – etwas anderes sind als hundert Kühe zusammen. Sie sind dann eine Herde; man hat daraus eine bloße Frage von Wörtern gemacht. So wurde behauptet, bei zehn gäbe es in der Numerierung eine Zehnereinheit, als ob es nicht ein Paar, das Terzett, das Quartett gäbe . . ., d. h. eine einfache verschiedene Zählweise. Die theoretisch-praktisch konkreteste Erklärung findet sich im Band I des *Kapitals*, wo bewiesen wird, daß es im Fabriksystem eine Produktionsquote gibt, die keinem einzelnen Arbeiter, sondern nur der gesamten Belegschaft, dem gesellschaftlichen Gesamtarbeiter zugeschrieben werden kann. Etwas Ähnliches geschieht mit der gesamten Gesellschaft, die auf der Teilung der Arbeit und der Funktionen basiert, und deswegen mehr wert ist als die Summe ihrer Teile. Wie die Philosophie der Praxis das Hegelsche Gesetz von der Quantität, die zur Qualität wird, »konkretisiert« hat, ist

3 Die atomistische Theorie soll dazu dienen, den biologischen Menschen als Aggregat verschiedener Körper und die menschliche Gesellschaft zu erklären. Welch umfassende Theorie!

eine andere jener theoretischen Kernfragen, die das *Gemein-verständliche Lehrbuch* nicht entwickelt, sondern als bereits bekannt voraussetzt; wenn es sich nicht überhaupt mit einfachen Wortspielen begnügt wie dem Beispiel vom Wasser, das mit dem Temperaturwechsel seinen Zustand (Eis, flüssig, gasförmig) verändert, was eine rein mechanische Tatsache ist, die von einem äußerlichen Agens (dem Feuer, der Sonne oder der Verdunstung des Kohlensäureschnees) bestimmt wird.

Was ist beim Menschen dieses äußere Agens? In der Fabrik sind es die Arbeitsteilung etc., vom Menschen selbst geschaffene Bedingungen. In der Gesellschaft das Ensemble der Produktivkräfte. Aber der Autor des *Gemeinverständlichen Lehrbuchs* hat nicht daran gedacht, daß, wenn jedes gesellschaftliche Aggregat etwas mehr (oder auch etwas anderes) als die Summe seiner Teile ist, daraus folgt, daß das die gesellschaftliche Entwicklung erklärende Prinzip kein physikalisches Gesetz sein kann, da man in der Physik die Sphäre der Quantität nur metaphorisch gesehen hinter sich läßt. Denoch ist in der Philosophie der Praxis die Qualität immer mit der Quantität verbunden, und vielleicht liegt sogar in einer solchen Verbindung ihr originellster und fruchtbarster Teil. Tatsächlich hypostasiert der Idealismus die Qualität etwas mehr, macht aus ihr ein Wesen an sich, den »Geist«, so wie die Religion aus ihr die Gottheit machte.

Aber wenn Religion und Idealismus Hypostasierungen sind, d. h. willkürliche Abstraktionen, und sie keinen aus pädagogischen Gründen notwendigen analytischen Unterscheidungsprozeß darstellen, so ist auch der Vulgärmaterialismus eine Hypostasierung, indem er eine hypostasierte Materie »vergöttlicht«. [. . .]

Die Teleologie

Bei der Frage der Teleologie tritt der Fehler des *Lehrbuchs*, die philosophischen Lehren der Vergangenheit zu Trivialitäten zu degradieren, noch deutlicher zutage. Dem Leser kommt es dann vor, als sei die gesamte vergangene Kultur eine Phantasmagorie von delirierenden Bacchanten gewesen. Diese Methode ist aus verschiedenen Gründen zu tadeln: ein ernsthafter Leser, der seine Begriffe erweitert und seine Studien vertieft, fühlt sich hinters Licht geführt und dehnt sein Mißtrauen auf das gesamte System aus. Man glaubt schnell, eine Position überwunden zu haben, indem man sie bagatellisiert, aber es handelt sich nur um eine rein verbale Illusion. Auf so burleske Weise Fragen darzustellen, kann bei Voltaire einen Sinn haben. Aber Voltaire, d. h. ein großer Künstler, ist nicht jeder, der es sein möchte.

So bringt das *Lehrbuch* die Frage der Teleologie in ihrer kindischsten Form, ohne den kantianischen Standpunkt zu kennen. Man könnte vielleicht nachweisen, daß es im *Lehrbuch* viel unbewußte Teleologie gibt, die, ohne es zu wissen, den kantianischen Standpunkt reproduziert: z. B. das Kapitel über das *Gleichgewicht von Natur und Gesellschaft.*

Dokumente zur Erklärung der Kontroversen
(Übergang zur stalinistischen Philosophie)

Aus der Resolution der Parteizelle des Instituts der Roten Professur für Philosophie und Naturwissenschaft in Moskau

angenommen am 29. Dezember 1930

1. Die gegenwärtige Periode des sozialistischen Aufbaus stellt für die Kampffähigkeit aller Abschnitte unserer theoretischen Front den besten Prüfstein dar. In der Periode des verschärften Klassenkampfes, der angespannten Arbeit am sozialistischen Umbau des Landes werden alle politischen und theoretischen Grundfragen klipp und klar gestellt. Die Partei legt im Prozeß des Kampfes alle Erscheinungen bloß, in denen der Widerstand gegen den voll entwickelten siegreichen Vormarsch des Sozialismus nicht allein in der Ökonomie und Politik, sondern ebenso auch an allen Abschnitten der theoretischen Front seinen Ausdruck findet. Sie enthüllt schonungslos alles Faule, Opportunistische, alles Nichtbolschewistische, Antileninistische in der Theorie, alles, was unter dieser oder jener Form den bürgerlichen oder kleinbürgerlichen Einfluß auf die Ideologie des Proletariats zum Ausdruck bringt, so sorgsam es auch verschleiert und versteckt sein möge.

2. Die Wiederaufbauperiode in der Entwicklung unseres Landes war von einem gewissen Wachstum der kapitalistischen Elemente begleitet, das verschiedene Erscheinungsformen der menschewistischen Theorien der II. Internationale, welch letztere unter allen möglichen Maskierungen die Revision der marxistisch-leninistischen Theorie bedeuten, in einer ganzen Reihe von theoretischen Gebieten mit Unvermeidlichkeit entstehen und erstarken ließ.

Diese ihrem Wesen nach menschewistischen, revisionistischen Theorien und »Theorielein« vermochten sich kraft einer Reihe von Ursachen und Umständen in einzelnen theoretischen Gebieten fest einzunisten. Die konterrevolutionäre Ideologie des

Trotzkismus, die menschewistische Ideologie der Richtung Rubin, die ihrem Wesen nach die ökonomische Theorie der II. Internationale darstellt und auch heute noch ganz unzureichend kritisiert und entlarvt wird; die bogdanowistisch-mechanistischen Theorien Bucharins u. a. in der politischen Ökonomie, die menschewistisch-struvistische Auffassung der Perewersew-Richtung, die Richtung Woronski usw. in der Literaturwissenschaft, alles Konzeptionen, deren Kritik noch immer nicht auf das entsprechende theoretische Niveau gebracht ist; der Block der mechanistischen Revision der materialistischen Dialektik mit der offen menschewistisch gearteten positivistisch-kantianischen Revision des Marxismus (Sarabjanow, Warjasch, Timirjasew, Axelrod) und die idealistische Revision des Marxismus-Leninismus bei der Deborinschen Gruppe (Deborin, Karew, Sten, Luppol, Frankfurt usw.) in der Philosophie und Naturwissenschaft usw. – all dies sind nur verschiedene Glieder einer einzigen historischen Kette.

3. Der erfolgreiche Kampf für die Generallinie der Partei, gegen alle möglichen antibolschewistischen Abweichungen und Richtungen, die Entlarvung des antimarxistischen, antileninistischen Wesens des Trotzkismus und des rechten Opportunismus – dieser Kampf hatte in seinem Verlauf die praktische Betätigung der Leninschen Lehre, ihre unmittelbare Umsetzung ins Leben, zur Grundlage. Der Leninismus als der Marxismus der Epoche des Imperialismus und der proletarischen Revolutionen stellt durchaus auf allen Gebieten der marxistischen Theorie eine neue Entwicklungsstufe dar. In der vergangenen Periode hatten wir das Eindringen der marxistisch-leninistischen Theorie in Millionenmassen von Proletariern und Werktätigen, zugleich aber auch eine beträchtliche Vermehrung und Ausbildung wirklich bolschewistischer, theoretischer Kader zu verzeichnen.

All diese Umstände haben den verschärften Kampf auf den wichtigsten Abschnitten der ideologischen Front zur Folge. Die Bedeutung und der eigentliche Sinn dieses Kampfes besteht in der voll entfalteten Offensive der marxistisch-leninistischen

Theorie auf allen Teilgebieten der Ideologie und in der endgültigen Überwindung aller und jeder antimarxistischen, antileninistischen Theorien, aller und jeder theoretischen Erscheinungsformen des der Epoche der II. Internationale eigentümlichen Quasi-Marxismus.

4. Die Parteiorganisation des Instituts der Roten Professur für Philosophie und Naturwissenschaft hat die von Stalin auf der Konferenz der marxistischen Agrarpolitiker gemachten Hinweise auf die Notwendigkeit schleunigster Beseitigung des unzulässigen Zurückbleibens der Theorie hinter den praktischen Erfolgen des sozialistischen Aufbaus richtig verstanden und ebenso die aus diesen Hinweisen folgende, außerordentlich dringliche Notwendigkeit einer allseitigen, umfassenden und gründlichen Aufrollung dieser Probleme in einer der Lage an der philosophischen Front entsprechenden Weise. Im Verlauf der philosophischen Diskussion sind folgende Hauptpunkte der theoretischen Differenzen vollkommen richtig bestimmt worden: Notwendigkeit und Charakter des Umschwunges an der philosophischen Front; Parteicharakter der Philosophie, der Naturwissenschaft und aller Theorie überhaupt; der Leninismus in der Philosophie als neue Phase in der Entwicklung des dialektischen Materialismus; Notwendigkeit voller Entfaltung des Kampfes nach zwei Fronten in der Philosophie und Naturwissenschaft; die neuen Aufgaben der marxistisch-leninistischen Philosophie im Zusammenhang mit der Praxis des sozialistischen Aufbaus usw.

5. Die Diskussion hat die prinzipiellen Gesichtspunkte und Hauptthesen, die in der Kritik der Auffassungen der sogenannten philosophischen Führung vom Büro aufgestellt wurden, als richtig erwiesen.

6. In Erwägung der aus der Diskussion gewonnenen Erfahrungen und Lehren und im Hinblick auf die ganze Tiefe der politischen und philosophischen Differenzen mit der Deborinschen Gruppe – Differenzen, deren Sinn und Bedeutung, in den von Stalin in seiner Unterredung mit dem Parteizellenbüro der Roten Professur für Philosophie und Naturwissenschaft

gegebenen Hinweisen mit besonderer Klarheit und Bestimmtheit zum Ausdruck gebracht worden ist – äußert die Versammlung der Parteizelle die Überzeugung: die in der Resolution des Büros vom 14. Oktober 1930, abgedruckt im *Bolschewik,* Nr. 19/20, gegebene Charakterisierung der Auffassungen der sogenannten philosophischen Führung als einer formalistischen Abweichung ist akademisch und ungenügend präzis, sie bedarf der Zuspitzung und nachdrücklichen Verschärfung, da die formalistische Entstellung der materialistischen Dialektik ihrem Wesen nach eine idealistische Revision des Marxismus bedeutet.

Die Gesamtheit der theoretischen und politischen Anschauungen der Deborinschen Gruppe stellt faktisch ihrem Wesen nach einen *Idealismus menschewistischer Prägung* dar, der eine nichtmarxistische, nichtleninistische Methodologie zur Grundlage hat und der kleinbürgerlichen Ideologie und dem Druck der das Proletariat umringenden, ihm feindlichen Klassenkräfte Ausdrucksform und Erscheinung verleiht. Es ist dies eine außerordentlich raffinierte Form für die idealistische Revision des Marxismus: mit höchster Sorgfalt unter einer materialistischen, marxistischen Phraseologie verdeckt und verhüllt, häufig in ein marxistisch-leninistisches Gewand gekleidet, tritt sie selbst häufig in sehr scharfer Weise nicht nur gegen den offenen, pfäffischen konterrevolutionären Idealismus von der Art eines Losew auf, sondern auch gegen hegelianische Idealisten vom Schlage eines Lukács.

In ihrem Kampf gegen den Leninismus in der Philosophie und gegen den Umschwung an der philosophischen Front hat die Gruppe Deborin, Karew, Sen u. a. den Weg des direkten und offenen Kampfes mit dem dialektischen Materialismus betreten, *den Weg des Antimarxismus.*

7. Die Versammlung erachtet es gleichfalls für notwendig, die folgenden Formulierungen aus der Resolution des Zellenbüros vom 14. Oktober, in denen die von der sogenannten »philosophischen Führung« in der verflossenen Etappe befolgte Linie gewertet wird, abzuändern:

a) daß die Arbeit »in der abgelaufenen Periode auf einer Reihe von Gebieten im allgemeinen in der von Lenin gewiesenen Richtung geleistet worden« und b) daß »in der abgelaufenen Entwicklungsphase die Linie der philosophischen Führung in der Hauptsache richtig gewesen« sei – Formulierungen, die der Wirklichkeit so wenig entsprechen wie die weiter oben gegebene Charakteristik des Wesens der von der Deborinschen Gruppe vertretenen Anschauungen.

Die menschewistischen Traditionen Deborins, der starke Einfluß einer ganzen Reihe von fehlerhaften Momenten in den politischen und philosophischen Anschauungen Plechanows, die von Lenin kritisiert worden sind, von denen sich aber Deborin noch heute nicht vollständig freigemacht hat, desgleichen die parteipolitische Unzuverlässigkeit der Deborin umgebenden Kader (Karew, Sten u. a.) – all dies schuf aus der Deborinschen Gruppe einen Stoff, der der Entwicklung des kleinbürgerlichen Milieus leicht unterlag, und dies alles mußte sich in schärfster Weise in ihrer theoretischen Arbeit widerspiegeln.

Die Deborinsche Gruppe machte sich nicht nur nicht an die Verwirklichung der in Lenins Aufsatz ›Über die Bedeutung des streitbaren Materialismus‹ gegebenen grundlegenden Weisungen – sie entstellte sie im Gegenteil in beträchtlichem Maße, indem sie ihre theoretische Arbeit nicht im Sinne des konsequenten dialektischen Materialismus, sondern im Geiste einer ihrem Wesen nach idealistischen Revision dieses dialektischen Materialismus leistete.

Im Kampfe mit den Mechanisten hat die Deborinsche Gruppe eine gewisse positive Rolle gespielt. Man muß jedoch im Auge behalten, daß diese Gruppe die Mechanisten nicht auf der Basis orthodox marxistischer Prinzipien kritisierte. Die in der Hauptsache und im wesentlichen hegelianischen, idealistisch-dialektischen Positionen der Deborinschen Gruppe erlaubten es ihr bis zu einem bestimmten Grade, in den wichtigsten Fragen der Methodologie die gänzliche Verständnislosigkeit der Mechanisten für das Wesen der Philosophie im allgemeinen und der Dialektik im besonderen zu kritisieren und zu enthüllen, ihre durch und durch metaphysische Methodologie, ihren groben Vulgärmaterialismus und ihren Positivismus aufzudecken und damit eine gewisse positive Rolle zu spielen. Lenin hat seinerzeit höchst treffend vermerkt: »Hegel schlägt jedweden Materialismus, nur nicht den dialektischen« (Lenin, Sammelband XII, S. 235, russisch).

Allein die kritische Tätigkeit der Deborinschen Gruppe sicherte keineswegs eine konsequente, bis zu Ende durchgeführte Entlarvung der mechanistischen Methodologie, im Gegenteil: das idealistische Wesen und der Eklektizismus der von dieser Gruppe stammenden Schriften führten ihre Repräsentanten in Wirklichkeit zu einer faktischen Übereinstimmung mit den Mechanisten in einer ganzen Reihe von Problemen (z. B. über den angeblich terminologischen Charakter der Fehler Plechanows, in Fragen der Hieroglyphen-Theorie, des gegenseitigen Verhältnisses Lenins und Plechanows als marxistischer Philosophen; Übereinstimmung Luppols mit Sarabjanow in bezug auf die Lockesche Lehre von den primären und sekundären Sinnesqualitäten usw.).

8. Das antimarxistische Wesen der von der Deborinschen Gruppe vertretenen Anschauungen fand seinen Ausdruck:

a) in der Losreißung der Theorie von der Praxis, der Philosophie von der Politik usw., wodurch »eines von den gefährlichsten Merkmalen und Dogmen der II. Internationale« (Stalin) faktisch wieder zum Leben erweckt wurde;

b) in vollständigem Verzicht auf die Durchführung – und ebenso in der Entstellung – des Leninschen Prinzips von der Parteimäßigkeit der Philosophie, das in der präzisesten Form den Klassencharakter unserer Philosophie ausdrückt, weil den besten Teil der Arbeiterklasse ihre Avantgarde – die Kommunistische Partei – darstellt; die Gruppe Deborin, Karew, Sten ignorierte dieses Leninsche Prinzip, da es mit Notwendigkeit die Verteidigung der Generallinie der Partei und den Kampf mit allen und jeden Abweichungen von ihr als Forderung in sich schließt;

c) schließlich in der Unterschätzung Lenins in seiner Bedeutung als Theoretiker überhaupt und insbesondere als marxistischer Philosoph; in der Ignorierung und Nichtanerkennung des Leninismus in der Philosophie als einer neuen Entwicklungsstufe des dialektischen Materialismus; in der Wiederholung und Vertiefung einer Reihe von Plechanowschen Fehlern auf dem Gebiet der Philosophie und des historischen Materialismus. Die Unterschätzung der philosophischen und überhaupt theoretischen Bedeutung der Werke Lenins steht unzweifelhaft im Zusammenhang mit der Linie der vom Marx-Engels-Institut geleisteten wissenschaftlichen Forschungsarbeit.

9. Dieses Wesen fand ferner seinen Ausdruck nicht nur in der Verständnislosigkeit der Deborinschen Gruppe für den Leninismus in der Philosophie, sondern auch in der damit organisch verbundenen Verständnislosigkeit für die wichtigsten Probleme des Leninismus überhaupt, in den schweren Fehlern, die in diesen Fragen gemacht wurden. Hierher gehören: Fehler von kautskyanischem Typus in der Behandlung des Imperialismus, ganz abstrakte Aufrollung der Probleme der Diktatur des Proletariats, der Demokratie und Diktatur (Deborin: Lenin als Denker); rechtsopportunistische Anschauungen in Fragen der Kultur und der Kulturrevolution (Luppol, Karew, Bobrownikow); abstrakte, bogdanowistische Entgegensetzung von Individualismus und Kollektivismus; Behandlung einer Reihe von Problemen der kommunistischen Gesellschaft im Geiste der alten, Bogdanow-Basarowschen »Philosophie des Kollektivismus«, mit einem starken Zusatz von Feuerbachianismus, »Kollektivisierung der Sinne« usw. (Deborin, Artikel ›Der Aufbau des Sozialismus und unsere Aufgaben an der theoretischen Front‹, *Unter dem Banner des Marxismus* [russ.], Nr. 5, Jahrgang 1930); menschewistische Suchanowsche Behandlung des Problems der Produktivkräfte und Produktionsverhältnisse (Honikman: »Die Produktivkräfte sind der aktive Grund, die Produktionsverhältnisse die passive Folge«, ebenda Nr. 2–3); kautskyanische Fehler in der Theorie der Moral (Deborin); schließlich die trotzkistische, ihrem Wesen nach

menschewistische, sozialdemokratische Stellungnahme Karews zum Problem der Gesellschaftsklassen in der Übergangsperiode und gegen die Möglichkeit des Aufbaus des Sozialismus in unserem Lande, die halbtrotzkistischen Fehler Stens, eines der »geistigen« Initiatoren des Rechts-»Links«-Blocks, und die durchgängig äußerst abstrakte Behandlung der Klassen- und Klassenkampfprobleme, so oft die Vertreter der Deborinschen Gruppe in dieser oder jener Weise diese Fragen berührten.

10. Die Unfähigkeit zur wirklichen Überwindung des Hegelschen Idealismus, die Übernahme wichtigster Momente aus der Hegelschen Philosophie ohne ihre materialistische Umprägung kam zum Ausdruck in Gestalt eines ganzen Systems idealistischer Auffassungen in den eigentlich philosophischen Fragen, angefangen mit der allgemeinen Behandlung und Bestimmung der Materie bis zum Problem der Struktur der Logik. Insofern sich das Studium der Hegelschen Dialektik, dessen Notwendigkeit Lenin in sehr scharfer Form hervorhebt, in den Schriften der Gruppe Deborin nicht auf die materialistische Dialektik von Marx, Engels und Lenin, nicht auf die Praxis des sozialistischen Aufbaus usw. stützte, verwandelt es sich in sein Gegenteil. Anstelle der Bearbeitung und Weiterentwicklung des dialektischen Materialismus führte diese Art von Hegelstudium zu einer idealistischen Entstellung der materialistischen Dialektik. In den Arbeiten der sog. »philosophischen Führung« haben wir entgegen den völlig bestimmten und klaren Sätzen von Marx, Engels, Lenin über das Verhältnis des Marxismus zu der idealistischen Dialektik Hegels – dem Wesen der Sache nach eine Restauration Hegels, seine Kanonisierung; seine Verwandlung in ein Heiligenbild, das Vergessen des Umstandes, daß der Marxismus die materialistische Umgestaltung der Hegelschen Dialektik und eben damit die höhere Entwicklungsform darstellt.

11. Diese Entstellung kam zum Ausdruck in bestimmten Fehlern, die mit unrichtigen, in den Idealismus verfallenden Bestimmungen des Wesens der Materie zusammenhängen: Bestimmung der Materie als einer unendlichen Gesamtheit von

Vermittlungen, Beziehungen, Zusammenhängen (Deborin), wobei der reale Träger dieser Beziehungen unter den Tisch gefallen ist; vollkommen idealistische Auffassung der Materie als einer Synthese aus Raum und Zeit (Hessen); idealistischer Rationalismus in allen wichtigsten Fragen der Philosophie (Tymjanski, *Einführung in den dialektischen Materialismus)* usw.

Mit den unrichtigen Bestimmungen der Materie sind organisch verbunden: die vollkommen unrichtige Auffassung der materialistischen Dialektik selbst, als einer »allgemeinen Methodologie«, welche angeblich erst »den inneren Zusammenhang in den konkreten Inhalt *hineinbringt*« (Deborin); Fehler in der Auffassung der Theorie der Dialektik als einer »allgemeinen Theorie«, die sich angeblich damit begnüge, die Kategorien abstrakt zu behandeln, abgesehen von der Art ihrer Anwendung in den bestimmten Einzelfällen, als Darstellung ihrer allgemeinen logischen Analyse (Deborin); die im Geiste des Hegelschen Idealismus gehaltene Forderung eines angeblich notwendigen »geschlossenen Kategoriensystems der Dialektik« (Honikman: »Lenins Gedanke hat noch einen anderen Inhalt: es ist darin die Rede von einem geschlossenen System der Dialektik, die Dialektik muß mit dem Sein anfangen, sie muß mit dem Sein aber auch enden«) usw. usf.

12. Das »Methodologisieren« in den Arbeiten der Gruppe Deborin fand dem Wesen der Sache nach seinen Ausdruck in einem idealistischen Auseinanderreißen der Methode und der Weltanschauung, der Dialektik und des Materialismus, der Dialektik und der Erkenntnistheorie, der Dialektik und des historischen Materialismus.

In seinem Aufsatz ›Zur Frage der Dialektik‹ schrieb Lenin: »Die Dialektik *ist* eben die Erkenntnistheorie (Hegels und) des Marxismus. Gerade diese Seite der Sache (es handelt sich hier nicht um die ›Seite‹, sondern um das *Wesen* der Sache) ließ Plechanow unbeachtet, von anderen Marxisten ganz zu schweigen« (Lenin, *Sämtl. Werke,* Bd. XIII, S. 378). Dabei hat Deborin wunderlich vereinigt: einerseits Entgegensetzung der

Erkenntnistheorie gegen die Dialektik (Deborin, Marx und Hegel), anderseits die Anschauung, daß »die Theorie der Erkenntnis in der Methodologie aufgehe« (Deborin, ebendort). Diese Problemstellung – die Anschauung vom Aufgehen der Erkenntnistheorie in der Methodologie – hat nur den einen Sinn: scholastisch-idealistisches Theoretisieren über eine »reine« Methodologie, über eine vom Materialismus losgerissene »Dialektik«.

Die grundlegende Eigentümlichkeit aller dieser Fehler besteht darin, daß die genannte Gruppe in ihren theoretischen Arbeiten die Frage nach dem Verhältnis von Theorie und Praxis nicht richtig zu lösen verstand, daß sie die marxistisch-leninistische Lehre vom Gesetz der Einheit der Gegensätze entstellte, daß sie die Hegelsche Lehre von der Einheit des Allgemeinen, des Besonderen und Einzelnen nicht materialistisch umzugestalten vermochte, daß sie mit diesen wichtigsten Problemen der materialistischen Dialektik nicht fertig wurde. Die Folge, die sich daraus bei den Vertretern dieser Gruppe ergab, war die Auseinanderreißung des empirischen und des rationalen Moments in der Erkenntnis, der Empfindung und des Denkens, des Historischen und des Logischen, der Form und des Inhalts. Die Kategorien der Dialektik erschienen lediglich als abstrakte, »allgemeine«, vom Konkreten, Besonderen und Einzelnen losgerissene Kategorien des Denkens, in denen kein Atom Empirie enthalten sei, als rein logische Kategorien, abstrahiert von der Geschichte des Seins, von der Geschichte der menschlichen Erkenntnis – was faktisch zum Hegelschen Standpunkt führte.

13. Im engsten Zusammenhang mit der Lage an der philosophischen Front befindet sich auch die Lage an der naturwissenschaftlichen Front. Eine Anzahl von führenden Genossen auf dem naturwissenschaftlichen Gebiet unterstützte voll und ganz die Positionen der Gruppe Deborin (Agol, Lewien, Lewit, Hessen) oder verhielt sich versöhnlerisch zu ihr, indem sie dem Wesen der Sache nach sie verteidigte (O. J. Schmidt). Die genannte Gruppe von Naturwissenschaftlern vertrat außerdem in den Spezialfragen der Naturwissenschaft einen unrichtigen,

seinem Wesen nach antimarxistischen Standpunkt (unpolitische Haltung, Entstellung des Hinweises Stalins auf das gegenseitige Verhältnis von Theorie und Praxis: Losreißung der Theorie von der Praxis; Widerstand gegen die Durchführung der Selbstkritik; Ignorierung der Rolle Lenins in der Naturwissenschaft; Revision der von Engels in der Naturwissenschaft, speziell in der Biologie vertretenen Grundsätze; Unverständnis für den Sinn und die Bedeutung, die Engels' Arbeiten für die moderne Naturwissenschaft haben; Identifizierung der theoretischen Errungenschaften der Biologie mit dem Marxismus; Ersetzung der materialistischen Dialektik als der Methodologie der Naturwissenschaft durch die Genetik; Übertritt auf den Standpunkt der Autogenese; machistische Äußerungen in der Physik und Mathematik; dem Wesen nach antimarxistischer Inhalt der von Vertretern der Deborinschen Gruppe geleiteten naturwissenschaftlichen Abteilung der *Großen Sowjet-Enzyklopädie*). Der Kampf mit den Mechanisten trug vollständig ungenügenden, rein formalen Charakter; dem Wesen der Sache nach ist ein Zusammengehen mit den Mechanisten in einzelnen Grundfragen zu konstatieren (Verhältnis des Marxismus zur Naturwissenschaft, Problem des Inneren und des Äußeren u. a. m.). Ganz außer dem Gesichtsfeld blieb die mechanistische Konzeption auf dem Gebiet der Medizin (Gruppe Obuch).

14. Aus dem Zusammenhang aller bisher gemachten Darlegungen ergibt sich für uns die Aufgabe, alle von den Vertretern der Gruppe Deborins vorliegenden Schriften über Philosophie neu zu überprüfen und durchzuarbeiten und alles Antimarxistische, Antileninistische in diesen Schriften der schonungslosesten Kritik zu unterwerfen. Diese kritische Überprüfung darf zugleich damit nicht nur keine Abschwächung des Kampfes mit der mechanistischen Revision des dialektischen Materialismus zum Zweck haben, sie muß im Gegenteil zu einer Verstärkung dieses Kampfes, zur endgültigen Entlarvung der Mechanisten führen.

Die ablehnende Haltung der Mechanisten gegenüber der marxistisch-leninistischen Philosophie, der Kampf gegen die materialistische Dialektik unter der Flagge eines Kampfes gegen den Hegelianismus der Deborinschen Gruppe – chwostistisches Verhalten zu den »letzten Ergebnissen der modernen Naturwissenschaft«, durch die angeblich die Philosophie des Marxismus-Leninismus ersetzt werde, die zur Diskreditierung der Gesellschaftswissenschaften führende Theorie der »Abteilung«, menschewistische Revision der Theorie der Sprünge, die Verteidigung der »Hieroglyphen«-Theorie in der Lehre vom Erkennen und der Lockeschen Theorie von den primären und sekundären Qualitäten, kantianisch-agnostizistische Entstellung der leninschen Lehre von der objektiven, relativen und absoluten Wahrheit, die Verteidigung der menschewistisch-kantianischen Theorie von einer außerhalb der Klassen existierenden Sittlichkeit usw. usf. – all dies bezeugt, daß wir in Gestalt des prinzipiellen Blocks der Mechanisten eine offenherzig revisionistische, antimarxistische, antileninistische, philosophische Richtung vor uns haben.

15. Besonders große Bedeutung erhält nunmehr der entschiedene und konsequente Kampf nach zwei Fronten auf dem Gebiet der Philosophie. *Die Hauptgefahr bleibt unter den gegenwärtigen Bedingungen die mechanistische Revision des dialektischen Materialismus* (vertreten von Bucharin, Perow, Warjasch, Sarabjanow, Timirjasew, Axelrod u. a.), die bogdanowistisch-mechanistische Revision des historischen Materialismus (Bucharin u. a.) aus dem Grunde, weil sie in der Hauptsache die theoretische Basis der offenherzig opportunistischen rechten Abweichung, der Agentur des Kulakentums in der Partei darstellt, weil sie unter den Bedingungen der Rekonstruktionsperiode und der an der ganzen Front entfalteten Offensive des Sozialismus tiefe soziale Wurzeln in unserem Lande hat.

Zugleich damit ist höchste Wachsamkeit notwendig und besonderes Augenmerk auf die Gruppe zu richten, die den Weg des Antimarxismus betreten hat, auf die *idealistische Revision der materialistischen Dialektik, auf den menschewistisch gearteten*

Idealismus der Deborinschen Gruppe (Deborin, Karew, Sten, Podwolozki, Lewit, Agol u. a.), aus dem Grunde, weil diese Gefahr erst in sehr geringem Maße aufgedeckt, der theoretischen und politischen Kritik noch ganz ungenügend unterzogen ist und weil sie ihrerseits wiederum eine Förderung der Hauptgefahr bedeutet.

Es ist notwendig, einen entschiedenen Kampf zu führen mit jeder Art von Versöhnlertum gegenüber den Mechanisten (z. B. Wasseljew u. a.) ebenso wie gegenüber der idealistischen Revision des Marxismus durch die Deborinsche Gruppe (z. B. Stoljarow u. a.).

Nach der Entlarvung der von der Deborinschen Gruppe vertretenen Anschauungen als eines dem Wesen der Sache nach menschewistisch gearteten Idealismus ist die offene Verteidigung ihrer Anschauungen oder auch das offen versöhnlerische Verhalten zu ihnen außerordentlich erschwert. Darum ist besondere Aufmerksamkeit erforderlich in Hinsicht auf die formale Anerkennung der angegebenen grundsätzlichen Richtlinien und ein entschiedener Kampf gegen jedes Bestreben, diese Richtlinien nicht in der ganzen, ebenso theoretischen wie praktischen Arbeit durchzuführen, da eine solche formale Anerkennung eine der schlimmsten Arten von Versöhnlertum darstellt.

Zugleich damit hält es die Zellenversammlung des Instituts der Roten Professur für Philosophie und Naturwissenschaft für notwendig, auf die Gefahr einer simplifizierten Auffassung des menschewistisch gearteten Idealismus hinzuweisen. Derartige Vorstellungen bedeuten den Versuch, das ganze Wesen dieses Idealismus menschewistischer Prägung lediglich und ausschließlich auf die menschewistische Vergangenheit Deborins zurückzuführen und sich in der kritischen Arbeit im wesentlichen auf diesen Punkt zu beschränken – ohne die Erkenntnis der sozialen Wurzeln, welche die idealistische Revision des Marxismus-Leninismus unter den Bedingungen der Diktatur des Proletariats hat. Solche Vorstellungen richten sich objektiv gegen die oben gestellte Aufgabe einer kritischen Durcharbeitung sämtlicher von Deborin und seinen Mitstreitern vorliegenden Schriften.

16. Die Parteiversammlung des Instituts der Roten Professur für Philosophie und Naturwissenschaft hält es für notwendig, den Versuch einer Blockbildung zwischen Mechanisten und Vertretern der idealistischen Revision des Marxismus zu vermerken, der z. B. während der philosophischen Diskussion in Baku von Seiten des Halbmechanisten Wasseljew und von Seiten Garberj, eines aktiven Deborin-Anhängers und Mitbeteiligten an den »linken« Affären Stens und Karews in Sachen des IRP, gemacht wurden.

17. Die an der theoretischen Front tätigen Kräfte stehen vor den außerordentlich wichtigen und komplizierten Aufgaben, die ganze theoretische Arbeit in der Philosophie auf ein neues höheres Niveau zu bringen – durch wirkliches Studium und wirkliche Bearbeitung des ganzen, so außerordentlich reichen Inhalts, den der Nachlaß Lenins auf dem Gebiet der materialistischen Dialektik enthält, einerseits unter kritischer Überwindung des groben, vulgären, mechanistischen Materialismus mitsamt dem ihm eigentümlichen kriechenden Empirismus, mitsamt seiner begrifflosen und vulgarisierenden Behandlung der Grundgesetze der Dialektik, mitsamt seinem Positivismus, seiner Theorie der »Ableitung«, seiner Gleichgewichts-Theorie usw. – andererseits aber unter kritischer Überwindung des abstrakt-scholastischen Theoretisierens, der Losreißung der Theorie von der Praxis, der Verwandlung der Philosophie in einen Selbstzweck, des scholastischen Operierens mit »Gedankenwesenheiten«, der rein und ausschließlich logischen Analyse der Kategorien der Dialektik usw.

Die Aufgabe, vor die wir gestellt sind, besteht in der wirklichen Ausarbeitung der Theorie der materialistischen Dialektik; ihre besondere Aktualität wird durch den ganzen Verlauf des sozialistischen Aufbaus und durch seine Erfolge auf die Tagesordnung gesetzt.

Im Zusammenhang mit den gewaltigen Anforderungen, welche die Praxis des sozialistischen Aufbaus und der hartnäckige

Kampf der Partei für die Vollendung des Fundaments der sozialistischen Ökonomie an alle Abschnitte der theoretischen Front stellen, ist die schleunigste Beseitigung der Kluft erforderlich, die zwischen diesen Aufgaben und der Tätigkeit der kommunistischen Akademie besteht.

Die Versammlung stellt der Kommunistischen Akademie, dem Institut für Philosophie, ebenso auch der Leitung der Gesellschaft der Streitbaren Dialektischen Materialisten folgende Probleme, deren Lösung eine Notwendigkeit ist: vollständige Revision der für die philosophische Konferenz aufgesetzten Tagesordnung und tatsächliche Einberufung dieser Konferenz in der zweiten Hälfte des Jahres 1931, ebenso auch vollständige Revision des für die *Philosophische Enzyklopädie* in Vorbereitung befindlichen Materials mit dem Ziel der tatsächlichen Veröffentlichung einer echt marxistisch-leninistischen Philosophischen Enzyklopädie, desgleichen der philosophischen Abteilung der *Großen Sowjet-Enzyklopädie*.

M. Mitin
Über die Ergebnisse der philosophischen Diskussion[1]

I. Die Lage an der philosophischen Front

Die Ergebnisse der philosophischen Diskussion, die nun schon mehrere Monate, richtiger gesagt, rund ein Jahr angedauert hat, in einem einzigen Vortrag zusammenzufassen, ist jetzt nicht leicht, weil diese Diskussion außerordentlich wichtige Probleme, man kann sagen: die Grundprobleme der marxistisch-leninistischen Philosophie berührt hat. Ich werde daher in meinem Vortrag versuchen, nur *die Grundlinien der philosophischen Meinungsverschiedenheiten* in aller Kürze zu charakterisieren, die Hauptresultate des in der Diskussion geführten Kampfes und die Aufgaben, vor die wir jetzt an der philosophischen Front gestellt sind. Wir sind in diesem Moment unzweifelhaft in die wichtigste Etappe der philosophischen Diskussion eingetreten, in eine Etappe, in der Inhalt, Sinn und Charakter des an der philosophischen Front vor sich gehenden Umschwungs mit größter Klarheit festgelegt sind. Kürzlich jährte sich der Tag, an dem J. Stalin seine Rede vor der Konferenz der marxistischen Agrarpolitiker hielt. Bei diesem seinem Auftreten hat Stalin das Zurückbleiben unserer Theorie hinter den Erfolgen der Praxis des sozialistischen Aufbaus hervorgehoben. Wenn wir jetzt die Ergebnisse dieses Jahres zusammenfassen, so können wir nicht nur mit Hinsicht auf die Philosophie, sondern vielleicht in Hinblick auf sämtliche Abschnitte der theoretischen Front sagen, daß in dieser Periode die Praxis des sozialistischen Aufbaus weitere gigantische Fort-

---

1 Vortrag, gehalten am 1. Januar 1931 in der Kommunistischen Akademie vor der Fraktion der »Gesellschaft der Streitbaren dialektischen Materialisten« (Überarbeitetes Stenogramm).

schritte gemacht hat, und daß die Bewegung weiter im stürmischen Tempo vorwärtsgeht – während die Theorie nicht nur auf dem philosophischen Abschnitt, sondern auch auf den übrigen wichtigsten Teilgebieten der theoretischen Front nach wie vor im Rückstand bleibt. Im Zusammenhang damit ergibt sich die sehr wichtige und ernsthafte Aufgabe, die an der ideologischen Front bestehende Lage zu analysieren. Wir sind vor die sehr ernste Aufgabe gestellt, die Ursachen dieses Zurückbleibens, ebenso auch den Sinn und die Bedeutung der an dem ideologischen Abschnitt vor sich gehenden Prozesse klarzustellen und im Licht dieser Analyse uns an das Problem der Lage an der philosophischen Front zu machen, die Bedeutung der philosophischen Diskussion aufzudecken und uns über die Aufgaben klar zu werden, die auf diesem Teilgebiet vor uns stehen.

In der Tat, wenn wir ins Auge fassen, was sich seit den letzten eineinhalb bis zwei Jahren an den wichtigsten Abschnitten der theoretischen Front vor uns abspielt, so werden wir außerordentlich wichtige und interessante Prozesse vermerken müssen. Ich will jetzt nicht über die Entlarvung der offen und direkt konterrevolutionären Theorien – der Richtungen Kondratjew, Suchanow, Bogdanow usw. – sprechen. Ich werde auf die Theorie und auf den Kampf eingehen, der sich an verschiedenen Abschnitten der theoretischen Front abgespielt hat, an dem beträchtliche kommunistische Kader von theoretischen Arbeitern teilgenommen haben, – Theorien, die zuweilen von beträchtlichen Gruppen von Kommunisten auf einer ganzen Anzahl von Gebieten vertreten worden sind. Wir müssen für die letzten eineinhalb bis zwei Jahre eine Reihe von Erscheinungen dieser Art konstatieren, die ohne Zweifel unsere Aufmerksamkeit auf sich ziehen müssen und zu deren Analyse wir verpflichtet sind. Ich habe die Vorgänge im Auge, die sich auf dem Gebiet der politischen Ökonomie und auf dem der Literaturforschung abgespielt haben, und ich meine die vergangenen und gegenwärtigen Ereignisse an der philosophischen Front, – die Vorgänge auf diesen grundlegenden und wichtigsten Gebieten der Theorie. So hatten wir z. B. vor einem Jahre den sehr scharfen Kampf mit der Richtung Rubin und den Sturz dieses »theoretischen Gottes«, der doch zweifellos eine, wenn nicht ganz und gar, so doch in sehr hohem Grad beherrschende Stellung auf dem Gebiet der politisch-ökonomischen Theorie innegehabt hatte. Wir hatten den sehr ernsten, auch heute wohl noch nicht ganz abgeschlossenen Kampf mit der struvistischen Konzeption Perewersews in der Literaturforschung. Die Dinge standen so, daß eine bestimmte Gruppe von Kommunisten diese Theorie verteidigte. Bis auf den heutigen Tag gibt es noch Nachklänge dieser Theorie, und dagegen gilt es zu kämpfen. Und endlich: wir alle waren Zeugen, und viele von uns auch unmittelbare Teilnehmer, an der heftigen »Rauferei«, die sich an der philosophischen Front abspielt und schließlich und endlich eine Situation herbeizuführen im Begriffe ist, in der wir auch hier, dem Wesen der Sache nach, den »Sturz« noch eines »theoretischen Gottes« – auf dem Gebiet der Philosophie vor Augen haben. Stellen wir alle diese Erscheinungen zusammen, so bauen sie sich in einer *bestimmten historischen Reihe* auf. Bei aller Verschiedenheit, die zwischen ihnen besteht – und man darf diese Verschiedenheit nicht übersehen –, kann man doch eine bestimmte Einheit und einen zwischen diesen Prozessen existierenden inneren organischen Zusammenhang feststellen. Zwischen Rubin und Perewersew, zwischen Rubin und Deborin gibt es einen bestimmten Unterschied des jedem von ihnen Eigentümlichen – man darf diese Unterschiedenheit durchaus nicht übersehen, man muß sie begreifen –, aber zugleich damit muß man die Einheit sehen, die in allen diesen Prozessen zum Ausdruck kommt, man muß die Welle sehen und verstehen, die sich über alle Abschnitte der theoretischen Front hinwälzt.

In erster Linie muß vermerkt werden, daß die theoretischen Auseinandersetzungen, die Diskussionskämpfe, die auf den angegebenen Abschnitten der theoretischen Front zum Ausbruch kommen, aufs engste verbunden sind mit der gegenwärtigen Etappe der proletarischen Revolution, mit der

Rekonstruktionsperiode, die unser Land gegenwärtig durchlebt. Sie stehen im Zusammenhang einerseits mit den gigantischen Erfolgen des sozialistischen Aufbaus bei uns, andererseits mit dem verschärften Klassenkampf, der sich im Gefolge der voll entfalteten Offensive des Sozialismus vor uns abspielt.

Die erste Periode der Neuen Ökonomischen Politik, die Wiederaufbauperiode, ist durch ein gewisses Anwachsen und durch eine gewisse Stärkung der kapitalistischen Elemente in unserem Lande charakterisiert. Jeder erinnert sich wohl der Tatsache, daß bei Einführung der NEP Lenin auf eine gewisse Entwicklung und Stärkung der kapitalistischen Elemente hingewiesen, sie hervorgehoben und vorhergesagt hat, aber nicht jeder erinnert sich noch daran, daß Lenin damals, in der Periode der Einführung der NEP, zugleich damit auch davon gesprochen hat, daß im Zusammenhang mit einem gewissen Wachstum der kleinbürgerlichen Elementarkräfte, im Zusammenhang mit einem Anwachsen der kapitalistischen Elemente in unserem Land unvermeidlich, in dieser oder jener Form, verschiedene menschewistische Theorien sich chemisch aussondern und heranwachsen würden. Dieses Moment ist für das Verständnis der Vorgänge an der theoretischen Front außerordentlich wichtig. In der Tat: in der Wiederaufbauperiode der NEP ergab sich zugleich mit einem gewissen Anwachsen der kapitalistischen Elemente, mit einem gewissen Wachstum der kleinbürgerlich-anarchischen Verhältnisse die Tatsache, daß verschiedene menschewistische Theorien aufkamen und »sich chemisch aussonderten«, Theorien der II. Internationale, die manchmal außerordentlich verschleierte, außerordentlich raffinierte Form annahmen. Diese menschewistischen Theorien suchten sich häufig Formen zu geben, die in möglichst hohem Grade den Bedingungen der Diktatur des Proletariats entsprechen, ihr sozusagen angepaßt sein sollten. Diese Anpassung an die Bedingungen der Diktatur des Proletariats machte es für diese Theorien notwendig, sich mit marxistisch-leninistischen Gewändern aufzuputzen, ihr eigentliches Wesen zu verhüllen, dieses Wesen in ganz verschiedenartigen Verhaltungs-

weisen zum Ausdruck zu bringen usw. Eben daraus erklären
sich bis zu einem bestimmten Grade die Vorgänge an den
verschiedenen Abschnitten der theoretischen Front, und die
Tatsache, daß wir ein gewisses Vorherrschen dieser Theorien,
Anschauungen und Ideen zu verzeichnen hatten.

Die Erfolge des sozialistischen Aufbaus und die im Zusammenhang mit der Offensive des Sozialismus eingetretene Verschärfung des Klassenkampfes rufen zweifellos und unvermeidlich
auch einen entsprechenden Widerhall, eine entsprechende
Widerspiegelung an sämtlichen Abschnitten der theoretischen
Front hervor. In der Periode der Rekonstruktion, in der
Periode des verschärften Klassenkampfes, wie wir ihn im Lande
vor sich gehen sehen, werden die wichtigsten politischen und
theoretischen Fragen hart auf hart gestellt. Die Partei entlarvt
und entblößt bis zur Wurzel alles, was es in der Theorie wie
in der Praxis an unmarxistischen, unleninistischen, unbolsche-
wistischen Erscheinungen gibt. Alles Unmarxistische, Antimarxistische, alles Antileninistische in der Theorie wird durch
den Verlauf des sozialistischen Aufbaus und des verschärften
Klassenkampfes enthüllt und aufgedeckt. Die Klassennatur,
die klassenmäßige Bedeutung solcher Theorien tritt klar ins
Licht. Dieses Enthüllen und Entlarven geht so tief, daß auch
Theorien, Anschauungen und Ideen angepackt werden, die
von manchmal außerordentlich stark verschleierten, außerordentlich raffiniertem Charakter sind. Das ist das erste, was
vermerkt werden muß, wenn wir uns daran machen, die Lage
der Dinge an der ideologischen Front zu beurteilen.

Das zweite, was vermerkt werden muß und ohne Zweifel mit
den gigantischen Erfolgen des sozialistischen Aufbaus in unserem Lande zusammenhängt, ist das Wachstum und die Schu-
lung von starken, verläßlichen bolschewistischen Parteikadern,
die »in die Theorie eintreten«, Kadern, die in diesen Jahren
die Schule des Kampfes mit allen möglichen antileninistischen
Lehren, mit den trotzkistischen, rechtsopportunistischen Theorien usw., durchlaufen haben. Nicht nur auf den verschiedenen
Abschnitten des wirtschaftlichen Aufbaus, sondern auch in den

verschiedenartigsten theoretischen Disziplinen, bei den Problemen der abstraktesten Theorie, treten jetzt wirkliche, echt bolschewistische Kader auf den Plan, kräftige Kader, die jetzt mit allem Ernst die Frage der Bolschewisierung der Arbeit auf allen diesen theoretischen Gebieten aufwerfen. Das ist unbedingt eine Tatsache von größter historischer Bedeutung, eine Tatsache, durch die unvermeidlich jene Diskussionswelle hervorgerufen werden muß, die wir über die verschiedenen Abschnitte der theoretischen Front hereinbrechen und ihr Spiel treiben sehen.

Schließlich erfolgt Hand in Hand und in Übereinstimmung mit den gigantischen Erfolgen des Sozialismus auf dem ökonomischen Gebiet mit Notwendigkeit auch *das Wachstum, der Aufschwung, der Vormarsch der marxistisch-leninistischen Theorie, der bolschewistischen Theorie, an allen Abschnitten der theoretischen Front.* Das ist das Grundlegende und Charakteristische, was vermerkt werden muß, wenn wir die zur Debatte stehenden Erscheinungen analysieren.

Im Lichte aller dieser Prozesse, im Hinblick auf die gegenwärtig in den Vordergrund tretenden Aufgaben, in der Beleuchtung des allgemeinen Angriffs der marxistisch-leninistischen Theorie, der gegenwärtig an allen Abschnitten der theoretischen Front erfolgt und weiter gehen wird, muß man an die Diskussion auf dem philosophischen Abschnitt des theoretischen Kampfes, an die Klarstellung des Sinns und der Bedeutung dieses Kampfes herantreten.

Der grundlegende Charakterzug der ganzen vergangenen Diskussion an der philosophischen Front besteht darin, daß die Hauptmasse der kommunistischen Vertreter des dialektischen Materialismus die in der philosophischen Theorie bestehende Situation unter das Feuer der schonungslosen Selbstkritik nahm, einer schonungslosen *politischen* Beschießung unterwarf. Es stellte sich heraus, daß wir an dem philosophischen Abschnitt der theoretischen Arbeit ein gewaltiges Zurückbleiben der Theorie hinter der Praxis, einen Riß zwischen Philosophie und Politik haben. Es zeigte sich, daß die von der führenden

Deborinschen Gruppe (Deborin, Karew, Sten, Podwolozki, Luppol, Hessen u. a.) auf philosophischem Gebiet geleistete theoretische Arbeit nicht von bolschewistischem Parteigeist durchdrungen war, daß sie nicht in den Dienst der für ihre Generallinie kämpfenden Partei gestellt war, sondern im Gegenteil teilweise sogar im Dienst der Parteifeinde stand. Der Kampf, den Karew zusammen mit der Trotzki-Sinowjew-Opposition gegen die Partei geführt hatte, ging an seiner eigentlich theoretischen Arbeit nicht spurlos vorüber, und das konnte auch nicht anders sein. Ebenso konnte der Umstand, daß Sten in den letzten Jahren mit der Parteilinie »zerfallen« war (als theoretischer Begründer der »linken« Übertreibungen und dann auch des Blocks der Rechten und »Linken«), auf seine theoretische Arbeit und auf deren Charakter nicht ohne Einfluß bleiben. Es wurde offenbar, daß die an der philosophischen Front führende Gruppe, die sogenannte »philosophische Führung«, ein in sich abgeschlossenes Grüppchen darstellt, das von den mit der Ausbildung der entscheidenden kommunistischen Philosophenkader beschäftigten Parteikörperschaften losgerissen ist, keinerlei Selbstkritik duldet und prinzipienlos alle von seinen Mitgliedern gemachten Fehler wechselseitig deckt und verteidigt. Es zeigte sich, daß es auf dem philosophischen Teilgebiet keinerlei Kampf nach zwei Fronten gibt, daß im Verlauf der ganzen verflossenen Periode der Kampf nur nach einer Front, gegen die Mechanisten, geführt worden war, und dabei nicht von einer orthodoxen-marxistischen Basis aus.

Das sind die Gründe, warum in der ganzen philosophischen Diskussion die Probleme des Parteicharakters der Philosophie, der Selbstkritik und des Kampfes nach zwei Fronten solch gewaltige Bedeutung erlangt haben. *Man kann sagen, daß das Problem der bolschewistischen Parteimäßigkeit der Philosophie in der ganzen »Rauferei« an dem philosophischen Abschnitt der Theorie die Zentralachse war.*

Im Verlauf der philosophischen Diskussion offenbarten sich die stärksten prinzipiellen Meinungsverschiedenheiten in den Grundfragen der marxistischen Philosophie. Es zeigte sich, daß die Deborinsche Gruppe den philosophischen Nachlaß Lenins ignoriert, ohne Verständnis dafür, daß Lenin in der Geschichte des dialektischen Materialismus eine neue Entwicklungsstufe darstellt.

Den Wendepunkt in der ganzen philosophischen Diskussion bedeuten unstreitig die Äußerungen Stalins zu den Fragen der philosophischen Diskussion in seiner Unterredung mit dem Zellenbüro des Instituts der Roten Professur für Philosophie und Naturwissenschaft, – Äußerungen, in denen zum ersten Male mit aller Klarheit die folgenden Fragen aufgeworfen worden sind: Qualifizierung der von der Deborinschen Gruppe vertretenen Auffassungen als Anschauungen eines menschewistisch geprägten[2] Idealismus. Kampf nach zwei Fronten: gegen die mechanistische Revision als die Hauptgefahr der gegenwärtigen Periode und gegen den menschewistisch geprägten Idealismus; notwendige gründliche Durchsicht und kritische Revidierung aller auf dem philosophischen Gebiet vorliegenden Schriften. Schließlich die mit aller Schärfe hervorgehobene Notwendigkeit, den theoretischen Nachlaß Lenins gründlich zu studieren und zu bearbeiten.

Die Äußerungen Stalins hoben die ganze Diskussion auf eine höhere Stufe. Inhalt und Charakter des Umschwungs an der philosophischen Front wurden mit erschöpfender Klarheit bestimmt. Die Äußerungen Stalins müssen der ganzen weiteren theoretischen Arbeit an der philosophischen Front zugrunde gelegt werden.

II. Über die Leninsche Etappe als neue Entwicklungsstufe des dialektischen Materialismus

Die Leninsche Etappe in der Entwicklung des dialektischen Materialismus bildet das Zentralproblem in der ganzen philo-

---

2 [Der russische Ausdruck bedeutet eigentlich »menschewistelnd«, »menschewisierend«. In der Übersetzung werden die Ausdrücke »menschewistisch geprägter« und »menschewistisch schillernder« abwechselnd gebraucht.]

sophischen Diskussion und das Hauptmoment, das den weiteren Gang unserer ganzen theoretischen Arbeit auf dem Gebiet des dialektischen und historischen Materialismus bestimmt. Bei der Untersuchung dieser Frage muß man im Zusammenhang mit dem Verlauf und den Ergebnissen der philosophischen Diskussion folgende Probleme klären: 1. sind wir überhaupt berechtigt, von Leninismus in der Philosophie zu sprechen; 2. welches sind die Grundzüge, durch die diese neue und höhere Entwicklungsetappe der Philosophie des Marxismus gekennzeichnet wird; und 3. Lenin und Plechanow als marxistische Philosophen.

Darf und muß man überhaupt von Leninismus in der Philosophie sprechen? Kann man überhaupt von einer neuen und höheren Entwicklungsetappe des dialektischen Materialismus von Marx-Engels sprechen? Bedeutet eine solche Fragestellung nicht eine Gegenüberstellung von Lenin und Marx-Engels? Führt dies nicht zu einer gewissen Unterschätzung des von Marx und Engels in der Entwicklung der Philosophie Geleisteten? Man muß solche Fragen deshalb stellen, weil bis auf den heutigen Tag z. B. sogar so »hochehrwürdige« akademische Gelehrte wie Rjazanov bestimmte Anschauungen vertreten, die darauf hinauslaufen, daß von einer neuen Etappe in der Entwicklung des dialektischen Materialismus keine Rede sein könne. Rjazanov leugnet bei seinem gegenwärtigen Auftreten überhaupt schon die Berechtigung dieser Fragestellung, er »gerät geradezu in Wut«, wenn er über diese Themen sprechen soll. All das ist nicht weiter erstaunlich, wenn man sich an die Art und Weise erinnert, in der Rjazanov seinerzeit über den Leninismus geschrieben hat. Stammen doch von ihm die »berühmten« Worte: »Ich bin kein Bolschewik, ich bin kein Menschewik, ich bin kein Leninist. Ich bin nur Marxist und als Marxist bin ich Kommunist.« Fragt sich nur, ob sich Rjazanov auch heutzutage noch für einen »Nur-Marxisten« hält, für einen Kommunisten – aber nicht Bolschewisten, für einen Kommunisten – aber nicht Leninisten?[3]

3 Wie sich gegenwärtig zeigt, hat Rjazanov diese seine »Formel« in die

Die Rjazanovschen Anschauungen über die Bedeutung des Leninismus für die Philosophie sind durchaus kein Ausnahmefall. Im Gegenteil. Diese Anschauungen ziehen sich wie ein roter Faden durch die Schriften von Deborin, Karew, Sten (übrigens gibt es von Sten außer mündlichen Äußerungen keine Arbeiten).

Aber auch unsere ehemalige »philosophische Führung« steht in dieser Frage nicht allein; an diesen Anschauungen über den Leninismus in der Philosophie halten auch solche »Theoretiker« fest wie Trotzki, Sinowjew, Preobrashenski, Bucharin, und wer sonst noch dazu gehört.

Nehmen wir zuerst Karew vor. Noch im Jahre 1924 formulierte er seine Antwort auf die Frage, ob man von einem Leninismus überhaupt, von einem Leninismus in der Philosophie im besonderen sprechen könne. Er gab vom Leninismus damals folgende Bestimmung:

»Das ist« – schrieb er – »der Marxismus in der Praxis der proletarischen Revolution, für die es in der Marxschen Internationale noch keine genügenden materiellen Voraussetzungen gab. Niemand wäre mehr verwundert gewesen als Lenin selbst, hätte man ihm gesagt, daß er im Marxismus eine neue Ära eröffne.«[4]

Man kann nicht sagen, daß das Argumentieren mit Lenins »Verwunderung« sich durch Stärke auszeichne. Wichtig ist hier aber etwas anderes: Karew hält den Leninismus nur für den Marxismus in der Praxis. Man hört hier schon die sehr bekannten, in der gegenwärtigen philosophischen Diskussion zur Genüge auf ihre wahre Bedeutung hin geprüften Töne. Im Einklang mit einer derartigen Auffassung des Leninismus äußert sich Karew in demselben Aufsatz auch über die uns eigentlich interessierende Frage; er schreibt:

»Das Proletariat ist der einzige gesetzliche Erbe der idealistischen deutschen Philosophie, das Proletariat allein setzt sich die ernsthafte Bearbeitung dieser Erbschaft zum Ziel. Die Methode Hegels ist seit

Praxis umgesetzt. Die jüngsten Ereignisse haben erwiesen, daß er bis zur direkten Hilfeleistung für die konterrevolutionäre Menschewisten-Organisation herabgesunken ist, wofür er aus der Partei ausgeschlossen worden ist.
4 *Pod znamenem marksisma* (russisch), Jahrg. 1924, Nr. 4–5, S. 241.

den Zeiten Marxens in seinen Besitz übergegangen. Aber eine ›neue‹ Ära‹ im Marxismus kann die Bearbeitung dieser Methode keineswegs einleiten. Sie ergibt lediglich ein tieferes Verständnis und eine bessere Anwendung der alten Theorie ... In diesem ist alles Gerede von einer ›neuen Ära‹ im Marxismus schädlich, und zwar *ideologisch wie politisch*.«5

Eine vollkommen klare, bestimmte und entschiedene Problemstellung. Und diese Behandlung des Problems gab, dem Wesen der Sache nach, eben den Leitfaden ab für die Praxis der Zeitschrift *Pod znamenem marksisma* (»Unter dem Banner des Marxismus«), für die Leistungen der »philosophischen Führung«, – und dies war es auch, was zur Unterschätzung und zum vollkommenen Fehlen eines Verständnisses für das philosophische Erbe Lenins, für die Leninschen Arbeiten über die Probleme des dialektischen Materialismus führt. Wie schon gesagt, eine derartige Auffassung des Leninismus – mit diesen oder jenen Varianten – ist charakteristisch für die ganze Plejade der früher aufgezählten »Theoretiker«. Es ist in diesem Aufsatz nicht möglich, die Anschauungen Trotzkis und Sinowjews zu analysieren. Doch ist ein näheres Eingehen auf die Äußerungen Preobrashenskis einerseits, Bucharins andererseits höchst notwendig. In dem Sammelbuch *Der streitbare Materialist*6 findet sich unter dem Titel ›Lenin und Marx als Theoretiker‹ ein Aufsatz Preobrashenskis, in dem der theoretische Nachlaß Lenins behandelt wird. Neben einer Reihe von groben Fehlern, auf die hier nicht eingegangen werden kann, entwickelt Preobrashenski in diesem Aufsatz das folgende mechanische Schema: Er unterscheidet im Marxismus verschiedene Elemente, die »einen verschiedenen Grad der Langlebigkeit besitzen«. Erstens Elemente, die voll und ganz bestehen bleiben, zweitens solche, die entwickelt und ergänzt, drittens solche, die durch neue Darstellungen ersetzt werden müssen. Und nun kommt Preobrashenski von diesem seinem Schema aus zu dem Ergebnis (und die ist sein Grundgedanke), daß die Methodologie des Marxismus, der dialektische Materialismus,

5 Ebenda, S. 256.
6 Bd. II, 1925 (russisch).

gerade das Element der Marxistischen Lehre sei, das keinerlei Entwicklung zulasse. Er schreibt:

»Was die allgemeine philosophische Methode angeht, so übernahm sie Lenin in ihrer Gänze von Marx, verteidigte sie gegen die Angriffe der Gegner und wußte sie (zusammen mit der Methode des historischen Materialismus) in der konkreten philosophischen Arbeit *Materialismus und Empiriokritizismus* in glänzender Weise anzuwenden« usw.

Soweit Lenin über die Methode des dialektischen Materialismus geschrieben habe, habe er es als Anhänger dieser Methode und zur Verteidigung derjenigen Auffassung von der Marxschen und Engelsschen Methode getan, die er für die richtige und für die »als echt bezeugte« gehalten habe[7]. Bei der weiteren Entwicklung dieser seiner Gedanken fand Preobrashenski dann, daß in der Einheit der Methode des dialektischen Materialismus die Identität der theoretischen Grundlagen von Marx und Lenin bestehe.

Nun weiter zu Bucharin. In seiner Broschüre *Lenin als Marxist* wirft Bucharin gleichfalls das Problem des dialektischen Materialismus in den Werken Lenins auf. Die Art, wie er an die Frage herantritt, ist folgende: er unterscheidet im Marxismus »zweierlei«, nämlich erstens eine Summe von Ideen, Sätzen, theoretischen Anschauungen usw., und zweitens die *Methode* des Marxismus, seine Methodologie, mit deren Hilfe diese Summe von Ideen, Anschauungen und theoretischen Sätzen erlangt, mit deren Hilfe eine bestimmte Geschichtsepoche analysiert worden sei usw. In diesem Zusammenhang schreibt er dann:

»Verstehen wir aber unter Marxismus nicht die Summe von Ideen, wie sie bei Marx vorlag, sondern dieses Instrument, diese Methodologie, die dem Marxismus zugrunde liegt, so begreift es sich von selbst, daß der Leninismus keineswegs etwas darstellt, was die Methodologie der Marxschen Lehren modifizieren oder revidieren würde. Im Gegenteil, in diesem Sinne ist der Leninismus die vollständige *Rückkehr* zu dem Marxismus, wie er von Marx und Engels selbst formuliert worden ist.«[8]

7 *Der streitbare Materialist*, Bd. II, 1925, S. 44.
8 Bucharin in dem Sammelbuch *Attacke*, S. 255 (russisch).

So ist also nach der Auffassung Bucharins der Leninismus seiner Methodologie nach vollständige Rückkehr, und *nur die Rückkehr* zum Marxismus, wie ihn Marx und Engels formuliert haben. In dieser Hinsicht durchaus nichts von einer Weiterentwicklung, nicht von einer weiteren Vertiefung und Konkretisierung der Marxschen Lehre! Wie man sieht, besteht also in der von uns in diesem Artikel aufgeworfenen Frage eine rührende Einheit der Anschauungen bei Rjazanov, Trotzki, Sinowjew, Preobrashenski, Bucharin, Karew usw.

Im Gegensatz zu allen diesen Auffassungen, im Gegensatz zu den unrichtigen Gesichtspunkten und falschen Sätzen, die wir in allen Varianten dieser Darstellungen des Problems finden, steht die Behandlung und die Lösung dieser Frage, wie sie Stalin noch im Jahre 1924 in seinen *Grundlagen des Leninismus* gegeben hat. Er schrieb über den uns hier interessierenden Punkt:

»Was die Methode Lenins bietet, ist im wesentlichen bereits in der Marxschen Lehre enthalten, die nach den Worten von Marx ›ihrem Wesen nach kritisch und revolutionär‹ ist. Gerade dieser kritische und revolutionäre Geist durchdringt von Anfang bis zu Ende die Methode Lenins. Es wäre aber verfehlt, anzunehmen, daß die Methode Lenins eine einfache Wiederherstellung dessen ist, was uns Marx gegeben hat. In Wirklichkeit ist die Methode Lenins nicht nur die Wiederherstellung, sondern auch die Konkretisierung und Fortentwicklung der kritischen und revolutionären Methode von Marx, seiner materialistischen Dialektik.«[9]

Hier haben wir die einzig richtige Fassung und Entscheidung der Frage nach der Bedeutung des Leninismus in der Philosophie. Lenins Arbeiten über die Probleme der Theorie des dialektischen Materialismus, seine geniale Handhabung der Methode der materialistischen Dialektik bedeuten nicht bloß eine Rückkehr zum *dialektischen* Materialismus in der ihm von Marx und Engels selbst gegebenen Fassung – eine Rückkehr nach all den in der Epoche der II. Internationale hervorge-

9 Siehe *Probleme des Leninismus,* Marxistische Bibliothek, Bd. 5, S. 82, 4. Auflage.

tretenen Erscheinungen der Verfälschung und der Preisgabe des dialektischen Materialismus.

Der Leninismus in der Philosophie bedeutet nicht bloß eine Rückkehr, sondern auch eine weitere Entwicklung, Vertiefung und Konkretisierung des dialektischen Materialismus. Der Leninismus in der Philosophie stellt eine neue, höhere Etappe in der Entwicklung der Philosophie des Marxismus dar. Jeder muß klar und deutlich verstehen, daß eine solche Behandlung der Frage nicht im geringsten etwa eine Entgegensetzung des Leninismus gegen den Marxismus, in keiner Weise etwa einen Mangel an Verständnis oder eine Unterschätzung des Erbes von Marx und Engels bedeutet. Im Gegenteil, wenn wir wirklich dem Geiste – nicht bloß dem Buchstaben – des Marxismus treu bleiben wollen, wenn wir die Wechselbeziehungen zwischen Methode und Weltanschauung, zwischen Theorie und Praxis richtig verstehen, wenn wir begreifen, daß der Marxismus nicht ein erstarrtes Dogma ist, sondern eine lebendige, sich entwickelnde Lehre, – dann kann es nur die eine, von Stalin gegebene Antwort auf die Frage nach der Leninschen Etappe in der Entwicklung des dialektischen Materialismus geben.

Es ist durchaus kein Zufall, daß die richtige Lösung des Problems schon im Jahre 1924 gerade von Stalin gegeben worden ist, weil nämlich er der einzige ist, der die Frage nach dem Verhältnis zwischen Marxismus und Leninismus überhaupt mit der richtigen, klassischen Entscheidung beantwortet, das Problem »Was ist Leninismus?« geklärt hat. Wie man weiß, ist in eben jenen Jahren eine ganze Anzahl von Schriften über den Leninismus erschienen, so die von Sinowjew und Bucharin. Unter allen diesen Schriften stellen die Vorlesungen Stalins über *Die Grundlagen des Leninismus*[10] die einzige vom Standpunkt der marxistisch-leninistischen Lehre ganz folgerichtige, ganz zuverlässige Schrift dar.

Die Behandlung der Methode des dialektischen Materialismus, wie wir sie bei Preobrashenski und Bucharin haben, die Auf-

10 Ebenda, S. 67 ff.

fassungen, die davon ausgehen, daß es zwar in Hinsicht auf den Inhalt des Marxismus, auf seinen Ideenreichtum, starke Fortschritte geben könne, daß aber auf dem Gebiet der marxistischen Methodologie keinerlei weitere Entwicklung und Vertiefung möglich sei, – diese Anschauungen beruhen auf der vollkommenen Unfähigkeit, das gegenseitige Verhältnis zwischen der Methode des Marxismus und seinen übrigen Bestandteilen zu verstehen – und wenn man auf das Wesentliche sieht und das Problem noch umfassender stellt – auf der Unfähigkeit, das Verhältnis zwischen Theorie und Praxis und die Methode des dialektischen Materialismus selbst zu begreifen.

Könnte es denn in der Entwicklung des Marxismus tatsächlich einen wichtigen *neuen* Inhalt geben, etwas so Wichtiges wie z. B. Lenins Schriften über den Imperialismus, über Staat und Revolution, über die Sowjetform der proletarischen Diktatur usw. usf. – ohne eine Entwicklung, Konkretisierung, Vertiefung eben der Methode der materialistischen Dialektik? Eine neue Epoche, und gerade eine so inhaltsreiche Epoche wie die des Imperialismus und der proletarischen Revolutionen, bringt neue Gestaltungen der Zusammenhänge, neue Gesetzmäßigkeiten, neue Typen von Verhältnissen, außerordentlich verwickelte Formen der Klassenverhältnisse, mannigfaltige Formen des Klassenkampfes, eine gigantische Entwicklung der Technik und der Naturwissenschaften, eigentümliche Widersprüche dieser Entwicklung usw. usf. Wenn man das alles begreifen (und nicht bloß schildern) will, so kann man das nur auf Basis der Vertiefung und Konkretisierung der marxistischen Methodologie selbst. Soweit der dialektische Materialismus eine allesumfassende wissenschaftliche Methodologie darstellt, muß seine Vertiefung und Konkretisierung notwendigerweise auf der Gesamtheit des Wissens und der Wissenschaften seiner Zeit basieren. Und gerade in allen diesen Momenten besteht die Genialität und Größe Lenins.

In diesem ganzen Zusammenhang erhebt sich vor uns das Problem: was kennzeichnet die Leninsche Etappe in der Entwicklung der Philosophie des Marxismus, worin besteht das Besondere daran? Mit andern Worten: was hat Lenin in der Entwicklung des dialektischen Materialismus *Neues und Eigentümliches* gebracht, im Vergleich zu der Fassung des dialektischen Materialismus, die in den Werken von Marx und Engels gegeben war? Wenn man bei dem gegenwärtigen Stand unserer »philosophischen Wissenschaft«, in einer Situation, in der solchen Problemen keineswegs volle Aufmerksamkeit zugewandt war, in der im wesentlichen die ganze philosophische Tätigkeit der Deborinschen Richtlinie, daß »Lenin der Praktiker« sei, und der oben angeführten Karewschen Richtlinie folgte und darauf aufgebaut war, – wenn man da denken wollte, daß heute ein ganzes und vollständig ausgeführtes Bild des Leninismus in der Philosophie gegeben werden könnte, so wäre das zum mindesten lächerlich. Das ist ein Problem, das im Verlauf der philosophischen Diskussion aufgeworfen worden ist, es ist das Programm unserer ferneren theoretischen Arbeit auf dem philosophischen Gebiet.

Es sind vor allem Lenins Schriften über den dialektischen Materialismus, insbesondere sein Werk über den *Materialismus und Empiriokritizismus*, was das neue Phänomen ausmacht, und zwar in dem Sinne, daß *sie die Zusammenfassung der in der Entwicklung der Naturwissenschaft seit Marx und Engels erzielten Resultate darstellen, die Analyse des Standes der Naturwissenschaften, insbesondere der Physik, in der Epoche des Imperialismus, die Enthüllung des Sinns und Wesens der tiefen Krisis, die die moderne Wissenschaft durchmacht, und die Erklärung dieser Prozesse vom Standpunkt der materialistischen Dialektik.*

Marx und insbesondere Engels haben sich mit dem Stand der Naturwissenschaft in ihrer Epoche beschäftigt. Engels Werk über die *Naturdialektik*, der Anwendung der Dialektik in der Naturwissenschaft gewidmet, ist eine Ausnahmeerscheinung in der Literatur des Marxismus. Aber natürlich haben weder Marx noch Engels den Stand der Naturwissenschaft in einer andern, näheren Epoche auf Basis des dialektischen Materialismus zusammenzufassen vermocht. Diese Leistung ist es nun, die für die Epoche des Imperialismus Lenin konsequent im Geiste der Marxschen und Engelsschen Arbeiten vollbracht hat. In seinen *Grundlagen des Leninismus* charakterisiert Stalin die Rolle Lenins in diesem Zusammenhang folgendermaßen:

»Die große Bedeutung, die Lenin der Theorie beimaß, kann man wohl am besten aus der Tatsache erkennen, daß niemand anders als Lenin an die große Aufgabe heranging, das Wichtigste von dem, was die Wissenschaft in der Periode von Engels bis Lenin gegeben hatte, in der materialistischen Philosophie zu verallgemeinern und die antimaterialistischen Strömungen unter den Marxisten einer umfassenden Kritik zu unterziehen. Engels sagte, daß ›der Materialismus mit jeder neuen Entdeckung ein neues Gesicht bekommt‹. Es ist bekannt, daß diese Aufgabe für seine Zeit von niemand anderem als von Lenin in seinem bemerkenswerten Buch *Materialismus und Empiriokritizismus* gelöst wurde.«11

Es ist kein Zufall, daß die dialektisch-materialistische Zusammenfassung der neuesten, von der Naturwissenschaft der Epoche des Imperialismus erzielten Errungenschaften, die Enthüllung der Bedeutung, die der Krise der modernen Wissenschaft zukommt, von Lenin geleistet worden ist, – von ihm, der die tiefgründige Analyse der ganzen Epoche des Imperialismus gegeben und den Sinn und die Bedeutung der Krise entschleiert hat, von der die ganze sozialökonomische Formation des Kapitalismus erschüttert wird. Dieser Zusammenhang ist ganz und gar nicht zufällig. Die kapitalistische Gesellschaftsformation macht in der Epoche des Imperialismus die ganz tiefe, radikale Krise des ganzen Systems durch. Diese Krise ergreift das ganze System des Kapitalismus von der Basis bis hinauf zu den ideologischen Sphären des Überbaus. Die von der Naturwissenschaft gegenwärtig durchlebte Krise ist eine von den Ausdrucksformen, in denen sich die Krise des ganzen kapitalistischen Bauwerks kundgibt. Was ist nun das Wesen der Krise, die die bürgerliche Wissenschaft in der Epoche des Imperialismus und der proletarischen Revolutionen durchmacht? Die Natur dieser Krise besteht in dem Widerspruch

11 Ebenda, S. 84.

zwischen dem von der Wissenschaft aufgehäuften gewaltigen Reichtum an Errungenschaften, Tatsachenmaterialien, Kenntnissen einerseits und den methodologischen Schranken der bürgerlichen Wissenschaft andererseits. Das Wesen der Krise besteht darin, daß sich die kolossale Entwicklung der Wissenschaft nicht mehr verträgt mit den idealistischen, mystischen, mechanistischen usw. Schranken, von denen die Wissenschaft umschlossen ist und von denen sie kraft ihres bürgerlichen Klassencharakters umschlossen bleiben muß. Es ist eine vorwiegend *methodologische* Krise. Und so, wie Lenin in der Ökonomie und Politik nicht nur die imperialistische Epoche analysiert, die tiefen inneren Widersprüche, die das imperialistische Stadium des Kapitalismus zum Vorabend der proletarischen Revolution machen, nicht nur aufgedeckt, sondern auch den Ausweg aus dieser Krise, die politischen und organisatorischen Wege gewiesen hat, auf denen der Klassenkampf für die Errichtung der neuen Gesellschaft geführt werden muß, – genau so hat sich Lenin auch auf dem Gebiet der Naturwissenschaft nicht mit der bloßen Entschleierung des Wesens der Krise begnügt, sondern zugleich auch die Wege und Auswege aus dieser Krise gezeigt, nämlich die Geburt und die Gestaltung der materialistisch-dialektischen Naturwissenschaft. Es besteht ein tiefer innerer Zusammenhang zwischen solchen Werken Lenins, die – wie *Der Imperialismus als höchstes Stadium des Kapitalismus* und *Materialismus und Empiriokritizismus* – auf den ersten Blick nicht das geringste miteinander zu tun zu haben scheinen.

Unter diesem Gesichtswinkel muß man die weitere Bearbeitung des philosophischen Erbes von Lenin in Angriff nehmen. Unter diesem Gesichtswinkel soll man den *Materialismus und Empiriokritizismus* und alle die dort von Lenin gelösten philosophischen Probleme studieren. Von der großen Bedeutung, die Lenin dem Zusammenhang der Philosophie mit der modernen Naturwissenschaft beigemessen hat, zeugen die folgenden Sätze, mit denen er Plechanows Kampf gegen den Empiriokritizismus, Machismus und Bogdanowismus charakterisiert hat. Im

5. Kapitel des *Materialismus und Empiriokritizismus* schreibt
er:

»Sich mit dem Machismus auseinandersetzen und diesen Zusammenhang (d. h. mit der Naturwissenschaft – M.) ignorieren – wie es Plechanow tut –, heißt sich über den Geist des dialektischen Materialismus lustig machen, das heißt die Engelssche Methode diesem oder jenem Engelsschen Buchstaben zum Opfer bringen.«12

So scharf ist die Charakteristik, so schonungslos die Kritik, die
Lenin an Plechanow in diesem Punkte übt, weil Plechanow die
Kritik des Bogdanowismus und des Machismus aus dem Zusammenhang mit der modernen Naturwissenschaft losgerissen
hat.
Ein weiteres Moment, das man festhalten muß, wenn man von
der Leninschen Etappe in der Entwicklung des dialektischen
Materialismus spricht, besteht in der Tatsache, daß unter allen
Marxisten der modernen Epoche Lenin, und niemand anders
als gerade er, *die vollständigste, die höchstentwickelte Kritik
der neuesten materialistischen Richtungen gegeben hat, dieser
Richtungen, die auch heutzutage* noch bekämpft werden müssen. Die neuesten Formen des Kantianismus, des Neukantianismus, des Machismus, den subjektiven Idealismus, den Bogdanowismus, schließlich den physikalischen Idealismus: sie alle hat
Lenin schonungslos kritisiert und entlarvt. Die von Lenin
an diesen antimaterialistischen, antidialektischen Richtungen
geübte Kritik und Entlarvung ist unter allen Leistungen dieser
Art deshalb die stärkste, weil diese seine Kritik nicht auf dem
Standpunkt des Vulgärmaterialismus beruht, dem zuweilen
sogar Plechanow anheimgefallen ist. Lenin faßt in der Auseinandersetzung mit diesen Lehren die logische Kritik und die
historisch-klassenmäßige Untersuchung zusammen, er betrachtet die genannten Richtungen im Zusammenhang mit dem
Stand der modernen Naturwissenschaften. Und Lenin hat sich
ebenso auch gegen agnostizistische Fehler, und zwar sogar bei
einem so bedeutenden Vertreter des dialektischen Materialismus, wie Plechanow es ist, mit einer ausführlichen Kritik

12 Lenin, *Sämtliche Werke*, Bd. XIII, S. 251 [Wien-Berlin 1927].

gewandt. Dies alles ist nun mit der neuen Etappe in der Entwicklung des dialektischen Materialismus verknüpft. Keinesfalls bedeutet dieses Neue eine Entgegensetzung Lenins gegen Marx-Engels. Es ist ganz im Gegenteil die einzig richtige, die einzig orthodoxe Weiterführung der von Marx und Engels vertretenen Grundsätze. Es ist, wie Stalin mit Recht sagt, die weitere Vertiefung und Konkretisierung des dialektischen Materialismus gegenüber den von der modernen Epoche aufgeworfenen Problemen.

Das nächste, was wir in Verbindung mit dem Namen Lenin als etwas Neues und Eigentümliches hervorheben können und müssen, betrifft das Verhältnis des Marxismus zu Hegel. Überhaupt muß gesagt werden: dieses Problem – das Verhältnis Marxens zu Hegel und zur Hegelschen Dialektik – gibt in einem gewissen Sinne einen Prüfstein ab für jede Art von revisionistischer Preisgabe der marxistischen Philosophie. In dieser Hinsicht stellt die ganze Plejade der Revisionisten, von Bernstein, Cunow und Kautsky bis zu unseren Mechanisten und zu Bucharin, eine höchst charakteristische Erscheinung dar. Wenn diese ganze Plejade des Revisionismus die revolutionäre materialistische Dialektik nicht begreift, wenn sie sie negiert oder entstellt, so geht sie dabei im Grunde von dem Satz aus, daß auf den Arbeiten von Marx-Engels der dunkle Fleck des Hegelschen Idealismus liege. Selbst Bucharin vertritt in seinem Buch *Theorie des historischen Materialismus* im Kapitel über die ›Problemstellung des historischen Materialismus‹, in allerdings ziemlich verschleierter Form die Ansicht, Marx sei in diesem oder jenem Maße von der Hegelei angesteckt. Das hängt mit Bucharins mechanistischer Konzeption zusammen, mit seiner Verständnislosigkeit für das wirkliche zwischen Marx, Engels und Hegel existierende Verhältnis; Lenins Leistung bedeutet hierin vor allem die Wiederherstellung, die Rückkehr zum richtigen Verständnis dieses Problems, nach all den Entstellungen des wirklichen Zusammenhangs, die die Epoche der II. Internationale gebracht hat. Wenn man sich jedoch auf diesen Punkt allein beschränken wollte, so würde man damit das Wesen der Leninschen Lösung des Problems nur unvollständig ausgedrückt haben. Lenins Leistung besteht nicht nur in dieser Rückkehr, sondern auch in der Weiterentwicklung und Konkretisierung dieses Moments, – sofern nämlich Lenin in mehr oder minder ausdrücklicher Weise das Problem des dialektischen Materialismus als einer systematisch entwickelten Theorie aufrollt. Die Konkretisierung und Weiterentwicklung der in dieser Frage von Marx-Engels vertretenen Anschauung besteht bei Lenin darin, daß er (z. B. in seinen philosophischen Studienheften) glänzende Musterbilder für die materialistische Umarbeitung der Hegelschen Dialektik in allen wichtigsten Grundkategorien gibt. *Die Leninschen Arbeiten* – noch ganz ungenügend ins Bewußtsein übergegangen, noch ganz ungenügend popularisiert – *enthalten ein so reiches theoretisches Material, daß dadurch das Verständnis der Grundprobleme der marxistischen Erkenntnistheorie, der materialistischen Dialektik und aller ihrer grundlegenden Kategorien vertieft wird,* und sie sind das beste Gegengift gegen die in der Gegenwart stark und breit hervorgetretene Tendenz der Revision der marxistischen Philosophie – ihrer idealistischen, hegelianischen Einstellung –, wofür es, angefangen mit Lukács und endend mit der Deborinschen Gruppe, schon eine ganze Serie von Versuchen gibt. Nimmt man die Probleme der theoretischen Dialektik als »philosophischer Wissenschaft«, so ist kein Zweifel, daß der in Lenins Schriften vorliegende Inhalt eine *neue Epoche* in der Entwicklung des dialektischen Materialismus darstellt. Die Art und Weise, wie Lenin das Verhältnis zwischen Dialektik, Logik und Erkenntnistheorie anfaßt und darstellt, wie er die Kategorie der Einheit der Gegensätze als das Kernstück der materialistischen Dialektik ausarbeitet, seine tiefgründigen Bemerkungen über das gegenseitige Verhältnis des Abstrakten und Konkreten, des Logischen und Historischen, der Theorie und Praxis, des Empfindens und Denkens usw. usf. – all dies ist ein Material, das den von den Schöpfern des dialektischen Materialismus – Marx und Engels – dargestellten genialen Inhalt in sich weitertreibt, weiter entwickelt und konkretisiert, Lenins Arbeiten sind in dieser Hinsicht eine Ausnahmeerscheinung in der marxistischen Literatur. Lenin kritisiert an Plechanow, daß dieser bei aller Reichhaltigkeit seines philosophischen Werkes den Problemen der Dialektik als philosophischer Wissenschaft überhaupt nicht die geringste Aufmerksamkeit schenkt, daß er sich zu einer simplifizierten Auffassung der Dialektik herabläßt, wonach sie eine Summe von Beispielen, während sie in Wirklichkeit »Gesetz der Erkenntnis (und Gesetz der objektiven Welt)« ist. Dies alles zusammengenommen zeugt von der großen Bedeutung, die Lenin der Theorie beimißt, und erweist den ganzen Ernst, die ganze Wichtigkeit, die ganze Tiefe, die der Aufgabe einer systematischen Bearbeitung der Dialektik in seinen Augen zukommt.

Für *das verständnislose, entstellende ignorierende Verhalten,* das die Deborinsche Gruppe allen diesen Problemen entgegenbringt, ist die Tatsache charakteristisch und aufschlußreich, daß Deborin in seinem Vorwort zum 1. Band der Hegelschen Werke (zur ›Kleinen Logik‹) dieses überreiche Leninsche Material überhaupt nicht ausnützt.

Weiter. Wenn man von einer neuen Entwicklungsstufe des dialektischen Materialismus spricht, muß man das *Leninsche Prinzip vom Parteicharakter der Philosophie, der Naturwissenschaft und der Wissenschaft überhaupt* mit besonderem Nachdruck hervorheben. Dieses Prinzip ist die Weiterentwicklung der marxistischen Sätze vom Klassencharakter der Wissenschaft, der Philosophie. Dieses Prinzip ist die Konkretisierung der marxistischen Sätze vom tätigen Charakter unserer Philosophie, denn in der Epoche des Imperialismus und der proletarischen Revolutionen ist die Tätigkeit der proletarischen kommunistischen Parteien die höchste Gestalt der »revolutionären, praktisch-kritischen Tätigkeit«. Es ist kein Zufall, daß unter den Marxisten unserer Epoche gerade Lenin, und sonst niemand, den Grundsatz von der Parteimäßigkeit der Philosophie so scharf herauszuarbeiten, in seinem ganzen praktischen und theoretischen Lebenswerk so ausgezeichnet in die Tat umzusetzen versucht hat. Das hängt mit der Rolle zusammen,

die der Schöpfer des internationalen Bolschewismus bei der
Schaffung der proletarischen Partei gespielt hat, dieser Partei,
die den Sturm auf die kapitalistische Gesellschaft unternommen hat.

Wir haben die Probleme, die Lenin auf dem Gebiet des dialektischen Materialismus bearbeitet hat und die jetzt bei unserer
ganzen theoretischen Arbeit an die Spitze gestellt werden
müssen, noch nicht einmal zum zehnten Teil erschöpft. Aus dem
Gesagten wird jedoch deutlich, wie sehr der Beschluß des
Zentralkomitees über den Leninismus in der Philosophie richtig
war und wie unrichtig, wie opportunistisch, antileninistisch
und folglich auch antimarxistisch, die von der »philosophischen
Führung« in der philosophischen Diskussion eingenommene
Haltung war. Nur aus einem starken Einfluß des Menschewismus, nur aus einer starken Nachwirkung der alten Traditionen
in der Unterschätzung des Theoretikers und philosophischen
Marxisten Lenin läßt sich diese letztere Tatsache erklären.

Lenins Leistung in Fragen des historischen Materialismus stellt
ohne Zweifel *auch in der Entwicklung des historischen Materialismus eine neue Stufe* dar. Dieser Bestandteil des Marxismus,
dieses Arbeitsgebiet der Theorie stand bei der philosophischen
Führung nicht »in Ehren«, und das ist wiederum kein Zufall,
weil nämlich gerade in allen diesen Fragen das Genie Lenins
mit allerhöchster Kraft hervortrat. Ich will mich hier nur auf
ein einziges Beispiel beschränken: was ich im Sinn habe, ist der
kleine Leninsche Aufsatz ›Über unsere Revolution‹, geschrieben
aus Anlaß der ›Aufzeichnungen‹ Suchanows. Die Leninschen
Bemerkungen über Suchanow lassen sich nach der Tiefgründig-
keit ihres Inhalts, nach der übergroßen Fülle der in ihnen gegebenen Problemlösungen, nach der Genialität der darin enthaltenen Sätze in eine Reihe stellen mit solchen historischen
Arbeiten Marxens wie die ›Vorrede‹ zur *Kritik der politischen
Ökonomie*. Die Leninschen Bemerkungen über Suchanow stellen eine geniale Vertiefung und Konkretisierung der marxistischen Revolutionslehre dar. Man kann heutzutage kein einziges
theoretisches und praktisches Problem der proletarischen und

der nationalen Kolonialrevolutionen mehr ernsthaft stellen, ohne daß man sich den theoretischen Reichtum dieses Leninschen Aufsatzes aneignet und ins Bewußtsein bringt. Der Leninsche Artikel über Suchanow stellt die vernichtendste, die mörderischste Kritik des ganzen modernen internationalen Menschewismus dar, des Sozialfaschismus, des »Knüppel«-Marxismus, der Schablone und des Pedantismus der Menschewiki.

Man braucht den überreichen theoretischen Inhalt, den die Leninschen Arbeiten in Fragen der Dialektik in der Politik aufweisen, nur aufs Tapet zu bringen, und es wird klar, wie groß die Lücke ist, die in der theoretischen Arbeit an der philosophischen Front besteht, und zwar in bedeutendem Maße bedingt durch die von der sogenannten »philosophischen Führung« vertretenen Positionen des menschewistisch geprägten Idealismus.

Wir haben hier nur einige von den grundlegenden Merkpunkten aufgezeichnet, nach denen sich jetzt die theoretische Arbeit bei der Analyse der Leninschen Etappe in der Entwicklung des dialektischen Materialismus richten muß. Das hier Gesagte kann keinesfalls eine Antwort auf die zu Anfang gestellte Frage sein, – es ist nur ein gewisser Versuch, diese Probleme so in den Vordergrund zu rücken, daß sie in der ganzen weiteren Arbeit als Ausgangspunkte dienen können. Wenn man sich unter diesem Gesichtspunkt mit den Schriften Deborins, Karews, Luppols befaßt, so findet man darin eine so organische Verständnislosigkeit, daß man nur staunen kann. Sie enthalten eine vollkommene Verwischung der neuen Etappe in der Entwicklung des dialektischen Materialismus, im besten Falle stellen sie den Versuch dar, Lenin à la Plechanow »zurechtzufrisieren«, die Plechanowschen Fehler zu verwischen usw. usf. *Das ist der Grund, warum diese Frage zu einem der Zentralprobleme der ganzen Diskussion werden mußte, das der Grund, warum diese Diskussion so scharfen Charakter trug. Es handelte sich um die wichtigsten Probleme des Marxismus-Leninismus, es handelte sich um die Grundfragen der bolschewistischen Theorie.*

Wir können nunmehr zum dritten Abschnitt dieses Kapitels übergehen, zum gegenseitigen Verhältnis Lenins und Plechanows in ihrer Eigenschaft als marxistische Philosophen. Das ist ebenfalls eine der wichtigsten Fragen der gegenwärtigen Diskussion. Bei der Deborinschen Gruppe, bei den Vertretern des menschewistisch geprägten Idealismus haben wir ein vollkommenes Nichtverstehen dieses Problems zu konstatieren, eine Entstellung und Revidierung der wichtigsten Leninschen Grundsätze und eine vollständig falsche Linie der theoretischen Arbeit, wie sie besonders kraß in der Zeitschrift *Pod snamenem marksisma* (›Unter dem Banner des Marxismus‹) in Erscheinung trat. Von einer geradezu »barbarischen« Verständnislosigkeit gegenüber diesem Problem zeugt der Vortrag Deborins im Präsidium der Kommunistischen Akademie. Er erklärte dort beispielsweise folgendes: Wir haben eine Reihe der wichtigsten Fragen der Theorie der materialistischen Dialektik zu bearbeiten, wir stehen vor solchen Problemen, wie das der spiralförmigen Bewegung, und da setzt man uns nun das »Themchen« (dies war sein Ausdruck: »das Themchen«!) Plechanow und Lenin vor, da will man uns nun damit von der ernsten Arbeit abhalten.[13] Es besteht kein Streit darüber, daß auch das Problem der spiralförmigen Bewegung als eine von den Formen der allgemeinen dialektischen Bewegung und Entwicklung studiert werden muß, allein das Problem Lenin-Plechanow für ein billiges »Themchen« zu halten – das übersteigt doch alles. In einem bestimmten Sinne enthält dieses Problem in konzentrierter Form nicht mehr und nicht weniger als die folgenden Fragen in sich: die Leninsche Etappe in der Entwicklung des dialektischen Materialismus; Plechanows Rolle, Bedeutung und Stellung in der Entwicklung der marxistischen Philosophie; das Verhältnis zwischen den politischen Fehlern, dem Menschewismus Plechanows und seinen theore-

13 Einige heftige Nachbeter und Schüler Deborins haben sich so sehr für dieses Problem der spiralförmigen Bewegung begeistert, daß sie sogar ein viertes Gesetz der Dialektik – eben das »Gesetz der spiralförmigen Bewegung« – »entdeckt« haben.

tisch-philosophischen Überzeugungen; die Entwicklungsgeschichte des Marxismus in Rußland; der Pseudo-Marxismus der
II. Internationale usw. usf.

Es hat in diesem Augenblick keinen Sinn, auf die schon zur
Genüge entlarvte Deborinsche Plechanow-Auffassung noch
näher einzugehen, wonach der Theoretiker Plechanow den
Praktiker Lenin ergänzen soll. Man kann die andere, nicht
weniger krasse Stellungnahme des »Schülers« Karew hierzu
vornehmen. Wir haben den in ›Unter dem Banner des Marxismus‹, Jahrgang 1926, Nr. 12, veröffentlichten Artikel Karews
›Anstatt eines Artikels zur Fünfjahrfeier der Zeitschrift‹ im
Auge. In diesem Artikel schrieb Karew zu der hier interessierenden Frage folgendes:

»In unserer Zeit werden immer wieder Versuche gemacht, Plechanow
Lenin oder Lenin Plechanow entgegenzusetzen. Versuche, die zu gar
nichts führen! Jeder kennt die politischen Fehler Plechanows. Man
weiß, daß gegen Ende seiner Tage, während des Krieges und im Jahre
1917, bei einem so folgerichtig denkendem Kopf, wie Plechanow es
war, viele von seinen politischen Fehlern sich in theoretische Fehler
umwandelten. Auch schon vor dem Kriege gab es bei Plechanow
manche ungenaue Formulierung und manche unglückliche Akzentuierung auf dem Gebiet der Theorie: man kennt die Geschichte mit den
Hieroglyphen und mit dem Begriff der Erfahrung (!), die ungenügende Betonung der Tatsache, daß bei Marx die Erkenntnistheorie in
der Dialektik inbegriffen ist (!), das Wegfallen der Klassen im Schema
des gesellschaftlichen Ganzen (!!!), die all dies vorbereitenden Fehler
Plechanows in seiner *Geschichte der russischen Gesellschaftsideen* usw.
Aber alle diese *Teil*fehler können die allgemeine Tatsache nicht aus
der Welt schaffen, die Lenin wiederholt hervorgehoben hat, – daß
nämlich die philosophischen Schriften Plechanows bis auf den heutigen
Tag das Beste von dem bleiben, was über diese Themen in der Weltliteratur des Marxismus geschrieben worden ist.«

Hier hat Karew seine ganze Konzeption in der Plechanow-
Auffassung dargelegt. Kein Gramm Bolschewismus ist in dieser
Konzeption zu finden. Keine Zeile ohne die gröbsten Fehler,
und zwar Fehler ebenso politischen wie theoretischen Charakters. Der allgemeine Sinn dieser Fehler besteht in der Apologie
des *ganzen* Plechanow, des Menschewiken Plechanow, des
Plechanow, der die *Geschichte der russischen Gesellschaftsideen*

verfaßt hat, usw. usf. Es kommt Karew nicht in den Sinn (oder aber es kommt ihm sehr in den Sinn!), daß man den Bolschewiken Lenin dem Menschewiken Plechanow entgegenstellen *muß*, daß die Leninsche Abbilder-Theorie der Plechanowschen Hieroglyphen-Theorie entgegenhalten werden muß usw. usf.

Karew meint, daß »das Wegfallen der Klassen im Schema des gesellschaftlichen Ganzen« eine »unglückliche Akzentuierung« sei! Diese Stelle beleuchtet und enthüllt wie ein Scheinwerferlicht die ganze menschewistisch schillernde, manchmal auch einfach liberale Natur, der von Karew und von der ganzen Deborinschen Gruppe vertretenen Anschauungen. Diese Stelle enthüllt aufs prächtigste das antimarxistische Wesen des Idealismus menschewistischer Prägung.

Hier haben wir die Grundlinien der Auffassung, die die Deborinsche Gruppe in Fragen des Verhältnisses zwischen Lenin und Plechanow vertrat. Dabei besteht die Aufgabe gerade in der klaren, präzisen, marxistischen Lösung des Problems: welche Rolle Plechanow in der Entwicklung des dialektischen Materialismus gespielt hat und welchen Platz Lenin in dieser Entwicklung einnimmt. Statt dessen haben wir bei der Deborinschen Gruppe die unermüdliche Wiederholung eines und desselben Satzes: Lenin und Plechanow ergänzen einander, man darf sie keineswegs einander entgegensetzen.

Es hat keinen großen Sinn, die von Deborin im ›Vorwort‹ zum Lenin-Sammelband IX, desgleichen die von Karew in seinem Artikel über den Lenin-Sammelband XII (in: *Unter dem Banner des Marxismus*) vertretenen Richtlinien jetzt hier zu analysieren, – diese Auffassungen sind im Verlauf der philosophischen Diskussion zur Genüge entlarvt worden. Man muß sich aber noch mit einer andern Spielart von vollständig falschen Grundsätzen über Lenin und Plechanow befassen, und diese Spielart ist die von Semkowski in der Ukraine vertretene. Semkowski trat mit der lächerlichen Anmaßung auf, daß ihm als dem ersten (nun, natürlich nach Stalin!) die Ehre gebühre, das Problem: Lenin und Plechanow als marxistische Philosophen richtig gestellt zu haben, und zwar aus dem Grunde, weil er noch im Jahre 1927 mit seinem Artikel ›Was hat Lenin für den Materialismus geleistet?‹ (in ukrainischer Sprache) hervorgetreten sei. Als wir uns mit diesem Artikel eingehend bekannt machten, stellte es sich heraus, daß Semkowskis Behandlung des Themas *eine verschlechterte Ausgabe des Deborinschen Unfugs ist, dazu noch überdies mit einem kräftigen Zuschuß von Mechanismus.* Es stellte sich heraus, daß Semkowskis opportunistisch-menschewistische Vergangenheit der von ihm gegebenen Lösung dieser »heiklen« Frage sehr ernstlich ihren Stempel aufgedrückt hatte. Der Grundgedanke des Semkowskischen Artikels läuft darauf hinaus, daß Plechanow den Marxismus in den Gesellschaftswissenschaften schöpferisch erweitert habe, während wiederum Lenins Verdienst darin bestehe, den dialektischen Materialismus in seiner Anwendung auf die Naturwissenschaft schöpferisch erweitert zu haben. Diese Behandlung des Problems bedeutet ein erstaunliches Nichtverstehen des Leninismus, der Rolle Lenins in der Entwicklung des Marxismus. In einem anderen, schon im Moment des Umschwungs geschriebenen Aufsatz (in dem in der Ukraine zum XVI. Parteitag herausgegebenen Sammelbuch *Philosophie und Politik*) bringt Semkowski folgendes Schema: in der Entwicklung der Arbeiterbewegung gebe es drei Epochen, die durch die drei Internationalen repräsentiert seien: den adäquaten Ausdruck für die Epoche der I. Internationale bilde der dialektische Materialismus von Marx-Engels, für die der II. Internationale – Plechanow, und für die Epoche der III. Internationale – Lenin. Daß dieses Schema falsch ist, ist klar. Es ist unrichtig, weil es ohne Zweifel die Epoche Lenins einengt. Die Leninsche Epoche, das ist die Epoche des Imperialismus, der imperialistischen Kriege, der proletarischen Revolutionen. Semkowski übertreibt zugleich damit maßlos die Rolle und die Bedeutung Plechanows in der Entwicklung der marxistischen Philosophie, wenn er *ihn und nur ihn* für den adäquaten Ausdruck der ganzen Epoche der II. Internationale hält.

Überhaupt muß man sagen: es ist Zeit, mit einer »Geschichtsphilosophie« endlich Schluß zu machen, die von der Ansicht ausgeht, die Entwicklung des Marxismus verlaufe von Marx-Engels über Plechanow zu Lenin und Lenin sei der »Schüler« und »Nachfolger« des Plechanowschen Marxismus. Eine derartige »Geschichtsphilosophie« läßt den sehr interessanten Umstand allzusehr außer acht, daß Lenin *der einzige, der konsequenteste, der – das Wort in seinem besten Sinn genommen – orthodoxeste selbständige Marxist* nach Marx-Engels ist, *und zwar schon in seinen frühesten Arbeiten.* Die wirkliche Entwicklungsgeschichte des Marxismus verläuft von Marx-Engels zu Lenin, und keineswegs über Plechanow.

Wie muß nun die richtige Fassung des Verhältnisses zwischen Lenin und Plechanow als marxistischen Philosophen beschaffen sein? Plechanow geht in der Gesamtheit seines philosophischen und politischen Werks über die Grenzen des Marxismus in der Epoche der II. Internationale nicht hinaus. In seinen eigentlich politischen, aber ebenso auch in seinen theoretischen Arbeiten aus der Zeit des Weltkriegs ist er auf extrem rechte, sozialchauvinistische, sozialimperialistische Positionen herabgesunken.

Was die eigentlich philosophischen Arbeiten Plechanows angeht, so stellen sie das Beste dar, was der Marxismus in der ganzen Epoche der II. Internationale aufzuweisen hat, soweit man den Flügel nicht in Betracht zieht, aus dem der Bolschewismus hervorgegangen ist und sich herausgestaltet hat. Verglichen mit solchen Theoretikern der II. Internationale wie Kautsky usw., bringt Plechanow in seinen philosophischen Schriften den orthodoxen Marxismus in der besten Weise zum Ausdruck. Eben dies besagen auch die Charakteristiken, die Lenin von dem philosophischen Marxisten Plechanow gegeben hat.

Soweit jedoch der Marxismus der Epoche der II. Internationale – mit Ausnahme des Flügels, aus dem der Leninismus hervorgegangen ist – im wesentlichen einen Rückschritt, ein Abgehen vom orthodoxen Marxismus darstellt und soweit Plechanow in der Gesamtheit seines Werks über die Grenzen des Marxismus dieser Epoche im Grunde nicht hinausgeht, – *insoweit*

können wir auch bei der Betrachtung seiner eigentlichen philo-
sophischen Arbeiten eine Reihe von Punkten feststellen, an
denen er vom konsequenten Marxismus abgeht.

Die Ansicht, man habe es bei Plechanow auf philosophischem
Gebiet nur mit einer Reihe von einzelnen, zufällig falschen
Formulierungen zu tun, ist unzweifelhaft falsch. Einzelne
Fehler wird man bei Plechanow sehr viele finden, wenn man
von der Leninschen Auffassung der Probleme der marxistischen
Philosophie ausgeht. Wenn diese Fehler verstanden und kritisch überwunden werden sollen, so ist aber die Aufgabe gerade
die, daß notwendigerweise *die innere Logik* dieser Fehler
gesucht und aufgedeckt werden muß, ebenso auch der organische Zusammenhang, der zwischen diesen Fehlern und der –
im Grunde menschewistischen – politischen Haltung Plechanows vorliegt.

Wenn man sich über die theoretischen Arbeiten Plechanows
in ihrer Gesamtheit ein Urteil verschaffen will, so muß man
vor allem feststellen, daß »die grundlegende Tradition und das
Dogma der II. Internationale« – nämlich die Kluft zwischen
Theorie und Praxis, die Kluft zwischen der theoretischen
Schreiberei über den dialektischen Materialismus und dem
Unvermögen, ihn anzuwenden – bei Plechanow sehr krassen
Ausdruck erhalten haben. In der allgemein theoretischen Behandlung der wichtigsten Probleme des dialektischen Materialismus tritt Plechanows Leistung außerordentlich klar hervor,
– sowie es sich um die Anwendung der Dialektik handelt, ist
er vollkommen hilflos. Man braucht sich nur an die Leninschen
Kennzeichnungen dieser Plechanowschen »Dialektik« zu erinnern (»Dogmatik«, »schädlichste Sophisterei«, »Verzerrung«,
»ein Hohn auf den Geist des Marxismus« usw. usf.), und man
wird verstehen, wie mächtig die oben charakterisierte Kluft bei
Plechanow ist.

Wenn man die eigentlich philosophischen Schriften Plechanows
vornimmt und die bei ihm vorliegenden Fehler, von denen die
wichtigsten schon von Lenin kritisiert worden sind, in ihrer
Gesamtheit analysiert, so wird man im großen und ganzen

etwa vier Achsen bezeichnen können, um die sich diese Fehler bewegen:

1. Verständnislosigkeit für »das Wesen« der Dialektik, und zwar gerade der »Dialektik als Erkenntnistheorie«;
2. Befangensein in Formalismus und Logistik;
3. ein starker Anstrich von Agnostizismus;
4. ein zweifellos sehr bedeutender Einfluß von Tschernyschewski und Feuerbach auf seine philosophischen Arbeiten.

Ich habe bei diesem Vortrag keine Möglichkeit, diese Punkte auch nur in Kürze zu untersuchen. Das sind Themen für Spezialarbeiten. Ich möchte hier nur auf die Kritik hinweisen, die Lenin an Plechanow wegen seines Befangenseins in Formalismus und in der Logistik, und zwar schon in seinen Frühschriften, geübt hat. Ich meine die im Lenin-Sammelband II veröffentlichten Leninschen Bemerkungen über den Plechanowschen Entwurf zum Parteiprogramm. In seinen Bemerkungen zum ›zweiten Entwurf‹ Plechanows schrieb Lenin folgendes:

»1. In der Art der Formulierung des wichtigsten Abschnitts, der die Charakterisierung des Kapitalismus betrifft, gibt dieser Entwurf kein Programm des gegen die sehr realen Auswirkungen eines sehr bestimmten Kapitalismus *kämpfenden* Proletariats, sondern ein Programm für ein ökonomisches *Lehrbuch*, das den Kapitalismus überhaupt zum Gegenstand hat.
2. Insbesondere ist das Programm für die Partei des *russischen* Proletariats untauglich, weil die Evolution des russischen Kapitalismus, die vom russischen Kapitalismus erzeugten Widersprüche und gesellschaftlichen Leiden fast vollständig übergangen und in den Schatten gerückt sind, dank demselben System, den Kapitalismus überhaupt zu charakterisieren . . .
Die Sache damit abtun, daß der Kapitalismus ›in seiner entwickelten Gestalt‹ *überhaupt* durch diese und jene Eigenschaften gekennzeichnet sei – in Rußland aber der Kapitalismus ›vorherrschend werde‹ –, das heißt der konkreten Anklage und Kriegserklärung *ausweichen*, die für eine praktisch kämpfende Partei das Wichtigste ist.«14

Diese von einem tiefen Sinn erfüllten Leninschen Bemerkungen werfen ein helles Licht auf den ganzen Unterschied zwischen der konkreten Dialektik Lenins und dem Formalismus Plecha-

14 Lenin-Sammelband II (russisch), S. 88/89.

nows, seiner Logistik, in der er bei der Lösung der bedeutsamsten Probleme befangen bleibt.

Lenin verlangt die konkrete Analyse des konkreten Kapitalismus in Rußland und bezeichnet die der Partei und dem Proletariat gestellten Aufgaben – bei Plechanow nur eine allgemeine
Charakterisierung des Kapitalismus, eine allgemeine Abstraktheit und die Ableitung der den russischen Kapitalismus kenn-
zeichnenden »Eigenschaften« aus der Definition des Begriffs
Kapitalismus überhaupt. Dieses »System, den Kapitalismus
überhaupt zu charakterisieren«, ist nun, wie Lenin für das
ganze Programm vermerkt, höchst bezeichnend. Anstatt einer
konkreten Analyse auf Basis des dialektischen Materialismus
finden wir die Ableitung aus Begriffen, die logische Definition
der Begriffe: und das eben ist ein Grundzug des Formalismus
und der Logistik.

Im Juli 1907 – im Vorwort zur 2. Auflage seiner *Entwicklung
des Kapitalismus in Rußland* – charakterisiert Lenin die Plechanowsche Methodologie noch einmal in derselben Weise,
diesmal schon bei andern Problemen. Er schreibt:

»Es bedarf einer konkreten Analyse der Lage und der Interessen der
verschiedenen Klassen, um die wirkliche Bedeutung dieser These15 bei
ihrer Anwendung auf diese oder jene Frage zu bestimmen. Die entgegengesetzte Art der Betrachtung, die man nicht selten bei den Sozialdemokraten des rechten Flügels, mit Plechanow an der Spitze,
antrifft, d. h. die Tendenz, die Antwort auf konkrete Fragen in rein
logischen Ableitungen aus der allgemeinen Lehre von dem Grundcha-
rakter unserer Revolution zu suchen, ist eine Verballhornung des
Marxismus und reiner Hohn auf den dialektischen Materialismus.«16

Die hier zum gegenseitigen Verhältnis Lenins und Plechanows
vermerkten Punkte bedürfen einer weiteren theoretischen Untersuchung. Die Deborinsche Gruppe pflegte solche hochwich-
tigen Probleme der marxistischen Methodologie in ihrer gesamten Tätigkeit vollkommen zu ignorieren. Als in letzter
Zeit, schon in der Periode der Diskussion, ein bestimmtes

15 D. h. der These von dem bürgerlichen Charakter der Revolution im damaligen Rußland.
16 Lenin, *Sämtliche Werke*, Bd. III, S. XIII [Wien-Berlin 1929].

kritisches Verhalten zum Plechanowschen Erbe als Forderung auf die Tagesordnung gesetzt wurde, konnte man noch Karew das völlig wertlose Argument vorbringen hören: »Man darf Plechanow nicht dem internationalen Menschewismus ausliefern.«

Dieses Karewsche »Argument«, mit dem alles gedeckt werden sollte, leidet an dem einzigen »kleinen Mangel«, daß es kein marxistisches Argument ist. Wenn man nach Karew Plechanow (aber welchen Plechanow? den ganzen Plechanow) nicht dem internationalen Menschewismus ausliefern darf, dann ist klar, daß man den Menschewismus, den Sozialchauvinismus, den Sozialimperialismus in Plechanows Arbeiten für den Keim des Bolschewismus oder vielleicht einfach für Bolschewismus ausgeben kann. Es ist doch nicht umsonst, daß Waganjan seinerzeit im *Banner des Marxismus* den internationalen Bolschewismus als die Fortsetzung der Plechanowschen Traditionen bezeichnet hat. Hat doch Waganjan damit ausgezeichnet illustriert, was die Formel Karews von der »Nichtauslieferung Plechanows usw.« bedeutet. Nein, den Menschewismus in Plechanows Werk, seinen Opportunismus, die von ihm am dialektischen Materialismus vorgenommenen Verzerrungen usw. usf. – das werden wir dem internationalen Menschewismus ausliefern! Aber Plechanows Schriften zur Philosophie, die das Beste darstellen, was der Marxismus der II. Internationale aufzuweisen hat, werden als Material in den »eisernen Bestand« eingehen, an Hand dessen man nach Lenins Gebot die Philosophie des Marxismus erlernen wird, mit der Ergänzung jedoch, daß man gleichzeitig auch all das studieren wird, worin Lenin als dialektischer Materialist Plechanow überragt!

Die gegenwärtige philosophische Diskussion hat das gewaltige Verdienst, alle diese wichtigsten Probleme auf die Tagesordnung gesetzt, der schöpferischen theoretischen Arbeit an der Philosophie des Marxismus die weitesten Perspektiven eröffnet zu haben.

III. Der menschewistisch geprägte Idealismus
der Deborinschen Gruppe

Wenn wir von dem menschewistisch geprägten Idealismus der Deborinschen Gruppe gesprochen haben, so muß man sich klar machen, daß es sich nicht um einen einfachen, gewöhnlichen Typ des Idealismus handelt. Man muß sich über den Umstand klar werden, daß es sich überhaupt nicht um so etwas handelt, wie der eindeutige, folgerichtige Idealismus, sagen wir: eines Lossew, eines Rubinstein usw. usf. Wir haben es mit einer außerordentlich raffinierten, außerordentlich stark verschleierten Form der idealistischen Revision der materialistischen Dialektik zu tun, die unter jeder erdenklichen Maskierung, unter der Flagge des Marxismus-Leninismus auftritt. Es handelt sich um einen feigherzigen Idealismus. Es handelt sich um eine Revision der marxistischen Philosophie, die durch eine marxistisch-leninistische Terminologie verdeckt ist, die unter der Flagge der streitbaren marxistischen Orthodoxie auftritt, die häufig selbst den offenen, pfäffischen, konterrevolutionären Idealismus eines Lossew oder sogar den Idealismus eines Lukács zum Ziel ihrer Attacken nimmt. Und doch ist sie gleichzeitig in ihrem Kern, in ihrem Wesen, eine idealistische Revision des Marxismus. Wenn man die Anschauungen der Deborinschen Gruppe als in Wirklichkeit, dem Wesen der Sache nach menschewistisch gefärbten Idealismus kennzeichnet, so ist dies eine Charakteristik, die gleichzeitig eine politische und eine eigentlich theoretische Beurteilung in sich zur Synthese bringt. Schon aus den früher betrachteten Problemen wird sichtbar, bis zu welchem Grade eine solche Charakterisierung das Wesentlichste an der theoretischen Arbeit der Deborinschen Gruppe wiedergibt. In der Tat, die Verständnislosigkeit und Gleichgültigkeit für das philosophische Erbe Lenins, der Kampf gegen den Leninismus in der Philosophie, gegen den Umschwung an der philosophischen Front, gegen Selbstkritik und gegen den bolschewistischen Parteicharakter der Philosophie kann nur in der entsprechenden politischen Weise charakterisiert werden.

In der Tat, die Losreißung der Theorie von der Praxis, der Philosophie von der Politik, der Philosophie von den aktuellen Aufgaben des sozialistischen Aufbaus: ist das etwa nicht – wie die Resolution des Zentralkomitees der KPdSU über die Zeitschrift *Unter dem Banner des Marxismus* sagt – die Wiederbelebung einer der schädlichsten Traditionen und Dogmen der II. Internationale? Sollten wir nicht dazu verpflichtet sein, die von der Deborinschen Gruppe in ihrer eigentlich philosophischen Arbeit begangenen »Sünden« in Verbindung und im Gesamtzusammenhang mit den politischen Fehlern der Vertreter dieser Gruppe zu betrachten? Ist etwa das innere Wesen dieser Fehler in ihrer Gesamtheit nicht sozialdemokratischer Natur?

Das alles zusammengenommen zeugt von der Wichtigkeit, die eine solche synthetische Charakterisierung notwendigerweise hat. Wenn wir jedoch an die Analyse der dem menschewistisch geprägten Idealismus eigentümlichen Anschauungen herantreten, so stoßen wir auf eine zweifache simplifizierende Behandlung des Problems. Die Natur der einen vulgären simplifizierenden Stellungnahme besteht in dem Versuch, das ganze Wesen des von der Deborinschen Gruppe vertretenen menschewistisch gefärbten Idealismus lediglich und ausschließlich aus dem Umstand *abzuleiten*, daß Deborin ein früherer Menschewik sei und daß ein früherer Menschewik eben nur eine menschewistisch schillernde Philosophie habe geben können. Die Simpelei eines derartigen »Standpunktes« liegt darin, daß man die Deborinsche Gruppe auf Deborin allein reduziert, daß man den Umstand ganz außer acht läßt, daß in der Periode der Diktatur des Proletariats bestimmte soziale Bedingungen existierten und noch existieren, die die menschewistisch geprägten Anschauungen in der Philosophie *erzeugt, wieder zum Leben erweckt haben,* – ganz genau so, wie diese selbe Periode, besonders mit den in ihr erzielten gigantischen Erfolgen des Sozialismus, die Bedingungen zur Entwurzelung solcher Anschauungen und Ideen erzeugt. Die Schädlichkeit einer solchen Vulgarisierung besteht darin, daß im wesentlichen die Aufgabe der Kritik und Entlarvung der Ideen, der Fehler der idealistischen Revision des Marxismus faktisch aufgehoben wird, weil von diesem Standpunkt aus die einfache Berufung auf den Menschewismus an sich selbst schon das »tödlichste Argument« darstellt!

Eine Vulgarisierung von anderer, aber darum nicht weniger schädlicher Art sehen wir in dem Versuch, die Vergangenheit der Vertreter der Deborinschen Gruppe, insbesondere Deborins selbst beiseite und außer Betracht zu lassen und den außerordentlich starken Einfluß zu vergessen, den die menschewistisch-plechanowistische Vergangenheit auf Deborins Arbeiten und auf die allgemeine Linie seiner philosophischen Leistung in der Periode seit der Oktoberrevolution ausgeübt hat.

Nur eine wirklich dialektische Zusammenfassung der logischen und der gesellschaftlich-klassenmäßigen Analyse wird es uns möglich machen, den menschewistisch geprägten Idealismus, dem die Deborinsche Gruppe verfallen ist, zu entlarven und zu kritisieren.

Wenn wir uns an die Analyse der Anschauungen machen, die dieser idealistischen Revision des Marxismus eigentümlich sind, so müssen wir hier auf folgende Hauptmomente eingehen: 1. auf den Hegelianismus der Deborinschen Gruppe, wie er bei ihrer Bearbeitung der Theorie der materialistischen Dialektik zum Ausdruck kommt; 2. auf eine Reihe von antimarxistischen Grundsätzen in Fragen der Geschichte, der Philosophie und der Naturwissenschaft; 3. auf den Gesamtzusammenhang der politischen Fehler der Deborinschen Gruppe.

Gehen wir nun an die erste Frage. Der allgemeine Charakter der philosophischen Schriftstellerei von Deborin, Karew, Luppol besteht in folgendem: ihre Arbeiten stellen eine höchst verwunderliche Zusammenfassung von Elementen des Materialismus mit Hegelscher idealistischer Dialektik, von Elementen des Materialismus mit einer ganzen Reihe von kantianischen Momenten dar. Die allgemeine Färbung, in die dieses verwunderliche Miteinander getaucht ist, besteht in einer außerordentlich starken »Verhegelung« des Materialismus, des Marxismus. Daß diese idealistische Revision des Marxismus als »Hegelei«, als »Hegelsche« Entstellung des Materialismus auf den Plan tritt, ist durchaus kein Zufall. Das hängt zweifellos damit zusammen, daß unter den Verhältnissen der revolutionären Epoche, der Diktatur des Proletariats, in einer Situation, in der die materialistische Dialektik von Marx, Engels und Lenin außerordentliche Popularität besitzt, die revolutionäre Dialektik Hegels in sehr starkem Maße die Aufmerksamkeit und das Interesse auf sich zieht.

Der Umstand ist sehr charakteristisch, daß im Westen die Revision des Marxismus, der marxistischen Philosophie, im wesentlichen und in der Hauptsache unter der Flagge des Kantianismus oder verschiedener Spielarten des Neukantianismus segelt. Unter den Bedingungen der Diktatur des Proletariats aber, unter den Bedingungen der in unserem Lande vor sich gehenden ganz tiefgreifenden Revolution, der revolutionären Umgestaltung aller alten Verhältnisse und sozialen Formen: hier mußte die menschewistisch gefärbte Revision des dialektischen Materialismus – abgesehen von dem kantianisch-positivistischen Typ, den sie bei Axelrod und den Mechanisten aufwies – die Form der »Hegelschen« Entstellung des Marxismus annehmen. Das Studium und die materialistische Umarbeitung der Hegelschen Dialektik, eine Aufgabe, deren Dringlichkeit Lenin so kategorisch betont hatte, verkehrte sich unter den Händen der Deborinschen Gruppe in den Ausgangspunkt eines Verfahrens, das die Kastrierung der Theorie der Dialektik, nämlich die Ausscheidung jedes konkreten materiellen Inhalts aus ihr, bedeutete. Die Notwendigkeit, Hegel aufgrund des überreichen Materials zu kommentieren, das uns die Werke von Marx, Engels und Lenin an die Hand geben und das uns die moderne Epoche des Imperialismus und der proletarischen Revolutionen liefert, wurde zu einer völlig unkritischen Aneignung der Hegelschen Formeln. Die »Verhegelung« des Marxismus ging so weit, daß z. B. im Institut der Roten Professur in der philosophischen Abteilung die ganze Arbeit sich drei bis vier Jahre hindurch ausschließlich um die Hegelsche *Wissenschaft der Logik* drehte, wobei man während der ganzen Dauer von drei oder vier Kursen nicht ein einziges Mal dazu kam, sich auch nur mit Feuerbach, geschweige denn mit Marx oder Lenin zu befassen.

Diese ganze in der Arbeit befolgte Linie oder Richtung basierte auf dem Grundsatz, der in den Schriften der Vertreter der Deborinschen Gruppe unzähligemale wiederholt ist, daß nämlich in der *heutigen Zeit*, selbst nach dem Vorliegen der Arbeiten von Marx, Engels und Lenin, trotz alledem immer noch die Hegelsche Logik der Ausgangspunkt und die Grundlage für die Bearbeitung der Theorie der materialistischen Dialektik bleibt.

Diese Richtung hatte so sehr Wurzel gefaßt, daß z. B. Karew und Sten das ganze Wesen des Umschwungs an der philosophischen Front in dem Gedanken begriffen, daß man jetzt vom Studium der *Wissenschaft der Logik* zu dem der *Phänomenologie des Geistes* übergehen müsse. Wir sind durchaus nicht gegen das Studium der *Phänomenologie des Geistes,* wir sind, ganz im Gegenteil, der Meinung, daß die Programme des Instituts der Roten Professur in der Weise aufgebaut sein müssen, daß die Hörer den ganzen Hegel studieren; wir sind der Meinung, daß das Erscheinen der übrigen Bände Hegels, seiner *Rechtsphilosophie,* seiner *Philosophie der Geschichte* usw. usf. beschleunigt werden muß; – allein wir haben kategorischen Widerspruch eingelegt gegen den Vorschlag Stens und Deborins, wonach die Arbeit so zu »aktualisieren« sei, daß man sich auf das Studium der *Phänomenologie des Geistes* oder auf das des »primitiven Denkens« umstelle.

Gehen wir nun zu dem Problem des Verhältnisses zwischen Hegel und Marx über. Im Prozeß der Diskussion wurde eine Reihe von schwersten Fehlern zu diesem Punkt aufgedeckt, bei Deborin, Karew, Luppol usw. Ich möchte hier nur einen kleinen Satz aus Deborins Schrift über ›Die Dialektik bei Kant‹ anführen, der, wie mir scheint, sozusagen in konzentrierter Gestalt das Resultat und Resümee aller Deborinschen Fehler enthält und die eigenartige »Philosophie der Theorie und

Praxis« wiedergibt, wie sie die Deborinsche Gruppe in dieser Frage vertritt. Diese Deborinsche Formulierung wirft ein helles Licht auf die ganze Linie, die bei den theoretischen Untersuchungen über das Verhältnis des Marxismus zu Hegel befolgt wurde. Deborin schrieb: »Der dialektische Materialismus stellt die Synthese der dialektischen Methode Hegels mit der materialistischen Auffassung der Natur und Geschichte dar.«[17] Deborin sagt uns hier nichts davon, daß die Hegelsche Methode zwar dialektisch, aber *zugleich damit* auch idealistisch ist. Dialektik und Idealismus sind bei Hegel nicht auseinandergerissen und liegen nicht in verschiedenen Schubfächern. Dialektik und Idealismus sind bei Hegel miteinander organisch verbunden und verflochten. Wir haben bei Hegel ein System des dialektischen Idealismus oder, umgekehrt, ein System der idealistischen Dialektik. Deborin sagt von alledem kein Wort. Wer den dialektischen Materialismus für eine Synthese der Hegelschen Methode mit der materialistischen Natur- und Geschichtsauffassung ansieht und kein Wort darüber verlauten läßt, daß es sich für uns um die materialistische Interpretation der Hegelschen Methode handeln muß, der schmuggelt offenkundig den Idealismus in unsere Weltanschauung ein. Die Deborinsche Formel sprach ausgezeichnet das ganze Wesen der auf die Darstellung der Theorie der Dialektik angewendeten Arbeit aus, so wie sie im Verlauf mehrerer Jahre geleistet wurde, nämlich: man faßte ohne kritische Überwindung, ohne materialistische Umarbeitung die grundlegenden Kategorien der Hegelschen Methoden mit der materialistischen Natur- und Geschichtsauffassung zur Synthese zusammen und als Resultat . . . ergab sich eine entwickelte idealistische Revision des Marxismus. Diese unkritische »Synthetisierung« und Übernahme der Hegelschen Methode ging so weit, daß Deborin, angefangen mit der Auffassung vom Gegenstande der Dialektik selbst, von den Problemen des Verhältnisses zwischen Erkenntnistheorie und Dialektik bis zur Auffassung der Kate-

17 *Marx-Engels-Archiv* (russisch), Bd. I, S. 14.

gorien der Dialektik, dem Wesen der Sache nach sich auf den idealistischen Standpunkt stellte.

Wenden wir uns Deborins Aufsatz über ›Materialistische Dialektik und Naturwissenschaft‹ zu. Bei seiner Behandlung des Gegenstandes der Dialektik schreibt Deborin:

»Die materialistische Dialektik als die allgemeine Methodologie muß alle konkreten und empirischen Wissenschaften durchdringen, weil sie sozusagen die Algebra der Wissenschaften darstellt, die den inneren Zusammenhang in den konkreten Inhalt hineinbringt.«18

Diese Auffassung ist offenkundig idealistisch, da die materialistische Dialektik als eine Wissenschaft behandelt wird, die den Zusammenhang in den konkreten Inhalt hineinbringe. Allerdings beeilt sich Deborin auf derselben Seite noch den Vorbehalt zu machen: man solle das nicht in dem Sinne verstehen, als ob der Zusammenhang von *außen* hineingetragen würde usw., der Zusammenhang in der Natur sei objektiv usw. usf. Doch können diese Vorbehalte darum nicht von wesentlicher Bedeutung sein, weil Deborin in demselben Aufsatz ein ausführliches Bild davon gibt, wie er diesen seinen Standpunkt auffaßt. So schreibt er z. B. beim Übergang zum Problem der Kategorien der Dialektik folgendes:

»Die allgemeine Dialektik befaßt sich mit der Erforschung derjenigen Kategorien, die jedem Wissen überhaupt zugrunde liegen. Indem jedes einzelne Gebiet der Wirklichkeit – Natur und Gesellschaft – auf den allgemeinen Gesetzen und Formen der Bewegung basiert und sie zu seinem Fundament hat, beruht es gleichzeitig auf spezifischen Einzelkategorien, die gerade diesem betreffenden Gebiet eigen sind. Eine und dieselbe *abstrakte* Kategorie, die Gegenstand der allgemeinen Dialektik ist, nimmt solche verschiedene *konkrete* Formen an, in Abhängigkeit von dem Gebiet, in dem sie sich selbst vorfindet oder angewandt wird: in der Naturwissenschaft oder in der Gesellschaftswissenschaft.«

Wer mit Hegel auch nur ein wenig vertraut ist, wird sagen, daß hier ein deutlich hegelianisch-idealistischer Standpunkt dargestellt ist. In der Tat gibt Deborin hier, wo er die Gesetze

18 Deborin, *Materialistische Dialektik und Naturwissenschaft* (russisch), S. 31; in diesem Band S. 104.

der Dialektik behandelt, nicht ein einziges Mal eine klare Formulierung für den Satz, daß die Gesetze der Dialektik nach unserer Weltanschauung eine *Widerspiegelung* der objektiven Gesetze sind, daß sie den »stufenweisen Fortgang unseres Eindringens« in die Erkenntnis der objektiven, materiellen Natur darstellen. Ferner sagt uns Deborin da, wo er von den Kategorien der Dialektik spricht, kein Wort von dem, was er eigentlich unter Kategorie versteht. Wenn er unter den Kategorien der Dialektik Begriffe versteht, die objektive Gesetzmäßigkeiten ausdrücken, so ist es klar, daß diese Gesetze in der Natur nicht »angewandt« werden, sondern sich nur in ihr »vorfinden« können. Nun, von all diesem notwendigen Minimum an materialistischer Klarheit bei den wichtigsten Problemen der Dialektik findet sich bei Deborin nichts, statt dessen trägt er eine offen idealistische Konzeption vor, wonach »die abstrakten Kategorien verschiedene konkrete Formen annehmen« usw. usf. *Deborin begreift die materialistische Theorie der Widerspiegelung ganz und gar nicht, sie, die uns die Grundgesetze der Dialektik allein richtig, materialistisch zu begreifen erlaubt.*

Um zu zeigen, daß diese Stellen keine einzelnen Ausnahmen darstellen, daß es sich vielmehr um ein »organisches Gebrechen«, um ein System der idealistischen Entstellung des Marxismus handelt, wollen wir uns Deborins Artikel ›Marx und Hegel‹ zuwenden und betrachten, wie er dort die Kategorien der Dialektik behandelt. Er schreibt:

»Man muß sich Rechenschaft darüber geben, daß jeder wissenschaftlichen Erkenntnis *Grundbegriffe* zugrunde liegen, die den Charakter von Kategorien besitzen. Sie gehören in *gleichem Maße* (!) dem Sein wie dem Denken an.«

Was heißt dies »*in gleichem Maße* dem Sein wie dem Denken angehören«? Ist das etwa eine materialistische Behandlung des Problems? Sind denn die Kategorien als Begriffe nicht eine Widerspiegelung objektiver Gesetzmäßigkeiten? Muß denn die Dialektik der Begriffe nicht als Ausdruck der objektiven Dialektik aufgefaßt werden? All das gehört zum Abc des

Materialismus, zum Abc des Marxismus. Aber bei Deborin ist das der reinste Idealismus. Es ist Hegel, der hier hinter jedem Wort Deborins hervorschaut, weil nämlich gerade auf seinem Standpunkt die Grundkategorien der Dialektik Stufenfolgen in der Entwicklung des absoluten Geistes darstellen, Begriffe sind, die in gleichem Maße dem Sein und dem Denken angehören.

Wir erfahren hier ferner noch einen sehr wichtigen Gedankengang: die Dialektik betrachtet das Sein und das Denken, ohne das eine vom andern loszureißen. Statt bei der Untersuchung der Kategorien der Dialektik eine präzise materialistische Einstellung zu geben, beschränkt sich Deborin auf diese nichtssagende Phrase.

Eine weitere Frage, bei der wir noch verweilen wollen, ist die nach dem Verhältnis zwischen Dialektik und Erkenntnistheorie. Diese Frage macht, wie Lenin vermerkt hat, das Wesen der Dialektik aus. Sehen wir zu, was uns Deborin in seinen Schriften zu diesem Punkt zu sagen hat. In dem gleichen Artikel über ›Marx und Hegel‹ schrieb Deborin:

»Die Bedeutung der Dialektik als der Erkenntnistheorie entgegenstehende *Methodologie* ist von den Begründern des Marxismus und von seinen größten Vertretern in vollem Maße erkannt worden.«[19]

Deborin findet also, daß zwischen Dialektik und Erkenntnistheorie eine tiefe Kluft bestehe und daß ein solcher Standpunkt der einzig marxistische sei. Wie aus dem weiteren Kontext der zitierten Seite hervorgeht, übernimmt Deborin in diesem Punkt ganz unkritisch von der idealistischen Philosophie die Vorstellung von den drei wichtigsten Etappen in der Geschichte der Philosophie: Metaphysik, Erkenntnistheorie und Methodologie. Deborin ist der Meinung, daß »die Erkenntnistheorie eine bestimmte historische Rolle gespielt« hat und daß sie nun »abtreten kann«. Aber Deborin macht nicht einmal den Versuch zu analysieren, ob die Hegelsche Dialektik nicht gleichzeitig Erkenntnistheorie sei. Hegel gibt gerade diese Lösung des Problems, er vertritt die Einheit der Dialektik, Logik und

19 Deborin, *Philosophie und Marxismus* (russisch), S. 368.

Erkenntnistheorie, – der ganze Kern der Sache ist nur gerade der, daß diese Einsicht bei ihm auf *idealistischer Grundlage* beruht. Der dialektische Materialismus vertritt gleichfalls die Einheit der Dialektik, Logik und Erkenntnistheorie, – der ganze Kern der Sache und der ganze Unterschied zu der Hegelschen Lösung dieses Problems ist nur gerade der, daß diese Einheit auf *materialistischer Grundlage* beruht. Von der Erkenntnistheorie losgerissen, verwandelt sich die Dialektik als Methodologie doch einfach in eine vollkommen *»reine Methodologie«*. Und das, was in der marxistischen Literatur als Erkenntnistheorie verstanden wird, ist doch wohl das Problem des Verhältnisses zwischen Subjekt und Objekt, ist doch wohl das Problem der materiellen Entstehung und der materiellen Quelle unserer Erkenntnis. In was verwandelt sich die Methodologie, wenn sie diesem Problem entgegengestellt wird? – Natürlich in ein »reines Methodologisieren«. Und eben ein solches Methodologisieren ist nun gerade höchst charakteristisch für die »theoretische Bearbeitung« der Dialektik als philosophischer Wissenschaft, wie sie uns von der Deborinschen Gruppe geliefert worden ist.

Es ist uns hier nicht möglich, eine wenn auch nur mehr oder minder ausführliche Untersuchung dieser höchst bedeutsamen Fragen zu geben. Die Aufgabe dieses Vortrags kann nur darin bestehen, daß in kurzen Zügen die idealistische Revision des Marxismus geschildert wird, die wir bei den Vertretern der Deborin-Richtung vor uns haben, und daß die Probleme, die eine spezielle Bearbeitung und eine spezielle Kritik erfordern, lediglich festgestellt werden. Aber alles hier Vorgebrachte bezeugt mit eindeutiger Klarheit, daß der Hegelsche Idealismus auf ihre Anschauungen einen außerordentlich starken Einfluß ausgeübt, und daß »der alte Hegel«, statt selbst materialistisch umgeformt zu werden, jemand anderen idealistisch umgeformt hat.

Man muß sich die Frage stellen: worin besteht das *Wesen,* die Grundbedeutung, der Kern all der Fehler, die sich die Deborinsche Gruppe bei der Bearbeitung der Theorie der Dialektik hat zuschulden kommen lassen? Der Riß zwischen Theorie und Praxis, zwischen Philosophie und Politik, wie er bei den Deborin-Leuten vorlag, konnte an ihren theoretischen Untersuchungen nicht spurlos vorübergehen – umgekehrt waren es die Gebrechen ihrer eigentlich philosophischen Arbeit, die auf die politischen Anschauungen der Deborinschen Gruppe gewaltigen Einfluß ausübten.

Das Wesen, der Angelpunkt, der Kern bei diesem ganzen idealistischen Hinundhertaumeln besteht darin, daß die Deborin-Richtung, einmal »in der Gefangenschaft« Hegels, die Fragen nach dem wechselseitigen Verhältnis des Allgemeinen und des Besonderen, des Rationalen und des Empirischen in der Erkenntnis, des Denkens und Empfindens, des Logischen und des Historischen, des Abstrakten und des Konkreten nicht mehr richtig, d. h. *materialistisch* zu lösen verstand.

Alle diese Probleme lassen sich auf Basis der Einheit der Gegensätze lösen. Wer aber dabei schon stehenbleibt, der ist noch weit entfernt von der Wahrheit. Die Deborinsche Gruppe vermochte sich den Unterschied zwischen der Hegelschen und der materialistischen Lösung aller dieser wichtigsten Probleme der Philosophie nicht klarzumachen. Zwischen Hegel und dem Marxismus besteht bei der Lösung dieser Probleme eine formale Ähnlichkeit, aber ein *tiefer Unterschied dem Wesen nach*. Es ist der Unterschied zwischen den zwei Grundlinien in der Philosophie. Die Deborinsche Gruppe ließ dieses grundlegende Kriterium beiseite und hielt sich »nur« an »die dialektische« Lösung dieser Probleme. *Aber eine »nur dialektische« Lösung der Fragen der Philosophie kann es nicht geben: es kann nur eine materialistisch-dialektische oder eine idealistisch-dialektische Problemlösung geben.*

Es ergibt sich, daß die Deborin-Gruppe schon den Kern der materialistischen Dialektik selbst – das Gesetz der Einheit der Gegensätze – nicht begriffen hat. Wie es nun dem Gesetz der Einheit der Gegensätze in den Werken der Deborinschen Gruppe »ergangen« ist, das ist wiederum eine Frage, die spezielle Untersuchungen verlangt, kritische Untersuchungen, von denen aus dann an die richtige Stellung dieses wichtigsten Problems des dialektischen Materialismus gegangen werden kann. Wir geben nur die allgemeinste Charakteristik. Bei Deborin wird dieses Gesetz häufig als *Versöhnung* der Gegensätze vorgefunden und angewandt. Man wird nicht viel Zeit brauchen, um zu begreifen, daß eine solche Fassung dieses Gesetzes eine offenkundig opportunistische Entstellung der materialistischen Dialektik darstellt. Lenin schrieb in seinem bekannten Aufsatz ›Zur Frage der Dialektik‹ bei der Charakterisierung des Gesetzes der Einheit der Gegensätze folgendes:

»Die Einheit (Zusammenfallen, Identität, Wirkungsgleichheit) der Gegensätze ist bedingt, temporär, vergehend, relativ. Der Kampf der sich gegenseitig ausschließenden Gegensätze ist absolut, wie die Entwicklung, die Bewegung absolut ist.«[20]

Ferner wird das Gesetz der Einheit der Gegensätze bei den Deborin-Leuten (und dies zieht sich wie ein roter Faden durch alle ihre Schriften hindurch) als einfache Wechselwirkung der gegensätzlichen Momente verstanden: die eine gegensätzliche Seite wirkt auf die andere, und umgekehrt. Auf ein solch flaches Niveau ist die Bearbeitung der Theorie der Dialektik von Leuten gebracht worden, die die einzigen Träger des theoretischen Denkens auf Sowjetboden zu sein beanspruchten! Luppol hat in seinem Buch über *Lenin und die Philosophie* bei der konkreten Frage nach dem Verhältnis zwischen Theorie und Praxis eine wahre »Philosophie« aus dieser Auffassung von der Einheit der Gegensätze gemacht. Luppol bezeichnet den dialektischen Materialismus als »Methodologie des Wissens auf der Grundlage des Handelns« und als »Methodologie des Handelns auf der *Grundlage* dieser Einheit der Gegensätze« – des Wissens und des Handelns, der Theorie und der Praxis! Bei Luppol ergibt sich die volle Gleichberechtigung der Theorie und der Praxis. Die Praxis wirkt auf die Theorie, die Theorie auf die Praxis; ohne Praxis keine Theorie, ohne Theorie keine Praxis, usw. usf. Es ist klar, daß wir es hier im besten Falle mit einer *eklektischen,* aber nicht mit einer materialistisch-dia-

20 Lenin, *Sämtliche Werke,* Bd. XIII, S. 376 [Wien-Berlin 1927].

lektischen Problemlösung zu tun haben. Luppol kam es nicht in den Sinn, daß schon Plechanow eine solche Fassung der Wechselwirkung ohne Verständnis für die Grundlage dieser Wechselwirkung als schädlich nachgewiesen hatte. In der Wechselwirkung der Theorie und Praxis, in dieser Einheit der Gegensätze spielt vom Standpunkt des Marxismus die Praxis die entscheidende Rolle, sie ist die Grundlage. Lenin gibt eine außerordentlich treffende Charakteristik von dem Verhältnis zwischen Theorie und Praxis. Im Lenin-Sammelband IX heißt es: »Die Praxis ist höher als die (theoretische) Erkenntnis, weil sie nicht nur die Würde der Allgemeinheit, sondern auch die der unmittelbaren Wirklichkeit besitzt.«[21]

Wir sehen also: die Bearbeitung der Theorie der Dialektik, wie sie von den Deborin-Leuten geleistet wurde, war so unrichtig, so unglückselig, so wenig im Geiste des dialektischen Materialismus gehalten, daß wir jetzt das entwickelte System einer idealistischen Revision des Marxismus vor uns haben, angefangen mit den allgemeinen Problemen der Bestimmung der Materie und des Gegenstandes der Dialektik bis hinauf zu ihren wichtigsten Kategorien. Wir brauchen jetzt eine große, ernsthafte theoretische Arbeit, um alle diese Anschauungen zu überwinden und wirklich ernsthaft, im Geiste von Marx und Engels und auf Grund der Anweisungen Lenins, an die Darstellung der Theorie der materialistischen Dialektik heranzutreten.

Gehen wir nun zu einer anderen Frage über – sehen wir zu, wie die Probleme der marxistischen Geschichte der Philosophie bearbeitet worden sind. Auch hier können wir bei Deborin, ebenso bei seinem »engsten« Schülerkreis, eine ganze Reihe von antimarxistischen Auffassungen feststellen. Die Hauptmängel in der Behandlung philosophiegeschichtlicher Themen lassen sich auf die folgenden drei wichtigsten Momente zurückführen: erstens fehlte eine in genügendem Maße durchgeführte sozialklassenmäßige Analyse der philosophischen Schulen und Richtungen; zweitens herrschte in ausgearbeiteter und sehr in Ver-

21 Lenin-Sammelband IX (russisch), S. 261.

breitung gekommener Gestalt eine Art »Jubiläums«-Methode vor; drittens pflegte man in vollkommen unkritischer, ganz summarischer Weise alle möglichen philosophischen Systeme und Richtungen nach dem Ebenbilde des Marxismus, der materialistischen Dialektik, zurechtzumachen.

Um die erste Bemerkung in ihrer ganzen Berechtigung zu illustrieren, kann man sich auf die im Umkreis der Hegelschen Philosophie geleistete Arbeit berufen. Hunderte von Seiten sind in unserer Literatur Hegel gewidmet, Dutzende von Referaten galten in den Seminaren des Institutes der Roten Professur dem Hegel-Problem. Hegel wurde nach allen Seiten studiert und bearbeitet und behandelt usw., – und dabei wird man wohl keinen einzigen Artikel, keine einzige Seite ausfindig machen können, die der Analyse der sozial-klassenmäßigen Wurzeln der Hegelschen Philosophie gewidmet wäre. Man wird keinen einzigen Aufsatz vorweisen können, der der wichtigsten Anforderung des Marxismus standhielte – der *historischen* Behandlung dieses philosophiegeschichtlichen Problems. *Hegel ist in unserer – sogenannten »marxistisch-philosophischen« – Geschichtsschreibung zu einem über der Geschichte und über den Klassen stehenden Problem geworden.* Diese Tendenz ist es, die unbestreitbar hervortrat; sie war in sehr hohem Grade schon in der Deborinschen *Einführung in die Philosophie des dialektischen Materialismus* in Erscheinung getreten, in welcher Schrift im Grunde eine logische Analyse der philosophischen Systeme und Richtungen durchgeführt wurde, ohne sozial-klassenmäßige und historische Analyse. Dabei ist das richtige Verfahren und die richtige Problemstellung in der marxistischen Philosophiegeschichte nur möglich unter der Bedingung, daß von der Einheit der logischen und der historischen Analyse, und zwar von einer wahrhaft dialektischen Einheit, ausgegangen wird. In den Schriften der Deborinschen Gruppe herrscht bei der Behandlung der wichtigsten Fragen der Philosophiegeschichte ein »Jubiläumston«, eine Jubiläumsmethode. Seit wann aber ist die »Jubiläums«-Behandlung an die Stelle der marxistischen Behandlung getreten?

Seit wann hat der Jubiläumslobgesang bei uns angefangen, die Notwendigkeit historisch-materialistischer Analyse der ideologischen Überbauformen, ihrer Entwicklungsgeschichte und der daraus hervorgehenden Probleme überflüssig zu machen? Seit wann ist es bei uns soweit gekommen, daß die »Jubiläumsverherrlichung« dieses oder jenes Denkers an die Stelle der unerläßlichen marxistischen Regel getreten ist: Daß die Begrenztheit oder die Mängel des betreffenden Denkers analysiert werden sollen? Wirklich wissenschaftlich ist doch nur eine Beurteilung zu nennen, die diese oder jene ideologische Erscheinung unter dem Gesichtswinkel ihrer gesellschaftlichen und klassenmäßigen Bedeutung, ihrer historischen Wurzeln, – mit einem Wort, vom Standpunkt des dialektischen Materialismus betrachtet. Beispiele für solche Jubiläumshymnensingerei und für dieses gänzlich unkritische »Auf-den-Marxismus-zurechtstutzen« gibt es sehr viele, wir gehen nur kurz auf das Problem der Feuerbachschen Philosophie ein. Nach der Feuerbach-Broschüre von Engels, nach den im ersten Bande des *Marx-Engels-Archiv* veröffentlichten Feuerbach-Studien von Marx und Engels, schließlich nach den Marxschen ›Thesen über Feuerbach‹ sollte man meinen, daß es schwer sei, in diesem Punkte noch Verwirrung zu stiften. Und doch stellt die Schrift von Deborin *Ludwig Feuerbach* ein grelles Exempel des oben charakterisierten Umspringens mit philosophischen Problemen dar. Unter der glücklichen Hand Deborins verwandelt sich Feuerbach in einen dialektischen Materialisten, in einen historischen Materialisten, – und der Marxismus wird zu nichts anderem als zu einer Art von Feuerbachianismus. Niemand hat schöner als Engels über die hervorragende Bedeutung gesprochen, die Feuerbach bei der Vorbereitung der dialektisch-materialistischen Anschauungen gehabt hat, aber Engels hat es nicht für notwendig befunden, die Mängel des Feuerbachschen Materialismus zu vertuschen, oder gar eine ganze Reihe von Beschränktheiten der Feuerbachschen Denkweise als Dialektik auszugeben.

Im Vorwort zu seinem Buche *Ludwig Feuerbach* schrieb Deborin:

»F. Engels gibt in seiner hervorragenden Broschüre über Ludwig Feuerbach nicht so sehr eine Darstellung der Anschauungen Feuerbachs als vielmehr eine Darstellung der Marxschen Weltanschauung auf der Basis einer *Kritik der Ideen* Feuerbachs. Engels konnte entsprechend der Aufgabe, wie er sie sich gestellt hatte, nicht anders verfahren. Wir unsererseits hielten es im Zusammenhang mit der Fünfzigjahrfeier des Todes des Denkers für notwendig, eine *historische* Beurteilung des Werkes von Feuerbach zu geben und seine Weltanschauung in *systematischer* Darstellung vorzuführen.«

Die Aufgabe, die sich Deborin gestellt hat, ist sehr ehrenvoll, nur hat er uns nicht erklärt, warum die historische Beurteilung der Rolle Feuerbachs die kritische Beurteilung vom Standpunkt der höheren Entwicklungsstufe der Philosophie, vom Standpunkt des dialektischen Materialismus, ausschließt; warum die Aufgabe einer *systematischen* Darstellung nicht gleichzeitig auch Aufgabe der Kritik an der Begrenztheit und Mangelhaftigkeit der Feuerbachschen Ideen sein soll.

Dieses Beispiel, das zweifellos nicht vereinzelt dasteht (Bacon, Hobbes, Spinoza, Kant usw.), zeugt von den unmarxistischen Grundsätzen, die wir auf die wichtigsten Fragen der Geschichte der Philosophie und der Vorgeschichte des Marxismus angewandt sahen. Auch auf diesem Gebiete steht jetzt die ernste Aufgabe vor uns: die ganze literarische Leistung der Deborin-Gruppe kritisch durchzupflügen, die Fehler zu überwinden und die Voraussetzungen für eine echt marxistische Geschichte der Philosophie zu schaffen.

In diesem Zusammenhang müssen wir noch auf das hauptsächlich den idealistischen Vertretern der modernen Naturwissenschaft gegenüber eingeschlagene unkritische Verhalten eingehen, das sich wie ein roter Faden durch alle Schriften Deborins, durch die Zeitschrift *Pod znamenem marksisma* zieht. Was noch zu leisten ist, ist die Aufdeckung der Fehler, die Deborin in seiner Stellungnahme zu Palagy usw. begangen hat. Hier möchten wir nur ganz kurz auf die Fehler eingehen, die schon 1930 in Hinsicht auf einen so bedeutenden Gelehrten wie Planck gemacht worden sind. Planck macht in der letzten Zeit eine sehr gründliche Evolution vom Materialismus zum

Agnostizismus und Idealismus durch. Er unterscheidet in seiner letzten Rede in Leyden über ›Das Weltbild in der neuen Physik‹ – wie Deborin selbst darüber schreibt – drei Welten: die sinnliche, die physikalische und die metaphysische. Es ist klar: diese Unterscheidung dreier Welten führt Planck weit vom Materialismus ab. In der weiteren Betrachtung der Planckschen Anschauungen schreibt Deborin:

»Auf diese Weise – so fährt Planck ganz im Geiste des Leninschen Materialismus fort – sind wir genötigt, vor die Sinneswelt noch eine zweite, reale Welt zu setzen, die selbständige, vom Menschen unabhängige Existenz hat, die wir allerdings niemals direkt auffassen können, vielmehr immer nur durch Vermittlung der Sinneswelt, vermittelst gewisser Zeichen, die uns durch die letztere mitgeteilt werden.«22

Und von dieser Auffassung, die Deborin zitiert und die von einem hieroglyphischen Agnostizismus strotzt, erklärt nun Deborin, daß sie im Geiste des Materialismus, ja gar im Geiste des Leninschen Materialismus gehalten sei. Der Fehler, der hier gemacht wird, ist geradezu himmelschreiend, er liegt ganz auf der sonstigen Linie der idealistischen Entstellung des Marxismus, des unkritischen Verhaltens gegenüber den idealistischen Vorurteilen der modernen Naturwissenschaft. Im *Materialismus und Empiriokritizismus* spricht Lenin über unser Verhalten zu den bürgerlichen Gelehrten, er schreibt dabei folgendes:

»Die Aufgabe der Marxisten ist es nun hier wie dort, es zu verstehen, die von diesen ›Kommis‹ gemachten Errungenschaften sich zu eigen zu machen und zu verarbeiten (man kann zum Beispiel, wenn man die neuen ökonomischen Erscheinungen studieren will, keinen Schritt machen, ohne sich der Werke dieser Kommis zu bedienen), – es aber auch zu verstehen, die reaktionäre Tendenz derselben wegzuhauen, die *eigene* Linie durchzuführen und *die ganze Linie* der uns feindlichen Kräfte und Klassen zu bekämpfen.«23

Die Vertreter der Deborin-Gruppe haben hier – nur vom anderen Ende her – die Fehler der Mechanisten wiederholt, gegen die sie einen so heftigen Kampf geführt haben. Die

22 Deborin, *Lenin und die Krisis der neuesten Physik* (russisch), S. 13.
23 Lenin, *Sämtliche Werke*, Bd. XIII, S. 351 [Wien-Berlin 1927].

Mechanisten segelten im Schlepptau der modernen Naturwissenschaft, indem sie in ihr die Philosophie des Marxismus auflösten. Die Deborinsche Gruppe segelte im Schlepptau der modernen Naturwissenschaft, ihrer idealistischen Vorurteile, – weil sie in jedem beliebigen großen Gelehrten unbedingt einen dialektischen Materialisten erblicken wollte.

Wir müssen nunmehr zum dritten Abschnitt dieses Kapitels übergehen und betrachten, in welcher Weise Deborin und seine Gruppe eine ganze Reihe von politischen Fragen, politischen Problemen aufgerollt hat; wir werden dabei noch einmal zeigen, daß die Bezeichnung »menschewistisch geprägter Idealismus« eine vollständig richtige Charakterisierung gibt. Natürlich haben wir es hier nicht mit einem hundertprozentigen Menschewismus zu tun – sonst wäre ja alles klar –, es handelt sich vielmehr um die menschewistisch gefärbte Behandlung einer ganzen Reihe von Fragen und Problemen. In dieser Hinsicht ist Deborins Buch über *Lenin als Denker* außerordentlich charakteristisch. Wie behandelt Deborin z. B. den Imperialismus? Wenn man in diesem Buche das Kapitel über den Imperialismus nachschaut, so wird man sehen, daß die Lenin-Zitate häufig von ganz kautskyanischer Kommentierung und Fragestellung begleitet sind. Wenn man sich aufmerksam darein vertieft und bei einer ganzen Reihe von Fragen betrachtet, wie die Beziehungen zwischen Ökonomie und Politik unter den Bedingungen des Imperialismus bei den einzelnen Problemen behandelt werden, so wird man sehen, daß der kautskyanische Standpunkt mit Lenin-Zitaten und einer ganzen Reihe von Leninschen Thesen mechanisch verkoppelt wird und daß die Fehler vom kautskyanischen Typ äußerst charakteristisch sind für die Art und Weise, in der Deborin eine ganze Anzahl von Problemen des Imperialismus behandelt. Man nehme die Seiten, die bei Deborin von der Diktatur des Proletariats handeln, und man wird sehen, daß man hier schon in der Fragestellung selbst eine extreme Abstraktheit und Losreißung von den aktuellen Problemen vor sich hat.

Das Problem der Diktatur des Proletariats, die Aufrollung

aller der damit verbundenen wichtigsten Probleme – das sind Lebensfragen, äußerst aktuelle Fragen, die sich ihrem Wesen nach nicht abstrakt auffassen lassen. Werden sie abstrakt gefaßt, d. h. losgerissen von der wirklichen Diktatur des Proletariats, von den wirklichen Klassenverhältnissen, mit denen wir es dabei zu tun haben, so bedeutet das dem Wesen der Sache nach ein Abrücken von der Diktatur, eine menschewistische Entstellung dieser Probleme. Das ist natürlich nicht der direkte Menschewismus, der die Diktatur des Proletariats offen ablehnt und gegen sie auftritt. Nein, es ist ein Menschewismus, der »die Diktatur des Proletariats anerkennt und sie angeblich zum Ausgangspunkt nimmt«, jedoch bei allen diesen wichtigsten Fragen das eigentliche innere Wesen zeugungsunfähig macht, den grundlegenden Klasseninhalt und Klassensinn kastriert. Zu diesem Punkt könnte man eine Reihe von Zitaten anführen, die die Richtigkeit des von mir Gesagten bestätigen. Man nehme die opportunistischen Fehler, die Karew, Luppol, Bobrownikow in der Behandlung des Themas von der kulturellen Revolution gemacht haben, und stelle all das zusammen, – und man wird sehen, was das für ein buntes Bukett in einer ganzen Reihe von politischen Momenten und Problemen ergibt. Ich kann im Augenblick bei diesen Fragen nicht ausführlich verweilen. Ich will auf die schon im allerletzten Aufsatz Deborins hervortretenden Fehler hinweisen, Fehler von menschewistisch gefärbter Art, Fehler von Basarow-Bogdanowschem Typ; es ist der Aufsatz über den ›Aufbau des Sozialismus und unsere Aufgaben‹, der in Heft 5 der Zeitschrift *Pod znamenem marksisma,* in dem sogenannten »philosophischen Geschenk an den 16. Parteitag«, erschienen ist. Dieser Aufsatz hat zwar bis jetzt noch keine Kritik erfahren, ist aber von solcher Art, daß es erforderlich ist, ihn einer sehr ernsthaften und gründlichen Kritik zu unterwerfen. Erstens: der Aufsatz behandelt zwar ein außerordentlich aktuelles Thema, nämlich den Aufbau des Sozialismus und unsere Aufgaben an der theoretischen Front, ist aber zugleich in ungewöhnlich abstraktem Geist geschrieben und stellt keine einzige von den wirklichen theoretischen Aufgaben, wie sie im Lichte der von unserer Partei geführten Politik, unter dem Aspekt der Generallinie der Partei vor uns auftreten. Keine einzige von diesen Aufgaben wird zur Sprache gebracht. Deborin schrieb diesen Artikel zu einer Zeit, als sich die Kollektivierung breit entwickelte und wir an dieser Front gewaltige Erfolge zu verzeichnen hatten, und es ist augenscheinlich der Einfluß und Eindruck des öffentlichen Kollektivierungsprozesses, was ihn das Problem des Kollektivs und der Kollektivierung überhaupt aufrollen läßt; dabei ist seine Problemstellung in hohem Grade in Bogdanowschem Geiste gehalten, im Geiste abstrakter Gegenüberstellung von Kollektivismus und Individualismus. Deborin will eine ganze Reihe von Problemen aufwerfen, die mit unserer Vorwärtsbewegung zur kommunistischen Gesellschaft verknüpft sind; statt aber die Sprache zu führen, in der die bolschewistische Literatur vom Kommunismus und von der kommunistischen Gesellschaft spricht, beschränkt sich Deborin auf allgemeine Redensarten über Kollektivismus. Statt einer wirklichen Analyse der bei uns wirklich existierenden Formen der kommunistischen Arbeit, ihrer wirklichen Gestaltungen als Stoßbrigadenwesen, sozialistischer Wettbewerb, Produktions- und Finanzplan von der Werkbank an, – statt einer Analyse dieser wirklich konkreten Formen des Kollektivismus werden uns gänzlich abstrakte Gedankengänge über die Frage: was denn Kollektivismus sei, vorgesetzt, wobei noch so weit gegangen wird, daß sogar die Sozialisierung, die Kollektivierung der Sinne usw. als Problem aufgeworfen wird. Deborin schreibt wortwörtlich:

»Die menschlichen Kräfte, die – physischen und geistigen – Sinne werden nach Maßgabe ihrer Befreiung von der Herrschaft *der Dinge* über sie, *der Gegenstände, von denen die menschlichen Kräfte angeeignet worden sind,* immer mehr *vermenschlicht und sozialisiert* werden.«

Deborin ist von dieser Geschichte so begeistert, daß er eiligst eine neue, höhere Stufe der materialistischen Dialektik proklamiert. In dem gleichen Aufsatz schreibt er: »*Die Dialektik der Kollektivität* hebt die materialistische Dialektik auf eine neue, höhere Stufe.« Wenn man eine Anzahl von Deborin geschriebener Stellen mit den im Jahre 1909 von N. Werner, A. Bogdanow, W. Basarow, A. Lunatscharski u. a. herausgegebenen *Beiträgen zur Philosophie des Kollektivismus* zusammenstellt, so wird man eine nahezu wörtliche Übereinstimmung in einer ganzen Reihe von bedeutsamsten Fragen feststellen können. Bei Deborin haben wir die Wiederkehr der abstrakten, unmarxistischen, unhistorischen Entgegensetzungen von Individualismus und Kollektivismus, die sich wie ein roter Faden durch jenes Sammelwerk hindurchzieht. Es leuchtet ein, daß ein solches unkritisches Verhalten zu den Basarow-Bogdanowschen Theorien uns noch einmal vor Augen führt, in welcher Weise eine ganze Anzahl der größten Fragen, die heutzutage kardinale politische Bedeutung haben, behandelt worden ist. Es braucht nicht ausführlich gesprochen zu werden über die ihrem Wesen nach sozialdemokratische Theorie von der Unmöglichkeit des Aufbaus des Sozialismus in einem Lande, an der Karew festhielt, ebensowenig über die Theorien, an die Sten sich klammerte, usw.; sie sind in der Diskussion zur Genüge entlarvt worden. Nimmt man das alles zusammen, so erhält man, wie man sieht, ein »interessantes Bukett«, und dann wird auch ganz klar, daß die den Anschauungen der Deborinschen Gruppe gegebene Bezeichnung »menschewistisch geprägter Idealismus« der Wirklichkeit voll und ganz entspricht. Mit dieser Charakterisierung ist jetzt eine ganze Reihe von komplizierten Fragen vor uns aufgerollt: der ganze »Mist«, der sich auf dem philosophischen Abschnitt der theoretischen Front aufgehäuft hat, muß wirklich umgegraben, muß wirklich durchkritisiert werden.

IV. Die Aufgaben des Zweifrontenkampfes in der Philosophie

So scharf wie noch nie steht uns jetzt der Zweifrontenkampf in der Philosophie bevor. Die mechanistische Revision des

Marxismus bleibt auch fernerhin die Hauptgefahr, weil sie eine breite soziale Basis in unserem Lande hat. *Im Grunde genommen* stellt die mechanistische Methodologie die theoretische Basis des rechten Opportunismus dar. Wie wichtig, wie notwendig die theoretische Entlarvung der mechanistischen Revision des Marxismus, die theoretische Entlarvung der Gleichgewichtstheorie ist, wird durch das folgende bezeugt: das Mitglied des ZK der SDAPR, der konterrevolutionären Organisation, die gemeinsam mit der »Industriepartei«, mit der deutschen sozialfaschistischen Partei, mit der II. Internationale die Intervention organisierte, – Salkind äußerte sich folgendermaßen über die Theorie des Gleichgewichts: »Die Theorie der rechten Abweichung, die die Thesen begründet, nämlich die Gleichgewichtstheorie, kann von uns voll und ganz zur Verteidigung unserer Thesen akzeptiert werden.«

Die gegenwärtige Etappe der proletarischen Revolution erfordert die Umstellung unserer ganzen Aufmerksamkeit in der theoretischen Arbeit auf deren Verbindung mit dem sozialistischen Aufbau. Die Praxis des Proletariats, das den gigantischen Bau des Sozialismus aufrichtet, erfordert großes theoretisches Rüstzeug, erheischt entwickelte theoretische Arbeit, die im Dienste des sozialistischen Aufbaus steht, die Zukunftsperspektiven gibt und die Aufgaben unseres Vordringens zum Kommunismus aufrollt. Der jetzt besonders notwendige organische Zusammenhang zwischen Theorie und Praxis bringt den Umstand mit sich, daß bei einer nicht standfesten Schicht der Parteimitgliedschaft, bei Leuten, die das Wesen der Lehre von Marx, Engels, Lenin nicht genügend begreifen und die besten Traditionen des Bolschewismus nicht verstehen, in dieser oder jener Form »antiphilosophische« Abweichungen aufkommen, wiederaufleben werden, daß eine mechanistisch-positivistische Auffassung und eben damit die Leugnung der Rolle der Theorie, daß mechanistische Schwankungen auftreten werden. Der Kampf mit den Mechanisten als der Hauptgefahr beansprucht in der Gegenwart außerordentliche Aufmerksamkeit. Der Kampf mit der mechanistischen Revision des Marxismus muß auf gesellschaftlich-geschichtliche Bahnen gelenkt werden, auf die sozialen Probleme, auf die Fragen des historischen Materialismus usw., er muß »politisiert« werden – was die Deborinsche Gruppe während der ganzen Dauer ihres Kampfes nicht zu leisten imstande war. Zugleich damit ist besondere, außerordentliche Wachsamkeit gegenüber dem menschewistisch geprägten Idealismus erforderlich. Die Anschauungen der idealistischen Revision des Marxismus, des menschewistisch gefärbten Idealismus, sind noch gar nicht genügend entlarvt, sie fanden ihr Echo in einer ganzen Reihe von Wissensgebieten. Sie selbst dienen der Hauptgefahr – der mechanistischen – als Nährboden.

Zurzeit möchten sich die Mechanisten beinahe als »Helden«, beinahe als »Geburtstagskinder« fühlen; sie meinen, daß alles, was jetzt über die Deborin-Gruppe, über den menschewistisch geprägten Idealismus der Deborin-Gruppe gesagt wird, nur die seinerzeit von ihnen, den Mechanisten, ausgesprochenen Auffassungen bestätige. Es muß jedoch festgestellt werden, daß die Mechanisten in einem sehr tiefen Irrtum befangen sind und sich ganz umsonst als »Geburtstagskinder« vorkommen. Diese »Geburtstage« werden sie wahrscheinlich sehr bald zu spüren bekommen, und zwar darum, weil sich vor uns jetzt die *Aufgabe* erhebt, *den zweiten Gang im Kampfe mit der mechanistischen Revision des Marxismus anzutreten.* Dieser zweite Gang muß wirklich auf der Grundlage einer marxistisch-leninistischen Behandlung der philosophischen Probleme durchgeführt werden. Wenn die Deborin-Gruppe ihrem Wesen nach eine antileninistische Theorie auf dem Gebiete der Philosophie vertritt, so ist die Theorie der Mechanisten nicht minder antimarxistisch, antileninistisch. In dieser Hinsicht haben die Mechanisten und der menschewistisch geprägte Idealismus sehr viel verwandte Züge. In der Tat, welcher Art waren die Positionen, von denen aus die Vertreter der Deborin-Gruppe auf die Mechanisten losschlugen? Sie griffen die Mechanisten in der Hauptsache vom Standpunkt hegelianisch-dialektischer Auffassungen aus an, was ihnen die Möglichkeit gab, die gänzlich antimarxistischen, metaphysischen Auffassungen der Mechanisten, ihre leere Verneinung der Theorie, ihre Verständnislosigkeit für die Dialektik, ihre vollkommene Verzerrung der Grundgesetze der Dialektik usw. bis zu einem gewissen Grade zu entlarven. Hierzu liegen die außerordentlich treffenden, durch den Reichtum ihrer Gedanken, ihres Inhalts ausgezeichneten Bemerkungen Lenins im Lenin-Sammelband XII vor. Zu einem bestimmten Problem schreibt Lenin: »Damit schlägt Hegel treffend jeden Materialismus, *nur nicht* den dialektischen.«[24] Die hegelianisch-idealistischen, dialektischen Auffassungen, wie wir sie bei der Deborin-Gruppe hatten, dieser Hegelsche Einfluß war bis zu einem gewissen Grad ein positives Faktum, in der Hinsicht nämlich, daß er es ermöglichte, die Metaphysik der Mechanisten zu entlarven und die Mechanisten insoweit zu schlagen, als sie vollkommen positivistische Bahnen betreten hatten, insoweit als sie jedwede Theorie ablehnten. In dem gleichen Lenin-Sammelband[25] ist noch eine weitere höchst interessante Bemerkung Lenins abgedruckt: »Der vernünftige Idealismus steht dem vernünftigen Materialismus näher als der dumme Materialismus. Der dialektische Idealismus ist gleichbedeutend mit dem vernünftigen; der metaphysische, unentwickelte, tote, grobe, starre Materialismus gleichbedeutend mit dem dummen.«

Drückt man den Sinn dieser Leninschen Bemerkung in anderen Worten aus, so kann man folgendes sagen: das idealistische Wesen der von der Deborin-Gruppe vertretenen Anschauungen stand im selben Maße und, insofern dieser Idealismus mit der Dialektik verknüpft war, dem dialektischen Materialismus in gewissem Grade näher als die Konzeption der mechanistischen Materialisten. Und eben darum können wir von einer gewissen positiven Bedeutung des Kampfes sprechen, der von der Deborinschen Gruppe gegen die mechanistische Revision

24 Lenin-Sammelband XII (russisch), S. 225.
25 Ebenda, S. 223.

des Marxismus geführt wurde. Aber zugleich damit war die Deborin-Gruppe von ihren Stellungen aus, vom Standpunkt des menschewistisch geprägten Idealismus aus, nicht imstande, sich an die endgültige Entlarvung der Mechanisten, ihrer Anschauungen und Theorien, zu machen. Das beste Kennzeichen für den ganzen »Erfolg«, mit dem der Kampf gegen die Mechanisten geführt wurde, ist die Tatsache, daß bis auf den heutigen Tag, nach mehrjähriger Dauer des Kampfes mit den Mechanisten, kein einziger von ihnen seine Fehler zugesteht! Sie fühlen sich ganz im Gegenteil sogar im Recht und führen auch heute noch die Verteidigung ihrer Positionen weiter. Das ist das beste Kennzeichen für die Art und Weise, in der der Kampf mit ihnen von seiten der Deborin-Gruppe geführt wurde. Sobald wir aber den Kampf mit den Mechanisten von wirklich marxistisch-leninistischen Positionen aus beginnen, sobald wir ihre Anschauungen nicht nur abstrakt-theoretisch, sondern auch politisch charakterisieren, sobald wir die sozial-klassenmäßige Analyse ihrer Anschauungen geben und vom marxistisch-leninistischen Standpunkt aus die Fehler aufdecken werden, die die Mechanisten begehen, – werden sie auch alsbald die »Geburtstagsfeste« zu spüren bekommen, die für sie angebrochen sind. Sie freuen sich ganz umsonst. Ihre Freude hängt damit zusammen, daß sie sich absolut nicht vorstellen können, was eigentlich an der theoretischen Front vor sich geht, daß sie keine Ahnung von den Aufgaben haben, vor die jetzt unser theoretisches Denken gestellt ist. Das in der philosophischen Literatur fest eingenistete Vorurteil, als ob der Kampf mit den Mechanisten nur von der Deborinschen Gruppe geführt worden sei, muß zerschlagen werden. Der Kampf mit den Mechanisten wurde von unserer Partei geführt, und dieser Kampf gab die Möglichkeit, die mechanistische Methodologie des Rechtsopportunismus zu entlarven, die Verwandtschaft aufzudecken, die in dieser Methodologie zwischen dem Rechtsopportunismus und der Ideologie der Basarow, Kondratjew, Suchanow usw. besteht. Es ist klar: die gegenwärtigen Geschehnisse an der philosophischen Front sind keineswegs dazu angetan, die fernere Bedeutung des Kampfes mit den Mechanisten zu verringern, sie heben, umgekehrt, *diesen Kampf auf eine neue Stufe.*

Man kann des ferneren eine Reihe von Momenten feststellen, in denen die Anschauungen der Mechanisten und die der Deborin-Gruppe miteinander ganz eng verwandt sind; insbesondere gilt dies in Hinsicht auf ihr Verhältnis zum Leninismus in der Philosophie. Beiden Richtungen ist gemeinsam, daß sie den Leninismus in der Philosophie nicht verstehen, daß sie ihn leugnen und nicht akzeptieren wollen. Man braucht in der Tat nur zu fragen, in welchem Verhältnis die Axelrodschen Anschauungen zum Leninismus in der Philosophie stehen, und der antileninistische Charakter dieser Theorien, der antimarxistische Charakter der von Axelrod verfaßten Schriften wird alsbald vollkommen klar. Man braucht nur zu fragen, wie Sarabjanow das Lenin-Plechanow-Problem behandelt, und man wird sehen, daß man es in diesem Punkte, in der Auffassung vom Leninismus als einer neuen Entwicklungsstufe des dialektischen Materialismus, mit einer rührenden Übereinstimmung der von Sarabjanow und von Deborin, von Axelrod und von Karew vertretenen Anschauungen zu tun hat. Man kann hierzu eine kleine Stelle aus Sarabjanows Schrift *Zur Verteidigung der Philosophie des Marxismus* anführen.

Man höre, was Sarabjanow schreibt:

»Es ist kein Wort darüber zu verlieren, daß es dem Wesen der Sache nach in allen Grundproblemen der marxistischen Philosophie zwischen Lenin und Plechanow, ebenso wie bei ihren Lehrmeistern, absolut keine Meinungsverschiedenheiten gibt.«[26]

Sarabjanow hält also dafür, daß es zwischen Lenin und Plechanow in allen Grundproblemen der marxistischen Philosophie absolut keine Meinungsverschiedenheiten gebe. Was ist das anders als der krasseste Ausdruck für die früher betrachteten Ideen Deborins und Karews! Was ist das anders als die völlige Abwesenheit jedes Verständnisses für den Leninismus

26 Sarabjanow, *Zur Verteidigung der Philosophie des Marxismus* (russisch), im Vorwort.

in der Philosophie! Was ist das anders als die Vertuschung des Plechanowschen Menschewismus usw. usf.

In seinem unter dem schreienden Titel *Verteidigung der Philosophie des Marxismus* segelnden Buche entwickelt Sarabianow des ferneren ein groteskes eklektisches Gemisch von verschiedenartigen Thesen und antimarxistischen Anschauungen, stellt sich auf den Standpunkt des hieroglyphischen Marxismus, und zwar mit viel größerer »Folgerichtigkeit«, als dies Plechanow getan hatte, und gibt das alles für die angebliche Verteidigung eines angeblichen Materialismus aus. Wir können hier nicht näher eingehen auf das erstaunliche eklektische Gemisch, das wir bei Sarabianow antreffen, von den primären und sekundären Qualitäten bis schließlich zur absoluten, relativen Wahrheit. Man braucht nur an die Grundsätze der (auch-»orthodoxen«) Axelrod zu denken, um zu begreifen, wie unrichtig die bei uns in Umlauf gesetzte Auffassung der Grundprobleme der marxistischen Philosophie ist. *Die grundlegende Verwandtschaft, die zwischen den Mechanisten und dem menschewistisch geprägten Idealismus vorliegt, besteht in der verständnislosen, ablehnenden und negierenden Haltung gegenüber dem Leninismus in der Philosophie.*

Diese Ablehnung des Leninismus beruht *historisch* und *logisch* in einer ganzen Reihe von grundlegenden Sätzen auf den Fehlern Plechanows, die bei den Mechanisten ebenso wie bei den »Ach-und-weh-Dialektikern« der Deborin-Gruppe ihre »mißgestaltene Fortsetzung«, ihre Verschärfung erhalten haben. Man muß sagen: wenn Deborin in seinem Schlußwort vor dem Präsidium der Kommunistischen Akademie Plechanow ganz und gar in einen Mechanisten verwandelte, ihn ganz und gar den Mechanisten überlieferte, so war in seinen völlig fehlerhaften Thesen doch ein Körnchen Wahrheit.

Dieses Körnchen Wahrheit besteht darin, daß Plechanows Unverständnis für die »Dialektik als philosophische Wissenschaft« und die einzelnen mechanistischen Fehler, die bei ihm vorkommen, von den Mechanisten einseitig weiterentwickelt und ausgebaut, sich bei diesen in ein ganzes System von Auffassungen,

in eine Weltanschauung verwandelt haben. Deborin vergaß
jedoch zu sagen, daß die bei dem dialektischen Materialisten
Plechanow vorliegende Losreißung der Theorie von der Praxis
und sein Festhalten an Formalismus und Logistik in ihrer
mißgestalteten Fortsetzung und gründlichen Vereinseitigung
bei den Deborin-Leuten als schließliches Resultat eine entwik-
kelte idealistische Revision des Marxismus ergeben haben. Wenn
Axelrod die Plechanowschen Fehler im Sinne ihrer weiteren
»Kantianisierung« – insbesondere in Fragen der Ethik – und in
Richtung auf den Agnostizismus – insbesondere in Fragen der
»Hieroglyphentheorie« – vertieft hat, wenn sie die einzelnen
Fehler Plechanows zu einem positivistischen und mechanistischen Anschauungssystem entwickelt hat, so haben Deborin
und sein engster Schülerkreis die Plechanowsche Kluft zwischen
Theorie und Praxis vertieft und »weiterentwickelt«, so haben
sie den Marxismus »hegelianisiert«.

*Wenn wir es bei Axelrod und »ihresgleichen« mit einem
menschewistischen Mechanismus und Positivismus zu tun haben,
so bei Deborin und »seinesgleichen« mit einem menschewistisch
geprägten Idealismus.*

Das sind zwei Richtungen einer menschewistisch gefärbten Entstellung der marxistisch-leninistischen Philosophie. Die eine
von diesen beiden menschewistisch geprägten Richtungen des
Revisionismus bewegt sich in den Bahnen eines vulgären Prak-
tizismus, eines engstirnigen Klebens an der »praktischen Erfahrung«, eines kriechenden Empirismus und einer Verzicht-
leistung auf die revolutionäre Theorie, ohne die es eine
revolutionäre Bewegung nicht gibt noch geben kann. Die
andere menschewistisch gefärbte Richtung des Revisionismus
bewegt sich in den Bahnen einer idealistischen Loßreißung der
Theorie von der Praxis, der Verwandlung der Theorie in einen
Selbstzweck, des abstrakt-scholastischen Methodologisierens,
der Loßreißung vom konkreten Inhalt, von der Praxis der
revolutionären Bewegung und des sozialistischen Aufbaus.
Beide Richtungen des Revisionismus traten unter marxistischer
Flagge auf, für besonders stark verschleiert muß man die

Deborinsche Richtung ansehen, weil sie die marxistisch-leninistische Orthodoxie zu vertreten beanspruchte. Ist es wahr, daß die Mechanisten (Stepanow, Sarabianow, Axelrod, Timiriasew) gegen die Hegelei der Deborin-Gruppe einen Kampf geführt haben? Der Form nach scheint das, was wir über den Hegelianismus der Deborinschen Gruppe sagen, mit dem zusammenzufallen, was die Mechanisten ausposaunt haben. Doch besteht hier dem Wesen nach ein *sehr tiefer* Unterschied. Wenn die Mechanisten gegen den Hegelianismus der Deborin-Gruppe kämpften, so traten sie dabei dem Wesen und der Form nach *gegen die materialistische Dialektik*, gegen den dialektischen Materialismus von Marx, Engels und Lenin auf. Sie führten ihren Kampf mit der Hegelei – und dies ist besonders kennzeichnend für Axelrod – von kantianisch-positivistischen Standpunkten aus. Unser Kampf mit dem Hegelianismus der Deborinschen Gruppe ist jedoch ein Kampf für die *materialistische Dialektik* von Marx, Engels und Lenin.

Wir stehen vor theoretischen Aufgaben von außerordentlich verwickeltem Charakter, Aufgaben, die auf der Basis eines konsequenten Kampfes nach zwei Fronten, gegen zwei Richtungen in der Revision der marxistischen Philosophie, gelöst werden müssen. Die Aufgaben, die die *wirkliche Ausarbeitung der Theorie der materialistischen Dialektik* betreffen, sind jetzt ganz kompakt gestellt. Aus dem ganzen Gang der philosophischen Diskussion hat sich die Aufgabe ergeben, das philosophische Erbe Lenins zu unserem Eigentum zu machen, es zu studieren, zu bearbeiten und zu popularisieren; die verfluchte Kluft zwischen der Philosophie und Politik, der Theorie und Praxis des sozialistischen Aufbaus zu beseitigen. Von einer Senkung des theoretischen Niveaus der philosophischen Arbeit kann keine Rede sein. Es handelt sich darum, das theoretische Niveau unserer Arbeit um eine neue Stufe zu erhöhen. Da jetzt ein großes Parteikollektiv bolschewistisch geschulter Kader auf den Schauplatz tritt, so daß man annehmen, daß diese grundlegenden theoretischen Aufgaben in befriedigender Weise gelöst werden.

J. W. Stalin
Die Bucharingruppe und die rechte Abweichung in unserer Partei

Genossen! So traurig es ist, so müssen wir doch die Tatsache feststellen, daß sich in unserer Partei eine besondere Bucharingruppe, bestehend aus Bucharin, Tomski und Rykow, gebildet hat. Von der Existenz dieser Gruppe war der Partei vordem nichts bekannt – die Bucharinleute verbargen die Tatsache der Existenz einer solchen Gruppe sorgfältig vor der Partei. Jetzt aber ist diese Tatsache bekannt und offensichtlich geworden.

Diese Gruppe hat, wie aus ihrer Erklärung zu ersehen ist, ihre besondere Plattform, die sie der Politik der Partei entgegenstellt. Sie fordert erstens – im Gegensatz zu der bestehenden Politik der Partei – eine Verlangsamung des Entwicklungstempos unserer Industrie, wobei sie behauptet, daß das gegenwärtige Entwicklungstempo der Industrie »verderblich« sei. Sie fordert zweitens – ebenfalls im Gegensatz zur Politik der Partei – eine Einschränkung des Aufbaus der Sowjet- und Kollektivwirtschaften, wobei sie behauptet, daß die Kollektiv- und Sowjetwirtschaften bei der Entwicklung unserer Landwirtschaft keine ernsthafte Rolle spielten und spielen könnten. Sie fordert drittens – ebenfalls im Gegensatz zur Politik der Partei – volle Freiheit für den privaten Handel und Verzicht auf die regulierende Rolle des Staates auf dem Gebiet des Handels, wobei sie behauptet, daß die regulierende Rolle des Staates die Entwicklung des Handels unmöglich mache.

Mit anderen Worten, die Bucharingruppe stellt eine rechte Abweichung dar, sie ist eine Kapitulantengruppe, die nicht für die Liquidierung der kapitalistischen Elemente in Stadt und Land, sondern für deren freie Entwicklung eintritt.

Gleichzeitig tritt die Bucharingruppe gegen die außerordentlichen Maßnahmen gegenüber dem Kulakentum sowie gegen die »übermäßige« Besteuerung der Kulaken auf und beschuldigt die Partei unverfroren, sie betreibe durch die Anwendung dieser Maßnahmen im Grunde genommen eine Politik der »militärisch-feudalen Ausbeutung der Bauernschaft«. Diese lächerliche Beschuldigung brauchte Bucharin, um die Kulaken in Schutz zu nehmen, wobei er die werktätige Bauernschaft mit dem Kulakentum verwechselte und beide auf die gleiche Stufe stellte.

Die Bucharingruppe verlangt, die Partei solle ihre Politik von Grund aus ändern, und zwar im Geiste der Plattform dieser Gruppe. Sie erklärt weiter, daß Bucharin, Rykow und Tomski demissionieren werden, wenn die Partei ihre Politik nicht ändert.

Das sind die Tatsachen, die im Verlauf der Diskussion in der gegenwärtigen gemeinsamen Sitzung des Politbüros des ZK und des Präsidiums der ZKK festgestellt wurden.

Festgestellt wurde außerdem, daß Bucharin im Auftrag der Gruppe hinter den Kulissen Verhandlungen mit Kamenew führte, um einen Block der Bucharinleute mit den Trotzkisten gegen die Partei und das ZK zu organisieren. Offensichtlich hielten es die Bucharinleute, da sie nicht auf einen Sieg ihrer Plattform im ZK unserer Partei rechneten, für notwendig, einen solchen Block hinter dem Rücken des ZK der Partei zu organisieren. [...]

Das Grundübel der Bucharinleute ist ihr Glaube, ist ihre Überzeugung, daß unsere Getreideschwierigkeiten und alle anderen Schwierigkeiten behoben werden könnten, wenn wir dem Kulaken Erleichterungen gewährten und ihm Handlungsfreiheit ließen. Sie glauben, die Schwierigkeiten würden beseitigt und die politische Lage des Landes würde gebessert werden, wenn wir dem Kulaken Erleichterungen gewährten, wenn wir seine Ausbeutertendenzen nicht einschränkten, wenn wir ihm freie Hand ließen usw. Es braucht nicht betont zu werden, daß dieser naive Glauben der Bucharinleute an die rettende Rolle des Kulaken ein so lächerlicher Unsinn ist, daß es sich nicht einmal lohnt, ihn zu kritisieren. Es ist das Pech der Bucharinleute, daß sie die Mechanik des Klassenkampfes nicht begreifen, nicht begreifen, daß der Kulak der geschworene Feind der Werktätigen, der Feind unserer ganzen Gesellschaftsordnung ist. Sie begreifen nicht, daß eine Politik der Erleichterung und der Gewährung von Handlungsfreiheit für den Kulaken die Verschlechterung der ganzen politischen Lage unseres Landes, die Erhöhung der Chancen für die kapitalistischen Elemente im Lande, den Verlust der Dorfarmut für uns, die Demoralisierung des Mittelbauern, den Bruch mit der Arbeiterklasse unseres Landes bedeutet. Sie begreifen nicht, daß keinerlei Gewährung von Handlungsfreiheit für den Kulaken unsere Getreideschwierigkeiten verringern kann, denn der Kulak wird sowieso nicht freiwillig Getreide liefern, solange wir die Politik der Beschaffungspreise und der Regulierung des Getreidemarktes durch die Staatsorgane beibehalten; auf die Politik der staatlichen Regulierung des Handels können wir aber nicht verzichten, wenn wir die Sowjetordnung, die Diktatur des Proletariats nicht untergraben wollen. Es ist das Pech der Bucharinleute, daß sie diese einfachen und elementaren Dinge nicht begreifen. Ich spreche schon gar nicht davon, daß eine Politik der Gewährung von Handlungsfreiheit für die kapitalistischen Elemente sowohl theoretisch als auch politisch mit den Grundlagen der Leninschen Politik und des Leninismus absolut unvereinbar ist.

All das ist richtig, können die Genossen sagen, wo aber ist der Ausweg, was muß im Zusammenhang mit dem Hervortreten der Bucharingruppe unternommen werden? Was den Ausweg aus der entstandenen Lage betrifft, so haben die meisten Genossen bereits dazu Stellung genommen. Die Mehrheit der Genossen fordert, daß die Versammelten Festigkeit an den Tag legen und die Demission Bucharins und Tomskis entschieden zurückweisen (Rykow hat seine Demission bereits zurückgenommen). Die Mehrheit der Genossen fordert, daß die gemeinsame Sitzung des Politbüros des ZK und des Präsidiums der ZKK die rechtsopportunistische, kapitulantenhafte Plattform Bucharins, Tomskis und Rykows verurteilt, daß sie den Ver-

such Bucharins und seiner Gruppe, einen parteifeindlichen
Block mit den Trotzkisten zusammenzuzimmern, verurteilt.
Ich schließe mich diesen Vorschlägen voll und ganz an.
Die Bucharinleute sind mit einem solchen Beschluß nicht einver-
standen. Sie möchten, daß ihnen die Freiheit fraktioneller
Gruppierungen gewährt werde – entgegen dem Statut der
Partei. Sie möchten, daß ihnen die Freiheit, die Beschlüsse der
Partei und des ZK zu verletzen, gewährt werde – entgegen den
ureigenen Interessen der Partei. [. . .]
Man beschwert sich darüber, daß man »geprügelt« werde. Aber
diese Beschwerden sind fadenscheinig. Wenn Bucharin das
Recht hat, einen ungereimten parteifeindlichen Artikel wie die
»Notizen eines Ökonomen« zu schreiben, so haben die Mitglieder der Partei umso mehr das Recht, einen solchen Artikel
zu kritisieren. Wenn Bucharin und Tomski sich das Recht
nehmen, gegen einen Beschluß des ZK zu verstoßen, und sich
hartnäckig weigern, auf den ihnen übertragenen Posten zu
arbeiten, so haben die Mitglieder der Partei um so mehr das
Recht, ein derartiges Verhalten zu kritisieren. Wenn das als
»Prügel« bezeichnet wird, so mögen sie uns einmal erklären,
was sie dann unter der Losung der Selbstkritik, der innerpar-
teilichen Demokratie usw. verstehen. [. . .]
Wer kann bestreiten, daß die heutigen Verbrechen Bucharins
und Tomskis, die gegen die Beschlüsse des ZK gröblich verstoßen und offensichtlich eine neue opportunistische Plattform
gegen die Partei formieren, um ein Vielfaches schlimmer sind
als die Vergehen Tomskis und Schljapnikows in dem oben
angeführten Fall? Indes fordert das ZK nicht einmal, daß einer
von ihnen aus dem ZK entfernt oder irgendwohin nach Turkestan kommandiert wird, sondern es beschränkt sich auf den
Versuch, sie davon zu überzeugen, daß sie auf ihren Posten
bleiben müssen, wobei es natürlich gleichzeitig ihre partei-
fremden, ja mitunter geradezu parteifeindlichen Auffassungen
entlarvt. Wollen sie noch größere Milde?
Wäre es nicht richtiger, zu sagen, daß wir, die Mehrheit des ZK,
uns den Bucharinleuten gegenüber zu liberal und tolerant ver-

halten, daß wir dadurch vielleicht, ohne es zu wollen, ihre parteifeindliche fraktionelle »Arbeit« fördern?

Ist es nicht an der Zeit, mit diesem Liberalismus Schluß zu machen?

Ich schlage vor, den Antrag der Mehrheit der hier Versammelten zu billigen und in der Tagesordnung fortzufahren.

J. W. Stalin
Über die Entwicklung des Sozialismus in einem Lande

[. . .] Also, ist die Errichtung der sozialistischen Wirtschaft in unserem Lande möglich ohne den vorherigen Sieg des Sozialismus in anderen Ländern, ohne daß das siegreiche Proletariat des Westens direkte Hilfe mit Technik und Ausrüstung leistet?

Ja, sie ist möglich. Und sie ist nicht nur möglich, sondern auch notwendig, und unausbleiblich. Denn wir bauen bereits den Sozialismus auf, indem wir die nationalisierte Industrie entwickeln und sie mit der Landwirtschaft zusammenschließen, indem wir das Genossenschaftswesen auf dem Lande entfalten und die bäuerliche Wirtschaft in das allgemeine System der sowjetischen Entwicklung einbeziehen, indem wir die Sowjets beleben und den Staatsapparat mit den Millionenmassen der Bevölkerung verschmelzen, indem wir eine neue Kultur aufbauen und ein neues gesellschaftliches Leben entfalten. [. . .] Es besteht kein Zweifel, daß unsere Aufgabe von Grund aus erleichtert würde, wenn uns der Sieg des Sozialismus im Westen zu Hilfe käme. Aber erstens wird der Sieg des Sozialismus im Westen nicht so schnell »zustande gebracht«, wie wir das wünschten, und zweitens lassen sich diese Schwierigkeiten überwinden, und wir überwinden sie bekanntlich schon.

Über alles das habe ich bereits gesprochen. [. . .] Ich sagte, daß die Verneinung der Möglichkeiten des sozialistischen Aufbaus in unserem Lande Liquidatorentum bedeutet, das zur Entartung der Partei führt. Es ist wohl kaum erforderlich, jetzt noch einmal zu wiederholen, was früher schon mehrfach gesagt wurde. [. . .]

Ich möchte nur noch einige Worte über die Geschichte der Frage und über die Bedeutung sagen, die sie für die Partei gegenwärtig hat.

Wenn man von der Diskussion in den Jahren 1905-1906 absieht, so wurde die Frage des Aufbaus des Sozialismus in *einem* Lande erstmalig während des imperialistischen Krieges, im Jahre 1915, in der Partei gestellt. Bekanntlich hat Lenin damals erstmalig die These formuliert, daß »der Sieg des Sozialismus« ursprünglich »in einem einzeln genommenen kapitalistischen Lande möglich ist« ... Bekanntlich hat Trotzki schon damals diese These Lenins bestritten, indem er erklärte, »es wäre aussichtslos, zu glauben ..., daß zum Beispiel ein revolutionäres Rußland einem konservativen Europa gegenüber sich behaupten könnte« (siehe Band III der Schriften Trotzkis, Teil I, S. 90, russ.).

Im Jahre 1921, nach der Oktoberrevolution und dem Bürgerkrieg, als die Fragen des Aufbaus auf die Tagesordnung treten, taucht die Frage des Aufbaus des Sozialismus in der Partei erneut auf. Das war die Periode, als die Wendung zur »Neuen Ökonomischen Politik« von einigen Genossen als Abkehr von den sozialistischen Aufgaben, als Abkehr vom sozialistischen Aufbau eingeschätzt wurde. Bekanntlich definierte Lenin [...] die Wendung zur »Neuen Ökonomischen Politik« damals als die unerläßliche Bedingung für den Zusammenschluß der Industrie mit der bäuerlichen Wirtschaft, als die Vorbedingung für die Errichtung des Fundaments der sozialistischen Wirtschaft, als den Weg zum erfolgreichen Aufbau des Sozialismus. Das war im April 1921. Gleichsam als Antwort darauf stellt Trotzki im Januar 1922 im Vorwort zu seinem Buch *Das Jahr 1905* zur Frage des sozialistischen Aufbaus in unserem Lande eine völlig entgegengesetzte These auf, indem er erklärt, daß »die Widersprüche in der Stellung der Arbeiterregierung in einem rückständigen Lande mit einer erdrückenden Mehrheit bäuerlicher Bevölkerung nur im internationalen Maßstab, in der Arena der Weltrevolution des Proletariats ihre Lösung werden finden können«.

Ein Jahr später (1922) stehen sich wiederum zwei Erklärungen gegenüber, die Erklärung Lenins ..., daß »aus dem Rußland der NÖP das sozialistische Rußland werden wird«, und die

Erklärung Trotzkis . . ., daß »ein wirklicher Aufschwung der sozialistischen Wirtschaft in Rußland erst nach dem Siege des Proletariats in den wichtigsten Ländern Europas möglich sein wird«.

Und schließlich, noch ein Jahr später, kurz vor seinem Hinscheiden, kommt Lenin [. . .] (Mai 1923) erneut auf diese Frage zurück und erklärt, daß wir in der Sowjetunion »alles haben, was notwendig ist, um die vollendete sozialistische Gesellschaft zu errichten«.

Das ist kurz die Geschichte der Frage.

Schon aus diesem geschichtlichen Überblick ist ersichtlich, daß das Problem des Aufbaus des Sozialismus in unserem Lande eines der wichtigsten Probleme unserer Parteipraxis ist. [. . .]

In der Folgezeit haben die Entwicklung unserer Wirtschaft, die Verschärfung des in ihr vor sich gehenden Kampfes zwischen den Elementen des Sozialismus und des Kapitalismus, besonders aber die zeitweilige Stabilisierung des Kapitalismus, die Bedeutung der Frage der Möglichkeit des sozialistischen Aufbaus in unserem Lande lediglich erhöht und schärfer unterstrichen.

Worin besteht die Wichtigkeit dieser Frage vom Standpunkt der Parteipraxis?

Darin, daß sie die Frage der Perspektive unseres Aufbaus, der Aufgaben und Ziele dieses Aufbaus berührt. Man kann nicht wirklich aufbauen, wenn man nicht weiß, mit welchem Ziel man baut. [. . .] Bauen wir für den Sozialismus auf, den Sieg des sozialistischen Aufbaus voraussetzend, oder bauen wir aufs Geratewohl, ins Blinde hinein, um »in Erwartung der sozialistischen Revolution in der ganzen Welt« den Boden für die bürgerliche Demokratie zu düngen – das ist jetzt eine der Grundfragen. Man kann nicht wirklich arbeiten und aufbauen, wenn diese klare Frage nicht ebenso klar beantwortet ist. [. . .]

Die große Bedeutung des Leninismus besteht unter anderem gerade darin, daß er einen Aufbau aufs Geratewohl, ins Blinde hinein nicht anerkennt, daß er sich einen Aufbau ohne Perspektive nicht denken kann, daß er auf die Frage nach der

Perspektive unserer Arbeit eine klare und bestimmte Antwort gibt, indem er erklärt, daß wir alles haben, was notwendig ist, um die sozialistische Wirtschaft in unserem Lande zu errichten, daß wir die vollendete sozialistische Gesellschaft aufbauen können und müssen.

So ist es um die Frage nach der Möglichkeit der Errichtung der sozialistischen Wirtschaft bestellt.

Eine andere Frage ist, ob es uns ganz bestimmt gelingen wird, die sozialistische Wirtschaft zu errichten. Das hängt nicht allein von uns ab. Das hängt auch von der Stärke beziehungsweise Schwäche unserer Feinde und unserer Freunde außerhalb unseres Landes ab. Wir werden sie errichten, wenn man uns bauen läßt, wenn es uns gelingt, die Periode der »Atempause« zu verlängern, wenn es nicht zu einer ernsten Intervention kommt, wenn die Intervention nicht siegreich sein wird, wenn die Stärke und Macht der internationalen revolutionären Bewegung einerseits und die Stärke und Macht unseres eigenen Landes anderseits groß genug sein werden, um einen ernsten Interventionsversuch unmöglich zu machen. Und umgekehrt, wir werden sie nicht errichten, wenn eine erfolgreiche Intervention uns zu Boden wirft. [...]

Quellennachweise

Deborin, A., Lenin als revolutionärer Dialektiker, in: *Unter dem Banner des Marxismus*, 1. Jahrg., 1925/26, S. 201 ff.

– Materialistische Dialektik und Naturwissenschaft, in: *Unter dem Banner des Marxismus*, ebd., S. 429 ff.

– Hegel und der dialektische Materialismus (Übers. Arnold Stamm und Wilhelm Goerdt), entnommen dem Band: Wilhelm Goerdt (Hrsg.), *Die Sowjetphilosophie*, Dokumente, S. 84 ff. (c) Wissenschaftliche Buchgesellschaft Darmstadt 1967.

– Unsere Meinungsverschiedenheiten (Übers. Arnold Stamm und Wilhelm Goerdt), ebd., S. 60 ff. (c) Wissenschaftliche Buchgesellschaft Darmstadt 1967.

– Lukács und seine Kritik des Marxismus, in: *Arbeiterliteratur* Nr. 10, Wien 1924.

Bucharin, N., *Theorie des historischen Materialismus*, Verlag der Kommunistischen Internationale, 1922, (Auszüge).

– Über die Theorie der permanenten Revolution, in: *Um den Oktober*, Hamburg 1925, S. 209 ff., (Auszüge).

– Letztes Wort des Angeklagten Bucharin, in: Volkskommissariat für Justizwesen der UdSSR (Hrsg.), Prozeßbericht über die Strafsache des antisowjetischen »Blocks der Rechten und Trotzkisten«. Verhandelt vor dem Militärkollegium des Obersten Gerichtshofes der UdSSR vom 2.–13. März 1938... Vollständiger stenographischer Bericht, Moskau 1938. Auch enthalten in: Theo Pirker (Hrsg.), *Die Moskauer Schauprozesse*, dtv dokumente, S. 226 ff.

Lukács, G., Rezension von Bucharins *Theorie des historischen Materialismus*, in: Georg Lukács Werke Band 2, Frühschriften II, S. 598–608 (Auszüge). (c) Hermann Luchterhand Verlag Neuwied am Rhein 1968.

Gramsci, A., Kritische Notizen zu Bucharins *Theorie des historischen Materialismus*, in: Antonio Gramsci, *Philosophie der Praxis*. Eine Auswahl herausgegeben und übersetzt von Christian Riechers, S. 205 ff., (Auszüge). (c) by Institute Gramsci, Roma. Deutsche Ausgabe (c) S. Fischer Verlag Frankfurt am Main 1967.

Stalin, J. W., Die Bucharingruppe und die rechte Abweichung in unserer Partei, in: Stalin, *Werke*, Bad. XI, (Reden Ende Januar und Anfang Februar 1929), S. 285 ff.

– Über den Aufbau des Sozialismus in einem Lande, Fragen und Antworten. Rede am 9. Juni 1925, in: Stalin, *Werke*, Bd. VII, S. 173 ff.

Mitin, M., Über die Ergebnisse der philosophischen Diskussion, in: *Unter dem Banner des Marxismus*, 5. Jahrg., 1931, S. 171 ff.

Aus der Resolution der Parteizelle des Instituts der Roten Professur für Philosophie und Naturwissenschaft in Moskau, in: *Unter dem Banner des Marxismus*, 5. Jahrg., 1931, S. 161 ff.

Ausgewählte Literatur

Ahlberg, René, ›Dialektische Philosophie‹ und Gesellschaft in der Sowjetunion, Berlin 1960

Bochenski, I. M., Der sowjetrussische dialektische Materialismus, München 1956

Dahm, H., Die Dialektik im Wandel der Sowjetphilosophie, Köln 1963

Deutscher, Issac, Trotzki (I. u. II), Stuttgart 1962

– Stalin, Stuttgart 1962

Fetscher, I., Von Marx zur Sowjetideologie, Frankfurt-Berlin-Bonn 1957

Goerdt, Wilhelm, Die ›allseitige universale Wendigkeit‹ (›gibkost‹) in der Dialektik Lenins, Wiesbaden 1962

– (Hrsg.) Sowjetphilosophie (Dokumente), Darmstadt 1967

Heitman, Sidney, Between Lenin and Stalin: Nikolai Bucharin, in: Revisionism, ed. by Leopold Labedz, London 1962

Hofmann, Werner, Stalinismus und Antikommunismus, Frankfurt 1968

– Die Arbeitsverfassung der Sowjetunion, Berlin 1956

Jorawsky, D., Soviet Marxism and natural science, London 1961

Knirsch, Peter, Die ökonomischen Anschauungen Nikolai Bucharins, Berlin 1959

Lieber, H. J., Die Philosophie des Bolschewismus in den Grundzügen ihrer Entwicklung. Frankfurt-Berlin-Bonn 1958

Lieber, H. J. und K.-H. Ruffmann, Der Sowjetkommunismus, Dokumente, Bd. 1: Die politisch-ideologischen Konzeptionen, Köln-Berlin 1963

Trotzy, Leon, The first five years of the Communist International (Vol. 1) New York 1945

– The 3rd International after Lenin, New York 1957

Wetter, Gustav A., Der dialektische Materialismus, Freiburg/Br. 1960

– Philosophie und Naturwissenschaft in der Sowjetunion, Hamburg 1958

Wolfe, Bertram D., Lenin, Trotzki, Stalin, Drei, die eine Revolution machten, Frankfurt 1965

Theorie der Gesellschaft
in der ›Theorie‹-Reihe

Herausgegeben von Jürgen Habermas,
Dieter Henrich und Jacob Taubes

Adorno, Theodor W.
Aufsätze zur Gesellschaftstheorie und Methodologie.
1970. 248 S.

Althusser, Louis
Für Marx.
Aus dem Französischen von Karin Brachmann
und Gabriele Sprigath. 1968. 216 S.

Bourdieu, Pierre
Zur Soziologie der symbolischen Formen.
Aus dem Französischen von Wolf H. Fietkau. 1970. 208 S.

Cicourel, Aaron V.
Methode und Messung in der Soziologie.
Aus dem Amerikanischen von Frigga Haug. 1970. 320 S.

Durkheim, Emile
Soziologie und Philosophie.
Einleitung von Theodor W. Adorno,
Aus dem Französischen von Eva Moldenhauer. 1967. 160 S.

Goffman, Erving
Interaktionsrituale.
Über Verhalten in direkter Kommunikation.
Aus dem Englischen von Renate Bergsträsser und Sabine Bosse.
1971. 292 S.

Stigma.
Über Techniken der Bewältigung beschädigter Identität.
Aus dem Amerikanischen von Frigga Haug. 1967. 180 S.

Kosík, Karel
Die Dialektik des Konkreten.
Aus dem Tschechischen von Marianne Hoffmann. 1967. 248 S.

Lefebvre, Henri
Das Alltagsleben in der modernen Welt.
Aus dem Französischen von Annegret Dumasy. 278 S.

Mead, George H.
Philosophie der Sozialität.
Vorwort von Hansfried Kellner.
Aus dem Amerikanischen von Henning Lübbe. 1969. 328 S.

Miliband, Ralph
Der Staat in der kapitalistischen Gesellschaft.
Eine Analyse des westlichen Machtsystems.
Aus dem Englischen von Nele Einsele. 1972. 376 S.

Ribeiro, Darcy
Der Zivilisatorische Prozeß.
Herausgegeben, übersetzt und mit einem Nachwort
von Heinz Rudolf Sonntag.
Anhang: Ein Gespräch zwischen D. Ribeiro und H. R. Sonntag.
1971. 286 S.

Runciman, W. G.
Sozialwissenschaft und politische Theorie.
Aus dem Englischen von Marianne Kalow. 1967. 200 S.

Schütz, Alfred
Das Problem der Relevanz.
Herausgegeben und erläutert von Richard M. Zaner.
Einleitung von Thomas Luckmann. 1971. 234 S.

Sebag, Lucien
Marxismus und Strukturalismus.
Aus dem Französischen von Hans Naumann. 1967. 332 S.

Touraine, Alain
Die postindustrielle Gesellschaft.
Aus dem Französischen von Eva Moldenhauer. 242 S.

Winch, Peter
Die Idee der Sozialwissenschaft und ihr Verhältnis zur Philosophie.
Aus dem Englischen von Roland Pelzer. 1966. 176 S.

Habermas, Jürgen / Niklas Luhmann
*Theorie der Gesellschaft oder Sozialtechnologie – Was leistet
die Systemforschung?*
1971. 408 S. (Theorie-Diskussion)

stw 1 Jürgen Habermas
Erkenntnis und Interesse
Mit einem neuen Nachwort
420 Seiten
Einzig als Gesellschaftstheorie ist radikale Erkenntniskritik
möglich, heißt die Grundthese von Habermas. Damit greift
er nicht nur in die an Methodenfragen orientierte Positivis-
mus-Diskussion ein, sondern auch in die auf Praxis gerichtete politische Diskussion.

stw 2 Theodor W. Adorno
Ästhetische Theorie
Mit einem Begriffsregister
Herausgegeben von Gretel Adorno und Rolf Tiedemann
568 Seiten
Die Ästhetische Theorie ist die letzte große Arbeit Adornos,
die bei seinem Tode kurz vor ihrer Vollendung stand. Sie
sollte neben der Negativen Dialektik und einem geplanten
moralphilosophischen Werk das darstellen, was Adorno »in
die Waagschale zu werfen« hatte.

stw 3 Ernst Bloch
Das Prinzip Hoffnung
3 Bände. 1655 Seiten
»Die Utopie, das philosophisch bisher noch nicht zureichend
bedachte Zukünftige, ohne das es kein Gegenwärtiges geben
kann, steht im Zentrum des riesigen Buches ... Wie verwandelt sich Träumen in Begehren, Begehren in Wünschen?
Wie gelangt das Streben nach Glück, ohne dessen messiani-
schen Vorschein kein Jammertag ertragbar wäre, zu der
Entschlossenheit, eine gewaltige Veränderung zu wagen?«
                              Walter Jens in »Die Zeit«

stw 4 Walter Benjamin
Der Begriff der Kunstkritik in der deutschen Romantik
Herausgegeben von Hermann Schweppenhäuser
120 Seiten
Man muß den Begriff der Kunstkritik zusammen sehen mit
Lukács' *Theorie des Romans* oder den kunstphilosophischen
Teilen von Blochs *Geist der Utopie:* schon in dieser frühen

Arbeit Benjamins scheint die neue Ästhetik auf, das Bemühen, Ästhetik und Geschichtsphilosophie zu verknüpfen, wie er selber es dann in inzwischen geradezu klassisch gewordener Weise im *Ursprung des deutschen Trauerspiels* verwirklichte.

stw 5 Ludwig Wittgenstein
Philosophische Grammatik
Herausgegeben von Rush Rhees
491 Seiten
Die *Philosophische Grammatik* gibt Auskunft über Wittgensteins Weg von der Konzeption einer Idealsprache zur Theorie der Sprachspiele und zur mathematischen Grundlagenforschung der Spätzeit.

stw 6 Jean Piaget
Einführung in die genetische Erkenntnistheorie
Vier Vorlesungen
Aus dem Amerikanischen von Friedhelm Herborth
104 Seiten
»Die Forschungen über genetische Erkenntnistheorie versuchen, die Mechanismen zu analysieren, nach denen Erkenntnis – sofern sie zu wissenschaftlichem Denken gehört – sich entwickelt ...«   Bärbel Inhelder

stw 7 J. Laplanche – J.-B. Pontalis
Das Vokabular der Psychoanalyse
Aus dem Französischen von Emma Moersch
2 Bände. 652 Seiten
Dieses Vokabular ist nicht nur ein Wörterbuch. Hier wird eine Theorie, die unser aller Denken verändert hat, von ihrer Sprache her erforscht. Damit ist dem Fachmann wie dem Laien ein Arbeitsinstrument zur Verfügung gestellt, das bisher fehlte.

stw 8 G. W. F. Hegel
Phänomenologie des Geistes
622 Seiten
Die Phänomenologie ist »ein Werk, das im philosophischen Schrifttum nicht seinesgleichen hat, vielsträhnig und zentral, dithyrambisch und streng geordnet zugleich. Nirgends kann genauer gesehen werden, was großer Gedanke im Aufgang ist, und nirgends ist sein Lauf bereits vollständiger«.
                    Ernst Bloch

stw 9 *Materialien zu Hegels ›Phänomenologie des Geistes‹*
Herausgegeben von Hans Friedrich Fulda
und Dieter Henrich
445 Seiten
Die hier zusammengestellten Aufsätze zu Hegels Phänomenologie wollen dem Leser die Irrwege, Umwege und
Holzwege ersparen, auf die andere in ihrem Bemühen, sich
dieses »dunkelste und tiefsinnigste« Werk Hegels (Ernst
Bloch) zugänglich zu machen, geraten sind.

stw 10 *Einführung in den Strukturalismus*
Mit Beiträgen von Ducrot, Todorov, Sperber,
Safouan und Wahl
Aus dem Französischen von Eva Moldenhauer
480 Seiten
Die Essays zum Strukturalismus gehen nicht von einer
Apriori-Definition einer so zu nennenden strukturalen Me-
thode aus, was nach Ansicht der Autoren nicht möglich ist.
Vielmehr überprüfen die Verfasser – alle Strukturalisten
der zweiten Generation – an ihrem jeweiligen Forschungs-
gebiet, was ihr Strukturalismus überhaupt sei.

stw 11 Siegfried Kracauer
Geschichte – Vor den letzten Dingen
Aus dem Englischen von Karsten Witte
309 Seiten
»Kracauer prüft mit skeptischem Blick geschichtsphilosophi-
sche Mythen und historiographische Methoden in der Absicht, das Interesse der Menschen an der Geschichte zu er-
hellen. Die Schlußfolgerungen: Geschichte tritt als eine
Folge irreduzibler, einmaliger Wesenheiten in Erscheinung,
die der Historiker letztlich als ›stories‹, also in ihrer ›epi-
schen Qualität‹ zu begreifen hat.«   Viktor Zmegač

stw 12 Niklas Luhmann
Zweckbegriff und Systemrationalität
Über die Funktion von Zwecken in sozialen Systemen
390 Seiten
Mit seinem Entwurf einer Systemtheorie erneuert Luhmann
den von der gegenwärtigen Soziologie vernachlässigten
Versuch, Gesellschaft im ganzen zu begreifen. Er untersucht
die Funktion der Zweckorientierung in sozialen Systemen
und bestimmt sie als Reduktion von Komplexität, als Ver-
einfachung, die das System handlungsfähig macht.

stw 13 Gershom Scholem
Zur Kabbala und ihrer Symbolik
303 Seiten
Scholems Studien zur Kabbala, der jüdischen Mystik des
Mittelalters, deren esoterische Lehren in verschiedenen
Schulen verbreitet wurden, erläutern die wiederkehrenden
Bilder und Symbole im kabbalistischen Judentum aus einem
lebendigen Zusammenhang der mystischen Tradition. Sie
sind ein faszinierender Beitrag zum Verständnis der Ge-
schichte und Psychologie des jüdischen Volkes.

stw 14 Claude Lévi-Strauss
Das wilde Denken
334 Seiten
Aus dem Französischen von Hans Neumann
Thema dieses inzwischen berühmt gewordenen Werkes ist
das Denken in seinem »wilden Zustand«, das in jedem
Menschen, ob zeitgenössisch oder vorgeschichtlich, wirksam
ist als ein Element der nichtkultivierten und nicht domesti-
zierten Geistestätigkeit.

stw 15 Peter Szondi
*Zur Theorie des bürgerlichen Trauerspiels im 18. Jahr-
hundert*
Der Kaufmann, der Hausvater, der Hofmeister
Herausgegeben von Gerd Mattenklott
Mit einem Anhang von Wolfgang Fietkau
280 Seiten
Der gemeinsame Gegenstand der literaturwissenschaft-
lichen Arbeiten Peter Szondis war die Geschichte des
bürgerlichen Subjekts in der Moderne, insofern als sie in
Literatur und Literaturtheorie wesentlichen Ausdruck
fand. Sein Interesse in den letzten Jahren galt den frühen
Formen bürgerlichen Bewußtseins, die sich in der Drama-
tik und ihrer Theorie des 18. Jahrhunderts präsentierte.

stw 16 Erik H. Erikson
Identität und Lebenszyklus
Drei Aufsätze. Aus dem Amerikanischen von Käte Hügel
224 Seiten
»Erikson verfügt über die Fähigkeit, Tatsachen verschiedener Fachgebiete sowohl isoliert aufzuzeigen als auch zu
seiner Idee von der Identitätssuche des Menschen, der
biologischen, kulturellen und psychodynamischen Lebens-

zyklen unterworfen ist, zu synthetisieren. Die Arbeiten sind ein Stimulans für jeden, dessen Denken ... bereit ist, den Umweltraum wie den Inweltraum des Menschen gemäß der Anforderung eines präsumptiv ›Humanen‹ zu verändern.« *Helmut Junker, Das Argument*

stw 17 Rudolf Bilz
Wie frei ist der Mensch?
Paläoanthropologie Bd. 1
470 Seiten
Das besondere Interesse von Bilz gilt den »biologischen Archaismen des Menschen«, den »Wildheitsqualitäten« des homo sapiens, ohne daß doch, wie es in der heutigen Verhaltensforschung häufig geschieht, vorschnell vom Tier auf den Menschen geschlossen würde.

stw 18 Viktor von Weizsäcker
Der Gestaltkreis
Mit einem Vorwort von Rolf Denker
294 Seiten
Von Weizsäcker fordert eine ganzheitlich anthropologisch fundierte Medizin und wurde damit zum Mitbegründer der Psychosomatik. Sein Werk hat über die Medizin hinaus Anthropologie, Sozialwissenschaften und speziellere Handlungstheorien entscheidend beeinflußt.

stw 19 Noam Chomsky
Sprache und Geist
Aus dem Amerikanischen von Siegfried Kanngießer,
Gerd Lingrün, Ulrike Schwarz und Anna Kamp
189 Seiten
»Die Theorien Noam Chomskys haben in der Linguistik während der letzten Jahre zu einem ›Paradigmenwechsel‹ (Th. Kuhn) geführt. Forschungsstrategisch sinnvolle Fragestellungen, die Bewertung neuer Methoden und Standards und die Einschätzung linguistisch relevanter Problemlösungen folgen dem theoretischen Rahmen, den Chomsky der Linguistik gegeben hat.« *Anton Leist, Das Argument*

stw 20 Jakob von Uexküll
Theoretische Biologie
Mit einem Vorwort von Rudolf Bilz
408 Seiten
Im Vordergrund der heutigen biologischen Forschungen

stehen in erster Linie die Probleme der physiologischen Chemie. Insofern mutet die *Theoretische Biologie* Jakob von Uexkülls eher wie ein Vorläufer der Wahrnehmungspsychologie oder der Ethologie an.

stw 21 Victor Erlich
Russischer Formalismus
Aus dem Englischen von Marlene Lohner
Mit einem Geleitwort von René Wellek
Etwa 410 Seiten
»Erlichs Buch ist die einzige umfassende Darstellung des russischen Formalismus in einer westlichen Sprache ... (es) ist eine vorzügliche, authentische Studie über eine Gruppe von Schriftstellern und ein zusammenhängendes Gedankengebäude, die jedem Literaturwissenschaftler bekannt sein sollte.«   *René Wellek*

stw 22 *Seminar: Politische Ökonomie*
Zur Kritik der herrschenden Nationalökonomie
Herausgegeben von Winfried Vogt
334 Seiten
Dieser Band repräsentiert die Breite der Kritik an der herrschenden bürgerlichen Nationalökonomie. Die vertretenen Positionen reichen von der Keynesschen Theorie über eine pragmatische Richtung bis hin zur marxistischen Kritik. Von hier aus wird man sehen müssen, inwieweit eine übergreifende theoretische Konzeption möglich ist.

stw 23 Theodor W. Adorno
Philosophische Terminologie Bd. 1
Herausgegeben von Rudolf zur Lippe
240 Seiten
In der »Philosophischen Terminologie« schlägt Adorno den Weg ein, zentrale Begriffe der Philosophie historisch und thematisch zu untersuchen. Die Begriffsanalysen führen in das Denken Adornos, gleichzeitig aber auch in die Kritische Theorie ein.

stw 24 Hans Blumenberg
Der Prozeß der theoretischen Neugierde
Erweiterte und überarbeitete Neuausgabe
von »Die Legitimität der Neuzeit«, dritter Teil
320 Seiten
Die bestimmenden Attribute der Neuzeit leiten sich aus

der humanen Selbstbehauptung gegenüber dem theologischen Absolutismus des ausgehenden Mittelalters her. Zur Begründung dieser These wird der Prozeß der Diskriminierung und Rehabilitierung der »theoretischen Neugierde« von der Antike bis zum Ende des 18. Jahrhunderts verfolgt.

stw 25 Thomas S. Kuhn
Die Struktur wissenschaftlicher Revolutionen
Aus dem Amerikanischen von Kurt Simon
227 Seiten
Fortschritt in der Wissenschaft – das ist Kuhns These – vollzieht sich nicht durch kontinuierliche Veränderung, sondern durch revolutionäre Prozesse: Ein bisher geltendes Erklärungsmodell wird verworfen und durch ein anderes ersetzt. Diesen Vorgang bezeichnet sein berühmt gewordener Terminus »Paradigmenwechsel«.

stw 26 Heinrich Zimmer
Philosophie und Religion Indiens
Aus dem Amerikanischen von Lucy Heyer-Grote
597 Seiten
»Es ist das vollständigste und zugleich intelligenteste Buch über die außerordentlich reiche und komplexe Philosophie Indiens, das je geschrieben wurde.«   *New York Times*

stw 27 Jean Piaget
Das moralische Urteil beim Kinde
Aus dem Französischen von Lucien Goldmann
463 Seiten
Piaget zeigt, welche Bedeutung in der Entwicklung des moralischen Urteils den gegenseitigen Beziehungen zwischen gleichgestellten Kindern, also dem Solidaritäts- und Verantwortungsbewußtsein, zukommt.

stw 28 George Herbert Mead
Geist, Identität und Gesellschaft
Mit einer Einleitung von Charles W. Morris
Aus dem Amerikanischen von Ulf Pacher
456 Seiten
Mind, Self and Society ist *der* Klassiker der Sozialpsychologie. Das postum aus Vorlesungsnachschriften veröffentlichte Werk verschmilzt »einen von einem moralischen Ethos idealistischer Vernunft beseelten Pragmatismus mit

Evolutionismus und einem sozial interpretierten Behaviorismus«.   *Helmut Kuhn*

stw 30 *Seminar: Die Entstehung von Klassengesellschaften*
Herausgegeben von Klaus Eder
Etwa 250 Seiten
Mit der Entwicklung von der »menschlichen Naturgeschichte« zur »menschlichen Vorgeschichte« befassen sich so renommierte Autoren wie Lévi-Strauss, Sahlins, Moscovici u. a. Ihre Beiträge sind Ansätze zu einer Theorie der Genese und Struktur von Klassengesellschaften.

stw 31 Alfred Lorenzer
Sprachzerstörung und Rekonstruktion
Vorarbeiten zu einer Metatheorie der Psychoanalyse
248 Seiten
Lorenzers Versuch einer wissenschaftstheoretischen Bestimmung des psychoanalytischen Vorgehens nimmt seinen Ausgang von dem alten Gegensatz von »Erklären« und »Verstehen«. Aus der Untersuchung der psychoanalytischen Operationsschritte wird eine Metatheorie entwickelt, die die Züge einer Sprachanalyse annimmt: Neurose erweist sich als »Sprachzerstörung« und die psychoanalytische Therapie als Rekonstruktion von Sprache.

stw 33 Georg Lukács
Der junge Hegel
896 Seiten
Lukács' Studie untersucht Hegels Auffassung von der Dialektik der menschlichen Gesellschaft in ihrer Entwicklung von den Jugendschriften bis zur Phänomenologie des Geistes. Mit scharfsinniger Polemik gegen die bürgerliche Hegelforschung deckt er ideologiekritisch die idealistischen Züge dieser Dialektik auf. Dabei geht es Lukács um den inneren Zusammenhang von Philosophie und Ökonomie.

stw 34 W. Ross Ashby
Einführung in die Kybernetik
Aus dem Englischen von Jörg Adrian Huber
ca. 400 Seiten
Die Einführung in die Kybernetik ist eines der Standardwerke der jungen Wissenschaft Kybernetik, nicht zuletzt durch des Autors didaktisches Geschick der Grundlagenvermittlung. Ashby vermeidet es, für den Laien unnötig ver-

wirrende Bereiche der Elektronik und der höheren Mathematik in seine Einführung einzubeziehen und verwendet statt dessen allgemeinverständliche Beispiele aus dem Alltag.

stw 35 Ernst Bloch
Geist der Utopie
Unveränderter Nachdruck der bearbeiteten Neuauflage der 2. Fassung von 1923
351 Seiten
Geist der Utopie ist ein Manifest gegen die Leere, Ungläubigkeit und Hohlheit dieser Zeit; es ist die beschwörende Proklamation eines neuen, reichen, frommen Lebens. Von einer Verzweiflung über die Barbarei des Krieges getrieben, eifert Bloch für eine umfassende Revolution, deren politischer Aspekt zwar conditio sine qua non ist, die aber weit darüber hinaus in ein neues Zeitalter führen soll.

stw 36 Reinhart Koselleck
Kritik und Krise
Ein Beitrag zur Pathogenese der bürgerlichen Welt
248 Seiten
Die Frage nach dem Zusammenhang von Kritik und Krise ist geschichtlich und aktuell zugleich. Die Untersuchung umspannt den Zeitraum von den religiösen Bürgerkriegen bis zur Französischen Revolution. Die hypokritischen Züge der Aufklärung werden begriffsgeschichtlich und ideologiekritisch herausgearbeitet. Dabei stoßen wir auf die politischen Grenzen der Aufklärung, die ihr Ziel verfehlt, sobald sie zur reinen Utopie gerinnt.

stw 37 Siegfried Bernfeld
Sisyphos oder die Grenzen der Erziehung
156 Seiten
Bernfeld macht Marx und Freud zu »Schutzpatronen der neuen Erziehungswissenschaft«. Er will, wenn möglich, den Determinismus der Vererbungslehre, der Konstitutionsforschung, der Psychoanalyse, des Darwinismus und den der Klassenlage überwinden. *Klaus Horn*

stw 38 *Seminar: Ideen und Interessen*
Studien zu Max Webers »Protestantischer Ethik«
Herausgegeben von Constans Seyfarth und
Walter M. Sprondel
ca. 360 Seiten
Die Zusammenstellung neuerer Beiträge zu Max Webers
»Protestantischer Ethik« zielt auf die Klärung verschiede-
ner Aspekte der Beziehung Webers zum Marxismus, der
Komplexität der Genese des kapitalistischen Systems, der
Argumente, die in die Richtung einer allgemeinen Theorie
soziokultureller Wandlungsprozesse weisen und schließlich
der heute höchst aktuellen Frage von Schwellen der sozio-
kulturellen Evolution.

stw 39 Michel Foucault
Wahnsinn und Gesellschaft
Eine Geschichte des Wahns im Zeitalter der Vernunft
Aus dem Französischen von Ulrich Köppen
562 Seiten
Michel Foucault erzählt die Geschichte des Wahnsinns vom
16. bis zum 18. Jahrhundert. Er erzählt zugleich die Geschichte seines Gegenspielers, der Vernunft, denn er sieht
die beiden als Paar, das sich nicht trennen läßt. Der Wahn
ist für ihn weniger eine Krankheit als eine andere Art
von Erkenntnis, eine Gegenvernunft, die ihre eigene Sprache
hat oder besser: ihr eigenes Schweigen.

Alphabetisches Verzeichnis der suhrkamp taschenbücher wissenschaft